高等职业教育"互联网+"新形态教材·财会类专业

企业财务会计

李章红　朱盛萍　宁进伟　主　编
袁　宏　李艳红　毛幸跃　副主编

电子工业出版社
Publishing House of Electronics Industry
北京·BEIJING

内 容 简 介

本书在编写过程中以财政部颁布的最新会计准则体系为依据，以会计的基本概念和方法为基础，充分体现了我国会计改革的最新成果及其与国际会计惯例趋同的要求，具有较强的理论性和操作性。

全书共 15 个项目，以会计信息生成的核算流程为主线，以完成业财融合工作所需要的知识能力为核心，通过项目导向与课程思政建设相融合的思路设计案例，整合、序化项目内容。其中，项目一为财务会计导论；项目二至项目十四为六大会计要素确认与计量；项目十五为财务报告。

本书既可以作为高等职业院校财会类专业的教材，也可以作为初、中级会计职称考试的参考用书，还可以作为会计从业人员和自学者学习财务会计的参考书。

未经许可，不得以任何方式复制或抄袭本书之部分或全部内容。
版权所有，侵权必究。

图书在版编目（CIP）数据

企业财务会计 / 李章红，朱盛萍，宁进伟主编. —北京：电子工业出版社，2023.12
ISBN 978-7-121-46732-5

Ⅰ. ①企⋯　Ⅱ. ①李⋯　②朱⋯　③宁⋯　Ⅲ. ①企业管理－财务会计　Ⅳ. ①F275.2

中国国家版本馆 CIP 数据核字（2023）第 223493 号

责任编辑：贾瑞敏
印　　刷：三河市鑫金马印装有限公司
装　　订：三河市鑫金马印装有限公司
出版发行：电子工业出版社
　　　　　北京市海淀区万寿路 173 信箱　邮编 100036
开　　本：787×1 092　1/16　印张：17.25　字数：498 千字
版　　次：2023 年 12 月第 1 版
印　　次：2023 年 12 月第 1 次印刷
定　　价：57.00 元

凡所购买电子工业出版社图书有缺损问题，请向购买书店调换。若书店售缺，请与本社发行部联系，联系及邮购电话：(010)88254888，88258888。
质量投诉请发邮件至 zlts@phei.com.cn，盗版侵权举报请发邮件至 dbqq@phei.com.cn。
本书咨询联系方式：邮箱 fservice@vip.163.com；QQ 群 427695338；微信 DZFW18310186571。

前言

随着大数据、人工智能、移动互联网、云计算、物联网等新技术的快速发展,对财会类专业人员的岗位要求也在发生巨大变化,为了适应这一变革,同时积极应对会计全球化的挑战和会计准则国际趋同的新形势的需要,充分考虑会计行业的发展情况和就业情况,针对财会类专业人才培养目标,本书以培养思想政治坚定、德技并修、全面发展,具有良好职业道德、工匠精神和创新思维等素质的财会类专业人才为宗旨。在内容上,本书以2019年4月1日起执行的《财政部 税务总局 海关总署关于深化增值税改革有关政策的公告》、财政部颁布的最新会计准则体系、2019年5月发布的《财政部关于修订印发2019年度一般企业财务报表格式的通知》等为编写依据,覆盖了我国企业目前所有的经济业务确认和计量的方方面面,且能够满足规范上市公司财务报表列报的需要。不仅如此,本书还包括了对一些特殊行业的账务处理的约束和规范。2019年会计准则体系的颁布,对于提高我国上市公司会计信息质量、促使资源的趋利性流动和优化社会资源配置起到重大的推动作用。会计准则体系的完善和发展,给会计教育与教学带来了新的机遇和挑战,为此编写一本既能反映我国会计准则体系主要原则,又能介绍国际范围内财务会计发展动态的教材就显得十分必要。这就是我们编写本书的初衷。

将思政点渗透在专业知识点和案例中,将理想信念教育、人文情怀、文化自信、爱国意识等渗透到大学生的专业学习中;课下聚焦热点,因势利导,以当代大学生关注的、鲜活的现实问题为切入点,通过云课程将专业知识与职业道德完美链接,既能增强财会类专业学生的职业道德观念,为日后可以客观公正地处理经济事项奠定基础,又能提升财会类专业学生的思想政治素养,使之成为德才兼备的专业人才。

本书贯彻党的二十大精神,在章节规划、内容编写等方面全面落实"立德树人"根本任务,根据高等职业院校财会类专业学生的特点,"以岗位为基础,以能力为本位",培养学生树立历史使命感和责任担当意识,养成细致严谨、精益求精的工作态度及诚实守信、遵纪守法的职业素养,使学生能够成长为担当民族复兴大任的时代新人。

一般来说,财务会计是运用会计学原理中揭示的概念、原则与方法,全面阐述持续经营的企业或主体所涉及的重要交易或事项的账务处理——通过会计确认、会计计量、会计记录和财务报告等主要程序,最终提供一套具有通用目的的财务报告,来满足不同利益相关者的共同需要。

本书共包括15个项目,在编写过程中,为了使内容更加丰富和生动,在介绍原理、概念、会计确认与计量的基础上,融入尽可能丰富的案例资料或阅读材料,在每个项目的每个任务中均配有相应的动态视频,既为教师提供了丰富的教学资源,也为学生课前预习和课后复习带来了便利,从而提高了本书的可读性、可理解性。

本书的特色可以概括为以下几点。

1. **内容前沿、资源丰富**。本书紧跟会计准则变化动态，教学内容前沿、新颖。

2. **启迪探索、合作共享**。本书采用了启迪式、探索式、互动式的教学方法，实时补充更新教学资源，实现教师之间、师生之间的合作和资源共享。

3. **注重实践、培养能力**。本书体现了以学生为主体、教师为主导的教学理念，注重实践环节，培养学生的学习能力、实践能力和创新能力。

4. **课程思政、德技双修**。本书注重在学生学习的过程中培养诚信为本、操守为重、坚持准则、不做假账、爱岗敬业的职业精神。

本书由丽江师范高等专科学校李章红教授、南昌工学院朱盛萍教授、武汉船舶职业技术学院宁进伟老师担任主编，丽江师范高等专科学校袁宏老师、深圳市世纪恒美实业有限公司李艳红、丽江师范高等专科学校毛幸跃老师担任副主编。本书编写分工为：李章红编写项目三、十二、十五；朱盛萍编写项目九、十、十一；宁进伟编写项目四、七、八；袁宏编写项目五、十三；李艳红编写项目二、六；毛幸跃编写项目一、十四。全书由李章红统稿、定稿。

本书是丽江师范高等专科学校、中国民主促进会丽江市支部委员会委托项目"丽江市企业财务会计准则规范研究"的研究成果，是丽江师范高等专科学校教学质量工程"金课'财务会计'建设项目"的阶段性研究成果，是丽江师范高等专科学校教学质量工程"企业'财务会计'课程教学团队建设项目"的阶段性研究成果。

由于受到时间、精力、知识结构的制约，本书难免出现错漏，恳请读者不吝赐教，以便改正。

编　者

目　录

项目一　财务会计导论　1

任务一　认知财务会计及会计核算岗位 / 1
任务二　会计基本假设 / 6
任务三　会计基础 / 8
任务四　会计信息质量要求 / 8
任务五　会计要素及其确认 / 11
任务六　会计计量属性 / 13

项目二　货币资金　16

任务一　库存现金的核算 / 16
任务二　银行存款的核算 / 20
任务三　资金支付结算办法 / 24

项目三　金融资产　28

任务一　债权投资的核算 / 28
任务二　其他债权投资的核算 / 33
任务三　交易性金融资产的核算 / 38
任务四　其他权益工具投资的核算 / 41
任务五　贷款和应收款项的核算 / 44

项目四　存货　51

任务一　认知存货 / 51
任务二　原材料的核算 / 63
任务三　周转材料的核算 / 68
任务四　委托加工物资的核算 / 72
任务五　库存商品的核算 / 74

项目五　长期股权投资　77

任务一　长期股权投资成本法的核算 / 77
任务二　长期股权投资权益法的核算 / 83

项目六　固定资产　93

任务一　固定资产取得的核算 / 93
任务二　固定资产折旧的核算 / 102
任务三　固定资产后续支出的核算 / 107
任务四　固定资产清查与减值的核算 / 109
任务五　固定资产处置的核算 / 113

项目七　无形资产和其他资产　116

任务一　无形资产的核算 / 116
任务二　其他资产的核算 / 122

项目八　投资性房地产　124

任务一　采用成本模式计量的投资性房地产的核算 / 124
任务二　采用公允价值模式计量的投资性房地产的核算 / 130

项目九　流动负债　135

任务一　短期借款的核算 / 135

任务二 应付及预收款项的核算 / 137
任务三 应付职工薪酬的核算 / 141
任务四 应交税费的核算 / 152
任务五 其他流动负债的核算 / 159

项目十 非流动负债

任务一 长期借款的核算 / 161
任务二 应付债券的核算 / 164
任务三 长期应付款的核算 / 170
任务四 借款费用的核算 / 173

项目十一 所有者权益

任务一 实收资本的核算 / 177
任务二 资本公积的核算 / 180
任务三 留存收益的核算 / 182

项目十二 收入

任务一 认知收入 / 185
任务二 收入的确认和计量 / 187

任务三 合同成本的核算 / 204

项目十三 费用

任务一 营业成本 / 207
任务二 期间费用 / 212

项目十四 利润

任务一 营业外收支的核算 / 218
任务二 所得税费用的核算 / 225
任务三 本年利润的核算 / 231
任务四 利润分配的核算 / 234

项目十五 财务报告

任务一 认知财务报告 / 239
任务二 编制资产负债表 / 241
任务三 编制利润表 / 253
任务四 编制现金流量表 / 257
任务五 编制所有者权益变动表 / 266

项目一
财务会计导论

学习目标

知识目标
- 了解财务会计在现代会计中的地位。
- 认知企业会计核算岗位。
- 领悟会计信息质量要求。
- 熟悉会计计量基础和原则。

能力目标
- 能够描述会计核算前提的内容与含义。
- 能够说出我国会计准则的组成。
- 能够简单运用会计计量基础对会计要素进行确认与计量。
- 能够理解企业会计要素的定义、分类及相互之间的关系。

素质目标
- 培养学生的爱国情怀，弘扬中华传统文化，增强民族自豪感。
- 具有诚信守法、合法经营，仔细、认真、谨慎的工匠精神。

任务一 认知财务会计及会计核算岗位

 任务描述

海口时宏实业有限公司（以下简称时宏公司）为增值税一般纳税人。该公司设置了相应的会计工作岗位，财务主管尹依朝需要结合本公司发生的经济业务特点，具体安排分配不同人员在不同的会计岗位。全体会计人员必须明确自己的职责和任务。

时宏公司为增值税一般纳税人，增值税税率为13%。该生产企业设有行政管理部、财务部、供应部、仓储部、生产部、销售部。生产部门有一个基本生产车间，生产 A、B 两种产品，制造费用按照产品生产工人工资比例进行分配。公司注册地址：海南省海口市海秀路 18 号；联系电话：0898-65835166；统一社会信用代码：91460100767477453U；开户银行：中国工商银行海口南沙支行；账号：267506190241。

时宏公司的主要人员分配情况：
① 行政管理部。法定代表人（总经理）：林正国；副总经理：刘卓廷。
② 办公室。主任：张有田；办公室文员：张海泉、邱超群。
③ 财务部。财务主管：尹依朝；会计：赵美媛；出纳：周敏。
④ 供应部。采购主管：蔡秋德；采购员：李亿进。
⑤ 仓储部。仓储主管（验收主管、发料主管）：高冬欣；仓储管理员（验收人、发料人）：吴迪桂。
⑥ 生产部。车间主管（领料主管）：王康良；车间管理员（领料人）：林雄席。
⑦ 销售部。销售主管：孙志强；销售管理员：沈道仙。

 知识储备

一、财务会计在现代会计中的地位

认知财务会计

在财会类专业中，财务会计是最重要的一门专业核心课程。它与现行的会计准则和会计制度密切相关。2019年6月，中华人民共和国财政部发布了《企业会计准则——基本准则》和43项具体会计准则；2020年，财政部相继对《企业会计准则——基本准则》及企业具体会计准则进行了修订。自2016年5月1日起，中国全面实施"营改增"，营业税退出历史舞台，增值税制度更加规范。随着一系列新的税收法规的陆续出台，财务会计这门课程的内容深度和广度都有了很大的提升。

财务会计作为现代会计中最重要的组成部分，在我国它是以《企业会计准则》为依据，运用确认、计量和报告等专门的程序对一个企业已经发生的交易与事项进行加工处理，最终以财务报告的形式向企业外部的信息使用者提供企业财务状况、经营成果与现金流量等方面财务信息的信息处理系统。

二、财务会计的特征

财务会计是由传统会计发展而来的，是基础会计知识的进一

知识拓展：现代会计两大分类

步延伸与升华，因此在知识深度和广度上比基础会计有了很大的提高。但是财务会计通过制定公认会计准则，用必要的会计理论和方法规范与指导财务会计核算时，仍然依据和融入了大量传统会计的理论和方法。具体来说，财务会计具有以下特征。

（一）财务会计仍然运用传统会计的基本方法和程序进行会计数据的处理与加工

在财务会计中，仍然是运用复式记账原理中的借贷记账法，对可以用货币计量的数据，以原始凭证为依据，通过会计分录、会计记账、会计调整、会计账簿，定期提供财务报告。这是大家在基础会计中已经熟悉的。从这个意义上说，财务会计没有完全超越传统会计的范畴，但又不同于传统会计。

（二）财务会计是规范化的传统会计

既然企业外部利害关系人要求企业能通过对外财务报告，如实向他们提供财务状况和经营成果等方面的信息，他们就必然要求对传统会计的程序和方法及财务报告的内容与表达进行规范，以防止企业管理层为了蓄意地达到某种目的，或者是虽非故意但由于应用了不恰当的账务处理方法而导致财务信息不能如实反映和充分反映。同时，也可以加强不同企业或同一企业在不同时期的财务报告信息的可比性。在西方国家，这种规范化的进程是通过制定公认会计准则

来实现的。我国财务会计是由中华人民共和国财政部颁布的《企业会计准则》的基本准则、具体会计准则和相关应用指南来达到目的的。

财务会计是以《企业会计准则》和相关会计制度为主要依据,通过对已经发生的交易或事项按照规定的会计核算程序,将各项会计要素的数据转换为有助于会计决策或合乎其他目标的有用信息的一种专业会计。

三、财务会计的职能

财务会计的职能是指财务会计在经济管理过程中所具有的功能。财务会计的职能包括基本职能和拓展职能:基本职能包括核算职能和监督职能;拓展职能包括预测经济前景、参与经济决策和评价经营业绩。

会计职能和财务报告目标

(一)基本职能——核算职能

核算职能体现在财务会计以货币为主要计量单位,对特定会计主体的经济活动进行确认、计量、记录和报告。会计核算贯穿于经济活动的全过程,是最基本的职能。会计核算的内容就是企业的经济业务事项,包括经济业务和经济事项。它具体包括如下内容。

1. 款项和有价证券的收付

① 款项是作为支付手段的货币资金,包括库存现金、银行存款和其他货币资金。其他货币资金包括银行汇票、银行本票、信用卡存款、信用证保证金存款、外埠存款和存出投资款。

② 有价证券是指表示一定财产拥有权和支配权的证券,包括国库券、企业债券、股票等。

2. 财物的收发、增减和使用

财物是财产物资的简称,是企业具有实物形态的经济资源,主要包括原材料、燃料、包装物、低值易耗品等存货和房屋、建筑物、机器设备等固定资产。

3. 债权、债务的发生和结算

① 债权是企业收取款项的权利,主要包括应收账款、应收票据、应收利息、应收股利、预付账款等应收及预付款项。

② 债务是由企业过去的交易或事项形成的,会导致经济利益流出企业的现时义务,主要包括各种借款、应付及预收款项、应交款项。

4. 资本、基金的增减

① 资本是投资者为开展生产经营活动而投入的资金。

② 会计上的资本专指所有者权益中的投入资本。

③ 资本包括实收资本(或股本)、资本公积。

5. 收入、支出、费用、成本的计算

① 收入是企业在日常活动中形成的经济利益的总流入。

② 支出是企业实际发生的各项开支,以及在正常生产经营活动以外的各项支出和损失。

③ 费用是指企业日常活动中形成的经济利益的总流出。

④ 成本是企业为生产产品、提供劳务而发生的各种经济资源的耗费,是按一定产品和劳务对象所归集的费用,是对象化的费用。

6. 财务成果的计算与处理

① 财务成果是指企业在一定时期内通过从事生产经营活动而在财务上所取得的结果,具体表现为盈利或亏损。

② 财务成果的计算和处理一般包括利润的计算、所得税的计算、利润分配或亏损弥补的计算。

7. 需要办理会计手续、进行会计核算的其他事项

（二）基本职能——监督职能

会计监督是对特定会计主体经济活动和相关会计核算的真实性、合法性和合理性进行审查；会计监督是利用核算职能所提供的各种价值指标进行的货币监督。会计监督分为事前监督、事中监督和事后监督。

① 真实性审查是指检查各项会计核算是否根据实际发生的经济业务进行，是否如实反映经济业务或事项的真实状况。

② 合法性审查是指检查各项经济业务及其会计核算是否符合国家的有关法律法规、遵守财经纪律、执行国家各项方针政策，以杜绝违法乱纪行为。

③ 合理性审查是指检查各项财务收支是否符合客观经济规律及经营管理方面的要求，以保证各项财务收支符合特定的财务收支计划，实现预算目标。

会计核算与会计监督是相辅相成、辩证统一的关系：会计核算是会计监督的基础；会计监督是会计核算的质量保证。

（三）拓展职能

拓展职能是基本职能的延续，是对基本职能的扩充。它包括预测经济前景、参与经济决策、评价经营业绩。

① 预测经济前景是指根据财务报告等提供的信息，定量或定性地判断和推测经济活动的发展变化规律，以指导和调节经济活动，提高经济效益。

② 参与经济决策是指根据财务报告等提供的信息，运用定量分析和定性分析方法，对备选方案进行可行性分析，为企业经营管理等提供与决策相关的信息。

③ 评价经营业绩是指利用财务报告等提供的信息，采用适当的方法对企业一定经营期间的资产运营、经济效益等经营成果，对照相应的评价标准进行定量及定性对比分析，做出真实、客观、公正的综合评判。

四、财务会计的目标

财务会计的目标是要求会计工作完成的任务达到的标准，即向财务报告使用者提供企业财务状况、经营成果和现金流量等有关的会计信息，反映企业管理层受托责任的履行情况，以有助于财务报告使用者做出经济决策。

（一）反映企业管理层受托履行情况

在大多数企业中，特别是股份有限公司，财产所有权与经营权是分离的，股东作为财产所有者拥有财产所有权，企业经营管理者即企业管理层拥有经营权。企业经营管理者接受股东的委托经营管理企业，年度终了必须以财务报告的形式向董事会述职，客观真实地反映接受委托进行经营管理的情况。

（二）向会计信息使用者提供有用的信息，帮助使用者做出相关决策

财务会计为实现其对外报告的主要目标，必须定期编制反映企业财务状况、经营成果和现金流量的资产负债表、利润表、现金流量表、所有者权益变动表，以及相关附注等，向财务报告信息使用者（投资人即所有者、债权人、政府机构、潜在投资人和债权人、注册会计师和审计人员、其他企业利益相关者、经营管理者即企业管理层）提供对决策有用的信息。所提供的会计信息是一般的、中立的，能够不偏不倚地满足会计信息使用者的需要，不能针对不同的会计信息使用者提供特定的、专项的、个别的会计信息，以体现会计信息质量要求的相关性。

小思考

现代财务会计有个重要观点叫作受托责任观，请上网搜索相关内容。

 会计岗位

　　一个完整的会计账务处理程序是从取得原始凭证、填制记账凭证、登记会计账簿，再到编制财务报告，是一个完整的信息加工系统。为了完成整个会计核算流程，同时也是内部控制的需要，企业完全有必要对会计进行岗位设置。

　　企业会计的岗位设置要结合企业的实际情况来确定：较小的企业或经济业务较少的企业一般只需要设置会计和出纳两个岗位即可；大中型企业或经济业务较多的企业，对会计人员进行岗位划分有其必要性。一般来说，可划分为以下会计核算岗位。

　1. 成本会计

成本会计负责公司的成本核算。其职责为：

① 对企业发生的各项成本费用进行归集和分配。

② 编制记账凭证并登记账簿。

③ 月末对费用进行核算。

④ 统计各项费用的指标考核结果并上报部门经理。

　2. 固定资产会计

固定资产会计负责公司的固定资产核算。其职责为：

① 负责每月计提折旧。

② 负责固定资产报废、清理的账务登记。

③ 新购入固定资产的入账。

④ 年终汇总。

　3. 总账会计

总账会计负责登记总账。其职责为：

① 汇总总账，进行试算平衡。

② 与明细账的核对。

　4. 采购及应付款会计

采购及应付款会计负责采购及应付账款往来核算。其职责为：

① 接收原材料入库单、购货发票，核算、审核付款清单及应付账款，审核各项记录。

② 审核各业务部门转交的发票及单据。

③ 登账和记账。

　5. 销售及应收款会计

销售及应收款会计负责销售及应收账款往来核算。其职责为：

① 核算各销售客户应收账款和记录。

② 凭发票登记、记账。

③ 定期与销售人员核对销售明细并监督回款。

　6. 报表会计

报表会计负责有关报表的报送工作。其职责为：

① 每 10 天报送给总经理银行存款余额明细。

② 月底向部门经理报送本月销售明细、应收账款明细、采购明细、应付账款明细等。

③ 月底报送销售部门做外销回款统计。

企业财务会计

7. 出纳
出纳负责货币资金及票据管理。其职责为：
① 保管现金、单据（支票、汇票、本票、收据等）及财务专用章。
② 填写现金支票、转账支票及汇款凭证。
③ 办理汇款、提取现金和银行转账手续。
④ 每日对库存现金的发生额和余额进行核对，并进行盘点与结算。
⑤ 每日对银行存款的发生额和余额进行核对，月末编制银行存款余额调节表。
⑥ 开立还款收据、交款收据及客户回款收据。
⑦ 初步审核通过现金或银行存款报销单据的合法性和真实性，办理报销手续。

8. 会计档案管理人员
会计档案管理人员负责财务会计档案的收集、整理、装订和保管。 知识拓展：会计各类证书

 任务处理

任务处理

任务小结

任务二　会计基本假设

 任务描述

时宏公司购入一条生产线，预计使用寿命为 10 年。考虑到企业将会持续经营下去，因此可以假定企业的固定资产会在持续经营的生产经营过程中长期发挥作用，并服务于生产经营过程，即不断地为企业生产产品，直至生产线使用寿命结束。请会计主管尹依朝判断此项业务涉及何种会计基本假设。

 知识储备

会计基本假设分为会计主体假设、持续经营假设、会计分期假设和货币计量假设。

会计基本假设

1. 会计主体假设
会计主体是指会计确认、计量和报告的空间范围，也就是会计人员服务的单位。例如，甲会计是 A 企业的会计人员，那么 A 企业就是甲会计服务的会计主体。需要注意的是，为了向财务报告使用者反映企业的财务状况、经营成果和现金流量，提供与其决策相关、有用的信息，会计核算和财务报告的编制应当集中于反映特定对象的活动方面，并将其与其他经济实体加以区别。明确界定会计主体是开展会计确认、计量和报告工作的重要前提。

只有明确会计主体，才能划分会计所要处理的各项交易或事项的范围；只有明确会计主体，才能将会计主体的交易或事项与会计主体所有者的交易或事项，以及与其他会计主体的交易或事项区分开来。

会计主体和法律主体是两个不同的概念。一般来说，法律主体是会计主体，而会计主体不

一定是法律主体。例如，一个企业作为法律主体，应当建立独立的财务会计系统，以反映其财务状况等方面的内容。又如，一个独立核算的车间，不具备一个法律主体对外的一些职能（如从银行取得贷款、法律诉讼等），所以只能是会计主体，而不是法律主体。

2. 持续经营假设

持续经营假设是指在可预见的未来，企业将会按照当前的规模和状态继续经营下去，既不会停业，也不会大规模削减业务。虽然企业是不可能永远存在下去的，但是会计人员进行确认、计量、报告时必须要有这样一个假设前提存在，因为很多账务处理都是建立在这个假设基础上的。例如，企业固定资产计提折旧等账务处理方法。如果不满足持续经营假设，那么正常的账务处理原则都不再适用。例如，固定资产就不能再按照历史成本等计量属性计价了，而应改为按清算价格计价。

3. 会计分期假设

会计分期假设是指将一个企业持续经营的生产经营活动划分为一个个连续的、长短相同的期间。会计分期的目的在于通过对会计期间的划分，将持续经营的生产经营活动划分为连续的、相等的期间，据以计算企业盈亏、按期编制财务报告，从而及时向财务报告的使用者提供有关企业财务状况、经营成果和现金流量的信息。明确会计分期的意义重大，正是有了会计分期，才产生了当期与以前期间的、以后期间的差别，才使不同类型的会计主体有了记账的基准，进而出现了折旧、摊销等账务处理方法。

在会计分期假设的前提下，企业应当划分会计期间，分期结算账目和编制财务报告。会计期间通常分为年度和中期，中期是指少于一个完整会计年度的报告期间。我国以公历年度作为会计年度，中期有半年、季度、月份和其他 4 种。有的中期是不规则的期间，如 2023 年 5 月 8 日进行企业合并，那么当天要编制合并报表，合并报表涵盖的期间为 2023 年 1 月 1 日至 2023 年 5 月 8 日，就属于中期。

4. 货币计量假设

货币计量是指会计主体在会计确认、计量、报告时以货币计量，反映会计主体的生产经营活动。

货币计量假设是会计核算在以货币为基本计量单位的前提或假设条件下，进一步做出的记账本位币的币值稳定的假设。与其他计量尺度不同，货币作为一种特殊的商品，其本身的价值是变动的。具体表现为货币的购买力是经常波动的，在通货膨胀期间，货币的购买力下降；在通货紧缩的情况下，货币的购买力上升。但在货币的购买力波动不大的情况下，可以合理假定所采用的记账本位币是一种稳定的计量单位，不会对会计信息的有用性造成大的影响。然而，当货币的购买力发生在幅度变动时，如发生恶性通货膨胀（连续三年的通货膨胀率累计达到100%）时，币值稳定假设不再成立，需要采用特价变动会计的特殊方法。

我国规定，我国企业的记账本位币既可以是人民币，也可以是外币。但是，列报货币只能是人民币。也就是说，我国企业的业务收支如果以外币为主，那么可以选择以外币记账，但对外编制报送的财务报表上必须折算为人民币。例如，某个外资企业的采购和销售都在美国，在中国主要是生产，那么该企业可以选择美元作为记账本位币，但是在财务报表上必须折算成人民币。需要注意的是，该外资企业也可以选择人民币作为记账本位币。

 任务处理

任务处理

任务小结

任务三　会计基础

 任务描述

时宏公司支付上月份电费5 000元；收回上月的应收账款10 000元；收到本月销售B产品的销售收入款8 000元；支付本月应负担的办公费900元；支付下季度保险费1 800元；销售A产品的收入25 000元，款项尚未收到；预收客户货款5 000元；负担上季度已经预付的保险费600元。请会计人员赵美媛对以上业务按权责发生制和收付实现制做出相关处理。

 知识储备

权责发生制是企业会计核算的基础。权即收入，责即费用，收入和费用在发生时确认，不论款项是否收支。权责发生制是编制资产负债表和利润表的基础；现金流量表的编制基础遵循收付实现制。收付实现制是与权责发生制相对应的一种会计基础，以收到或支付的现金及其时点作为收入和费用等的依据。权责发生制是折旧、递延、待摊、应收、应付、预收、预付等会计方法的基础。会计分期是权责发生制的前提。行政单位和事业单位既采用收付实现制，也采用权责发生制。

实务中，企业的交易或事项发生的时间与相关货币的收支时间有时并不完全一致，如款项已经收到，但是销售并没有实现；或者款项已经支付，但并不是为了本期生产经营活动而发生的。权责发生制在应收、应付的权利或义务发生时确认收入或费用。

 任务处理

任务处理

任务小结

任务四　会计信息质量要求

 任务描述

时宏公司对应收账款按其期末余额1%的比例计提坏账准备。请会计人员赵美媛对该应收账款计提坏账准备进行账务处理，并说明这种处理体现了何种会计信息质量要求。

 知识储备

会计信息质量要求是对企业财务报告所提供会计信息质量的基本要求。

1. 可靠性

可靠性要求企业应当以实际发生的交易或事项为依据进行确认、计量和报告，如实反映符合确认和计量要求的各项会计要素及其他相关信息，以保证会计信息真实可靠、内容完整。

为了贯彻可靠性要求，企业应当做到：以实际发生的交易或事项为依据进行确认、计量，将符合会计要素定义及其确认条件的资产、负债、所有者权益、收入、费用和利润等如实反映在财务报表中；在符合重要性和成本效益原则的前提下，保证会计信息的完整性，其中包括应当编报的财务报表及其附注内容等应当保持完整，不能随意遗漏或减少应予披露的信息；包括在财务报告中的会计信息应当是中立的、无偏的。

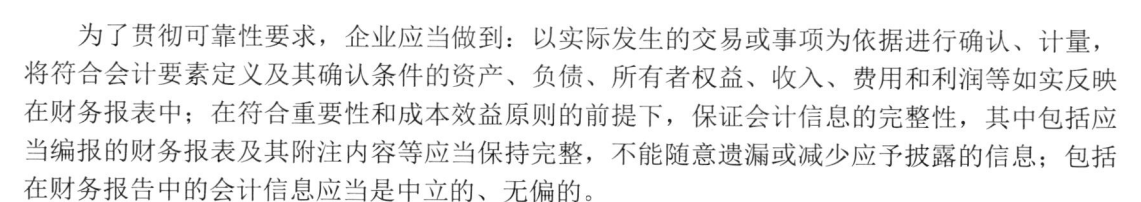

2. 相关性

相关性要求企业提供的会计信息应当与财务报告使用者的经济决策需要相关，以有助于财务报告使用者对企业过去、现在或未来的情况做出评价或预测。

会计信息质量的相关性要求需要企业在确认、计量和报告会计信息的过程中，充分考虑使用者的决策模式和信息需要。但是，相关性是以可靠性为基础的，两者之间并不矛盾，不应将两者对立起来。也就是说，会计信息在可靠性的前提下，尽可能地做到相关性，以满足投资者等财务报告使用者的决策需要。

3. 可理解性

可理解性要求企业提供的会计信息应当清晰明了，便于财务报告使用者理解和使用。只有这样，才能提高会计信息的有用性，实现财务报告的目标，满足向投资者等财务报告使用者提供对决策有用的信息的要求。

会计信息是一种专业性较强的信息，在强调会计信息的可理解性要求的同时，还应假定财务报告使用者具有一定的有关企业经营活动和会计方面的知识。

4. 可比性

可比性要求企业提供的会计信息应当具有可比性。具体包括下列要求。

① 同一企业对于不同时期发生的相同或相似的交易或事项，应当采用一致的会计政策，不得随意变更。

② 不同企业发生的相同或相似的交易或事项，应当采用规定的会计政策，以确保会计信息口径一致、相互可比，即对于相同或相似的交易或事项，不同的企业应当采用一致的会计政策，以使不同的企业按照一致的确认、计量和报告基础提供有关会计信息。

> **注意**
>
> 有两种特殊情况，会计政策变更并不违背可比性：会计法规要求变更会计政策；变更可以提供更好的会计信息。

5. 实质重于形式

实质重于形式要求企业应当按照交易或事项的经济实质进行会计确认、计量和报告，不应仅以交易或事项的法律形式为依据。如果企业仅仅以交易或事项的法律形式为依据进行会计确认、计量和报告，那么就容易导致会计信息失真，从而无法如实反映经济现实和实际情况。

企业发生的交易或事项在多数情况下的经济实质与法律形式是一致的，但在有些情况下也会出现不一致。例如，企业按照销售合同销售商品但又签订了售后回购协议，虽然从法律形式上看实现了收入，但如果企业没有将商品所有权中的主要风险和报酬转移给购货方，没有满足收入确认的各项条件，则即使签订了商品销售合同或已将商品交付给购货方，也不应当确认销售收入。

6. 重要性

重要性要求企业提供的会计信息应当反映与企业财务状况、经营成果和现金流量有关的所有重要交易或事项。重要性体现在两个方面：一是金额规模达到一定程度时，应界定这是重要信息；二是指标本质上属于重要信息。

常见重要性的应用或体现有以下几个方面。

① 金融资产的交易费用一般应资本化，但交易性金融资产的交易费用采用计入当期损益的简化处理方法。

② 商品流通企业的进货费用一般应计入商品成本，金额较小的也可直接计入销售费用。

③ 企业一般应按单个存货项目计提存货跌价准备，但对于数量繁多、单价较低的存货，也可以按照存货类别计提跌价准备。

④ 固定资产和低值易耗品的划分。低值易耗品在某些情况下可以采用一次摊销法，办公文具等物品在采购时可以直接计入管理费用。

⑤ 生产设备日常修理费计入管理费用而不是制造费用。

⑥ 预收账款较少的企业，可以不设置"预收账款"账户，待收到预收账款时记入"应收账款"账户的贷方；预付账款较少的企业，可以不设置"预付账款"账户，支付预付账款时记入"应付账款"账户的借方。

⑦ 季度财务报告与年度财务报告相比，只需要披露重要内容，不要求面面俱到。

7. 谨慎性

谨慎性要求企业对交易或事项进行会计确认、计量和报告时应当保持应有的谨慎，不应高估资产或收益、低估负债或费用。

但是，应用谨慎性原则并不代表允许企业设置秘密准备。如果企业故意低估资产或收益，或者故意高估负债或费用，将不符合会计信息的可靠性和相关性要求，会损害会计信息质量，扭曲企业实际的财务状况和经营成果，从而对财务报告使用者的决策产生误导。这是《企业会计准则》所不允许的。

例如，计提减值准备时固定资产采用加速折旧法计提折旧；内部研发无形资产的研究支出费用化；无法区分研究阶段支出与开发阶段支出时均应全部费用化，等等。这些都是谨慎性原则应有的应用或体现。

8. 及时性

及时性要求企业对于已经发生的交易或事项应当及时进行确认、计量和报告，不得提前或延后。

会计信息的价值在于帮助财务报告使用者做出经济决策，具有时效性。即使是可靠的、相关的会计信息，如果不及时提供，就会失去时效性，对于使用者的效用就会大大降低，甚至不再具有实际意义。因此，及时性是会计信息相关性和可靠性的制约因素，企业需要在相关性和可靠性之间寻求一种平衡，以确定信息及时披露的时间。

知识拓展：我国企业财务会计核算规范　　知识拓展：某集团财务报表造假

任务处理　　　　　　　　　　任务小结

任务五　会计要素及其确认

任务描述

时宏公司 2023 年 12 月发生以下经济业务：发行公司债券；用银行存款购买公司债券；发行股票；支付现金股利。请会计人员赵美媛对此项经济业务进行处理，并说明这些经济业务的产生会使哪些会计要素发生变化。

知识储备

一、资产

会计要素

资产是指企业过去的交易或事项形成的、由企业拥有或控制的、预期会给企业带来经济利益的资源。根据资产的定义，资产具有以下几个方面的特征。

（一）资产预期会给企业带来经济利益

资产预期会给企业带来经济利益，是指资产直接或间接导致现金和现金等价物流入企业的潜力。这种潜力既可以来自企业日常的生产经营活动，也可以是非日常活动；带来的经济利益可以是现金或现金等价物，或者是可以转化为现金或现金等价物的形式，或者是可以减少现金或现金等价物流出的形式。

（二）资产应为企业拥有或控制的资源

资产作为一项资源，应当由企业拥有或控制，具体是指企业享有某项资源的所有权，或者虽然不享有某项资源的所有权，但该资源能被企业所控制。

（三）资产是由企业过去的交易或事项形成的

资产应当由企业过去的交易或事项所形成，包括购买、生产、建造行为或其他交易与事项。换句话说，只有过去的交易或事项才能形成资产，企业预期在未来发生的交易或事项不形成资产。例如，企业有购买某存货的意愿或计划，但是购买行为尚未发生，就不符合资产的定义，不能因此而确认存货资产。

将一项资源确认为资产不仅需要符合资产的定义，还应同时满足以下两个条件。

① 与该资源有关的经济利益很可能流入企业。
② 该资源的成本或价值能够可靠地计量。

二、负债

知识拓展：如何理解资产的账面余额、账面净值和账面价值

负债是指企业过去的交易或事项形成的、预期会导致经济利益流出企业的现时义务。根据负债的定义，负债具有以下几个方面的特征。

（一）负债是企业承担的现时义务

负债必须是企业承担的现时义务，是负债的一个基本特征。其中，现时义务是指企业在现行条件下应承担的义务。未来发生的交易或事项形成的义务不属于现时义务，不应当确认为负债。

企业财务会计

（二）负债预期会导致经济利益流出企业

预期会导致经济利益流出企业也是负债的一个本质特征。只有在履行义务时会导致经济利益流出企业，才符合负债的定义。在履行现时义务清偿负债时，导致经济利益流出企业的形式多种多样。例如，用现金偿还或以实物资产的形式偿还；以提供劳务的形式偿还；部分提供劳务的形式偿还；将负债转为资本，等等。

（三）负债是由企业过去的交易或事项形成的

负债应当由企业过去的交易或事项所形成。换句话说，只有过去的交易或事项才能形成负债，企业在未来发生的承诺、签订的合同等交易或事项不形成负债。

将一项现时义务确认为负债需要符合负债的定义，还需要同时满足以下两个条件：

① 与该义务有关的经济利益很可能流出企业。
② 未来流出的经济利益的金额能够可靠地计量。

三、所有者权益

所有者权益是指企业资产扣除负债后，由所有者享有的剩余权益。公司的所有者权益又称为股东权益。所有者权益是所有者对企业资产的剩余索取权，是企业的资产扣除债权人权益后应由所有者享有的部分。它既反映了所有者投入资本的保值增值情况，又体现了保护债权人权益的理念。

所有者权益的来源包括所有者投入的资本、直接计入所有者权益的利得和损失、留存收益等。所有者权益通常由实收资本（或股本）、其他权益工具（包括优先股和永续债）、资本公积（含股本溢价或资本溢价、其他资本公积）、其他综合收益、盈余公积和未分配利润等构成。

所有者权益体现的是所有者在企业中的剩余权益。因此，所有者权益的确认主要依赖于其他会计要素，尤其是资产和负债的确认；所有者权益金额的确定也主要取决于资产和负债的计量。例如，企业接受投资者投入的资产，在该资产符合资产确认条件时，就相应地符合了所有者权益的确认条件；当该资产的价值能够可靠计量时，所有者权益的金额也就可以确定了。

四、收入

收入是指企业在日常活动中形成的、会导致所有者权益增加的、与所有者投入资本无关的经济利益的总流入。根据收入的定义，收入具有以下几个方面的特征。

① 收入是企业在日常活动中形成的。
② 收入是与所有者投入资本无关的经济利益的总流入。
③ 收入会导致所有者权益的增加。

企业收入的来源渠道多种多样，不同收入来源的特征有所不同，如销售商品、提供劳务、让渡资产使用权等。一般来说，收入应当在企业履行了合同中的履约义务，即客户取得相关商品或劳务控制权时确认。企业和客户之间的合同同时满足下列条件时，企业应当在客户取得相关商品或服务控制权时确认收入。

① 合同各方已批准该合同并承诺将履行各自义务。
② 该合同明确了合同各方与所转让商品或提供劳务相关的权利和义务。
③ 该合同有明确的与所转让商品或提供劳务相关的支付条款。
④ 该合同具有商业实质，即履行该合同将改变企业未来现金流量的风险、时间分布或金额。
⑤ 企业因向客户转让商品或提供劳务而有权取得的对价很可能收回。

项目一　财务会计导论

小·思考

收入会导致所有者权益增加,但导致所有者权益增加的一定是收入吗?

五、费用

费用是指企业在日常活动中发生的、会导致所有者权益减少的、与向所有者分配利润无关的经济利益的总流出。根据费用的定义,费用具有以下几个方面的特征。

① 费用是企业在日常活动中形成的。
② 费用是与向所有者分配利润无关的经济利益的总流出。
③ 费用会导致所有者权益的减少。

费用的确认除应当符合定义外,还应当满足严格的条件,即费用只有在经济利益很可能流出从而导致企业资产减少或负债增加,且经济利益的流出额能够可靠计量时才予以确认。因此,费用的确认至少应当同时满足以下条件:一是与费用相关的经济利益应当很可能流出企业;二是经济利益流出企业的结果会导致资产的减少或负债的增加;三是经济利益的流出额能够可靠计量。

六、利润

利润是指企业在一定会计期间的经营成果。通常情况下,如果企业实现了利润,则表明企业的所有者权益将增加;反之,如果企业发生了亏损(即利润为负数),则表明企业的所有者权益将减少。因此,利润往往既是评价企业管理层业绩的一项重要指标,也是投资者等财务报告使用者进行决策时的重要参考。

利润包括收入减去费用后的净额、直接计入当期利润的利得和损失等。其中,收入减去费用后的净额反映的是企业日常活动的业绩;直接计入当期利润的利得和损失是指应当计入当期损益,最终会引起所有者权益发生增减变动的、与所有者投入资本或向所有者分配利润无关的利得和损失。企业应当严格区分收入和利得、费用和损失,以更加全面地反映企业的经营业绩。

利润反映收入减去费用、利得减去损失后的净额。因此,利润的确认主要依赖于收入和费用及利得和损失的确认,其金额确定也主要取决于收入、费用、利得和损失金额的计量。

知识拓展:日常活动与非日常活动业务比较

 任务处理

任务处理

任务小结

任务六　会计计量属性

 任务描述

时宏公司在 2023 年 4 月 10 日持有对 N 公司的投资 1 100 万元,该公司将其归类为其他权益工具投资。年末该投资账面投资成本为 1 100 万元,其公允价值变动为 1 861.75 元。请会计人员赵美媛对此项经济业务进行账务处理，并说明此经济业务体现了何种会计计量属性。

 知识储备

一、会计要素计量属性内容

（一）历史成本

历史成本是指取得或制造某项财产物资时所实际支付的现金或其他等价物，是取得时点的实际成本。在历史成本计量下，资产按照其购置时支付的现金或现金等价物的金额，或者按照购置资产时所付出的对价的公允价值计量。负债按照其因承担现时义务而实际收到的款项或资产的金额，或者承担现时义务的合同金额，或者按照日常活动中为偿还负债预期需要支付的现金或现金等价物的金额计量。

（二）重置成本

重置成本又称现行成本，是指按照当前市场条件，重新取得同样一项资产所需支付的现金或现金等价物金额。在重置成本计量下，资产按照现在购买相同或相似资产所需支付的现金或现金等价物的金额计量。

（三）可变现净值

可变现净值是指存货（产品）估计售价减去加工至完工时估计将发生的成本及销售该存货（产品）估计将发生的相关税费后的差额。在可变现净值计量下，资产按照其正常对外销售所能收到现金或现金等价物的金额扣减该资产至完工时估计将要发生的成本、估计的销售费用及相关税费后的金额计量。

（四）现值

现值是指对未来现金流量以恰当的折现率进行折现后的价值，是考虑货币时间价值因素等的一种计量属性。在现值计量下，资产按照预计从其持续使用和最终处置中所产生的未来净现金流入量的折现金额计量；负债按照预计期限内需要偿还的未来净现金流出量的折现金额计量。

（五）公允价值

公允价值是指市场参与者在计量日发生的有序交易中，出售一项资产所能收到或转移一项负债所需支付的价格，即脱手价格。企业以公允价值计量相关资产或负债，应当假定市场参与者在计量日出售资产或转移负债的交易是在当前市场条件下的有序交易，并应当假定出售资产或转移负债的有序交易在该资产或负债的主要市场进行。对于不存在主要市场的，应当假定该交易在对该资产或负债最有利的市场进行。企业以公允价值计量相关资产或负债，应当采用市场参与者在对该资产或负债定价时为实现其经济利益最大化所使用的假设，包括有关风险的假设。企业应当根据交易性质和相关资产或负债的特征等，判断初始确认时的公允价值是否与其交易价值相等。企业以公允价值计量相关资产或负债，应当使用在当前情况下适用且有足够可利用的数据和其他信息支持的估值技术。企业应当根据估值技术中所使用的输入值确定公允价值计量结果所属的层次。

二、各种计量属性之间的关系

企业在对会计要素进行计量时，一般应当采用历史成本。采用重置成本、可变现净值、现值、公允价值计量的，应当保证所确定的会计要素金额能够取得并可靠计量。历史成本通常反映的是资产或负债过去的价值,而重置成本、可变现净值、现值及公允价值通常反映的是资产或负债的现时成本或现时价值,是与历史成本相对应的计量属性。

任务处理与项目练习

任务处理

任务小结

项目练习

参考答案

案例讨论

1. 讨论货币计量作为会计基本假设之一的重要性,在国际结算中使用人民币对增强民族自豪感体现在哪些方面。

2. 思考如何将外币折算为记账本位币;人民币作为记账本位币在哪些方面弘扬了中国悠久的历史与文化。

某国恶性通货膨胀

案例讨论

1. 讨论会计分期作为会计基本假设之一的重要性:企业违背会计分期,提前或延期确认收入,为什么说是违背了企业合法经营?

2. 思考进行会计核算时如何才能展示会计人员认真、谨慎的工匠精神。

青岛某企业接受中国证监会行政处罚

项目二 货币资金

学习目标

知识目标
- 掌握货币资金的账务处理。
- 理解货币资金的构成内容及其在资产负债表的位置。
- 掌握常用的资金支付结算方法。

能力目标
- 能够描述现金的使用范围。
- 能够描述"银行存款"账户使用的有关规定。
- 能够根据记账凭证熟练登记现金日记账与银行存款日记账,并进行账实核对。
- 能够根据出纳权限对现金长短款进行账务处理。
- 能够熟练编制银行存款余额调节表。
- 能够完成其他货币资金的账务处理。

素质目标
- 树立正确的金钱观和法治意识。
- 培养诚信守法的职业素养。

任务一 库存现金的核算

 任务描述

时宏公司出纳人员周敏于 2023 年 3 月 5 日将收到的货款 52 000 元直接用于发放工资。请指出周敏的做法是否违背了现金结算的规定,何种处理方法才是正确的。时宏公司于 2023 年 11 月 30 日对现金进行盘点时,发现保险柜里的现金比日记账上的金额多了 310 元。请会计人员赵美媛对企业管理层在批准前和批准后的经济业务进行账务处理。

知识储备

库存现金管理的主要内容如下。

一、规定库存现金的使用范围

① 支付给职工个人的工资及津贴。
② 个人劳务报酬,包括稿费及其他专门工作报酬。
③ 根据国家规定颁发给个人的科学技术、文化艺术、体育等各种奖金。
④ 各种劳保、福利费用及国家规定的对个人的其他支出。
⑤ 向个人收购农副产品和其他物资的价款。
⑥ 出差人员必须随身携带的差旅费。
⑦ 零星支出。
⑧ 中国人民银行规定需要支付现金的其他支出。

库存现金的结算起点为 1 000 元。

注意

库存现金的结算起点为 1 000 元,表示超过 1 000 元采用银行转账支付;没超过 1 000 元,可以用现金支付。但第⑤、⑥项可以不受 1 000 元的限制。

二、核定库存现金限额

库存现金限额是指为保证各单位日常零星支出,按规定允许留存的现金的最高数额。库存现金的限额,由开户银行根据开户单位的实际需要和距离银行远近等情况核定。其限额一般按照单位 3 至 5 天日常零星开支所需现金确定。远离银行机构或交通不便的单位可依据实际情况适当放宽,但最高不得超过 15 天。

三、不准坐支库存现金

企业用收入的现金直接支付支出的行为称作坐支。按银行规定,企业所有销售产品的收入款项超过库存现金限额的部分,必须先存入其开户银行;企业所有支出超过库存现金支付范围的部分,均应当通过其开户银行办理结算支付。

四、库存现金管理的其他规定

① 不准携带现金到外地采购。
② 财务部门应严格遵守"管账不管钱,管钱不管账,账款分开管理"的原则,配备专职出纳人员,负责库存现金的收付保管工作。
③ 企业应当定期和不定期地进行库存现金的盘点,确保库存现金账面余额与实际库存数额相符。

知识拓展:现金的内部控制制度

业务核算

一、库存现金的核算内容

（一）库存现金收支的凭证

企业发生现金的收付业务必须取得或填制原始凭证，作为收付款的书面证明。

企业从银行提取现金要签发现金支票，以支票存根作为提取现金的证明；将现金存入银行，要填写现金缴款单，以银行加盖印章后退回的现金缴款单回单作为存入现金的证明；收进零星小额销售款，应以销售部门开出的发票记账联作为收款证明；支付职工差旅费的借款，要取得经有关领导批准的借款单，作为付款的证明，等等。

所有这些作为收付款证明的原始凭证，财会部门要进行认真的审核。审核时应注意每笔款项收支是否符合现金管理制度的规定、是否符合开支标准、是否有批准的计划，原始凭证中规定的项目是否填写齐全、数字是否正确、手续是否完备。经审核无误后的原始凭证，可据以填制收款凭证或付款凭证，办理现金收支业务。

出纳人员在收付现金后，应在原始凭证上加盖"现金收讫"或"现金付讫"的戳记表示款项已经收付。经审核无误后的记账凭证，可据以登记账簿。

涉及现金或银行存款收付的记账凭证是用于现金和银行存款收付业务核算的依据。为了避免填制凭证和记账的重复，在实际工作中，如果企业采用的是专用记账凭证，则对于从银行提取现金或将现金存入银行，应按照收付款业务涉及的贷方账户填制付款凭证。

从银行提取现金时只填制银行付款凭证，作为借记"库存现金"账户和贷记"银行存款"账户的依据，不再填制现金收款凭证；将现金存入银行时，只填制现金付款凭证，作为借记"银行存款"账户和贷记"库存现金"账户的依据，不再填制银行收款凭证。

（二）库存现金收支业务的账务处理

库存现金收支业务的核算是通过设置"库存现金"账户进行的。该账户属于资产类账户，用于核算企业库存现金的增减变化及结存情况。该账户借方登记库存现金的增加额，贷方登记库存现金的减少额，期末借方余额表示库存现金的结余额。

例 2-1　时宏公司经银行核定，现金库存限额为 15 000 元。2023 年 11 月 1 日，现金日记账余额为 5 000 元。该日发生如下业务。

① 办公室张有田主任预借差旅费 2 000 元。凭证号为记字 1 号。

② 财务处赵美媛购买办公用品 271.20 元。经手人以现金支付，经审核后凭发票报销，当即领用。发票上注明价款为 240 元、增值税税率为 13%、增值税税额为 31.20 元，价税合计 271.20 元。凭证号为记字 2 号。

③ 销售部沈道仙报销上月预借差旅费 1 500 元。凭审核后发票报销 1 800 元，支付差额 300 元。凭证号为记字 3 号。

④ 从银行提取现金 2 500 元。凭证号为记字 4 号。

⑤ 处理车间生产边角余料一批，开具发票。发票上注明价款为 418 元、增值税税率为 13%、增值税税额为 54.34 元，价税合计 472.34 元。以现金收讫，凭证号为记字 5 号。

时宏公司的相关账务处理如下。
(1) 根据经过审批的借款单编制会计分录
借：其他应收款——张有田　　　　　　　　　　　　　2 000.00
　　贷：库存现金　　　　　　　　　　　　　　　　　　　　2 000.00
(2) 根据审核无误的发票编制会计分录
借：管理费用——办公费　　　　　　　　　　　　　　240.00
　　应交税费——应交增值税（进项税额）　　　　　　31.20
　　贷：库存现金　　　　　　　　　　　　　　　　　　　　271.20
(3) 根据审核无误的出差发票、单据等编制会计分录
借：销售费用——差旅费　　　　　　　　　　　　　　1 800.00
　　贷：其他应收款——沈道仙　　　　　　　　　　　　　　1 500.00
　　　　库存现金　　　　　　　　　　　　　　　　　　　　300.00
(4) 根据现金支票存根联编制会计分录
借：库存现金　　　　　　　　　　　　　　　　　　　2 500.00
　　贷：银行存款——工商银行海口南沙支行　　　　　　　　2 500.00
(5) 根据增值税发票记账联编制会计分录
借：库存现金　　　　　　　　　　　　　　　　　　　472.34
　　贷：其他业务收入——销售材料收入　　　　　　　　　　418.00
　　　　应交税费——应交增值税（销项税额）　　　　　　　54.34

（三）库存现金日记账的设置和登记

库存现金日记账由出纳人员根据审核后的收付款凭证，按业务发生的先后顺序逐日逐笔进行登记；每日终了，应计算本日现金收入、支出合计数和结存数，并与库存现金总账、库存现金的实存数相核对，做到日清月结，保证账账相符、账实相符。库存现金日记账的账页格式一般采用三栏式账页。

二、库存现金的清查

库存现金的清查是为了保证账款相符，防止出现现金丢失和收支记账时发生差错，以及贪污盗窃和挪用公款等违法行为，对库存现金进行的盘点与核对。对库存现金的清查包括出纳人员每日的清点核对和组成清查小组进行的定期与不定期的盘点及核对。

对有待查明原因的现金短缺或溢余，应先通过"待处理财产损溢——待处理流动资产损溢"账户核算。对于现金短缺，应由相关责任人承担的部分记入"其他应收款"账户，无法查明原因的部分记入"管理费用"账户；对于现金溢余，应付给相关责任人的部分记入"其他应付款"账户，无法查明原因的部分记入"营业外收入"账户。

例 2-2　时宏公司 2023 年 11 月 30 日对出纳人员的现金日记账进行清查，发现现金总额比账面余额少 1 800 元。经调查发现，该现金短少应由出纳人员周敏负责赔偿 600 元，公司应承担管理责任 1 200 元。经批准，同意 1 200 元作为管理费用列支。

时宏公司的相关账务处理如下。
(1) 审批前应编制的会计分录
借：待处理财产损溢——待处理流动资产损溢　　　　　1 800
　　贷：库存现金　　　　　　　　　　　　　　　　　　　　1 800

（2）批准后应编制的会计分录
借：其他应收款——周敏　　　　　　　　　　　　　　　　　600
　　管理费用——其他　　　　　　　　　　　　　　　　　1 200
　　贷：待处理财产损溢——待处理流动资产损溢　　　　　　　1 800

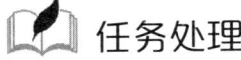 **例2-3**　时宏公司2023年5月31日对出纳人员的现金日记账进行清查，发现现金总额比账面余额多出630元。经查实，150元无来源，决定作为营业外收入处理；480元系应付职工赵琴丽的加班工资。

时宏公司的相关账务处理如下。
（1）审批前应编制的会计分录
借：库存现金　　　　　　　　　　　　　　　　　　　　　630
　　贷：待处理财产损溢——待处理流动资产损溢　　　　　　　630
（2）批准后应编制的会计分录
借：待处理财产损溢——待处理流动资产损溢　　　　　　　　630
　　贷：营业外收入——盘盈利得　　　　　　　　　　　　　　150
　　　　其他应付款——赵琴丽　　　　　　　　　　　　　　　480

任务处理

任务处理

任务小结

任务二　银行存款的核算

任务描述

时宏公司销售货物，出纳人员周敏2023年10月18日收到一张银行本票。同时，开具了增值税专用发票销售A产品，增值税税率为13%，价税合计565 000元。针对此项业务，请会计人员赵美媛进行账务处理。

知识储备

银行存款及其他货币资金

一、银行存款账户的管理

银行存款是企业存入银行或其他金融机构的货币资金。企业根据业务需要，在其所在地银行开设账户，运用所开设的账户进行存款、取款及各种收支转账业务的结算。

正确开立和使用银行账户是做好资金结算工作的基础。企业只有在银行开立了存款账户，才能通过银行与其他单位进行结算，办理资金的收付。企业应按规定在银行开设和使用存款账户。

《银行账户管理办法》将企事业单位的存款账户分为4类，即基本存款账户、一般存款账户、临时存款账户和专用存款账户。

一般企事业单位只能选择一家银行的一个营业机构开立一个基本存款账户，主要用于日常转账结算和现金收付，企事业单位的工资、奖金等现金的支取只能通过基本存款账户办理；企事业单位可在其他银行的一个营业机构开立一个一般存款账户，该账户可办理转账结算和存入现金，但不能支取现金；临时存款账户是存款人因临时经营活动需要开立的账户，如企业异地产品展销、临时性采购等；专用存款账户是企事业单位因特定用途需要开立的账户，如基本建设项目专项资金、农副产品资金等，企事业单位的销售货款不得转入专用存款账户。

为了加强对基本存款账户的管理，企事业单位开立基本存款账户实行开户许可制度，即必须凭中国人民银行当地分支机构核发的开户许可证办理。企事业单位不得为还贷、还债和套取现金而多头开立基本存款账户；不得出租、出借账户；不得违反规定为在异地存款和贷款而开立账户；任何单位和个人不得将单位的资金以个人名义开立账户储存。

二、银行存款内部控制的方法

（一）授权与批准

建立银行存款的内部控制制度，首先就要确立授权与批准的制度，即银行存款收付业务的发生需要经单位主管人员或财务主管人员审批，并授权具体的人员经办。审批一般以签字盖章的方式表示。该过程保证了银行存款的收支业务要在授权下进行。

（二）职责区分与内部牵制

该程序体现了"钱账分管，内部控制"原则，具体包括以下内容。
① 银行存款收付业务授权与经办相分离。
② 银行存款收付业务经办与审查相分离。
③ 银行存款收付业务经办与记账相分离。
④ 银行存款票据保管与银行存款记账人员相分离。
⑤ 银行存款票据保管与印章保管相分离。
⑥ 银行存款日记账与总账的登记相分离。
⑦ 银行存款登账与审核相分离。
⑧ 银行存款收付款凭证保管与银行存款日记账登账相分离。

（三）记录与审核

出纳人员复核了银行存款收付业务的原始凭证后，应及时填制或取得结算凭证，办理银行的结算业务，并对结算凭证或原始凭证加盖"银行收讫"或"银行付讫"戳记，表示该凭证的款项已实际收入或付出。会计人员根据会计主管审核无误的银行存款收付原始凭证编制银行存款收款凭证、付款凭证。原始凭证、收款凭证、付款凭证必须经会计主管人员或授权稽核人员就其内容合法性、合理性、真实性逐一审核，并签字盖章才可据以登记入账。

（四）文件管理

为了保证已发生经济业务的安全完整，对收付款凭证既可以混合连续编号，也可以分类连续编号，同时由专人负责对票据的保管。票据和结算业务发生时，必须经财会部门主管人员或企业主管人员批准并要求经办人签字。

（五）及时核对

出纳人员定期编制银行存款余额调节表，交由会计主管人员检查，同时定期进行账账核对、账实核对，以保证银行存款安全。

业务核算

一、银行存款的账务处理

（一）总分类核算

银行存款的总分类核算就是总账中的核算。为了核算企业的银行存款，企业在总账中必须设置"银行存款"账户。该账户属于资产类账户，借方登记银行存款的增加额，贷方登记银行存款的减少额；余额在借方，反映企业在银行存款的实有金额数。

（二）序时核算

银行存款的序时核算就是对银行存款日记账的登记。为了及时反映企业在银行存款的收付情况，企业必须设置银行存款日记账。

银行存款日记账由出纳人员根据银行存款的有关记账凭证逐日逐笔登记，收一笔记一笔，付一笔记一笔，每日结出借方发生额、贷方发生额及余额，并定期与银行对账单、总账进行核对。银行存款日记账的账页格式一般采用三栏式账页。

二、银行存款余额调节表的编制

银行存款余额调节表是在银行对账单余额与企业银行存款日记账余额的基础上，各自加上对方已收、本单位未收账项数额，减去对方已付、本单位未付账项数额，以调整双方余额使其一致的一种调节方法。银行存款余额调节表的编制方法有3种，其计算公式如下：

企业银行存款日记账余额＝银行对账单余额＋企业已收而银行未收账项－企业已付而银行未付账项＋银行已付而企业未付账项－银行已收而企业未收账项

银行对账单余额＝企业银行存款日记账余额＋企业已付而银行未收账项－企业已收而银行未收账项＋银行已收而企业未收账项－银行已付而企业未付账项

银行对账单余额＋企业已收而银行未收账项－企业已付而银行未付账项＝企业银行存款日记账余额＋银行已收而企业未收账项－银行已付而企业未付账项

通过核对调节，银行存款余额调节表上的双方余额相等，一般可以说明双方记账没有差错。如果经调节仍不相等，则要么是未达账项未全部查出，要么是一方或双方记账出现差错，需要进一步采用对账方法查明原因，加以更正。调节相等后的银行存款余额是当日可以动用的银行存款实有数。对于银行已经划账，而企业尚未入账的未达账项，要待银行结算凭证到达后，才能据以登记入账，不能以银行存款余额调节表作为记账依据。也就是说，银行存款余额调节表不属于原始凭证。调节后的余额既不是企业银行存款日记账的余额，也不是银行对账单的余额，而是企业银行存款的真实数字，也就是企业当日可以动用的银行存款的实有数。

例 2-4 时宏公司2023年3月1日至2023年3月31日，企业银行存款日记账记录与银行对账单记录勾对情况如下：

企业银行存款日记账记录：

1日转支1246号付料款30 000元，贷方记30 000.00元 √

4日转支1247号付料款59 369元，贷方记59 369.00元 √

9日存入销货款43 546.09元，借方记43 546.09元 √

14日存入销货款36 920.29元，借方记36 920.29元 √

17日转支1248号上缴上月税金76 566.43元，贷方记76 566.43元 √

21日存入销货款46 959.06元，借方记46 959.06元 √

23日取现备用20 000元，贷方记20 000.00元 √

27日转支1249号付料款64 500元，贷方记64 500.00元

29日存入销货款40 067.75元，借方记40 067.75元 √

29日转支1250号付养老保险金29 100元，贷方记29 100.00元 √

30日存入销货款64 067.91元，借方记64 067.91元

31日转支1251号付汽车修理费4 500元，贷方记4 500.00元

31日自查后账面余额为506 000.52元。

银行对账单记录：

2日转支1246号付出30 000元，借方记30 000.00元 √

4日转支1247号付出59 369元，借方记59 360.00元 √

9日收入存款43 546.09元，贷方记43 546.09元 √

15日收入存款36 920.29元，贷方记36 920.29元 √

17日转支1248号付出76 566.43元，借方记76 566.43元 √

22日收入存款46 959.06元，贷方记46 959.06元 √

23日付出备用金20 000元，借方记20 000.00元 √

29日代交电费12 210.24元，借方记12 210.24元

29日收入存款40 067.75元，贷方记40 067.75元 √

30日存入委托收款收入存款43 000.00元，贷方记43 000.00元

31日转支1250号付出29 100元；借方记29 100.00元 √

31日代付电话费5 099.32元，借方记5 099.32元

31日余额为536 623.05元。

编制银行存款余额调节表，如表2-1所示。

表2-1　银行存款余额调节表

公司名称：时宏公司　　　　　　　　　　2023年3月31日

项　目	金额/元	项　目	金额/元
企业银行存款日记账余额	506 000.52	银行对账单余额	536 623.05
加：银行已收企业未收款		加：企业已收银行未收款	
委托收款	43 000.00	销售货款	64 067.91
减：银行已付企业未付款		减：企业已付银行未付款	
代付电费	12 210.24	转支修理费	4 500.00
代付电话费	5 099.32	转支货款	64 500.00
调节后存款余额	531 690.96	调节后存款余额	531 690.96

任务处理

任务小结

任务三　资金支付结算办法

 任务描述

时宏公司购入甲材料一批，出纳人员周敏2023年5月9日办理了购入该材料的银行汇票一张，同时收到了增值税专用发票。增值税税率为13%，价税合计259 900元。材料已经验收入库。请会计人员赵美媛进行账务处理。

 知识储备

支付结算是指单位、个人在社会经济活动中使用票据、非票据结算方式进行货币支付及资金清算的行为。中国人民银行发布的《支付结算办法》规定国内人民币支付结算方式包括支票、银行本票、银行汇票、商业汇票、信用卡、托收承付、委托收款、汇兑、信用证等，如图2-1所示。

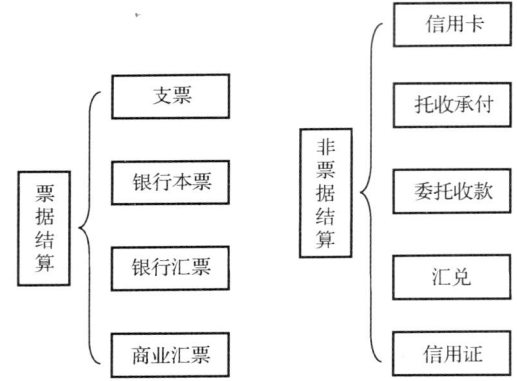

图2-1　人民币支付结算方式

为了核算企业的结算业务，反映企业银行存款和其他货币资金的增减变动情况及其结果，企业除了设置"银行存款"账户，还需要设置"其他货币资金"账户。

各种资金支付结算方式比较如表2-2所示。

表2-2　各种资金支付结算方式比较

结算方式	期　限	适用的会计账户	适用范围	备　注
银行汇票	银行汇票的付款期限为自出票日起1个月内	其他货币资金	适用于先收款后发货或钱货两清的商品交易。单位、个人各种款项的异地结算均可使用银行汇票	
银行本票	银行本票的付款期限为自出票日起2个月内	其他货币资金	单位和个人在同一票据交换区域即可使用银行本票	分为不定额和定额两种。定额的面值为1 000元、5 000元、10 000元、50 000元

项目二 货币资金

(续表)

结算方式	期　限	适用的会计账户	适用范围	备　注
商业汇票	票据的付款期限最长不得超过 6 个月；商业汇票的提示付款期限自汇票到期日起 10 日内	应收票据或应付票据	在银行开立存款账户的法人和其他组织之间必须具有真实的交易关系或债权债务关系，才能使用商业汇票	① 按承兑人的不同可分为商业承兑汇票和银行承兑汇票两种。② 银行承兑汇票有两个万分之五：● 万分之五的手续费 ● 万分之五的罚息
支票	付款期限为 10 天	银行存款	单位和个人在同一票据交换区域的各种款项结算，均可以使用支票	① 支票分为现金支票、转账支票和普通支票。在普通支票左上角画两条平行线的为划线支票。② 转账支票和划线支票只能用于转账；现金支票只能用于支取现金，不能用于转账；普通支票既可用于转账也可用于支取现金
信用卡	（略）	其他货币资金	凡在中国境内金融机构开立基本存款账户的单位均可申领单位卡。单位卡一律不得用于 10 万元以上的商品交易、劳务供应款项的结算，且不得支取现金	① 信用卡按使用对象分为单位卡和个人卡；按信誉等级分为金卡和普通卡。② 透支期最长为 60 天
汇兑	（略）	银行存款	异地结算	汇兑分为信汇和电汇两种
委托收款	付款单位应在收到委托收款通知的次日起 3 日内，主动通知银行是否付款。如果不通知银行，则银行视同企业同意付款，并在第 4 日从单位账户中付出此笔委托收款款项	银行存款	无论单位还是个人都可凭已承兑商业汇票、债券、存单等付款人债务证明办理款项收取——同城或异地可。委托收款适用于收取电费、电话费等付款人众多、分散的公用事业费等有关款项	委托收款分邮寄和电报划回两种
托收承付	（略）	银行存款	使用托收承付结算方式的收单位和付款单位必须是国有企业、供销合作社及经营管理较好，并经开户银行审查同意的城乡集体所有制工业企业。办理托收承付结算的款项必须是商品交易及因商品交易而产生的劳务供应的款项，代销、寄销、赊销商品的款项不得办理托收承付结算	① 托收承付款项划回方式分为邮寄和电报两种。② 托收承付结算每笔金额的起点为 10 000 元。新华书店系统每笔金额的起点为 1 000 元。③ 验单付款的承付期为 3 天；验货付款的承付期为 10 天
信用证	（略）	其他货币资金	信用证结算方式是国际结算的一种主要方式。经中国人民银行批准经营结算业务的商业银行总行及经商业银行总行批准开办信用证结算业务的分支机构，也可以办理国内企业之间商品交易的信用证结算业务	（略）

业务核算

（一）外埠存款

外埠存款是指企业到外地进行临时或零星采购时，汇往采购地银行开立采购专户的款项。企业汇出款项时，需要填写汇款委托书；汇入银行对于汇入的采购款项，按汇款单位开设采购专户。采购专户存款只付不收，款项付完后结束账户。

（二）银行汇票存款

银行汇票存款是指由银行签发的，由其在见票时按照实际结算金额无条件支付给收款人或持票人的票据。

银行汇票的出票银行为银行汇票的付款人。单位和个人各种款项的结算，均可使用银行汇票。银行汇票可以用于转账，注明"现金"字样的银行汇票也可以用于支取现金。

例 2-5 时宏公司向银行提交银行汇票申请书，将款项 300 000 元交存银行，要求银行办理银行汇票并已取得汇票。

该公司应编制的会计分录如下。

借：其他货币资金——银行汇票存款　　　　　　　　　　　300 000
　　贷：银行存款——工商银行海口南沙支行　　　　　　　　　　300 000

例 2-6 承例 2-5，时宏公司使用银行汇票采购甲材料一批。增值税专用发票上注明价款为 200 000 元、增值税税率为 13%、增值税税额为 26 000 元，价税合计 226 000 元。材料在运输途中。

该公司应编制的会计分录如下。

借：在途物资——甲材料　　　　　　　　　　　　　　　　200 000
　　应交税费——应交增值税（进项税额）　　　　　　　　　　26 000
　　贷：其他货币资金——银行汇票存款　　　　　　　　　　　226 000

例 2-7 承例 2-5 和例 2-6，时宏公司收到开户银行退回的多余款项 74 000 元。

该公司应编制的会计分录如下。

借：银行存款——工商银行海口南沙支行　　　　　　　　　　74 000
　　贷：其他货币资金——银行汇票存款　　　　　　　　　　　74 000

（三）银行本票存款

银行本票存款是指企业为取得银行本票按规定存入银行的款项。企业向银行提交银行本票申请书并将款项交存银行，取得银行本票时，应当根据银行盖章退回的申请书存根联进行账务处理。其账务处理与银行汇票的账务处理相似，参见银行汇票的账务处理。

（四）信用证存款

信用证存款是指采用信用证结算方式的企业为开具信用证而存入银行信用证保证金专户的款项。其账务处理与银行汇票的账务处理相似，参见银行汇票的账务处理。

（五）信用卡存款

信用卡存款是指企业为取得信用卡而存入银行信用卡专户的款项。其账务处理与银行汇票的账务处理相似，参见银行汇票的账务处理。

项目二 货币资金

（六）存出投资款

存出投资款是指企业已存入证券公司但尚未进行短期投资的款项。企业向证券公司划出的资金，应按照实际划出的金额，借记"其他货币资金——存出投资款"账户，贷记"银行存款"账户；购买股票、债券和基金等时，按实际发生的金额，借记"交易性金融资产"或"其他权益工具投资"账户，贷记"其他货币资金——存出投资款"账户。

 任务处理与项目练习

任务处理

任务小结

项目练习

参考答案

案例讨论

1. 根据该案例讨论作为出纳人员怎样才能树立正确的金钱观和法治意识。
2. 根据该案例讨论诚信守法的职业素养有哪些。

某基金委员会某出纳
监守自盗

项目三

金融资产

学习目标

知识目标
- 理解金融资产的分类和确认条件，了解金融资产的内容。
- 掌握债权投资的核算。
- 掌握其他债权投资的核算。
- 掌握交易性金融资产的核算。
- 掌握其他权益工具投资的核算。
- 掌握贷款和应收款项的核算。

能力目标
- 能够确定不同来源取得的金融资产的入账价值并进行账务处理。
- 能够精准把握以摊余成本计量的金融资产的账务处理。
- 能够精准把握以公允价值计量且其变动计入其他综合收益的金融资产的账务处理。
- 能够精准把握以公允价值计量且其变动计入当期损益的金融资产的账务处理。

素质目标
- 培养实事求是的道德品质和勇于创新的意识。
- 树立遵纪守法、真实客观、细心谨慎的做人做事原则。

任务一 债权投资的核算

 任务描述

时宏公司购入 5 年期的 A 公司债券 3 000 000 元，划分为以收取合同现金流量为目标的金融资产。出纳人员周敏于 2023 年 12 月 1 日通过银行存款支付该债券款项，已经取得该债券的相关凭证。该债券的票面利率和市场利率均为 5%。针对此项业务，请会计人员赵美媛进行账务处理。

项目三　金融资产

知识储备

一、金融资产的分类

金融工具是指形成一方的金融资产并形成其他方的金融负债或权益工具的合同。实务中的金融工具合同通常采用书面形式。一般来说，金融工具既可能包括金融资产、金融负债和权益工具，也可能包括一些尚未确认的项目。企业的金融资产主要包括库存现金、银行存款、应收账款、应收票据、应收利息、应收股利、其他应收款、贷款、垫款、债权投资、股权投资、基金投资、衍生金融资产等。

企业应当根据其管理金融资产的业务模式和金融资产的合同现金流量特征，将金融资产划分为以下3类：以摊余成本计量的金融资产；以公允价值计量且其变动计入其他综合收益的金融资产；以公允价值计量且其变动计入当期损益的金融资产。上述分类一经确定，不得随意变更。

二、债权投资的含义

债权投资是指企业以收取合同现金流量为目标的业务模式和以摊余成本计量的金融资产。它属于债券投资。

三、债权投资的特征

债权投资的特征是企业未来持有债券至到期并收取该债券的本金和利息。利息收入按实际利率法和摊余成本进行计算。

（一）债权投资是以收取合同现金流量为目标的业务模式

企业投资购买的发行方的债券，都一定会在发行的债券上载明发行债券的种类、面值、票面利率、发行日、到期日。因此，购买方能准确地把握持有的期限，能精确地计算出持有期间能够收到的利息和本金。也就是说，企业以收取合同现金流量为目标，达到其投资该债券的目的。企业持有的这种债券称为债权投资。

（二）债权投资是以摊余成本计量的金融资产

金融资产同时符合下列条件的，应当分类为以摊余成本计量的金融资产。
① 企业管理该金融资产的业务模式是以收取合同现金流量为目标的。
② 该金融资产的合同条款规定，在特定日期产生的现金流量仅为对本金和以未偿付本金金额为基础的利息。

业务核算

一、债权投资的账务处理原则

债权投资是以收取合同现金流量为目标的金融资产，应当按照以摊余成本计量的金融资产的规定进行账务处理。

（一）债权投资期初的账务处理原则

企业按当前市场条件购入的债券，应按债券的本金和相关交易费用之和作为初始确认金额；企业购入债券时价款中已经到了付息期但尚未领取的利息不作为初始确认金额，而作为应收项目处理。一般企业对外购的债券形成的债权投资而产生的应收债权,通常应按购入债权时的合同或协议价款作为初始确认金额。

(二) 债权投资持有期间的账务处理原则

债权投资的账务处理着重于该金融资产的持有期间的核算,未到期前通常不会出售或重分类。因此,债权投资的账务处理主要应解决该金融资产债权投资在持有期间按实际利率法计算投资收益的问题。实际利率应在取得债券时确定,在该债券预期存续期间或适用的更短期间内保持不变。实际利率与合同利率差别较小的,也可按合同利率计算投资收益。持有期间资产负债表日债权投资按摊余成本计量,确认摊余成本的金额、确认持有期间的应收利息或应计利息的金额、确认资产负债表日利息调整的摊销金额。债券投资重分类时,重分类的金融资产按重分类日的公允价值计量。债券投资发生减值时,应计入当期损益(信用减值损失),形成债权投资减值准备。

(三) 债权投资到期或出售的账务处理原则

债权投资到期或出售,该金融资产应终止确认。企业收回或处置债权投资时,应将取得的价款和该债权投资账面价值之间的差额计入当期损益(投资收益)。

二、债权投资的主要账务处理

(一) 取得债权投资相关的账务处理

企业取得的以摊余成本计量的债权投资,应按该投资债券的面值,借记"债权投资——成本"账户,按支付的价款中包含的已宣告但尚未领取的利息,借记"应收利息"账户,按实际支付的金额,贷记"银行存款"等账户;按其差额,借记或贷记"债权投资——利息调整"账户。

(二) 持有期间债权投资相关的账务处理

① 在资产负债表日,以摊余成本计量的债权投资为分期付息、一次还本债券投资的,应按债券面值及票面利率计算确定的应收未收利息,借记"应收利息"账户,按该金融资产期初摊余成本和实际利率计算确定的利息收入,贷记"投资收益"账户;按其差额,借记或贷记"债权投资——利息调整"账户。

② 在资产负债表日,以摊余成本计量的债权投资为到期一次还本付息债券投资的,应按债券面值及票面利率计算确定的应收未收利息,借记"债权投资——应计利息"账户,按该金融资产期初摊余成本和实际利率计算确定的利息收入,贷记"投资收益"账户;按其差额,借记或贷记"债权投资——利息调整"账户。

(三) 到期或出售债权投资相关的账务处理

到期或出售以摊余成本计量的债权投资,应按实际收到的金额,借记"银行存款"等账户,按其账面余额,贷记"债权投资——成本""债权投资——应计利息"账户,贷记或借记"债权投资——利息调整"账户;按其差额,贷记或借记"投资收益"账户。已计提信用减值准备的,还应同时结转信用减值准备。

三、其他以摊余成本计量的金融资产账务处理原则

企业持有的以摊余成本计量的应收款项、贷款等的账务处理原则与债权投资的账务处理原则大致相同,企业可使用"应收账款""贷款"等账户进行核算。

贷款是商业银行的一项主要业务，应设置"贷款"账户对按规定发放的各种贷款（如质押贷款、抵押贷款、保证贷款、信用贷款，以及具有贷款性质的银团贷款、贸易贷款、协议透支、信用卡透支、转贷款）进行核算。一般企业的应收款项，通常设置"应收账款""应收票据""长期应收款""其他应收款"等账户核算。

知识拓展：实际利率与摊余成本

例 3-1 2023年1月1日，时宏公司支付价款13 484 523元（含交易费用）从深圳证券交易所购入乙企业同日发行的5年期公司债券12 500份。每份面值1 000元，债券票面价值总额为12 500 000元，票面年利率为4.72%。该债券属于分期付息、到期一次还本的债券，利息不以复利计算。于年末支付本年度债券利息（每年利息为590 000元），本金在债券到期时一次性偿还。合同约定，该债券的发行方在遇到特定情况时可以将债券赎回，且不需要为提前赎回支付额外款项。该公司在购买该债券时，预计发行方不会提前赎回。该公司根据其管理该债券的业务模式和该债券的合同现金流量特征，将该债券分类为以摊余成本计量的金融资产。假定不考虑所得税、减值损失等因素。

计算该债券的实际利率 r：

$590\,000\times(1+r)^{-1}+590\,000\times(1+r)^{-2}+590\,000\times(1+r)^{-3}+590\,000\times(1+r)^{-4}+(590\,000+12\,500\,000)\times(1+r)^{-5}=13\,484\,523$ 或 $590\,000\times(P/A,r,5)+12\,500\,000\times(P/F,r,5)=13\,484\,523$

采用插值法，计算得出 $r=3\%$。

根据表3-1中的数据，时宏公司的相关账务处理如下。

表3-1 债权投资各年的摊余成本及实际利息收入 元

年 份	期初摊余成本 （A）	实际利息收入 （B=A×3%）	现金流入 （C）	已收回的本金 （D=C-B）	期末摊余成本 （E=A+B-C）
2023	13 484 523.00	404 535.69	590 000	185 464.31	13 299 058.69
2024	13 299 058.69	398 971.76	590 000	191 028.24	13 108 030.45
2025	13 108 030.45	393 240.91	590 000	196 759.09	12 911 271.36
2026	12 911 271.36	387 338.14	590 000	202 661.86	12 708 609.50
2027	12 708 609.50	381 390.50*	13 090 000	12 708 609.50	0

* 尾数调整 12 500 000+590 000-12 708 609.50=381 390.50

（1）2023年1月1日，购入乙企业债券

借：债权投资——成本　　　　　　　　　　　　　　　　12 500 000.00
　　债权投资——利息调整　　　　　　　　　　　　　　　　984 523.00
　　贷：银行存款——工商银行海口南沙支行　　　　　　13 484 523.00

（2）2023年12月31日，确认乙企业债券实际利息收入，收到债券利息

借：应收利息——乙企业　　　　　　　　　　　　　　　　590 000.00
　　贷：投资收益——利息收入　　　　　　　　　　　　　　404 535.69
　　　　债权投资——利息调整　　　　　　　　　　　　　　185 464.31

其中，利息收入=期初摊余成本13 484 523.00×实际利率3%=404 535.69（元）

借：银行存款——工商银行海口南沙支行　　　　　　　　　590 000
　　贷：应收利息——乙企业　　　　　　　　　　　　　　　590 000

（3）2024年12月31日，确认乙企业债券实际利息收入，收到债券利息

借：应收利息——乙企业　　　　　　　　　　　　　　　　590 000.00
　　贷：投资收益——利息收入　　　　　　　　　　　　　　398 971.76
　　　　债权投资——利息调整　　　　　　　　　　　　　　191 028.24
其中，利息收入=期初摊余成本 13 299 058.69×实际利率 3%=398 971.76（元）
借：银行存款——工商银行海口南沙支行　　　　　　　　　590 000
　　贷：应收利息——乙企业　　　　　　　　　　　　　　　590 000

（4）2025 年 12 月 31 日，确认乙企业债券实际利息收入，收到债券利息
借：应收利息——乙企业　　　　　　　　　　　　　　　　590 000.00
　　贷：投资收益——利息收入　　　　　　　　　　　　　　393 240.91
　　　　债权投资——利息调整　　　　　　　　　　　　　　196 759.09
其中，利息收入=期初摊余成本 13 108 030.45×实际利率 3%=393 240.91（元）
借：银行存款——工商银行海口南沙支行　　　　　　　　　590 000
　　贷：应收利息——乙企业　　　　　　　　　　　　　　　590 000

（5）2026 年 12 月 31 日，确认乙企业债券实际利息收入，收到债券利息
借：应收利息——乙企业　　　　　　　　　　　　　　　　590 000.00
　　贷：投资收益——利息收入　　　　　　　　　　　　　　387 338.14
　　　　债权投资——利息调整　　　　　　　　　　　　　　202 661.86
其中，利息收入=期初摊余成本 12 911 271.36×实际利率 3%=387 338.14（元）
借：银行存款——工商银行海口南沙支行　　　　　　　　　590 000
　　贷：应收利息——乙企业　　　　　　　　　　　　　　　590 000

（6）2027 年 12 月 31 日，确认乙企业债券实际利息收入，收到债券利息和本金
借：应收利息——乙企业　　　　　　　　　　　　　　　　590 000.00
　　贷：投资收益——利息收入　　　　　　　　　　　　　　381 390.50
　　　　债权投资——利息调整　　　　　　　　　　　　　　208 609.50
其中，利息收入≠期初摊余成本 12 708 609.50×实际利率 3%=381 258.29
利息收入=12 500 000+590 000-12 708 609.50=381 390.50（元）
或　利息收入=应收利息 590 000-"债权投资——利息调整"账户余额 208 609.50=381 390.50（元）
"债权投资——利息调整"余额=984 523.00-185 464.31-191 028.24-196 759.09-202 661.86=208 609.50（元）
借：银行存款——工商银行海口南沙支行　　　　　　　　　590 000
　　贷：应收利息——乙企业　　　　　　　　　　　　　　　590 000
借：银行存款——工商银行海口南沙支行　　　　　　　　12 500 000
　　贷：债权投资——成本　　　　　　　　　　　　　　12 500 000

任务处理

任务二　其他债权投资的核算

任务描述

时宏公司购入 3 年期的 B 公司债券 2 500 000 元,划分为以收取合同现金流量和出售金融资产为目标的金融资产。出纳人员周敏于 2023 年 3 月 10 日通过银行存款支付该债券款项,已经取得该债券的相关凭证。该债券的票面利率为 6%,市场利率为 5%。请会计人员赵美媛进行账务处理。

知识储备

一、其他债权投资的含义

其他债权投资是指以收取合同现金流量和出售金融资产为目标的业务模式和以公允价值计量且其变动计入其他综合收益的金融资产。它属于债券投资。

二、其他债权投资的特征

其他债权投资的特征是企业未来持有债券期间收取该债券的本金及利息,并在该债券到期前可以出售。利息收入按实际利率法和摊余成本进行计算,也可以不持有至到期并出售。其他债权投资持有期间在资产负债表日按公允价值计量。

(一)其他债权投资是以收取合同现金流量和出售金融资产为目标的业务模式

① 在同时以收取合同现金流量和出售金融资产为目标的业务模式下,企业的关键管理人员认为收取合同现金流量和出售金融资产对于实现其管理目标而言都是不可或缺的。

② 相对于以收取合同现金流量为目标的业务模式,此业务模式涉及的出售通常频率更高、金额更大。因为出售金融资产是此业务模式的目标之一,所以在该业务模式下不存在出售金融资产的频率或价值的明确界限。

(二)其他债权投资属于以公允价值计量且其变动计入其他综合收益的金融资产

金融资产同时符合下列条件的,应当分类为以公允价值计量且其变动计入其他综合收益的金融资产。

① 企业管理该金融资产的业务模式既以收取合同现金流量为目标又以出售该金融资产为目标。

② 该金融资产的合同条款规定,在特定日期产生的现金流量,仅为对本金和以偿付本金金额为基础的利息。

业务核算

一、其他债权投资的账务处理原则

其他债权投资是以收取合同现金流量和出售金融资产为目标的金融资产,应当按照以公允价值计量且其变动计入其他综合收益的金融资产进行账务处理。

知识拓展:企业管理金融资产业务模式评估

（一）其他债权投资期初的账务处理原则

企业按当前市场条件购入的债券，应按债券的本金和相关交易费用之和作为初始确认金额；企业购入债券时价款中已到付息期但尚未领取的利息不作为初始确认金额，而作为应收项目处理。一般企业对外购的债券形成的其他债权投资而产生的应收债权，通常应按购入债权时的合同或协议价款作为初始确认金额。

（二）其他债权投资持有期间的账务处理原则

其他债权投资在持有期间资产负债表日确认投资收益，应根据实际利率计算。实际利率应在取得债券时确定，在该债券预期存续期间或适用的更短期间内保持不变；实际利率与合同利率差别较小的，也可按合同利率计算投资收益。确认持有期间资产负债表日摊余成本的金额；确认持有期间的应收利息或应计利息的金额；确认资产负债表日利息调整的摊销金额。持有期间资产负债表日其他债权投资按公允价值计量，账面价值与公允价值的差额计入所有者权益（其他综合收益）。其他债券投资重分类时，重分类的金融资产按重分类日的公允价值计量。债券投资发生减值时，应计入当期损益（信用减值损失），形成其他综合收益（信用减值准备）。

（三）其他债权投资出售的账务处理原则

根据企业经济发展的需要，可以出售该其他债权投资。如果其他债权投资出售，则该金融资产应终止确认。企业处置其他债权投资时，应将取得的价款和该其他债权投资账面价值之间的差额计入当期损益（投资收益）。

二、其他债权投资的主要账务处理

其他债权投资按照以公允价值计量且其变动计入其他综合收益的金融资产进行账务处理。以公允价值计量且其变动计入其他综合收益的金融资产的账务处理，与以公允价值计量且其变动计入当期损益的金融资产的账务处理存在相似之处。例如，均要求按公允价值进行后续计量。也有一些不同之处，以公允价值计量且其变动计入其他综合收益的金融资产所产生的利得或损失，除减值损失或利得和汇兑损益外，均应当计入其他综合收益，直至该金融资产终止确认或被重分类。但是，采用实际利率法计算的该金融资产的利息收入应当计入当期损益（投资收益）。终止确认时，之前计入其他综合收益的累计利得或损失应当从其他综合收益中转出，计入当期损益（投资收益）。

（一）取得其他债权投资的相关账务处理

企业取得以公允价值计量且其变动计入其他综合收益的金融资产中的其他债权投资时，应按该金融资产的面值，借记"其他债权投资——成本"账户，按支付的价款中包含的已到付息期但尚未领取的利息，借记"应收利息"账户，按实际支付的金额，贷记"银行存款"等账户；按其差额，借记或贷记"其他债权投资——利息调整"账户。

（二）持有期间其他债权投资的相关账务处理

① 在资产负债表日，以公允价值计量且其变动计入其他综合收益的金融资产中的其他债权投资为分期付息一次还本债券投资的，应按债券面值和票面利率计算确定的应收未收利息，借记"应收利息"账户，按债券的期初摊余成本和实际利率计算确定的利息收入，贷记"投资收益"账户；按其差额，借记或贷记"其他债权投资——利息调整"账户。

② 在资产负债表日，以公允价值计量且其变动计入其他综合收益的金融资产中的其他债权投资为到期一次还本付息债券投资的，应按债券面值和票面利率计算确定的应收未收利息，借记"其他债权投资——应计利息"账户，按债券的期初摊余成本和实际利率计算确定的利息收

入，贷记"投资收益"账户；按其差额，借记或贷记"其他债权投资——利息调整"账户。

③ 在资产负债表日，以公允价值计量且其变动计入其他综合收益的金融资产中的其他债权投资的公允价值高于其账面余额的差额，借记"其他债权投资——公允价值变动"账户，贷记"其他综合收益——其他债权投资公允价值变动"账户；公允价值低于其账面余额的差额做相反的会计分录。

④ 确定以公允价值计量且其变动计入其他综合收益的金融资产中的其他债权投资发生减值的，应按减值的金额，借记"信用减值损失"账户，贷记"其他综合收益——信用减值准备"账户。

（三）出售其他债权投资的相关账务处理

出售以公允价值计量且其变动计入其他综合收益的金融资产中的其他债权投资，应按实际收到的金额，借记"银行存款"等账户，按其账面余额，贷记"其他债权投资——成本""其他债权投资——应计利息"账户，贷记或借记"其他债权投资——公允价值变动""其他债权投资——利息调整"账户，按应从其他综合收益中转出的公允价值变动累计金额，借记或贷记"其他综合收益——其他债权投资公允价值变动"账户，按应从其他综合收益转出的信用减值准备累计金额，贷记或借记"其他综合收益——信用减值准备"账户；按其差额，贷记或借记"投资收益"账户。

例 3-2 2023 年 1 月 1 日，时宏公司支付价款 10 000 000 元（含交易费用）从深圳证券交易所购入乙企业同日发行的 5 年期公司债券 12 500 份。每份面值 1 000 元，债券票面价值总额为 12 500 000 元，票面年利率为 4.72%。该债券属于分期付息到期一次还本的债券，利息不以复利计算。于年末支付本年度债券利息（每年利息为 590 000 元），本金在债券到期时一次性偿还。合同约定，该债券的发行方在遇到特定情况时可以将债券赎回，且不需要为提前赎回支付额外款项。该公司在购买该债券时，预计发行方不会提前赎回，决定可以在债券未到期时出售。该公司根据其管理该债券的业务模式和该债券的合同现金流量特征，将该债券分类为以公允价值计量且其变动计入其他综合收益的金融资产。其他资料如下：

① 2023 年 12 月 31 日，乙企业债券的公允价值为 12 000 000 元（不含利息）。
② 2024 年 12 月 31 日，乙企业债券的公允价值为 13 000 000 元（不含利息）。
③ 2025 年 12 月 31 日，乙企业债券的公允价值为 12 500 000 元（不含利息）。
④ 2026 年 12 月 31 日，乙企业债券的公允价值为 12 000 000 元（不含利息）。
⑤ 2027 年 1 月 20 日，时宏公司通过深圳证券交易所出售了持有的乙企业债券 12 500 份，取得价款 12 600 000 元。

假定不考虑所得税、减值损失等因素，计算该债券的实际利率 r：

$590\,000 \times (1+r)^{-1} + 590\,000 \times (1+r)^{-2} + 590\,000 \times (1+r)^{-3} + 590\,000 \times (1+r)^{-4} + (590\,000 + 12\,500\,000) \times (1+r)^{-5} = 10\,000\,000$ 或 $590\,000 \times (P/A, r, 5) + 12\,500\,000 \times (P/F, r, 5) = 10\,000\,000$

采用插值法，计算得出 $r = 10\%$。

根据表 3-2 中的数据，时宏公司的相关账务处理如下。

表 3-2 其他债权投资各年的摊余成本及实际利息收入和期末公允价值变动　　　　　　　元

日　期	现金流入（A）	实际利息收入（B=期初 D× 10%）	已收回的本金（C=A−B）	摊余成本余额（D=期初 D−C）	公允价值（E）	公允价值变动额（F=E−D− 期初 G）	公允价值变动累计金额（G=E−D）
2023.01.01				10 000 000	10 000 000	0	0
2023.12.31	590 000	1 000 000	−410 000	10 410 000	12 000 000	1 590 000	1 590 000

（续表）

日　期	现金流入（A）	实际利息收入（B=期初D×10%）	已收回的本金（C=A-B）	摊余成本余额（D=期初D-C）	公允价值（E）	公允价值变动额（F=E-D-期初G）	公允价值变动累计金额（G=E-D）
2024.12.31	590 000	1 041 000	-451 000	10 861 000	13 000 000	549 000	2 139 000
2025.12.31	590 000	1 086 100	-496 100	11 357 100	12 500 000	-996 100	1 142 900
2026.12.31	590 000	1 135 710	-545 710	11 902 810	12 000 000	-1 045 710	97 190

（1）2023年1月1日，购入乙企业债券

借：其他债权投资——成本　　　　　　　　　　　　　　　　　12 500 000
　　贷：银行存款——工商银行海口南沙支行　　　　　　　　　10 000 000
　　　　其他债权投——利息调整　　　　　　　　　　　　　　 2 500 000

（2）2023年12月31日，确认乙企业债券实际利息收入，收到债券利息、公允价值变动

借：应收利息——乙企业　　　　　　　　　　　　　　　　　　　590 000
　　其他债权投资——利息调整　　　　　　　　　　　　　　　　410 000
　　贷：投资收益——利息收入　　　　　　　　　　　　　　　 1 000 000

其中，利息收入=期初摊余成本10 000 000×实际利率10%=1 000 000（元）

借：银行存款——工商银行海口南沙支行　　　　　　　　　　　　590 000
　　贷：应收利息——乙企业　　　　　　　　　　　　　　　　　 590 000

借：其他债权投资——公允价值变动　　　　　　　　　　　　　 1 590 000
　　贷：其他综合收益——其他债权投资公允价值变动　　　　　 1 590 000

其中，公允价值变动=期末公允价值12 000 000-期末摊余成本10 410 000-期初公允价值变动累计金额0=1 590 000（元）

（3）2024年12月31日，确认乙企业债券实际利息收入，收到债券利息、公允价值变动

借：应收利息——乙企业　　　　　　　　　　　　　　　　　　　590 000
　　其他债权投资——利息调整　　　　　　　　　　　　　　　　451 000
　　贷：投资收益——利息收入　　　　　　　　　　　　　　　 1 041 000

其中，利息收入=期初摊余成本10 410 000×实际利率10%=1 041 000（元）

借：银行存款——工商银行海口南沙支行　　　　　　　　　　　　590 000
　　贷：应收利息——乙企业　　　　　　　　　　　　　　　　　 590 000

借：其他债权投资——公允价值变动　　　　　　　　　　　　　　549 000
　　贷：其他综合收益——其他债权投资公允价值变动　　　　　　 549 000

其中，公允价值变动=期末公允价值13 000 000-期末摊余成本10 861 000-期初公允价值变动累计金额1 590 000=549 000（元）

（4）2025年12月31日，确认乙企业债券实际利息收入，收到债券利息、公允价值变动

借：应收利息——乙企业　　　　　　　　　　　　　　　　　　　590 000
　　其他债权投资——利息调整　　　　　　　　　　　　　　　　496 100
　　贷：投资收益——利息收入　　　　　　　　　　　　　　　 1 086 100

其中，利息收入=期初摊余成本10 861 000×实际利率10%=1 086 100（元）

借：银行存款——工商银行海口南沙支行　　　　　　　　　　　　590 000
　　贷：应收利息——乙企业　　　　　　　　　　　　　　　　　 590 000

借：其他综合收益——其他债权投资公允价值变动　　　　　　　　996 100

贷：其他债权投资——公允价值变动　　　　　　　　　　996 100

其中，公允价值变动＝期末公允价值 12 500 000－期末摊余成本 11 357 100－期初公允价值变动累计金额 2 139 000＝－996 100（元）

（5）2026年12月31日，确认乙企业债券实际利息收入，收到债券利息、公允价值变动

借：应收利息——乙企业　　　　　　　　　　　　　　　　590 000
　　其他债权投资——利息调整　　　　　　　　　　　　　545 710
　　贷：投资收益——利息收入　　　　　　　　　　　　　1 135 710

其中，利息收入＝期初摊余成本 11 357 100×实际利率 10%＝1 135 710（元）

借：银行存款——工商银行海口南沙支行　　　　　　　　　590 000
　　贷：应收利息——乙企业　　　　　　　　　　　　　　590 000

借：其他综合收益——其他债权投资公允价值变动　　　　　1 045 710
　　贷：其他债权投资——公允价值变动　　　　　　　　　1 045 710

其中，公允价值变动＝期末公允价值 12 000 000－期末摊余成本 11 902 810－期初公允价值变动累计金额 1 142 900＝－1 045 710（元）

（6）2027年1月20日，确认出售乙企业债券实际损益

借：银行存款——工商银行海口南沙支行　　　　　　　　12 600 000
　　其他债权投资——利息调整　　　　　　　　　　　　　597 190
　　贷：其他债权投资——成本　　　　　　　　　　　　12 500 000
　　　　其他债权投资——公允价值变动　　　　　　　　　 97 190
　　　　投资收益　　　　　　　　　　　　　　　　　　　600 000

借：其他综合收益——其他债权投资公允价值变动　　　　　 97 190
　　贷：投资收益　　　　　　　　　　　　　　　　　　　 97 190

其中，"其他债权投资——利息调整"余额＝2 500 000－410 000－451 000－496 100－545 710＝597 190（元）

"其他债权投资——公允价值变动"余额＝1 590 000＋549 000－996 100－1 045 710＝97 190（元）

"其他综合收益——其他债权投资公允价值变动"余额＝1 590 000＋549 000－996 100－1 045 710＝97 190（元）

或

借：银行存款——工商银行海口南沙支行　　　　　　　　12 600 000
　　其他债权投资——利息调整　　　　　　　　　　　　　597 190
　　其他综合收益——其他债权投资公允价值变动　　　　　 97 190
　　贷：其他债权投资——成本　　　　　　　　　　　　12 500 000
　　　　其他债权投资——公允价值变动　　　　　　　　　 97 190
　　　　投资收益　　　　　　　　　　　　　　　　　　　697 190

任务处理

任务三　交易性金融资产的核算

任务描述

时宏公司用 1 300 000 元购入 B 公司股票，划分为以出售金融资产为目标的金融资产。出纳人员周敏于 2023 年 4 月 18 日用银行存款支付该股票款项，已经取得该股票的相关凭证。另外，支付相关交易费用 50 000 元。请会计人员赵美媛进行账务处理。

知识储备

交易性金融资产是指以出售金融资产为目标的业务模式和以公允价值计量且其变动计入当期损益的金融资产。它既可以属于债券投资，也可以属于股权投资。

交易性金融资产的特征是企业购入的股票、债券和基金作为短线投资，以交易为目的用于赚取差价。其持有期间在资产负债表日按公允价值计量。

小思考

企业购入的认股权证是否应作为交易性金融资产核算？

业务核算

一、交易性金融资产的账务处理原则

知识拓展：公允价值的确定

交易性金融资产是以出售金融资产为目标的金融资产，应当按照以公允价值计量且其变动计入当期损益的金融资产进行账务处理。

（一）交易性金融资产期初的账务处理原则

交易性金融资产的账务处理着重于反映该类金融资产公允价值的变化及对企业财务状况和经营成果的影响。企业按当前市场条件购入的股票、债券、基金的公允价值作为初始确认金额；相关交易费用应当直接计入当期损益；对于其他类别的金融资产相关交易费用应当计入初始确认金额。企业取得交易性金融资产所支付的价款中包含的已宣告但尚未发放的现金股利或已到付息期但尚未领取的利息，应当单独确认为应收项目处理。

（二）交易性金融资产持有期间的账务处理原则

交易性金融资产在持有期间收到的现金股利或利息收入应确认为投资收益，同时确认持有期间的应收股利或应计利息的金额。持有期间资产负债表日交易性金融资产按公允价值计量，账面价值和公允价值之间的差额计入当期损益（公允价值变动损益）。交易性金融资产重分类时，重分类的金融资产按重分类日的公允价值计量。

（三）交易性金融资产出售的账务处理原则

交易性金融资产主要是以交易为目的的，所以根据企业经济发展的需要，可以出售该交易性金融资产。如果交易性金融资产出售，则该金融资产应终止确认。企业在处置交易性金融资产时，应将取得的价款和该交易性金融资产账面价值之间的差额计入当期损益（投资收益）。

二、交易性金融资产的主要账务处理

（一）取得交易性金融资产的相关账务处理

企业取得交易性金融资产，按其公允价值，借记"交易性金融资产——成本"账户，按其发生的交易费用，借记"投资收益"账户，按已到付息期但尚未领取的利息或已宣告但尚未发放的现金股利，借记"应收利息"或"应收股利"账户，按实际支付的金额，贷记"其他货币资金"或"银行存款"等账户。

（二）持有期间交易性金融资产的相关账务处理

① 交易性金融资产持有期间收到被投资单位发放的现金股利，或者收到在资产负债表日按分期付息一次还本债券投资的票面利率计算的利息，借记"其他货币资金""银行存款""应收股利"或"应收利息"等账户，贷记"投资收益"账户。收到投资时的已宣告但尚未发放的现金股利或已到付息期但未支付的利息，借记"其他货币资金""银行存款"等账户，贷记"应收股利"或"应收利息"等账户。

② 在资产负债表日，交易性金融资产的公允价值高于其账面余额的差额，借记"交易性金融资产——公允价值变动"账户，贷记"公允价值变动损益"账户；公允价值低于其账面余额的差额做相反的会计分录。

（三）出售交易性金融资产的相关账务处理

出售交易性金融资产，应按实际收到的金额，借记"其他货币资金""银行存款"等账户，按该金融资产的账面余额，贷记"交易性金融资产——成本"，贷记或借记"交易性金融资产——公允价值变动"等账户；按其差额，贷记或借记"投资收益"账户。

例 3-3 2023 年 1 月 8 日，时宏公司购入丙企业发行的公司债券。该笔债券于 2022 年 7 月 1 日发行，面值为 25 000 000 元，票面利率为 4%，债券利息按年支付。该公司将其购入的债券划分为以公允价值计量且其变动计入当期损益的金融资产，准备近期内出售以赚取差价。支付价款为 26 000 000 元（其中包含已宣告但尚未发放的 2022 年下半年债券利息 500 000 元），另支付交易费用 300 000 元。2023 年 2 月 5 日，该公司收到该笔债券利息 500 000 元。2024 年 2 月 7 日，该公司收到债券利息 1 000 000 元。

时宏公司的相关账务处理如下。

（1）2023 年 1 月 8 日，购入丙企业的公司债券时编制的会计分录

借：交易性金融资产——成本　　　　　　　　　　25 500 000
　　应收利息——丙企业　　　　　　　　　　　　　 500 000
　　投资收益　　　　　　　　　　　　　　　　　　 300 000
　　贷：银行存款——工商银行海口南沙支行　　　26 300 000

（2）2023 年 2 月 5 日，收到购买价款中包含的已宣告 2022 年下半年发放的债券利息时编制的会计分录

借：银行存款——工商银行海口南沙支行　　　　　　500 000
　　贷：应收利息——丙企业　　　　　　　　　　　 500 000

（3）2023 年 12 月 31 日，确认丙企业 2023 年度债券利息收入时编制的会计分录如下：

借：应收利息——丙企业　　　　　　　　　　　　1 000 000
　　贷：投资收益——利息收入　　　　　　　　　 1 000 000

（4）2024年2月7日，收到丙企业2023年度债券利息收入时编制的会计分录

借：银行存款——工商银行海口南沙支行　　　　　　　1 000 000
　　贷：应收利息——丙企业　　　　　　　　　　　　　　　　1 000 000

在本例中，取得交易性金融资产所支付的价款中包含了已宣告但尚未发放的2022年下半年债券利息500 000元，应当记入"应收利息"账户，不记入"交易性金融资产——成本"账户。

例3-4　承例3-3，假定2023年6月30日，时宏公司购买的该笔债券的市价为25 800 000元；2023年12月31日，该公司购买的该笔债券的市价为25 600 000元。

时宏公司的相关账务处理如下。

（1）2023年6月30日，确认该笔债券的公允价值变动损益时编制的会计分录

借：交易性金融资产——公允价值变动　　　　　　　　300 000
　　贷：公允价值变动损益　　　　　　　　　　　　　　　　　300 000

（2）2023年12月31日，确认该笔债券的公允价值变动损益时编制的会计分录

借：公允价值变动损益　　　　　　　　　　　　　　　200 000
　　贷：交易性金融资产——公允价值变动　　　　　　　　　　200 000

在本例中，2023年6月30日，该笔债券的公允价值为25 800 000元，账面余额为25 500 000元，公允价值大于账面余额300 000元，应记入"公允价值变动损益"账户的贷方；2023年12月31日，该笔债券的公允价值为25 600 000元，账面余额为25 800 000元，公允价值小于账面余额200 000元，应记入"公允价值变动损益"账户的借方。

例3-5　承例3-3和例3-4，假定2024年2月25日，时宏公司出售了所持有的丙企业的债券，售价为25 650 000元。

时宏公司应编制的会计分录如下。

借：银行存款——工商银行海口南沙支行　　　　　　25 650 000
　　贷：交易性金融资产——成本　　　　　　　　　　　　　25 500 000
　　　　交易性金融资产——公允价值变动　　　　　　　　　　100 000
　　　　投资收益　　　　　　　　　　　　　　　　　　　　　 50 000

例3-6　2023年4月11日，时宏公司支付全部价款合计10 160 000元（含交易费用10 000元和已宣告发放尚未领取的现金股利150 000元），购入甲企业发行的股票2 000 000股，占甲企业有表决权股份的0.5%。该公司根据其管理甲企业股票的业务模式和甲企业股票的合同现金流量特征，将甲企业股票分类为以公允价值计量且其变动计入当期损益的金融资产。其他资料如下。

① 2023年4月11日，购入甲企业发行的股票2 000 000股。
② 2023年4月23日，收到甲企业发放的现金股利150 000元。
③ 2023年6月30日，甲企业股票市价为每股5.2元。
④ 2023年12月31日，甲企业股票市价为每股5.1元。
⑤ 2024年4月10日，甲企业宣告发放股利为每股0.15元。
⑥ 2024年4月25日，收到甲企业发放的现金股利。
⑦ 2024年5月20日，该公司由于某特殊原因，以每股5.4元的价格将甲企业股票全部转让。假定不考虑其他因素。

时宏公司的相关账务处理如下。

（1）2023年4月11日，购入甲企业股票
借：交易性金融资产——成本　　　　　　　　　　10 000 000
　　应收股利——甲企业　　　　　　　　　　　　　　150 000
　　投资收益　　　　　　　　　　　　　　　　　　　 10 000
　　贷：银行存款——工商银行海口南沙支行　　　10 160 000
（2）2023年4月23日，收到甲企业发放的现金股利
借：银行存款——工商银行海口南沙支行　　　　　　150 000
　　贷：应收股利——甲企业　　　　　　　　　　　　150 000
（3）2023年6月30日，确认甲企业股票价格变动
借：交易性金融资产——公允价值变动　　　　　　　400 000
　　贷：公允价值变动损益　　　　　　　　　　　　　400 000
（4）2023年12月31日，确认甲企业股票价格变动
借：公允价值变动损益　　　　　　　　　　　　　　200 000
　　贷：交易性金融资产——公允价值变动　　　　　　200 000
（5）2024年4月10日，确认应收甲企业宣告发放股利
借：应收股利——甲企业　　　　　　　　　　　　　300 000
　　贷：投资收益　　　　　　　　　　　　　　　　　300 000
其中，应收甲企业宣告发放股利＝2 000 000股×0.15元/股＝300 000元
（6）2024年4月25日，应收甲企业发放的现金股利
借：银行存款——工商银行海口南沙支行　　　　　　300 000
　　贷：应收股利——甲企业　　　　　　　　　　　　300 000
（7）2024年5月20日，出售甲企业股票
借：银行存款——工商银行海口南沙支行　　　　　10 800 000
　　贷：交易性金融资产——成本　　　　　　　　　10 000 000
　　　　交易性金融资产——公允价值变动　　　　　　200 000
　　　　投资收益　　　　　　　　　　　　　　　　　600 000

任务处理

任务处理　　　　　　　　任务小结

任务四　其他权益工具投资的核算

任务描述

时宏公司购入非上市N公司股权900 000元，将此项股权投资指定为以公允价值计量且其变动计入其他综合收益的非交易性权益工具投资的金融资产。出纳人员周敏于2023年4月11日通过银行存款支付该股权款项，已经取得该股权的相关凭证。请会计人员赵美媛进行账务处理。

企业财务会计

知识储备

其他权益工具投资是指直接指定为以公允价值计量且其变动计入其他综合收益的非交易性权益工具投资。它属于股权投资。

其他权益工具投资的特征是企业购入的股权一般用于长期持有以获取现金股利，但也可以用于出售获取价差，价差计入留存收益。其持有期间在资产负债表日按公允价值计量。

业务核算

一、其他权益工具投资的账务处理原则

其他权益工具投资是指直接指定为以公允价值计量且其变动计入其他综合收益的非交易性权益工具投资的金融资产，应当按照以公允价值计量且其变动计入其他综合收益的金融资产进行账务处理。

（一）其他权益工具投资期初的账务处理原则

其他权益工具投资反映企业按照当前市场条件购入的股权，应当按照其公允价值和相关交易费用作为初始确认金额；企业取得其他权益工具投资所支付的价款中包含的已宣告但尚未发放的现金股利，应当单独确认为应收股利处理。

（二）其他权益工具投资持有期间的账务处理原则

其他权益工具投资在持有期间收到的现金股利应确认为投资收益，同时确认持有期间的应收股利的金额；持有期间资产负债表日其他权益工具投资按公允价值计量，账面价值和公允价值之间的差额计入所有者权益（其他综合收益）；其他权益工具投资不需减值准备。

（三）其他权益工具投资出售的账务处理原则

其他权益工具投资主要是非交易性权益工具投资。根据企业经济发展需要，可以出售该其他权益工具投资。如果其他权益工具投资出售，则该金融资产应终止确认。企业处置其他权益工具投资时，应将取得的价款和该其他权益工具投资账面价值之间的差额计入留存收益（盈余公积、利润分配——未分配利润）。

二、其他权益工具投资的主要账务处理

其他权益工具投资应当按照以公允价值计量且其变动计入其他综合收益的金融资产进行账务处理。

（一）取得其他权益工具投资的相关账务处理

企业取得其他权益工具投资，应按该投资的公允价值与交易费用之和，借记"其他权益工具投资——成本"账户，按支付的价款中包含的已宣告但尚未发放的现金股利，借记"应收股利"账户，按实际支付的金额，贷记"银行存款"等账户。

（二）持有期间其他权益工具投资的相关账务处理

在资产负债表日，其他权益工具投资的公允价值高于其账面余额的差额，借记"其他权益工具投资——公允价值变动"账户，贷记"其他综合收益——其他权益工具投资公允价值变动"账户；公允价值低于其账面余额的差额做相反的会计分录。

（三）出售其他权益工具投资的相关账务处理

出售其他权益工具投资，应按实际收到的金额，借记"银行存款"等账户，按其账面余额，贷记"其他权益工具投资——成本""其他权益工具投资——公允价值变动"账户，按从其他综合收益中转出的公允价值累计变动额，借记或贷记"其他综合收益——其他权益工具投资公允价值变动"账户；按其差额，贷记或借记"盈余公积""利润分配——未分配利润"等账户。

例 3-7 2023 年 4 月 11 日，时宏公司支付全部价款合计 10 160 000 元（含交易费用 10 000 元和已宣告发放尚未领取的现金股利 150 000 元）购入甲企业发行的股票 2 000 000 股，占甲企业有表决权股份的 0.5%。该公司根据其管理甲企业股票的业务模式和甲企业股票的合同现金流量特征，将购入的甲企业股票指定为以公允价值计量且其变动计入其他综合收益的非交易性权益工具投资。该公司提取法定盈余公积金的比例为 10%。

具体业务如下。
① 2023 年 4 月 11 日，购入甲企业发行的股票 2 000 000 股。
② 2023 年 4 月 23 日，收到甲企业发放的现金股利 150 000 元。
③ 2023 年 6 月 30 日，甲企业股票市价为每股 5.2 元。
④ 2023 年 12 月 31 日，甲企业股票市价为每股 5.1 元。
⑤ 2024 年 4 月 10 日，甲企业宣告发放股利为每股 0.15 元。
⑥ 2024 年 4 月 25 日，收到甲企业发放的现金股利。
⑦ 2024 年 5 月 20 日，该公司由于某特殊原因，以每股 5.4 元的价格将甲企业股票全部转让。假定不考虑其他因素。

时宏公司的相关账务处理如下。

（1）2023 年 4 月 11 日，购入甲企业股票
借：其他权益工具投资——成本　　　　　　　　　　　10 010 000
　　应收股利——甲企业　　　　　　　　　　　　　　　　150 000
　　　贷：银行存款——工商银行海口南沙支行　　　　　　　　10 160 000

（2）2023 年 4 月 23 日，收到甲企业发放的现金股利
借：银行存款——工商银行海口南沙支行　　　　　　　　150 000
　　　贷：应收股利——甲企业　　　　　　　　　　　　　　　150 000

（3）2023 年 6 月 30 日，确认甲企业股票价格变动
借：其他权益工具投资——公允价值变动　　　　　　　　400 000
　　　贷：其他综合收益——其他权益工具投资公允价值变动　　　400 000

（4）2023 年 12 月 31 日，确认甲企业股票价格变动
借：其他综合收益——其他权益工具投资公允价值变动　　200 000
　　　贷：其他权益工具投资——公允价值变动　　　　　　　　　200 000

（5）2024 年 4 月 10 日，确认应收甲企业宣告发放股利
借：应收股利——甲企业　　　　　　　　　　　　　　　300 000
　　　贷：投资收益　　　　　　　　　　　　　　　　　　　　　300 000
其中，应收甲企业宣告发放股利＝2 000 000 股×0.15 元/股＝300 000 元

（6）2024 年 4 月 25 日，应收甲企业发放的现金股利
借：银行存款——工商银行海口南沙支行　　　　　　　　300 000
　　　贷：应收股利——甲企业　　　　　　　　　　　　　　　300 000

知识拓展：不同类金融资产之间的重分类

（7）2024年5月20日，出售甲企业股票

借：银行存款——工商银行海口南沙支行　　　　　　　　10 800 000
　　贷：其他权益工具投资——成本　　　　　　　　　　　　10 010 000
　　　　其他权益工具投资——公允价值变动　　　　　　　　　 200 000
　　　　盈余公积——法定盈余公积　　　　　　　　　　　　　　59 000
　　　　利润分配——未分配利润　　　　　　　　　　　　　　 531 000

其中，盈余公积——法定盈余公积＝590 000×10%＝59 000（元）
利润分配——未分配利润＝590 000×90%＝531 000（元）

借：其他综合收益——其他权益工具投资公允价值变动　　　 200 000
　　贷：盈余公积——法定盈余公积　　　　　　　　　　　　　　20 000
　　　　利润分配——未分配利润　　　　　　　　　　　　　　 180 000

任务处理

任务处理　　　　　　　　任务小结

任务五　贷款和应收款项的核算

任务描述

时宏公司于2023年5月1日向中田公司销售一批A产品。开具增值税专用发票，不含税价为200 000元、增值税税率为13%。购销现金折扣条件为"2/10,1/20,N/30"，现金折扣考虑增值税。中田公司于2023年5月18日支付了货款，出纳人员周敏于2023年5月18日通过银行收取了该款项。请会计人员赵美媛进行账务处理。

知识储备

贷款和应收款项是指以收取合同现金流量为目标的业务模式和以摊余成本计量的金融资产。它主要是企业经营过程中产生的债权。

贷款和应收款项的特征是金融企业发放的贷款和非金融企业产生的应收债权——在活跃市场中没有报价、回收金额固定或可确定的非衍生金融资产。

业务核算

一、贷款和应收款项的账务处理原则

知识拓展：商业汇票的分类

贷款和应收款项是以收取合同现金流量为目标的金融资产，应当按照以摊余成本计量的金融资产进行账务处理。贷款和应收款项的账务处理原则与债权投资的账务处理原则大致相同。

（一）贷款和应收款项期初的账务处理原则

① 金融企业按当前市场条件发放的贷款，应按发放贷款的本金和相关交易费用之和作为初始确认金额。

② 非金融企业对外销售商品或提供劳务形成的应收债权，通常应按从购货方应收的合同或协议价款作为初始确认金额。

（二）贷款和应收款项持有期间的账务处理原则

① 金融企业贷款的账务处理主要应解决该金融资产在持有期间按实际利率法计算利息收入的问题。实际利率应在取得贷款时确定，在该贷款预期存续期间或适用的更短期间内保持不变。实际利率与合同利率差别较小的，也可按合同利率计算利息收入。持有期间资产负债表日贷款按摊余成本计量，确认摊余成本的金额；确认持有期间的应收利息或应计利息的金额；确认资产负债表日利息调整的摊销金额。

② 金融企业贷款发生减值时，应计入当期损益（信用减值损失），形成贷款减值准备。

③ 非金融企业经营过程中形成的长期应收款及其他应收债权持有期间的账务处理原则与金融企业贷款的账务处理原则相同，也是按照以摊余成本计量的金融资产进行账务处理。

④ 非金融企业经营过程中形成的其他应收债权发生减值时，应计入当期损益（信用减值损失），形成坏账准备。

（三）贷款和应收款项到期或出售的账务处理原则

如果贷款和应收款项到期或出售，则该金融资产应终止确认。企业收回或处置贷款和应收款项时，应将取得的价款与该贷款和应收款项账面价值之间的差额计入当期损益。

二、贷款和应收款项的主要账务处理

贷款是商业银行的一项主要业务，应设置"贷款"账户对按规定发放的各种贷款（如质押贷款、抵押贷款、保证贷款、信用贷款，以及具有贷款性质的银团贷款、贸易贷款、协议透支、信用卡透支、转贷款）进行核算。一般企业的应收款项通常设置"应收账款""应收票据""长期应收款""其他应收款"等账户核算。

（一）应收票据的账务处理

① 企业因销售商品、提供劳务等而收到开出、承兑的商业汇票，按商业汇票的票面金额，借记"应收票据"账户，按确认的营业收入，贷记"主营业务收入"或"其他业务收入"账户，涉及增值税销项税额的，还应按销项税额，贷记"应交税费——应交增值税（销项税额）"账户。

② 企业持有银行承兑汇票向银行申请贴现，符合《企业会计准则第 22 号——金融工具确认和计量》有关金融资产终止确认条件的，应按实际收到的金额（减去贴现息后的净额），借记"银行存款"账户，按贴现息部分，借记"财务费用"账户，按银行承兑汇票的票面金额，贷记"应收票据"账户。企业持有商业承兑汇票向银行申请贴现，不符合《企业会计准则第 22 号——金融工具确认和计量》有关金融资产终止确认条件的，银行拥有追索权，不应结转应收票据，应按实际收到的金额（减去贴现息后的净额），借记"银行存款"账户；按贴现息部分，借记"财务费用"账户；按其差额，贷记"短期借款"账户。

③ 将持有的商业汇票背书转让以取得所需物资，按应计入取得物资成本的金额，借记"材料采购"或"原材料"、"库存商品"等账户，按商业汇票的票面金额，贷记"应收票据"账户；如有差额，借记或贷记"银行存款"等账户；涉及增值税进项税额的，还应按进项税额，借记"应交税费——应交增值税（进项税额）"账户。

④ 商业汇票到期，应按实际收到的金额，借记"银行存款"账户，按商业汇票的票面金额，贷记"应收票据"账户。

知识拓展：商业汇票票面利息

例 3-8 时宏公司 2023 年 6 月 1 日销售 B 商品给甲企业，货已发出。该公司开具的增值税专用发票上注明的商品价款为 8 849.56 元、增值税税率为 13%、增值税销项税额为 1 150.44 元，价税合计 10 000 元。当日收到甲企业签发的不带息商业承兑汇票一张，面值 10 000 元。该票据的期限为 180 天，到期日为 2023 年 11 月 28 日。B 商品销售符合《企业会计准则》规定的收入确认条件。后因资金紧张，该公司于 2023 年 8 月 30 日向银行申请贴现，银行年贴现率为 9%，银行对本次贴现拥有追索权。

计算票据的贴现净额及贴现利息。

① 票据到期值＝票面金额＋利息＝10 000（元）
② 贴现天数为 8 月 30 日至 11 月 28 日，共 90 天。
③ 贴现利息＝票据到期值×贴现率×贴现时间＝10 000×9%×90/360＝225（元）
④ 贴现净额＝票据到期值－贴现利息＝10 000－225＝9 775（元）

时宏公司的相关账务处理如下。

（1）销售 B 商品实现时编制的会计分录

借：应收票据——甲企业（商业承兑汇票）　　　　　　　　　　10 000
　　贷：主营业务收入——B 商品　　　　　　　　　　　　　　　8 849.56
　　　　应交税费——应交增值税（销项税额）　　　　　　　　　1 150.44

（2）8 月 30 日将此商业承兑汇票贴现时编制的会计分录

借：银行存款——工商银行海口南沙支行　　　　　　　　　　　9 775
　　财务费用——利息支出　　　　　　　　　　　　　　　　　　225
　　贷：短期借款——工商银行海口南沙支行　　　　　　　　　　10 000

（3）11 月 28 日票据到期，当出票人甲企业向银行支付票据面值和利息时编制的会计分录

借：短期借款——工商银行海口南沙支行　　　　　　　　　　　10 000
　　贷：应收票据——甲企业　　　　　　　　　　　　　　　　　10 000

（4）11 月 28 日票据到期，当出票人甲企业未能向银行支付票据的本金和利息，拖欠债务，则该公司应承担这笔或有负债，以银行存款偿付给贴现银行时编制的会计分录

借：短期借款——工商银行海口南沙支行　　　　　　　　　　　10 000
　　贷：银行存款——工商银行海口南沙支行　　　　　　　　　　10 000

（5）终止确认金融资产应收票据，并将其金额转入"应收账款"账户时编制的会计分录

借：应收账款——甲企业　　　　　　　　　　　　　　　　　　10 000
　　贷：应收票据——甲企业（商业承兑汇票）　　　　　　　　　10 000

（二）应收账款的账务处理

应收账款是指企业因销售商品、提供劳务等经营活动，应向购货单位或接受劳务单位收取的款项，主要包括企业销售商品或提供劳务等应向有关债务人收取的价款及代购货单位垫付的包装费、运杂费等。

① 为了反映和监督应收账款的增减变动及其结存情况，企业应设置"应收账款"账户。不单独设置"预收账款"账户的企业，预收的账款也在"应收账款"账户核算。"应收账款"账户的借方登记应收账款的增加，贷方登记应收账款的收回及确认的坏账损失；期末余额一般在借方，反映企业尚未收回的应收账款；如果期末余额在贷方，则反映企业预收的账款。

企业销售产品或材料等发生应收款项时，借记"应收账款"账户，贷记"主营业务收入""应交税费——应交增值税（销项税额）""其他业务收入"等账户；收回款项时，借记"银行存款"等账户，贷记"应收账款"账户。

② 企业代购货单位垫付包装费、运杂费时，借记"应收账款"账户，贷记"银行存款"等账户；收回代垫费用时，借记"银行存款"账户，贷记"应收账款"账户。

③ 企业应收账款改用应收票据结算时，在收到承兑的商业汇票时，借记"应收票据"账户，贷记"应收账款"账户。

由于企业在销售时往往采用折扣的办法，这样会不同程度地影响应收账款及相应的销售收入的计量，所以企业计算应收账款时，还需要考虑商业折扣和现金折扣等因素的影响。

（1）商业折扣

商业折扣是企业为促进商品销售而在商品价格上给予的价格扣除。商品销售涉及商业折扣的情况下，应当按照扣除商业折扣后的金额确定销售商品收入金额。对于商业折扣，《中华人民共和国增值税暂行条例》规定，如果销售额和折扣额是在同一张发票上分别注明的（增值税普通发票和增值税专用发票的开具方法相同），则可以按折扣后的余额作为销售额计算增值税和企业所得税；如果将折扣额另开发票，则不论其在财务上如何处理，均不得从销售额中减除折扣额计算增值税和企业所得税。

例 3-9 2023 年 10 月 10 日，时宏公司赊销乙企业 A 商品 2 000 件。按价目表的价格计算单价为 50 元/件，货款金额总计 100 000 元。给买方的商业折扣为 10%，适用增值税税率为 13%。

该公司的相关账务处理如下。

① 在销售时有商业折扣的情况下，应收账款和销售收入按扣除商业折扣后的金额入账，编制会计分录如下。

借：应收账款——乙企业　　　　　　　　　　　　　　　101 700
　　贷：主营业务收入——A 商品　　　　　　　　　　　　　90 000
　　　　应交税费——应交增值税（销项税额）　　　　　　　11 700

② 收到货款时，编制会计分录如下。

借：银行存款——工商银行海口南沙支行　　　　　　　　101 700
　　贷：应收账款——乙企业　　　　　　　　　　　　　　　101 700

（2）现金折扣

现金折扣是债权人为了鼓励债务人在规定的期限内付款而向债务人提供的债务扣除。现金折扣通常发生在以赊销方式销售商品及提供劳务的交易中。企业为了鼓励客户提前付款，可能与债务人达成协议，债务人在不同的期限内付款可享受不同比例的折扣，付款时间越短（越早），折扣越大。因此，现金折扣实际上是企业为了尽快向债务人收回债权而发生的财务费用，折扣额即相当于收回债权而支付的利息。

现金折扣的表达用"折扣形式/付款期限"表示。例如，"2/10,1/20,N/30"表示如果购货方在 10 天之内付款，则销售方给予价款的 2%的优惠；如果购货方在 20 天内付款，则销售方给予价款的 1%的优惠；如果对方在 30 天内付款，则不给予任何优惠折扣。

例 3-10 时宏公司向甲企业销售 A 商品一批，价款 20 000 元。增值税税率为 13%，增值税税额为 2 600 元。款项未收到。该公司为及时收回款项，准备给予对方折扣，规定的现金折扣条件是"2/10,1/20,N/30"。商品已发出，并办妥托收手续。假定折扣不考虑增值税。

该公司的相关账务处理如下。

① 销售商品时确认销售收入，编制会计分录如下。

借：应收账款——甲企业　　　　　　　　　　　　　　　22 600

贷：主营业务收入——A商品　　　　　　　　　　　　　　　　　　20 000
　　　　应交税费——应交增值税（销项税额）　　　　　　　　　　　　2 600
② 如果购货方甲企业10天内付款，则时宏公司给予的现金折扣为400（20 000×2%）元，编制会计分录如下。
　　借：银行存款——工商银行海口南沙支行　　　　　　　　　　　　22 200
　　　　财务费用——现金折扣　　　　　　　　　　　　　　　　　　　 400
　　贷：应收账款——甲企业　　　　　　　　　　　　　　　　　　　22 600
③ 如果购货方甲企业20天内付款，则时宏公司给予的现金折扣为200（20 000×1%）元，编制会计分录如下。
　　借：银行存款——工商银行海口南沙支行　　　　　　　　　　　　22 400
　　　　财务费用——现金折扣　　　　　　　　　　　　　　　　　　　 200
　　贷：应收账款——甲企业　　　　　　　　　　　　　　　　　　　22 600
④ 如果购货方甲企业20天后付款，则时宏公司给予的现金折扣为0，编制会计分录如下。
　　借：银行存款——工商银行海口南沙支行　　　　　　　　　　　　22 600
　　贷：应收账款——甲企业　　　　　　　　　　　　　　　　　　　22 600

小·思考

如果时宏公司预付60 000元，则收到材料后应如何结算预付账款？

（三）其他应收款的账务处理

其他应收款是指企业除应收票据、应收账款、预付账款等以外的其他各种应收及暂付款项。其主要内容包括以下几项。

① 应收的各种赔款、罚款。例如，因职工失职造成一定损失而应向该职工收取的赔款，或者因企业财产等遭受意外损失而应向有关保险公司收取的赔款等。

② 应收出租包装物和低值易耗品的租金。

③ 应向职工收取的各种垫付款项。例如，为职工垫付的水电费、应由职工负担的医药费、房租费等。

④ 存出保证金。例如，租入包装物和低值易耗品时支付的押金。

⑤ 其他各种应收及暂付款项。

例 3-11 时宏公司租入包装物一批，以银行存款向出租方丙企业支付押金20 000元。
① 支付押金时编制的会计分录如下。
　　借：其他应收款——丙企业（押金）　　　　　　　　　　　　　　20 000
　　贷：银行存款——工商银行海口南沙支行　　　　　　　　　　　　20 000
② 租入包装物按期如数退回，收到出租方退还的押金20 000元，已存入银行，编制会计分录如下。
　　借：银行存款——工商银行海口南沙支行　　　　　　　　　　　　20 000
　　贷：其他应收款——丙企业（押金）　　　　　　　　　　　　　　20 000

（四）应收款项的减值

企业应当在资产负债表日对应收款项的账面价值进行检查。有客观证据表明该应收款项发生减值的情况下，应当将该应收款项的账面价值减记至预计未来现金流量现值，减记的金额确认减值损失，计提坏账准备。

① 企业应当设置"坏账准备"账户,核算应收款项的坏账准备计提、转销等情况。企业当期计提的坏账准备应当计入信用减值损失。"坏账准备"账户的贷方登记当期计提的坏账准备金额,借方登记实际发生的坏账损失金额和冲减的坏账准备金额;期末余额一般在贷方,反映企业已计提但尚未转销的坏账准备。

坏账准备可按以下公式计算。

当期应计提的坏账准备＝当期按应收款项计算应提坏账准备金－(或＋)"坏账准备"账户的贷方(或借方)余额

② 企业计提坏账准备时,按应减记的金额,借记"信用减值损失——计提的坏账准备"账户,贷记"坏账准备"账户。冲减多计提的坏账准备时,借记"坏账准备"账户,贷记"信用减值损失——计提的坏账准备"账户。

③ 企业确实无法收回的应收款项按管理权限报经批准后作为坏账转销时,应当冲减已计提的坏账准备。企业发生坏账损失时,借记"坏账准备"账户,贷记"应收账款""其他应收款"等账户。

④ 已确认并转销的应收款项以后又收回的情况下,应当按照实际收到的金额增加坏账准备的账面余额。已确认并转销的应收款项以后又收回时,借记"应收账款""其他应收款"等账户,贷记"坏账准备"账户。同时,借记"银行存款"账户,贷记"应收账款""其他应收款"等账户。也可以按照实际收回的金额,借记"银行存款"账户,贷记"坏账准备"账户。

例 3-12 2023 年 12 月 31 日,时宏公司对应收丁企业的账款进行减值测试。应收账款余额合计 2 000 000 元。该公司根据丁企业的资信情况确定按应收账款余额的 5%计提坏账准备。

① 2023年末计提坏账准备的会计分录如下。

借:信用减值损失——计提的坏账准备　　　　　　　　100 000
　　贷:坏账准备　　　　　　　　　　　　　　　　　　　　100 000

② 时宏公司 2024 年对丁企业的应收账款实际发生坏账损失 60 000 元。确认坏账损失时,编制会计分录如下。

借:坏账准备　　　　　　　　　　　　　　　　　　　　60 000
　　贷:应收账款——丁企业　　　　　　　　　　　　　　　60 000

例 3-13 承例 3-12,时宏公司 2024 年年末应收丁企业的账款余额为 1 200 000 元,经减值测试,该公司决定仍按 5%计提坏账准备。

应提的坏账准备金＝1 200 000×5%－(100 000－60 000)＝20 000(元)

借:信用减值损失——计提的坏账准备　　　　　　　　20 000
　　贷:坏账准备　　　　　　　　　　　　　　　　　　　　20 000

例 3-14 承例 3-13,时宏公司 2025 年 4 月 20 日收到 2024 年已转销丁企业的坏账 10 000元,已存入银行。

(1)转回坏账损失时编制的会计分录

借:应收账款——丁企业　　　　　　　　　　　　　　10 000
　　贷:坏账准备　　　　　　　　　　　　　　　　　　　　10 000

(2)收回应收款项时编制的会计分录

借:银行存款——工商银行海口南沙支行　　　　　　　10 000
　　贷:应收账款——丁企业　　　　　　　　　　　　　　　10 000

任务处理与项目练习

任务处理　　任务小结　　项目练习　　参考答案

某企业抛售金融资产

案例讨论

1. 讨论企业出售金融资产的目的。
2. 思考如何培养实事求是、勇于创新的精神。

案例讨论

1. 讨论应收账款期末计提大额坏账准备对利润的影响。
2. 以诚信为本的职业素养应具备哪些要件？仔细谨慎的职业态度如何产生？

某企业逾期应收账款高达 26.35 亿元

项目四 存货

学习目标

知识目标
- 理解存货的概念、分类。
- 掌握存货按实际成本计价和按计划成本计价的核算。
- 明确存货确认和材料计价的方法。
- 了解周转材料的核算。

能力目标
- 能够对发出存货分别运用不同的发出计价方法进行会计核算。
- 能够用计划成本法对原材料进行会计核算,正确计算材料成本差异率。
- 能够对期末存货进行会计核算。

素质目标
- 培养诚信做账、诚信做人的品格。
- 锤炼遵纪守法、诚信的职业品质。

任务一 认知存货

任务描述

时宏公司对购入的乙材料按实际成本法进行核算,并于2023年4月7日购入乙材料一批。取得增值税专用发票一张,发票上注明的价款为200 000元、增值税税额为26 000元,价税合计226 000元。材料已经验收入库。出纳人员周敏于2023年4月7日通过银行存款支付该材料款项。请会计人员赵美媛进行账务处理。

知识储备

存货是指企业在日常活动中持有以备出售的产成品或商品、处在生产过程中的在产品、在生产过程或提供劳务过程中耗用的材料和物料等,包括企业为生产产品和商品销售而持有的原材料、燃料、包装物、低值易耗品、在产品、产成品、商品等。存货通常在一年或超过一年的一个营业周期内被消耗或出售，具有明显的流动性，属于流动资产。

存货区别于固定资产等非流动资产的最基本的特征是：企业持有存货的最终目的是出售，包括可供直接出售的产成品、商品，以及需经过进一步加工后出售的原材料等。

存货必须在符合定义的前提下同时满足下列条件，才能予以确认。

① 与该存货有关的经济利益很可能流入企业。

② 该存货的成本能够可靠地计量。

存货分布于企业生产经营的各个环节且种类繁多、用途各异。为了加强对存货的管理，提供有用的会计信息，应当对存货进行适当的分类。

1. 存货按经济用途进行分类

不同行业的企业由于经济业务的具体内容各不相同，因此存货的构成也不尽相同。例如，商品流通企业的主要业务是商品购销，其存货以待销售的商品为主，也包括少量的周转材料和其他物料用品；制造企业的主要业务是生产和销售产品，其存货构成比较复杂，不仅包括各种将在生产经营过程中耗用的原材料、周转材料，也包括仍然处在生产过程中的在产品，以及准备出售的产成品。因此，存货的具体内容和类别应依企业所处行业的性质而定。一般来说，存货按经济用途可进行如下分类。

① 原材料。这是指在生产过程中经加工改变其形态或性质并构成产品主要实体的各种原料及主要材料、辅助材料、外购半成品、修理用备件、包装材料、燃料等。

② 在产品。这是指仍处在生产过程中、尚未完工入库的生产物，包括正处于各个生产工序尚未制造完成的在产品，以及虽已制造完成但尚未检验或虽已检验但尚未办理入库手续的产成品。

③ 自制半成品。这是指在本企业已经过一定生产过程的加工并经检验合格交付半成品仓库保管，但尚未最终制造完成、仍需进一步加工的中间产品。

④ 产成品。这是指工业企业已经完成全部生产过程并验收入库，可以按照合同规定的条件送交订货单位，或者可以作为商品对外销售的产品。

⑤ 库存商品。这是指商品流通企业的商品，包括外购或委托加工完成验收入库的用于销售的各种商品。

⑥ 周转材料。这是指企业能够多次使用、逐渐转移其价值但仍保持原有形态、不确认为固定资产的材料，包括包装物、低值易耗品等。

2. 存货按存放地点进行分类

企业的存货分布于供、产、销各个环节，按存放地点可以分为在库存货、在途存货、在制存货和在售存货。

① 在库存货。这是指已经购进或生产完工并验收入库的各种原材料、周转材料、半成品、产成品及商品。

② 在途存货。这是指已经取得所有权但尚在运输途中或虽已运抵企业但尚未验收入库的各种材料物资及商品。

③ 在制存货。这是指正处于本企业各生产工序加工制造过程的在产品，以及委托外单位加工但尚未完成的材料物资。

④ 在售存货。这是指已发运给购货方，但尚不能完全满足收入确认条件，因而仍应作为销货方存货的发出商品、委托代销商品等。

3. 存货按取得方式进行分类

存货按取得方式可以分为外购存货、自制存货、委托加工存货、投资者投入的存货、接受捐赠取得的存货、通过债务重组取得的存货、非货币性资产交换取得的存货、盘盈的存货等。

业务核算

一、存货的初始计量

（一）外购存货

外购存货的成本是指采购成本，一般包括购买价款、相关税费、运输费、装卸费、保险费及其他可归属于存货采购成本的费用。

购买价款是指所购货物发票账单上列明的价款，但不包括按规定可予抵扣的增值税税额；相关税费是指进口关税及购买、自制或委托加工存货发生的消费税、资源税和不能从增值税销项税额中抵扣的进项税额；其他可归属于存货采购成本的费用，是指存货采购过程中发生的除上述各项费用以外的仓储费、包装费、运输途中的合理损耗、大宗物资的市内运杂费、入库前的挑选整理费用等。

存货在运输途中发生短缺，属于过失人造成的损失，应向过失人索取赔偿，不计入采购成本；属于自然灾害造成的非常损失，应将扣除保险赔款和可收回残值后的净损失，计入营业外支出；属于无法查明原因的途中损耗，应先作为待处理财产损溢核算，待查明原因后再做处理。此外，市内零星货物运杂费、采购人员的差旅费、采购机构的经费及供应部门经费等一般都不应当包括在存货的采购成本中。

（二）自制存货

企业自制存货的成本由采购成本、加工成本和其他成本构成。

① 采购成本是企业采购材料的价款、运杂费及可以合理计入材料成本的各项费用。

② 加工成本是指存货制造过程中发生的直接人工及按照一定方法分配的制造费用。其中，制造费用是指企业为生产产品和提供劳务而发生的各项间接费用，企业应当根据制造费用的性质合理地选择制造费用的分配方法。在同一生产过程中，同时生产两种或两种以上的产品，并且每种产品的加工成本不能直接区分的，其加工成本应当按照合理的方法在各种产品之间进行分配。

③ 其他成本是指除采购成本、加工成本以外的，使存货达到目前场所和状态所发生的其他支出。

（三）委托加工存货

委托加工存货的成本一般包括加工过程中实际耗用的原材料或半成品成本、加工费、运输费、装卸费等，以及按规定应计入加工成本的税金。

二、存货的发出计量

我国《企业会计准则》规定，存货采用实际成本核算；发出存货应当采用先进先出法、加权平均法或个别计价法确定发出存货的实际成本。对于性质和用途相似的材料，应当采用相同的存货计价方法。

企业应当根据实际情况，综合考虑存货收发的特点和管理的要求及财务报告目标、税收负担、现金流量、股票市价、经理人员业绩评价等各种因素，选择适当的存货计价方法，合理确定发出存货的实际成本。存货计价方法一经选定，前后各期应当保持一致，并在会计报表附注中予以披露。下面以存货中的原材料举例说明。

（一）先进先出法

先进先出法是以先购入的原材料应先发出（销售或耗用）的一种实物流动假设为前提，对发出原材料进行计价的一种方法。采用这种方法，先购入的原材料成本在后购入原材料成本之前转出，据此确定发出原材料成本和期末结存原材料成本。

先进先出法虽然可以随时结转存货发出成本，但较烦琐。当存货收发业务较多且存货单价不稳定时，其工作量较大。在物价持续上升时，期末存货成本接近于市价，而发出成本偏低，会高估企业当期利润和库存存货价值；反之，会低估企业存货价值和当期利润。

例 4-1 时宏公司 2023 年 7 月甲材料期初结存、本期收入、本期发出和期末结存的情况如下：

① 7 月 1 日结存甲材料的数量为 220 千克，单价为 51 元/千克，金额为 11 220 元。
② 7 月 5 日购进甲材料的数量为 530 千克，单价为 56 元/千克，金额为 29 680 元。
③ 7 月 10 日发出甲材料的数量为 440 千克。
④ 7 月 16 日购进甲材料的数量为 370 千克，单价为 58 元/千克，金额为 21 460 元。
⑤ 7 月 18 日发出甲材料的数量为 290 千克。
⑥ 7 月 23 日发出甲材料的数量为 240 千克。
⑦ 7 月 27 日购进甲材料的数量为 180 千克，单价为 59 元/千克，金额为 10 620 元。

采用先进先出法计算 7 月份发出甲材料的成本和期末结存甲材料的成本及数量。

时宏公司的计算结果如下。

7 月 10 日发出甲材料成本 = 220×51+220×56 = 23 540（元）
7 月 18 日发出的甲材料成本 = 290×56 = 16 240（元）
7 月 23 日发出的甲材料成本 = 20×56+220×58 = 13 880（元）
本月发出的甲材料成本合计 = 23 540+16 240+13 880 = 53 660（元）
月末结存的甲材料成本 = 11 220+61 760-53 660 = 19 320（元）
月末结存的甲材料成本 = 150×58+180×59 = 19 320（元）

月末结存的甲材料数量：单价为 58 元/千克的有 150 千克；单价为 59 元/千克的有 180 千克。

采用先进先出法对存货计价如表 4-1 所示。

表 4-1 原材料明细账（采用先进先出法）

存货类别：甲材料　　　　　存放地点：材料仓库 2 号库　　　　　计量单位：千克　金额单位：元

2023 年		凭证字号	摘要	收入			发出			结存		
月	日			数量	单价/（元/千克）	金额	数量	单价/（元/千克）	金额	数量	单价/（元/千克）	金额
7	01		期初结存							220	51	11 220
7	05	（略）	购入	530	56	29 680				220	51	11 220
7	05									530	56	29 680
7	10	（略）	发出				220	51	11 220			
7	10		发出				220	56	12 320	310	56	17 360
7	16	（略）	购入	370	58	21 460				310	56	17 360
7	16									370	58	21 460

(续表)

2023年		凭证字号	摘要	收入			发出			结存		
月	日			数量	单价/（元/千克）	金额	数量	单价/（元/千克）	金额	数量	单价/（元/千克）	金额
7	18	（略）	发出				290	56	16 240	20	56	1 120
7	18									370	58	21 460
7	23	（略）	发出				20	56	1 120			
7	23	（略）	发出				220	58	12 760	150	58	8 700
7	27	（略）	购入	180	59	10 620				150	58	8 700
7	27									180	59	10 620
7	31		本月合计	1 080		61 760	970		53 660	330		19 320

（二）加权平均法

加权平均法分为月末一次加权平均法和移动加权平均法。

1. 月末一次加权平均法

月末一次加权平均法是以月初结存存货成本加上本月入库存货成本之和除以月初结存存货数量加上本月入库存货数量之和，计算出月末一次加权平均单价，以此为基础计算本月发出存货成本和月末结存存货成本的一种方法。其计算公式为：

月末一次加权平均单价＝（月初结存存货成本＋本月入库存货成本）÷
（月初结存存货数量＋本月入库存货数量）

月末一次加权平均单价＝[月初结存存货成本＋∑（本月各批入库数量×本月各批入库存货实际单位成本）]÷（月初结存存货数量＋本月入库存货数量）

本月发出存货成本＝本月发出存货数量×月末一次加权平均单价

月末结存存货成本＝月末结存存货的数量×月末一次加权平均单价　　　（1）

月末结存存货成本＝月初结存存货成本＋本月入库存货成本－本月发出存货成本　（2）

为了消除计算过程中的尾差，在计算月末结存存货成本时通常采用（2）式。

采用月末一次加权平均法只在月末一次计算加权平均单价，从而有利于简化成本计算工作。但由于平时无法从账上提供发出存货和结存存货的单价及金额，因此不利于存货成本的日常管理与控制。

例 4-2　根据例 4-1 的资料，采用月末一次加权平均法计算 7 月份发出甲材料的成本和期末结存甲材料的成本及数量。

时宏公司的计算结果如下。

月末一次加权平均单价＝(11 220＋61 760)÷(220＋1 080)＝56.138 5（元/千克）

本月发出的甲材料成本＝970×56.138 5＝54 454.35（元）

月末结存的甲材料成本＝11 220＋61 760－54 454.35＝18 525.65（元）

月末结存的甲材料数量＝220＋1 080－970＝330（千克）

采用月末一次加权平均法对存货计价，如表 4-2 所示。

表 4-2　原材料明细账（采用月末一次加权平均法）

存货类别：甲材料　　　　　　　存放地点：材料仓库 2 号库　　　　　　计量单位：千克　金额单位：元

2023年 月	日	凭证字号	摘　要	收入 数量	单价/（元/千克）	金　额	发出 数量	单价/（元/千克）	金　额	结存 数量	单价/（元/千克）	金　额
7	01		期初结存							220	51	11 220
7	05	（略）	购入	530	56	29 680				750		
7	10	（略）	发出				440			310		
7	16	（略）	购入	370	58	21 460				680		
7	18	（略）	发出				290			390		
7	23	（略）	发出				240			150		
7	27	（略）	购入	180	59	10 620				330		
7	31		本月合计	1 080		61 760	970	56.138 5	54 454.35	330	56.138 3	18 525.65

2. 移动加权平均法

移动加权平均法是以上次结存存货成本加上本次入库存货成本除以上次结存存货数量加上本次入库存货数量，计算出本次入库存货加权平均单价，以此为基础计算本次发出存货成本和本次结存存货成本的一种方法。其计算公式为：

本次入库存货加权平均单价＝（上次结存存货成本＋本次入库存货成本）÷（上次结存存货数量＋本次入库存货数量）

本次发出存货成本＝本次发出存货数量×本次入库存货加权平均单价

本次结存存货成本＝本次结存存货数量×本次入库存货加权平均单价　　（1）

本次结存存货成本＝上次结存存货成本＋本次入库存货成本－本次发出存货成本　（2）

为了消除计算过程中的尾差，在计算月末结存存货成本时通常采用（2）式。

采用移动平均法能够使企业管理层及时了解存货的结存情况，计算的平均单价及发出和结存的存货成本比较客观。但由于每次收货都要计算一次平均单价，计算工作量较大，因此对收发货较频繁的企业不适用。

例 4-3　根据例 4-1 的资料，采用移动加权平均法计算 7 月份发出甲材料的成本和期末结存甲材料的成本及数量。

时宏公司的计算结果如下：

7 月 5 日入库的甲材料加权平均单价＝（11 220＋29 680）÷（220＋530）＝54.533 3（元/千克）

7 月 10 日发出的甲材料成本＝440×54.533 3＝23 994.65（元）

7 月 10 日结存的甲材料成本＝11 220＋29 680－23 994.65＝16 905.35（元）

7 月 16 日入库的甲材料加权平均单价＝（16 905.35＋21 460）÷（310＋370）＝56.419 6（元/千克）

7 月 18 日发出的甲材料成本＝290×56.419 6＝16 361.68（元）

7 月 23 日发出的甲材料成本＝240×56.419 6＝13 540.70（元）

7 月 23 日结存的甲材料成本＝16 905.35＋21 460－16 361.68－13 540.70＝8 462.97（元）

7月27日入库的甲材料加权平均单价＝（8 462.97＋10 620）÷（150＋180）＝57.827 2（元/千克）

本月发出的甲材料成本＝23 994.65＋16 361.68＋13 540.70＝53 897.03（元）

月末结存的甲材料成本＝11 220＋61 760－53 897.03＝19 082.97（元）

月末结存的甲材料成本＝8 462.97＋10 620＝19 082.97（元）

月末结存的甲材料数量＝150＋180＝330（千克）

月末结存的甲材料数量＝220＋1 080－970＝330（千克）

采用移动加权平均法对存货计价，如表4-3所示。

表4-3　原材料明细账（采用移动加权平均法）

存货类别：甲材料　　　　　存放地点：材料仓库2号库　　　　　计量单位：千克　金额单位：元

2023年		凭证字号	摘要	收入			发出			结存		
月	日			数量	单价/（元/千克）	金额	数量	单价/（元/千克）	金额	数量	单价/（元/千克）	金额
7	01		期初结存							220	51	11 220
7	05	（略）	购入	530	56	29 680				750	54.533 3	40 900
7	10	（略）	发出				440	54.533 3	23 994.65	310		16 905.35
7	16	（略）	购入	370	58	21 460				680	56.419 6	38 365.35
7	18	（略）	发出				290	56.419 6	16 361.68	390		
7	23	（略）	发出				240	56.419 6	13 540.70	150		8 462.97
7	27	（略）	购入	180	59	10 620				330	57.827 2	19 082.97
7	31		本月合计	1080		61 760	970		53 897.03	330		19 082.97

（三）个别计价法

个别计价法又称个别认定法、分批实际法，其特征是注重所发出材料具体项目的实物流转和成本流转之间的联系，逐一辨认各批发出材料和期末材料所属的购进批别或生产批别，分别按其购入或生产时所确定的单位成本计算各批发出材料和期末材料的成本。

个别计价法的成本计算准确，符合实际情况，但在存货收发频繁的情况下，其发出成本分辨的工作量较大。因此，这种方法适用于一般不能替代使用的存货、为特定项目专门购入或制造的存货及提供的劳务，如珠宝、名画等贵重物品。

例4-4　根据例4-1的资料，采用个别计价法计算当月发出存货成本和期末结存存货的成本。根据相关原始凭证可知，7月10日发出的440千克甲材料中，有100千克属于期初结存的材料，340千克属于7月5日购入的材料；7月18日发出的290千克甲材料中，有50千克属于期初结存的材料，150千克属于7月5日购入的材料，90千克属于7月16日购入的材料；7月23日发出的240千克甲材料中，有70千克属于期初结存的材料，30千克属于7月5日购入的材料，140千克属于7月16日购入的材料。计算7月份发出甲材料的成本和期末结存甲材料的成本及数量。

时宏公司的计算结果如下。

7月10日发出的甲材料成本＝100×51＋340×56＝24 140（元）

7月18日发出的甲材料成本＝50×51＋150×56＋90×58＝16 170（元）

7月23日发出的甲材料成本＝70×51＋30×56＋140×58＝13 370（元）

本月发出的甲材料成本＝24 140＋16 170＋13 370＝53 680（元）
月末结存的甲材料成本＝11 220＋61 760－53 680＝19 300（元）
月末结存的甲材料成本＝10×56＋140×58＋180×59＝19 300（元）
月末结存的甲材料数量：单价为 56 元/千克的有 10 千克；单价为 58 元/千克的有 140 千克；单价为 59 元/千克的有 180 千克。

采用个别计价法对存货计价，如表 4-4 所示。

表 4-4 原材料明细账（采用个别计价法）

存货类别：甲材料　　　　　　存放地点：材料仓库 2 号库　　　　　　计量单位：千克　金额单位：元

2023年 月	日	凭证字号	摘要	收入 数量	单价/(元/千克)	金额	发出 数量	单价/(元/千克)	金额	结存 数量	单价/(元/千克)	金额
7	01		期初结存							220	51	11 220
7	05	（略）	购入	530	56	29 680				220	51	11 220
7	05									530	56	29 680
7	10	（略）	发出				100	51	5 100	120	51	6 120
7	10	（略）	发出				340	56	19 040	190	56	10 640
7	16	（略）	购入	370	58	21 460				120	51	6 120
7	16									190	56	10 640
7	16									370	58	21 460
7	18	（略）	发出				50	51	2 550	70	51	3 570
7	18						150	56	8 400	40	56	2 240
7	18						90	58	5 220	280	58	16 240
7	23	（略）	发出				70	51	3 570	0	51	0
7	23						30	56	1 680	10	56	560
7	23						140	58	8 120	140	58	8 120
7	27	（略）	购入	180	59	10 620				10	56	560
7	27									140	58	8 120
7	27									180	59	10 620
7	31		本月合计	1 080		61 760	970		53 680	330		19 300

三、存货的期末计量

为了在资产负债表中更合理地反映期末存货的价值，企业应当选择适当的计价方法对期末存货进行再计量。我国《企业会计准则》规定，在资产负债表日，存货应当采用成本与可变现净值孰低法计量。

知识拓展：存货成本流转的假设

（一）成本与可变现净值孰低法的含义

成本与可变现净值孰低法是按照存货的成本和可变现净值两者之中的较低者对期末存货进行计量的一种方法。采用这种方法，当期末存货的成本低于可变现净值时，存货仍按成本计量；当期末存货的可变现净值低于成本时，存货按可变现净值计量。

① 所谓成本，是指期末存货的实际成本，即采用先进先出法、加权平均法等存货计价方法

对发出存货（或期末存货）进行计价所确定的期末存货账面成本。如果存货的日常核算采用计划成本法、售价金额核算法等简化核算方法，则期末存货的实际成本是指通过差异调整而确定的存货成本。

② 所谓可变现净值，是指在日常活动中，存货的估计售价减去至完工时估计将要发生的成本、估计的销售费用及相关税费后的金额。存货在销售过程中不仅会取得销售收入，也会发生销售费用和相关税费，为使存货达到预定可销售状态还可能进一步发生加工成本。这些销售费用、相关税费和加工成本，均构成销售存货产生的现金流入的抵减项目，只有扣除了这些现金流出后才能确定存货的可变现净值。因此，可变现净值不是指存货的预计售价或合同价，而是指存货的预计未来净现金流入量。

采用成本与可变现净值孰低法对期末存货进行计量，当某项存货的可变现净值跌至成本以下时，表明该项存货为企业带来的未来经济利益将低于账面成本，企业应按可变现净值低于成本的差额确认存货跌价损失，并将其从存货价值中扣除，否则就会虚计当期利润和存货价值；当可变现净值高于成本时，企业不能按可变现净值高于成本的金额确认这种尚未实现的存货增值收益，否则也会虚计当期利润和存货价值。因此，成本与可变现净值孰低法体现了谨慎性的会计信息质量要求。

（二）存货可变现净值的确定

根据存货的账面记录，可以很容易地获得存货的成本资料。因此，运用成本与可变现净值孰低法对期末存货进行计量的关键，是合理确定存货的可变现净值。

1. 确定存货的可变现净值应以确凿的证据为基础

存货可变现净值的确凿证据是指对确定存货的可变现净值有直接影响的客观证明，如产品或商品的市场销售价格、与企业产品或商品相同或类似商品的市场销售价格、销售方提供的有关资料和生产成本资料等。

2. 确定存货的可变现净值应考虑持有存货的目的

根据存货的定义，企业持有存货有两个基本的目的，即持有以备出售和持有以备继续加工或耗用。企业在确定存货的可变现净值时，应考虑持有存货的目的。持有存货的目的不同，可变现净值的确定方法也不尽相同。

- 对用于出售而持有的商品或材料，应将商品或材料的成本与其可变现净值进行比较。

用于出售而持有的商品或材料的可变现净值＝商品或材料的估计售价－
估计发生销售费用及税金

- 对用于生产而持有的材料（包括原材料、在产品、委托加工材料等），应当将材料的成本与其可变现净值进行比较。

用于生产而持有的材料的可变现净值＝商品的估计售价－至完工时估计将要发生的成本－
估计发生销售费用及税金

如果以该材料生产的产成品的可变现净值高于产成品的成本，说明以该材料生产的产成品未减值，同时也说明该材料未减值，则该材料应当按照其成本计量。

例 4-5 2023 年 12 月 31 日，时宏公司库存原材料——乙材料的账面成本为 1 200 000 元，单位成本为 12 000 元/件，数量为 100 件，可用于生产 80 台 M6 型机器。乙材料的市场销售价格为 11 000 元/件。假定不发生其他销售费用。

乙材料市场销售价格下跌，导致用乙材料生产的 M6 型机器市场销售价格也下跌，由此造成 M6 型机器的市场销售价格由 40 000 元/台降为 33 500 元/台，但生产成本仍为 2 800 000 元/

台。将该批乙材料加工成 M6 型机器尚需投入资金和所需成本为 1 600 000 元,估计发生销售费用及税金为 1 000 元/台。

根据上述资料,可按照以下步骤确定乙材料的可变现净值。

(1) 计算用该批乙材料所生产的产成品 M6 型机器的可变现净值

M6 型机器的可变现净值=M6 型机器估计售价-估计发生销售费用及税金=80×33 500-80×1 000=2 600 000(元)

(2) 将用该批乙材料所生产的产成品的可变现净值与产成品成本进行比较

M6 型机器的可变现净值 2 600 000 元低于其成本 2 800 000 元,即乙材料价格的下降表明 M6 型机器的可变现净值低于其成本,因此乙材料应当按可变现净值计量。

(3) 计算该批乙材料的可变现净值

乙材料的可变现净值=M6 型机器估计售价-将乙材料加工成 M6 型机器尚需投入的成本-估计发生销售费用及税金=80×33 500-1 600 000-80×1 000=1 000 000(元)

乙材料的可变现净值 1 000 000 元低于其成本 1 200 000 元,因此乙材料的期末价值应为其可变现净值 1 000 000 元,即乙材料应按 1 000 000 元列示在 2023 年 12 月 31 日资产负债表的存货项目之中。

四、存货的跌价准备计提

企业应当定期对材料存货进行全面检查,如果由于存货毁损、全部或部分陈旧过时或销售价格低于成本等原因,使存货可变现净值低于其成本,则应按可变现净值低于成本的部分,计提存货跌价准备。

(一) 存货减值的判断依据

企业在对存货进行定期检查时,如果存在下列情况之一,则表明存货的可变现净值低于其成本。

① 该存货的市场价格持续下跌,并且在可预见的未来无回升的希望。

② 企业使用该项原材料生产的产品成本大于产品的销售价格。

③ 企业因产品更新换代,原有库存原材料已不适应新产品的需要,而该原材料的市场价格又低于其账面成本。

④ 因企业所提供的商品或劳务过时或消费者偏好改变而使市场的需求发生变化,导致市场价格逐渐下跌。

⑤ 其他足以证明该项存货实质上已经发生减值的情形。

(二) 存货跌价准备的计提和转回

企业通常应当按照单个存货项目计提存货跌价准备,即应当将每一存货项目的成本与可变现净值分别进行比较,按每一存货项目可变现净值低于成本的差额作为计提各存货项目跌价准备的依据。但在某些特殊情况下,也可以合并计提存货跌价准备。例如,与在同一地区生产和销售的产品系列相关、具有相同或类似的最终用途或目的,且难以与其他项目分开计量的存货,可以按产品系列合并计提存货跌价准备。此外,对于数量繁多、单价较低的存货,可以按照存货类别计提存货跌价准备。

在资产负债表日,企业计提存货跌价准备时,首先应确定本期存货的减值金额,即本期存货可变现净值低于成本的差额,然后将本期存货的减值金额与"存货跌价准备"账户原有的余额进行比较,按下列公式计算确定本期应计提的存货跌价准备金额。

项目四　存货

$$\text{某期应计提的存货跌价准备} = \text{当期可变现净值低于成本的差额} - \text{"存货跌价准备"科目原有余额}$$

> **注意**
>
> 其冲减的跌价准备金额，应以"存货跌价准备"账户的余额冲减至 0 为限。

例 4-6　时宏公司从 2020 年度开始，对期末存货采用成本与可变现净值孰低法计量。2020 年至 2023 年，有关 A 商品期末计量的资料及相应的账务处理如下。

① 2020 年 12 月 31 日，A 商品的账面成本为 90 000 元、可变现净值为 80 000 元。

可变现净值低于成本的差额＝90 000－80 000＝10 000（元）

时宏公司应编制的会计分录如下。

借：资产减值损失　　　　　　　　　　　　　　　　　　10 000
　　贷：存货跌价准备——A 商品　　　　　　　　　　　　　　10 000

在 2020 年 12 月 31 日的资产负债表中，A 商品应按可变现净值 80 000 元列示其价值。

② 2021 年度，在转出 A 商品时，相应的结转存货跌价准备 6 000 元。2021 年 12 月 31 日，A 商品账面成本 106 000 元、可变现净值 95 000 元；计提存货跌价准备之前，"存货跌价准备"账户贷方余额 4 000 元。

可变现净值低于成本的差额＝106 000－95 000＝11 000（元）

本年应计提存货跌价准备＝11 000－4 000＝7 000（元）

时宏公司应编制的会计分录如下。

借：资产减值损失　　　　　　　　　　　　　　　　　　7 000
　　贷：存货跌价准备——A 商品　　　　　　　　　　　　　　7 000

本年计提存货跌价准备之后，"存货跌价准备"账户贷方余额为 11 000 元；在 2021 年 12 月 31 日的资产负债表中，A 商品应按可变现净值 95 000 元列示其价值。

③ 2022 年度，在转出 A 商品时相应地结转存货跌价准备 6 000 元；2022 年 12 月 31 日，A 商品账面成本 62 000 元、可变现净值 58 000 元；计提存货跌价准备之前，"存货跌价准备"账户贷方余额 5 000 元。

可变现净值低于成本的差额＝62 000－58 000＝4 000（元）

本年应计提存货跌价准备＝4 000－5 000＝－1 000（元）

时宏公司应编制的会计分录如下。

借：存货跌价准备　　　　　　　　　　　　　　　　　　1 000
　　贷：资产减值损失　　　　　　　　　　　　　　　　　　1 000

本年计提存货跌价准备之后，"存货跌价准备"账户贷方余额为 4 000 元；在 2022 年 12 月 31 日的资产负债表中，A 商品应按可变现净值 58 000 元列示其价值。

④ 2023 年度，在转出 A 商品时，相应地结转存货跌价准备 3 000 元。2023 年 12 月 31 日，A 商品账面成本 80 000 元、可变现净值 82 000 元；计提存货跌价准备之前，"存货跌价准备"账户贷方余额 1 000 元。

由于可变现净值高于账面成本，因此应将存货的账面价值恢复至账面成本，即将已计提的存货跌价准备全部转回。

时宏公司应编制的会计分录如下。

借：存货跌价准备　　　　　　　　　　　　　　　　　　1 000

贷：资产减值损失　　　　　　　　　　　　　　　　　　　　　　　　　1 000

2023年12月31日的资产负债表中，A商品应按账面成本80 000元列示其价值。

（三）存货跌价准备的结转

已经计提了跌价准备的存货，在生产经营领用、销售或其他原因转出时，应当根据不同情况，对已计提的存货跌价准备进行适当的账务处理。

1. 生产经营领用的存货

生产经营领用的存货在领用时一般可不结转相应的存货跌价准备，待期末计提存货跌价准备时一并调整。如果需要同时结转已计提的存货跌价准备，则应借记"存货跌价准备"账户，贷记"生产成本"等账户。

2. 销售的存货

销售的存货在结转销售成本的同时，应结转相应的存货跌价准备，借记"存货跌价准备"账户，贷记"主营业务成本""其他业务成本"等账户。

3. 可变现净值为0的存货

可变现净值为0的存货在转出时应当将其账面余额全部转销，同时转销相应的存货跌价准备。当存货存在以下情况之一时，表明存货的可变现净值为0。

① 已霉烂变质的存货。
② 已过期且无转让价值的存货。
③ 生产中已不再需要，并且已无使用价值和转让价值的存货。
④ 其他足以证明已无使用价值和转让价值的存货。

五、存货清查

为了反映企业在财产清查中查明的各种存货的盘盈、盘亏和毁损情况，企业应当设置"待处理财产损溢"账户，借方登记存货的盘亏、毁损金额及盘盈的转销金额，贷方登记存货的盘盈金额及盘亏的转销金额。企业清查的各种存货损益，应在期末结账前处理完毕，期末处理后本账户应无余额。

例 4-7　时宏公司在财产清查中盘盈甲材料1 000千克，实际单位成本60元/千克，经查属于材料收发计量方面的错误。

时宏公司的相关账务处理如下。

（1）批准处理前，根据存货清查结果编制的会计分录
借：原材料——甲材料　　　　　　　　　　　　　　　　　　　　　60 000
　　贷：待处理财产损溢——待处理流动资产损溢　　　　　　　　　　60 000

（2）批准处理后编制的会计分录
借：待处理财产损溢——待处理流动资产损溢　　　　　　　　　　　60 000
　　贷：管理费用——其他　　　　　　　　　　　　　　　　　　　　60 000

任务处理

任务二　原材料的核算

📖 任务描述

时宏公司于 2023 年 3 月 3 日购入甲材料一批，取得增值税专用发票一张。发票上注明价款为 100 000 元、增值税税额为 13 000 元，价税合计 113 000 元。材料已经验收入库，该批材料计划成本为 97 000 元。出纳人员周敏于 2023 年 3 月 3 日用银行存款支付该材料款项。时宏公司对该批材料采用计划成本法核算，请会计人员赵美媛进行账务处理。

📖 知识储备

原材料是指企业在生产过程中经加工改变其形态或性质并构成产品主要实体的各种原料及主要材料、辅助材料、外购半成品、修理用备件、包装材料、燃料等。它是存货的重要组成部分。

> **小思考**
>
> 生活中常见的原材料有哪几种？

📖 业务核算

一、按实际成本计价的核算

知识拓展：存货的暂估入库

存货按实际成本核算

（一）原材料收入的核算

1. 原材料验收入库和货款结算同时完成

在原材料验收入库和货款结算同时完成的情况下，企业应于支付货款或开出、承兑商业汇票，并且原材料验收入库后，按发票账单等结算凭证确定的材料成本，借记"原材料"账户，按增值税专用发票上注明的增值税税额，借记"应交税费——应交增值税（进项税额）"账户，按实际支付的款项或应付票据面值，贷记"银行存款""应付票据"等账户。

例 4-8　2023 年 1 月 5 日，时宏公司从 W 公司购入一批甲材料。增值税专用发票上注明的材料价款为 60 000 元、增值税税率为 13%、增值税税额为 7 800 元。该公司开具银行承兑汇票一张，材料已验收入库。

时宏公司应编制的会计分录如下。

借：原材料——甲材料　　　　　　　　　　　　　　　　60 000
　　应交税费——应交增值税（进项税额）　　　　　　　 7 800
　　贷：应付票据——银行承兑汇票（W公司）　　　　　　　　67 800

2. 货款已结算但原材料尚在运输途中

在已经支付货款或开出、承兑商业汇票，但原材料尚在运输途中或虽已运达但尚未验收入库的情况下，企业应于支付货款或开出、承兑商业汇票时，按发票账单等结算凭证确定的材料成本，借记"在途物资"账户，按增值税专用发票上注明的增值税税额，借记"应交税费——应交增值税（进项税额）"账户，按实际支付的款项或应付票据面值，贷记"银行存款""应付票据"等账户；待原材料运达企业并验收入库后，再根据有关验货凭证，借记"原材料"账户，贷记"在途物资"账户。

例4-9 2023年1月15日，时宏公司购入一批乙材料。增值税专用发票上注明的材料价款为50 000元、增值税税率为13%、增值税税额为6 500元。货款已通过银行转账支付，材料尚在运输途中。2023年1月20日，该批乙材料验收入库。

时宏公司的相关账务处理如下。

（1）支付货款，材料尚在运输途中编制的会计分录

借：在途物资——乙材料　　　　　　　　　　　　　　　　50 000
　　应交税费——应交增值税（进项税额）　　　　　　　　 6 500
　　贷：银行存款——工商银行海口南沙支行　　　　　　　　　　56 500

（2）原材料运达企业，验收入库时编制的会计分录

借：原材料——乙材料　　　　　　　　　　　　　　　　　50 000
　　贷：在途物资——乙材料　　　　　　　　　　　　　　　　　50 000

3. 原材料已验收入库但货款尚未结算

在原材料已运达企业并验收入库，但发票账单等结算凭证尚未到达、货款尚未结算的情况下，企业在收到原材料时可先不进行账务处理。

① 如果在本月内结算凭证能够到达企业，则应在支付货款或开出、承兑商业汇票后，按发票账单等结算凭证确定的原材料成本，借记"原材料"账户，按增值税专用发票上注明的增值税税额，借记"应交税费——应交增值税（进项税额）"账户，按实际支付的款项或应付票据面值，贷记"银行存款""应付票据"等账户。

② 如果月末结算凭证仍未到达，则为全面反映资产及负债情况，应对收到的原材料按暂估价值入账，借记"原材料"账户，贷记"应付账款——暂估应付账款"账户，下月初再编制相同的红字记账凭证予以冲回；待结算凭证到达企业时，企业支付货款或开出、承兑商业汇票后，按发票账单等结算凭证确定的原材料成本，借记"原材料"账户，按增值税专用发票上注明的增值税税额，借记"应交税费——应交增值税（进项税额）"账户，按实际支付的款项或应付票据面值，贷记"银行存款""应付票据"等账户。

例4-10 2023年5月26日，时宏公司从W公司购入一批甲材料。材料已运达企业并已验收入库，但发票账单等结算凭证尚未到达。月末，该批货物的结算凭证仍未到达，该公司对该批材料估价65 000元入账。6月6日，结算凭证到达企业，增值税专用发票上注明的材料价款为63 000元、增值税税率为13%、增值税税额为8 190元，价税合计71 190元。款项通过银行转账支付。

时宏公司的相关账务处理如下。

① 5月26日，材料运达企业并验收入库，暂不做账务处理。

② 5月31日，结算凭证仍未到达，对该批材料暂估价值入账应编制的会计分录如下。

借：原材料——甲材料　　　　　　　　　　　　　　　　　65 000
　　贷：应付账款——暂估应付账款（W公司）　　　　　　　　　65 000

③ 6月1日，编制红字记账凭证冲回估价入账分录应编制的会计分录如下。

借：原材料——甲材料　　　　　　　　　　　　　　　　　－65 000
　　贷：应付账款——暂估应付账款（W公司）　　　　　　　　　－65 000

④ 6月6日，收到结算凭证并支付货款应编制的会计分录如下。

借：原材料——甲材料 63 000
　　应交税费——应交增值税（进项税额） 8 190
　　贷：银行存款——工商银行海口南沙支行 71 190

（二）原材料发出的核算

原材料在生产经营过程中领用后，原有实物形态会发生改变乃至消失，其成本也随之形成产品成本或直接转化为费用，或者形成其他有关项目支出的一部分。根据原材料的消耗特点，企业应按发出原材料的用途，将其成本直接计入产品成本或当期费用，或者作为有关项目支出。

① 生产经营领用的原材料，应根据领用部门和用途，分别记入有关成本费用项目。领用原材料时，按计算确定的实际成本，借记"生产成本""制造费用""委托加工物资""销售费用""管理费用"等账户，贷记"原材料"账户。

例 4-11 时宏公司本月领用甲材料的实际成本为 400 000 元。其中，基本生产 A 产品领用 250 000 元；辅助供电生产车间领用 100 000 元；基本生产车间一般领用 30 000 元；管理部门领用 20 000 元。

时宏公司应编制的会计分录如下。

借：生产成本——基本生产成本（A产品） 250 000
　　生产成本——辅助生产成本（供电车间） 100 000
　　制造费用——材料费 30 000
　　管理费用——材料费 20 000
　　贷：原材料——甲材料 400 000

② 出售原材料取得的销售收入作为其他业务收入，相应的原材料成本应计入其他业务成本。出售原材料时，按已收或应收的价款，借记"银行存款""应收账款"等账户，按实现的营业收入，贷记"其他业务收入"账户，按增值税销项税额，贷记"应交税费——应交增值税（销项税额）"账户。同时，按出售原材料的实际成本结转销售成本，借记"其他业务成本"账户，贷记"原材料"账户。

二、按计划成本计价的核算

（一）账户设置

① 设置"原材料"账户。本账户用于核算库存各种材料的收发与结存情况。在材料采用计划成本核算时，本账户的借方登记入库材料的计划成本，贷方登记发出材料的计划成本；期末余额在借方，反映企业库存材料的计划成本。

② 设置"材料采购"账户。本账户借方登记采购材料的实际成本，贷方登记入库材料的计划成本。借方大于贷方表示超支，从本账户贷方转入"材料成本差异"账户的借方；贷方大于借方表示节约，从本账户借方转入"材料成本差异"账户的贷方；期末为借方余额，反映企业在途材料的采购成本。

③ 设置"材料成本差异"账户。本账户反映企业已入库各种材料的实际成本和计划成本之间的差异，借方登记入库材料产生的超支差异及发出材料应负担的节约差异，贷方登记入库材料产生的节约差异及发出材料应负担的超支差异；期末如为借方余额，反映企业库存材料的实际成本大于计划成本的差异（超支差异）；期末如为贷方余额，反映企业库存材料实际成本小于计划成本的差异（节约差异）。

（二）原材料收入的核算

企业应根据收到的结算凭证、发票账单等凭证上注明的材料实际成本，借记"材料采购"账户，按增值税专用发票上注明的增值税税额，借记"应交税费——应交增值税（进项税额）"账户，贷记"银行存款""应付账款""应付票据"等账户。等到企业收到材料并验收入库时，根据计划成本借记"原材料"账户，根据实际成本贷记"材料采购"账户，按计划成本和实际成本之间的差额借记或贷记"材料成本差异"账户。

例 4-12 时宏公司2023年7月12日采用汇兑结算方式购入甲材料3 000千克。增值税专用发票上注明的价款为21 000元、增值税税率为13%、增值税税额2 730元，增值税专用发票上注明的运输费为750元、增值税税率为6%、增值税税额45元。发票账单已收到，款项已用银行存款支付，材料尚未入库。至2023年7月15日，该材料已验收入库。该批甲材料的计划成本为20 000元。

（1）7月12日，采购甲材料时编制的会计分录

借：材料采购——甲材料　　　　　　　　　　　　　　　21 750
　　应交税费——应交增值税（进项税额）　　　　　　　　2 775
　　贷：银行存款——工商银行海口南沙支行　　　　　　　　24 525

（2）7月15日，企业收到甲材料并验收入库时编制的会计分录

借：原材料——甲材料　　　　　　　　　　　　　　　　20 000
　　材料成本差异——甲材料　　　　　　　　　　　　　　1 750
　　贷：材料采购——甲材料　　　　　　　　　　　　　　　21 750

（三）原材料发出的核算

材料采用计划成本法核算时，发出原材料时先按计划成本计价，即按发出原材料的计划成本，借记"生产成本""制造费用""管理费用"等有关成本费用账户，贷记"原材料"账户；月末，再将月初结存原材料的成本差异和本月入库原材料产生的成本差异，在本月发出原材料和期末结存原材料之间进行分摊，将本月发出原材料和期末结存原材料的计划成本调整为实际成本。计划成本、成本差异和实际成本之间的关系为：

实际成本＝计划成本＋超支差异

或　　　　　　　　　实际成本＝计划成本－节约差异

为了便于原材料成本差异的分摊，企业应当计算材料成本差异率，作为分摊原材料成本差异的依据。材料成本差异率包括月末材料成本差异率和月初材料成本差异率两种。其计算公式为：

月末材料成本差异率＝（月初结存材料成本差异＋本月入库材料成本差异）÷
（月初结存材料计划成本＋本月入库材料计划成本）

月初材料成本差异率＝月初结存材料成本差异÷月初结存材料计划成本

在计算月末材料成本差异率时，本月入库材料计划成本不包括已验收入库但发票账单等结算凭证月末尚未到达的原材料计划成本，也就说不包括按计划成本暂估入账的原材料的计划成本。

企业应当按照类别或品种对原材料成本差异进行明细核算，并计算相应的材料成本差异率，不能使用一个综合差异率。在计算发出原材料应负担的成本差异时，除委托外部加工发出原材料可按月初成本差异率计算外，应使用月末材料成本差异率。月初成本差异率与月末材料成本差异率相差不大的，也可按月初成本差异率计算。计算方法一经确定，就不得随意变更。如果确需变更，则应在会计报表附注中予以说明。

本月发出原材料应负担的成本差异及实际成本和月末结存原材料应负担的成本差异及实际成本，可按如下公式计算。

发出原材料应负担的成本差异＝发出原材料计划成本×材料成本差异率
发出原材料的实际成本＝发出原材料计划成本＋发出原材料应负担的超支差异
或　发出原材料的实际成本＝发出原材料计划成本－发出原材料应负担的节约差异
结存原材料应负担的成本差异＝结存原材料计划成本×材料成本差异率
结存原材料的实际成本＝结存原材料的计划成本＋结存原材料应负担的超支差异
或　结存原材料的实际成本＝结存原材料的计划成本－结存原材料应负担的节约差异

发出原材料应负担的成本差异必须按月分摊，不得在季末或年末一次分摊。企业在分摊发出原材料应负担的成本差异时，按计算的各成本费用项目应负担的差异金额，借记"生产成本""制造费用""管理费用"等有关成本费用账户，贷记"材料成本差异"账户。实际成本大于计划成本的超支差异，用蓝字登记；实际成本小于计划成本的节约差异，用红字登记。

本月发出原材料应负担的成本差异从"材料成本差异"账户转出之后，该账户的余额为月末结存原材料应负担的成本差异。在编制资产负债表时，月末结存原材料应负担的成本差异应作为原材料的调整项目，将结存原材料的计划成本调整为实际成本列示。

例 4-13　2023 年 6 月 1 日，时宏公司结存甲材料的计划成本为 52 000 元，"材料成本差异——甲材料"账户的贷方余额为 1 000 元。经汇总，至 6 月份，已验收入库的甲材料计划成本为 448 000 元、实际成本为 455 000 元，材料成本差异为超支差异 7 000 元。6 月份发出甲材料的计划成本为 409 000 元，其中，生产 A 产品领用 350 000 元；辅助供电生产车间领用 10 000 元；基本生产车间一般耗用 16 000 元；行政管理部门领用 13 000 元；出售甲材料计划成本 20 000 元。

时宏公司的相关账务处理如下。

（1）按计划成本发出原材料编制的会计分录

借：生产成本——基本生产成本（A产品）　　　　　　　350 000
　　生产成本——辅助生产成本（供电车间）　　　　　　 10 000
　　制造费用——材料费　　　　　　　　　　　　　　　 16 000
　　管理费用——材料费　　　　　　　　　　　　　　　 13 000
　　其他业务成本——材料成本　　　　　　　　　　　　 20 000
　　贷：原材料——甲材料　　　　　　　　　　　　　　　　　409 000

（2）计算月末材料成本差异率

月末材料成本差异率＝（－1 000＋7 000）÷（52 000＋448 000）＝1.2%

（3）分摊材料成本差异

"生产成本——基本生产成本（A产品）"账户分摊的成本差异＝350 000×1.2%＝4 200（元）

"生产成本——辅助生产成本（供电车间）"账户分摊的成本差异＝10 000×1.2%＝120（元）

"制造费用——材料费"账户分摊的成本差异＝16 000×1.2%＝192（元）
"管理费用——材料费"账户分摊的成本差异＝13 000×1.2%＝156（元）
"其他业务成本——材料成本"账户分摊的成本差异＝20 000×1.2%＝240（元）

应编制的会计分录如下。

借：生产成本——基本生产成本（A产品）　　　　　　　　4 200
　　生产成本——辅助生产成本（供电车间）　　　　　　　　120

　　　　制造费用——材料费　　　　　　　　　　　　192
　　　　管理费用——材料费　　　　　　　　　　　　156
　　　　其他业务成本——材料成本　　　　　　　　　240
　　　贷：材料成本差异——原材料　　　　　　　　　　　　4 908
（4）月末计算结存原材料实际成本，据此列示在资产负债表的存货项目中

"原材料"账户期末余额＝52 000＋448 000－409 000＝91 000（元）

"材料成本差异"账户期末余额＝－1 000＋7 000－4 908＝1 092（元）

结存原材料实际成本＝91 000＋1 092＝92 092（元）

月末编制资产负债表时，存货项目中的原材料存货，应当按上列结存原材料实际成本92 092元列示。

任务处理

任务处理　　　　　　　任务小结

任务三　周转材料的核算

任务描述

时宏公司于2023年4月26日购入包装物一批，取得增值税专用发票一张。发票上注明的价款为5 000元、增值税税额为650元、价税合计5 650元。包装物已经验收入库。该包装物按实际成本核算。出纳人员周敏于2023年4月26日用银行存款支付该材料款项。2023年5月1日生产车间一般耗费领用该批包装物。请会计人员赵美媛对该包装物购进和领用进行账务处理。

知识储备

周转材料是指企业能够多次使用、逐渐转移其价值但仍保持原有形态、不确认为固定资产的材料，包括低值易耗品、包装物等。周转材料种类繁多，分布于生产经营的各个环节，由于用途各不相同，因此账务处理也不同。

一、包装物

包装物是指为了包装本企业产品及商品而储备的各种包装容器，如桶、箱、瓶、坛、袋等。其主要作用是盛装、装潢产品或商品。包装物按用途可分为以下4类。

① 生产过程中用于包装产品，作为产品组成部分的包装物。

② 随同商品出售而不单独计价的包装物。

③ 随同产品出售而单独计价的包装物。

④ 出租或出借给购买单位的包装物。

不应作为企业的包装物核算的物品：各种包装材料，如纸、绳、铁丝、铁皮等，应在"原材料"账户内核算；用于储存和保管商品、材料而不随同产品出售、出租、出借的包装物，应按价值大小和使用年限长短分别在"固定资产"或"周转材料"账户核算。

包装物的核算与原材料一样，既可以按实际成本计价，也可以按计划成本计价。为了反映和监督企业各种包装物的增减变化及其结存情况，企业应设置"周转材料——包装物"账户进行核算，借方登记包装物的增加，贷方登记包装物的减少；期末余额在借方，通常反映企业期末结存包装物的金额。

二、低值易耗品

低值易耗品是指在使用过程中基本保持原有实物形态不变，但单位价值相对较低、使用期限相对较短，或者在使用过程中容易损坏，因而不能列入固定资产的各种用具物品，如工具、管理用具、玻璃器皿、劳动保护用品，以及在经营过程中周转使用的包装容器等。

低值易耗品的核算与原材料的核算一样，既可以按实际成本计价，也可以按计划成本计价。为了反映和监督企业各种低值易耗品的增减变化及其结存情况，企业应设置"周转材料——低值易耗品"账户进行核算，借方登记低值易耗品的增加，贷方登记低值易耗品的减少；期末余额在借方，通常反映企业期末结存低值易耗品的金额。

企业应根据周转材料的消耗方式、价值大小、耐用程度等选择适当的摊销方法，将其账面价值一次或分次计入有关成本费用。常用的周转材料摊销方法有一次摊销法、五五摊销法、分次摊销法等。一般企业的低值易耗品或包装物应当采用一次摊销法或五五摊销法进行摊销。出租低值易耗品或包装物收取客户押金时，借记"库存现金""银行存款"等账户，贷记"其他应付款"账户。如果客户逾期未退还出租的周转材料，则没收的押金应视为销售周转材料取得的收入，计入其他业务收入，并计算相应的增值税销项税额。同时，应摊销其剩余的账面价值，并转销周转材料全部已提摊销额。

业务核算

一、一次摊销法

一次摊销法是在领用低值易耗品或包装物时，将其账面价值一次计入有关成本费用的一种摊销方法。它适用于一次领用金额不大的低值易耗品或包装物摊销。

采用这种方法，在领用低值易耗品或包装物时，应按其账面价值，借记"生产成本""制造费用""管理费用""销售费用""其他业务成本""在建工程"等账户，贷记"周转材料——低值易耗品""周转材料——包装物"账户；周转材料报废时，应按其残料价值或变现价值，借记"原材料""库存现金""银行存款"等账户，贷记"生产成本""制造费用""管理费用""销售费用""其他业务成本""在建工程"等账户。

例 4-14 时宏公司管理部门领用一批低值易耗品，账面价值为 4 000 元，采用一次摊销法。同时，报废少量低值易耗品，残料作价 300 元，作为残料入库。该低值易耗品采用一次摊销法。

时宏公司应编制的会计分录如下。

借：管理费用——材料费　　　　　　　　　　　　4 000
　　贷：周转材料——低值易耗品——在库　　　　　　　4 000
借：原材料——残料　　　　　　　　　　　　　　 300
　　贷：管理费用——材料费　　　　　　　　　　　　　 300

例 4-15 时宏公司基本生产车间生产 A 产品领用一批包装物。账面计划成本价值为 7 000 元，该批包装物材料成本差异率为 1.1%。该批包装物采用一次摊销法。

编制会计分录如下。
借：生产成本——基本生产成本（A产品）　　　　　　　　　7 000
　　贷：周转材料——低值易耗品——在库　　　　　　　　　　　　7 000
借：生产成本——基本生产成本（A产品）　　　　　　　　　　 77
　　贷：材料成本差异——低值易耗品　　　　　　　　　　　　　　　 77

例4-16　时宏公司为了能更顺利地销售B产品，提供一批包装物包装B产品。该批包装物账面实际成本价值为1 000元，不单独计价。该批包装物采用一次摊销法。

编制会计分录如下。
借：销售费用——物料费　　　　　　　　　　　　　　　　1 000
　　贷：周转材料——包装物——在库　　　　　　　　　　　　　　 1 000

二、五五摊销法

五五摊销法是企业在领用低值易耗品或包装物时，先摊销其账面价值的50%，待报废时再摊销其账面价值的50%的一种摊销方法。它适用于领用数量多、金额大的低值易耗品或包装物的摊销。

采用五五摊销法，低值易耗品或包装物应分别按"在库""在用""摊销"进行明细核算。领用低值易耗品或包装物时，按其账面价值，借记"周转材料——低值易耗品——在用""周转材料——包装物——在用"账户，贷记"周转材料——低值易耗品——在库""周转材料——包装物——在库"账户；摊销其账面价值的50%时，借记"生产成本""制造费用""管理费用""销售费用""其他业务成本""在建工程"等账户，贷记"周转材料——低值易耗品——摊销""周转材料——包装物——摊销"账户。低值易耗品或包装物报废时，摊销其余50%的账面价值，借记"生产成本""制造费用""管理费用""销售费用""其他业务成本""在建工程"等账户，贷记"周转材料——低值易耗品——摊销""周转材料——包装物——摊销"账户。同时，转销低值易耗品或包装物全部已提摊销额，借记"周转材料——低值易耗品——摊销""周转材料——包装物——摊销"账户，贷记"周转材料——低值易耗品——在用""周转材料——包装物——在用"账户。报废低值易耗品或包装物的残料价值或变现价值，借记"原材料""库存现金""银行存款"等账户，贷记"生产成本""制造费用""管理费用""销售费用""其他业务成本""在建工程"等账户。

例4-17　时宏公司于2023年4月21日购买一批模板600件。它属于低值易耗品，增值税专用发票上注明的价款为6 000元、增值税税率为13%、增值税税额为780元，价税合计6 780元。款项以银行存款支付，该模板已验收入库。该低值易耗品按实际成本核算。该公司基本生产车间于2023年5月1日领用一批模板500件，账面价值5 000元，预计可使用5次。该模板采用五五摊销法摊销。至2023年9月28日，该批模板500件报废。将残料售出，以现金收取价款270元。

时宏公司的相关账务处理如下。
（1）2023年4月21日购进模板600件编制的会计分录
借：周转材料——低值易耗品——在库　　　　　　　　　　6 000
　　应交税费——应交增值税（进项税额）　　　　　　　　　 780
　　贷：银行存款——工商银行海口南沙支行　　　　　　　　　　　 6 780

（2）2023年5月1日领用模板500件，摊销其价值的50%编制的会计分录

借：周转材料——低值易耗品——在用　　　　　　　　　　5 000
　　贷：周转材料——低值易耗品——在库　　　　　　　　　　5 000
借：制造费用——材料费　　　　　　　　　　　　　　　　2 500
　　贷：周转材料——低值易耗品——摊销　　　　　　　　　　2 500

（3）2023年9月28日模板报废，摊销其价值的50%、收回残料编制的会计分录

借：制造费用——材料费　　　　　　　　　　　　　　　　2 500
　　贷：周转材料——低值易耗品——摊销　　　　　　　　　　2 500
借：周转材料——低值易耗品——摊销　　　　　　　　　　5 000
　　贷：周转材料——低值易耗品——在用　　　　　　　　　　5 000
借：库存现金　　　　　　　　　　　　　　　　　　　　　　270
　　贷：制造费用——材料费　　　　　　　　　　　　　　　　　270

三、分次摊销法

分次摊销法是根据周转材料可供使用的估计次数，将其成本分次计入有关成本费用的一种摊销方法。各期周转材料摊销额的计算公式为：

　　某期周转材料摊销额＝周转材料账面价值÷预计可使用次数×该次实际使用次数

分次摊销法的核算原理与五五摊销法的核算原理相同，只是周转材料的价值是分次计算摊销的，而不是在领用和报废时各摊销其价值的一半。领用低值易耗品或包装物时，按其账面价值，借记"周转材料——低值易耗品——在用""周转材料——包装物——在用"账户，贷记"周转材料——低值易耗品——在库""周转材料——包装物——在库"账户；分次摊销其账面价值时，按计算的本期摊销额，借记"生产成本""制造费用""管理费用""销售费用""其他业务成本""在建工程"等账户，贷记"周转材料——低值易耗品——摊销""周转材料——包装物——摊销"账户。周转材料报废时，应将其账面摊余价值一次摊销，借记"生产成本""制造费用""管理费用""销售费用""其他业务成本""在建工程"等账户，贷记"周转材料——低值易耗品——摊销""周转材料——包装物——摊销"账户。同时，结转周转材料全部已提摊销额，借记"周转材料——低值易耗品——摊销""周转材料——包装物——摊销"账户，贷记"周转材料——低值易耗品——在用""周转材料——包装物——在用"账户。报废周转材料时收到残料或变价收入，借记"原材料""库存现金""银行存款"等账户，贷记"生产成本""制造费用""管理费用""销售费用""其他业务成本""在建工程"等账户。

例4-18　时宏公司于2023年10月1日向丙公司出租一批账面价值为3 000元的包装物，估计还能使用5个月。租期为2个月，每月租金1 000元，每月初收取租金1 000元。开具增值税专用发票，增值税税率为13%、价款为884.96元、增值税税额为115.04元。同时，收取押金2 200元。至2023年12月31日，丙公司仍未退还包装物。经确认，该包装物已损坏，该公司没收押金并开具增值税专用发票。包装物采用分次摊销法。

时宏公司的相关账务处理如下。

（1）2023年10月1日，出租包装物并收取押金编制的会计分录

借：周转材料——包装物——在用（出租）　　　　　　　　3 000
　　贷：周转材料——包装物——在库　　　　　　　　　　　　3 000
借：银行存款——工商银行海口南沙支行　　　　　　　　　2 200
　　贷：其他应付款——丙公司　　　　　　　　　　　　　　　2 200

（2）2023年10月1日，收取10月份租金编制的会计分录

借：银行存款——工商银行海口南沙支行　　　　　　　　　1 000
　　贷：其他业务收入——租赁收入　　　　　　　　　　　　　884.96
　　　　应交税费——应交增值税（销项税额）　　　　　　　　115.04

（3）2023年10月31日，结转包装物的摊销成本编制的会计分录

借：其他业务成本——材料成本　　　　　　　　　　　　　　600
　　贷：周转材料——包装物——摊销　　　　　　　　　　　　　600

（4）2023年11月1日，收取11月份租金编制的会计分录

借：银行存款——工商银行海口南沙支行　　　　　　　　　1 000
　　贷：其他业务收入——租赁收入　　　　　　　　　　　　　884.96
　　　　应交税费——应交增值税（销项税额）　　　　　　　　115.04

（5）2023年11月30日，结转包装物的摊销成本编制的会计分录

借：其他业务成本——材料成本　　　　　　　　　　　　　　600
　　贷：周转材料——包装物——摊销　　　　　　　　　　　　　600

（6）2023年12月31日，丙公司未退还包装物、没收押金编制的会计分录

借：其他应付款——丙公司　　　　　　　　　　　　　　　2 200
　　贷：其他业务收入——租赁收入　　　　　　　　　　　　1 946.90
　　　　应交税费——应交增值税（销项税额）　　　　　　　　253.10

其他业务收入＝2 200÷（1＋13%）＝1 946.90（元）

增值税销项税额＝2 200÷（1＋13%）×13%＝253.10（元）

借：其他业务成本——材料成本　　　　　　　　　　　　　1 800
　　贷：周转材料——包装物——摊销　　　　　　　　　　　　1 800

（7）2023年12月31日，结转包装物摊销成本编制的会计分录

借：其他业务成本——材料成本　　　　　　　　　　　　　1 800
　　贷：周转材料——包装物——摊销　　　　　　　　　　　　1 800

借：周转材料——包装物——摊销　　　　　　　　　　　　3 000
　　贷：周转材料——包装物——在用（出租）　　　　　　　3 000

任务处理

任务处理　　　　　任务小结

任务四　委托加工物资的核算

任务描述

时宏公司于2023年6月18日委托甲公司将一批丁材料（属于应税消费品）加工成戊材料。发出丁材料的计划成本为80 000元，丁材料的材料成本差异率为1%。请会计人员赵美媛对发出委托加工物资进行账务处理。

知识储备

委托加工物资是指企业委托外单位加工成新的材料或产品等的物资。

企业委托其他单位加工的物资的实际成本包括以下几项。

① 加工中实际耗用材料物资的实际成本。

② 支付的加工费用及往返的运杂费和保险费等。

③ 支付的税费，包括委托加工物资应负担的增值税和消费税。

业务核算

委托加工存货的成本一般包括加工过程中实际耗用的原材料或半成品成本、加工费、运输费、装卸费等，以及按规定应计入加工成本的税费。

企业拨付待加工的材料物资、委托其他单位加工存货时，按发出材料物资的实际成本，借记"委托加工物资"账户，贷记"原材料""库存商品"等账户；支付加工费和往返运杂费时，借记"委托加工物资"账户，贷记"银行存款""库存现金"账户；支付增值税时，借记"应交税费——应交增值税（进项税额）"账户，贷记"银行存款"账户。需要缴纳消费税的委托加工存货，由受托加工方代收代缴的消费税，应分别按以下情况处理。

① 委托加工存货收回后直接用于销售，由受托加工方代收代缴的消费税应计入委托加工存货成本，借记"委托加工物资"账户，贷记"银行存款"等账户。

② 委托加工存货收回后用于连续生产应税消费品，由受托加工方代收代缴的消费税按规定准予抵扣的情况下，借记"应交税费——消费税"账户，贷记"银行存款"等账户。

委托加工的存货加工完成验收入库并收回剩余物资时，按计算的委托加工存货实际成本和剩余物资实际成本，借记"原材料""周转材料""库存商品"等账户，贷记"委托加工物资"账户。

例 4-19 时宏公司委托甲公司将一批丁材料（属于应税消费品）加工成戊材料。发出丁材料的计划成本为 40 000 元，丁材料的材料成本差异率为 1.2%；支付加工费 14 000 元（含税价）；该公司和甲公司适用的增值税税率为 13%，丁材料适用的消费税税率为 10%。以上加工费和相关税费均用银行存款支付。委托加工完成后的戊材料收回后用于继续生产应税消费品。

时宏公司的相关账务处理如下。

（1）发出待加工的丁材料编制的会计分录

借：委托加工物资　　　　　　　　　　　　　　　　　40 000

　　贷：原材料——丁材料　　　　　　　　　　　　　　　　40 000

借：委托加工物资　　　　　　　　　　　　　　　　　480

　　贷：材料成本差异——丁材料　　　　　　　　　　　　　480

（2）支付加工费和税费编制的会计分录

借：委托加工物资　　　　　　　　　　　　　　　　　12 389.38

　　应交税费——应交增值税（进项税额）　　　　　　1 610.62

　　应交税费——应交消费税　　　　　　　　　　　　5 874.38

　　贷：银行存款——工商银行海口南沙支行　　　　　　　19 874.38

应交增值税税额＝14 000÷(1+13%)×13%＝1 610.62（元）

消费税组成计税价格＝(40 000+480+12 389.38)÷(1−10%)＝58 743.76（元）

受托方代收代缴的消费税税额＝58 743.76×10%＝5 874.38（元）

（3）收回加工完成后的戊材料编制的会计分录
戊材料的实际成本＝40 000＋480＋12 389.38＝52 869.38（元）
借：原材料——戊材料　　　　　　　　　　　　　52 869.38
　　贷：委托加工物资　　　　　　　　　　　　　　52 869.38

任务处理

任务处理　　　　　任务小结

任务五　库存商品的核算

任务描述

2023 年 8 月 31 日，时宏公司的商品入库汇总表显示，已验收入库 A 产品 1 000 台，实际单位成本 50 元/台，共计 50 000 元；B 产品 2 000 台，实际单位成本 40 元/台，共计 80 000 元。请会计人员赵美媛对已经验收入库的商品进行账务处理。

知识储备

库存商品是指企业已完成全部生产过程，并已验收入库、合乎标准规格和技术条件，可以按照合同规定的条件送交订货单位，或者可以作为商品对外销售的产品及外购或委托加工完成验收入库用于销售的各种商品。它包括库存产成品、外购商品、存放在门市部准备出售的商品、发出展览的商品、寄存在外的商品、接收来料加工制造的代制品和为外单位加工修理的代修品等，但不包括委托外单位加工的商品和已完成销售手续而购买单位在月末尚未提走的库存商品。

库存商品通常用于对外销售，但也可能用于在建工程、对外投资、债务重组、非货币性资产交换等方面。企业用于不同方面的库存商品的账务处理有所不同。

为了反映和监督库存商品的增减变动及其结存情况，企业应当设置"库存商品"账户，借方登记验收入库的库存商品成本，贷方登记发出的库存商品成本；期末余额在借方，反映各种库存商品的实际成本或计划成本。

业务核算

一、验收入库商品

企业对已完工验收入库的商品采用实际成本核算的情况下，应按商品的实际成本，借记"库存商品"账户，贷记"生产成本——基本生产成本"账户。企业对已完工验收入库的商品采用计划成本核算的情况下，应按商品的计划成本，借记"库存商品"账户，按商品的实际成本，贷记"生产成本——基本生产成本"账户；按两者的差额，借记或贷记"商品成本差异"账户。

企业对外购已入库商品采用实际成本核算的情况下，应按商品的实际成本，借记"库存商品"账户，按可抵扣的进项税额，借记"应交税费——应交增值税（进项税额）"，贷记"银行存款"等账户。企业对外购商品采用计划成本核算的情况下，应按采购商品的实际成本，借记

"商品采购"账户，按可抵扣的进项税额，借记"应交税费——应交增值税（进项税额）"账户，贷记"银行存款"等账户；待外购商品验收入库时，应按商品的计划成本，借记"库存商品"账户，按商品的实际成本，贷记"商品采购"账户；按两者的差额，借记或贷记"商品成本差异"账户。

例 4-20 时宏公司的商品入库汇总表显示，2023 年 12 月已验收入库 A 产品 1 000 台，实际单位成本 5 000 元/台，共计 5 000 000 元；B 产品 2 000 台，实际单位成本 1 000 元/台，共计 2 000 000 元。

时宏公司应编制的会计分录如下。

借：库存商品——A 产品	5 000 000
库存商品——B 产品	2 000 000
贷：生产成本——基本生产成本（A 产品）	5 000 000
生产成本——基本生产成本（B 产品）	2 000 000

例 4-21 时宏公司 2023 年 5 月 1 日从丁企业购买 D 商品 200 件。取得的增值税专用发票上注明单价为 60 元/件、价款为 12 000 元、增值税税率为 13%、增值税税额为 1 560 元，价税合计 13 560 元。款项以银行存款支付。该批 D 商品已验收入库。时宏公司对该批 D 商品采用计划成本核算。该批 D 商品计划成本是 11 500 元，商品成本差异为超支差异 500 元。

时宏公司应编制的会计分录如下。

借：商品采购——D 商品	12 000
应交税费——应交增值税（进项税额）	1 560
贷：银行存款——工商银行海口南沙支行	13 560
借：库存商品——D 商品	11 500
商品成本差异——D 商品	500
贷：商品采购——D 商品	12 000

二、销售商品

企业销售商品、确认收入时，应结转其销售成本，借记"主营业务成本"等账户，贷记"库存商品"账户。按实际成本核算的库存商品在结转销售成本时，可以分别采用个别计价法、先进先出法、月末一次加权平均法和移动加权平均法。按计划成本核算的库存商品在结转销售成本时，原入库商品产生的商品成本差异应按销售比例结转至销售成本。

知识拓展：商品流通企业购销处理

例 4-22 承例 4-21，时宏公司 2023 年 6 月 1 日销售从丁企业购买的 D 商品的 90%，即销售 180 件。开具增值税专用发票，单价为 80 元/件、价款为 14 400 元、增值税税率为 13%、增值税税额为 1 872 元，价税合计 16 272 元。款项以银行存款收讫。时宏公司对该批 D 商品采用计划成本核算。商品成本超支差异 500 元按销售比例结转。

时宏公司应编制的会计分录如下。

借：银行存款——工商银行海口南沙支行	16 272
贷：主营业务收入——D 商品	14 400
应交税费——应交增值税（销项税额）	1 872
借：主营业务成本——D 商品	10 350
贷：库存商品——D 商品	10 350

借：主营业务成本——D商品　　　　　　　　　　　　　　　450
　　贷：商品成本差异——D商品　　　　　　　　　　　　　　　450

任务处理与项目练习

任务处理　　　任务小结　　　项目练习　　　参考答案

案例讨论

1. 该案例中董事长授意财务总监利用财务数据造假违反了哪些法律法规？
2. 将来在实习或工作中如何处理上级领导的不合理、不合规要求？

某科技公司财务造假

项目五 长期股权投资

学习目标

知识目标
- 掌握长期股权投资初始投资成本的确定方法。
- 掌握长期股权投资成本法核算和长期股权投资权益法核算。
- 熟悉长期股权投资处置的核算。

能力目标
- 能够对不同方式取得的长期股权投资的成本进行会计核算。
- 能够对长期股权投资采用成本法和权益法进行会计核算。
- 能够对长期股权投资处置进行会计核算。

素质目标
- 培养学生遵纪守法、诚信为本的职业素养。
- 养成仔细谨慎的职业态度。

任务一 长期股权投资成本法的核算

任务描述

时宏公司于 2023 年 2 月 10 日自深圳证券交易所买入乙公司 54%的股份,实际支付价款 380 000 000 元。在购买过程中另支付手续费等相关费用 6 000 000 元。时宏公司取得该部分股权后能够对乙公司实施控制。假定时宏公司取得该项投资时乙公司已宣告但尚未发放的现金股利为 2 000 000 元,时宏公司按其持股比例计算确定可分得 1 080 000 元。请会计人员赵美媛对购入该股权进行账务处理。

知识储备

在市场经济条件下,企业生产经营日趋多元化,除传统的经过原材料投入、加工、销售方式获取利润外,还可以通过采用投资、收购、兼并、重组等方式拓宽生产经营渠道、提高获利能力。投资是企业为了获得收益或实现资本增值向被投资单位投放资金的经济行为。企业对外进行的投资,可以有不同的分类。从性质上划分,可以分

长期股权投资成本法核算

为债权性投资与权益性投资；从管理层持有意图划分，可以分为长期股权投资、其他权益工具投资、债权投资、其他债权投资、交易性金融资产等。

长期股权投资包括企业持有的其子公司、合营企业及联营企业的权益性投资。

1. **企业能够对被投资单位实施控制的，被投资单位为本企业的子公司**

本企业称为母公司。控制是指投资方拥有对被投资单位的权力，通过参与被投资单位的相关活动而享有可变回报，并且有能力运用对被投资单位的权力影响其回报金额。控制最显著的标志是投资方通过直接或间接拥有被投资单位半数以上表决权而拥有权力，通常表现为投资方对被投资单位的持股比例在50%以上。

2. **企业与其他合营方对被投资单位实施共同控制的，被投资单位为本企业的合营企业**

共同控制是指按照相关约定对某项安排所共有的控制，并且该安排的相关活动必须经过分享控制权的参与方一致同意后才能决策。共同控制最显著的标志是投资方与其他合营方对某项安排能够达成共同一致意见，通常表现为投资方与其他合营方对被投资单位的持股比例相等。

3. **企业能够对被投资单位施加重大影响的，被投资单位为本企业的联营企业**

重大影响是指对一个企业的财务和经营政策有参与决策的权力，但不能够控制或与其他方一起共同控制这些政策的制定。重大影响最显著的标志是投资方在被投资单位的董事会或类似权力机构中派有代表，通常表现为投资方直接或通过子公司间接持有被投资单位股份比例在20%以上但低于50%。

业务核算

知识拓展：其他权益工具投资

企业对长期股权投资的核算方法有两种：一是成本法；二是权益法。企业对子公司的长期股权投资采用成本法核算；企业对合营企业和联营企业的长期股权投资采用权益法核算。

① 在成本法核算长期股权投资的情况下，长期股权投资的账面价值一般不会随被投资单位所有者权益的改变而改变。

② 在权益法核算长期股权投资的情况下，长期股权投资的账面价值一般会随着被投资单位所有者权益的改变而改变。

企业为了核算对被投资单位的长期股权投资，应当设置"长期股权投资""投资收益""其他综合收益"等账户。"长期股权投资"账户核算企业持有的长期股权投资，借方登记增加的长期股权投资账面价值，贷方登记减少或收回的长期股权投资账面价值；期末借方余额，反映企业持有的长期股权投资的账面价值。

一、企业合并形成的长期股权投资

企业合并形成的长期股权投资，初始投资成本的确定应遵循《企业会计准则第20号——企业合并》的相关原则，即应区分企业合并的类型，分别按同一控制下控股合并和非同一控制下控股合并确定形成长期股权投资的成本。

（一）同一控制下的企业合并形成的长期股权投资

同一控制下的企业合并，投资方（合并方）以支付现金、转让非现金资产或承担债务方式作为合并对价的，应当在合并日按照所取得的被合并方在最终控制方合并会计报表中的净资产的账面价值的份额作为长期股权投资的初始投资成本。长期股权投资的初始投资成本和支付的现金、转让的非现金资产及所承担债务账面价值之间的差额，应当用来调整资本公积（资本溢价或股本溢价）。资本公积（资本溢价或股本溢价）不足冲减的，依次冲减盈余公积和未分配利润。合并方以发行权益性工具作为合并对价的，应按发行股份的面值总额作为股本。长期股权投资的初始投资成本和所发行股份面值总额之间的差额，应当用来调整资本公积（股本溢价）。资本公积（股本溢价）不足冲减的，依次冲减盈余公积和未分配利润。

具体账务处理时，投资方（合并方）在合并日按照所取得的被合并方在最终控制方合并会计报表中的净资产的账面价值的份额，借记"长期股权投资"账户，按应享有被投资单位已宣告但尚未发放的现金股利或利润，借记"应收股利"账户，按支付的合并对价的账面价值，贷记"银行存款""股本""资本公积""应付债券"等账户；按其差额，贷记"资本公积——资本溢价或股本溢价"账户；如为借方差额，应借记"资本公积——资本溢价或股本溢价"账户，资本公积（资本溢价或股本溢价）不足冲减的，借记"盈余公积""利润分配——未分配利润"账户。

在确定同一控制下企业合并形成的长期股权投资时，企业合并前投资方（合并方）与被合并方适用的会计政策不同的，在以被合并方的账面价值为基础确定形成的长期股权投资成本时首先应基于重要性原则，统一合并与被合并方的会计政策，再按照合并方的会计政策对被合并方资产、负债的账面价值进行调整的基础上，计算确定长期股权投资的初始投资成本。

例 5-1 2023 年 6 月 30 日，时宏公司向其母公司 P 发行 1 000 万股普通股（每股面值为 1 元，市价为 4.34 元），取得母公司 P 拥有对 S 公司 100%的股权，并于当日起能够对 S 公司实施控制。合并后 S 公司仍维持其独立法人地位继续经营。2023 年 6 月 30 日，S 公司净资产的账面价值为 40 020 000 元。假定时宏公司和 S 公司在企业合并前采用的会计政策相同。合并日，时宏公司与 S 公司所有者权益的构成如表 5-1 所示。

表 5-1 所有者权益构成表

2023 年 6 月 30 日 元

项 目	时宏公司	S 公司
股本（实收资本）	30 000 000	10 000 000
资本公积	20 000 000	6 000 000
盈余公积	20 000 000	20 000 000
未分配利润	23 550 000	4 020 000
合 计	93 550 000	40 020 000

S 公司在合并后维持其法人资格继续经营，合并日时宏公司在其账簿及个别财务报表中应确认对 S 公司的长期股权投资，其成本为合并日享有 S 公司账面所有者权益的份额。时宏公司应编制的会计分录如下。

借：长期股权投资——S 公司　　　　　　　　　　　　　40 020 000
　　贷：股本——P 公司　　　　　　　　　　　　　　　　10 000 000
　　　　资本公积——股本溢价　　　　　　　　　　　　　30 020 000

（二）非同一控制下的企业合并形成的长期股权投资

非同一控制下的企业合并中，投资方（购买方）应当按照确定的企业合并成本作为长期股权投资的初始投资成本。企业合并成本包括购买方付出的资产、发生或承担的负债、发行的权益性工具或债务性工具的公允价值之和。

非同一控制下的企业合并将合并行为看作一方购买另一方的交易。原则上，购买方为了取得对被购买方的控制权而放弃的资产、发生或承担的负债、发行的权益性工具或债务性工具等均应按其在购买日的公允价值计量，购买方为企业合并发生的审计、法律服务、评估咨询等中介费用及其他相关管理费用，应于发生时计入当期损益。其中，支付非货币性资产为对价的，所支付的非货币性资产在购买日的公允价值与其账面价值之间的差额应作为资产处置损益，计入企业合并当期的利润表。

例 5-2 时宏公司于 2023 年 3 月 16 日取得了 B 公司 70%的股权。合并中，时宏公司支付的有关资产在购买日的账面价值与公允价值如表 5-2 所示。合并中，时宏公司为核实 B 公司的资产价值，聘请专业资产评估机构对 B 公司的资产进行评估，支付评估费用 1 000 000 元。本例中假定合并时宏公司与 B 公司及其股东不存在任何关联方关系。

表 5-2　有关资产在购买日的账面价值与公允价值

2023 年 3 月 16 日　　　　　　　　　　　　　　　　　　　　　　元

项　目	账面价值	公允价值
土地使用权	20 000 000（成本为 30 000 000，累计摊销 10 000 000）	32 000 000
专利技术	8 000 000（成本为 10 000 000，累计摊销 2 000 000）	10 000 000
银行存款	8 000 000	8 000 000
合　计	36 000 000	50 000 000

本例中因时宏公司与 B 公司及其股东在合并前不存在任何关联方关系，所以应作为非同一控制下的企业进行合并处理。

时宏公司对合并形成的对 B 公司的长期股权投资，应按支付对价的公允价值确定其初始投资成本。时宏公司应编制的会计分录如下：

借：长期股权投资——B 公司　　　　　　　　　　　　50 000 000
　　累计摊销　　　　　　　　　　　　　　　　　　　12 000 000
　　管理费用——评估费　　　　　　　　　　　　　　 1 000 000
　　贷：无形资产——土地使用权　　　　　　　　　　30 000 000
　　　　无形资产——专利技术　　　　　　　　　　　10 000 000
　　　　银行存款——工商银行海口南沙支行　　　　　 9 000 000
　　　　资产处置损益　　　　　　　　　　　　　　　14 000 000

二、企业合并以外的其他方式取得的长期股权投资

（一）以支付现金方式取得的长期股权投资

以支付现金方式取得的长期股权投资，应当按照实际支付的购买价款作为长期股权投资的初始投资成本，包括与取得长期股权投资直接相关的费用、税金及其他必要支出，但不包括应该从被投资单位收取的已宣告但尚未发放的现金股利或利润。

例 5-3 时宏公司于 2023 年 2 月 10 日从公开市场中买入乙公司 54%的股份，实际支付价款 380 000 000 元。在购买过程中支付手续费等相关费用 6 000 000 元。时宏公司取得该部分股权后能够对乙公司实施控制。假定时宏公司取得该项投资时，乙公司已宣告但尚未发放的现金股利为 2 000 000 元，时宏公司按其持股比例计算确定可分得 1 080 000 元。

时宏公司应当按照实际支付的购买价款扣减应收未收的现金股利后的余额作为取得长期股权投资的成本，编制会计分录如下。

借：长期股权投资——乙公司　　　　　　　　　　　384 920 000
　　应收股利——乙公司　　　　　　　　　　　　　　1 080 000
　　贷：银行存款——工商银行海口南沙支行　　　　386 000 000

（二）以发行权益性证券方式取得的长期股权投资

以发行权益性证券方式取得的长期股权投资，应当按照发行权益性证券的公允价值作为初始投资成本，但不包括应从被投资单位收取的已宣告但尚未发放的现金股利或利润。为发行权益性证券支付的手续费、佣金等与发行直接相关的费用，不构成长期股权投资的初始投资成本。这部分费用应从所发行证券的溢价发行收入中扣除。溢价收入不足冲减的，应依次冲减盈余公积和未分配利润。

例 5-4　2023 年 3 月，时宏公司通过增发 130 000 000 本企业普通股（每股面值 1 元）为对价，从非关联方甲公司处取得对丙公司 60%的股权。所增发股份的公允价值为 225 000 000元。为增发这部分普通股，时宏公司支付了 20 000 000 元的佣金和手续费。取得丙公司该部分股权后，时宏公司能够对丙公司实施控制。不考虑相关税费等其他因素的影响。

时宏公司应当以所发行股份的公允价值作为取得长期股权投资的成本。

借：长期股权投资——丙公司　　　　　　　　　　　225 000 000
　　贷：股本——甲公司　　　　　　　　　　　　　　　130 000 000
　　　　资本公积——股本溢价　　　　　　　　　　　　 95 000 000
借：资本公积——股本溢价　　　　　　　　　　　　 20 000 000
　　贷：银行存款——工商银行海口南沙支行　　　　　　20 000 000

（三）以其他方式取得的长期股权投资

以其他方式取得的长期股权投资主要包括以非货币性资产交换、债务重组等方式取得的长期股权投资，其初始投资成本的确定应当分别按照《企业会计准则第 7 号——非货币性资产交换》《企业会计准则第 12 号——债务重组》的有关规定进行。

> **小·思考**
> 取得长期股权投资发生的相关费用如何处理？

三、持有期间被投资单位宣告发放现金股利或利润

采用成本法核算的长期股权投资，在持有期间被投资单位宣告分派现金股利或利润的，投资方根据应享有的部分确认当期投资收益，借记"应收股利"账户，贷记"投资收益"账户；收到被投资单位发放的现金股利，借记"银行存款"账户，贷记"应收股利"账户。在持有期间，收到原投资时已计入应收股利项目的股利，借记"银行存款"账户，贷记"应收股利"账户。

例 5-5　时宏公司 2023 年 3 月 15 日以银行存款购买科信股份有限公司的股票 60 000 000股作为长期投资，取得科信股份有限公司 60%的股权。每股买入价格为 1.4 元，每股价格中包含 0.2 元的已宣告但尚未发放的现金股利。另支付购买的相关税费 510 000 元。至 2023 年 5 月 20 日，收到科信股份有限公司分来的购买该股票时已宣告分派的股利 12 000 000 元。

时宏公司的相关账务处理如下。
（1）2023 年 3 月 15 日，计算初始投资成本
股票成交金额（6 000 000×1.4）　　　　　　　　　　84 000 000
加：相关税费　　　　　　　　　　　　　　　　　　　　510 000
减：已宣告分派的现金股利（6 000 000×0.2）　　　　 12 000 000

初始投资成本　　　　　　　　　　　　　　　　　　　　　72 510 000

（2）2023年3月15日购入股票时编制的会计分录

借：长期股权投资——科信股份有限公司　　　　　　　72 510 000
　　应收股利——科信股份有限公司　　　　　　　　　12 000 000
　　　贷：银行存款——工商银行海口南沙支行　　　　　　　84 510 000

（3）2023年5月20日收到现金股利时编制的会计分录

借：银行存款——工商银行海口南沙支行　　　　　　　12 000 000
　　　贷：应收股利——科信股份有限公司　　　　　　　　　 1 200 000

例 5-6 承例 5-5，时宏公司于 2024 年 3 月 20 日收到科信股份有限公司宣告发放 2023 年度现金股利的通知，宣告分派每股现金股利 0.3 元，时宏公司应分得现金股利 18 000 000 元。时宏公司于 2024 年 5 月 25 日收到现金股利 18 000 000 元。

时宏公司的相关账务处理如下。

（1）2024年3月20日确认应收股利时编制的会计分录

借：应收股利——科信股份有限公司　　　　　　　　　18 000 000
　　　贷：投资收益　　　　　　　　　　　　　　　　　　　18 000 000

（2）2024年5月25日收到现金股利时编制的会计分录

借：银行存款——工商银行海口南沙支行　　　　　　　18 000 000
　　　贷：应收股利——科信股份有限公司　　　　　　　　　18 000 000

四、成本法下长期股权投资减值

（一）长期股权投资减值金额的确定

企业对子公司的长期股权投资在资产负债表日存在可能发生减值的迹象时，其可收回金额低于账面价值的，应当将该长期股权投资的账面价值减记至可收回金额。减记的金额确认为减值损失，计入当期损益（资产减值损失），同时计提相应的资产减值准备。

（二）长期股权投资减值的账务处理

企业计提长期股权投资减值准备，应当设置"长期股权投资减值准备"账户核算。企业按应减记的金额，借记"资产减值损失——计提的长期股权投资减值准备"账户，贷记"长期股权投资减值准备"账户。

> **注意**
>
> 长期股权投资减值损失一经确认，在以后会计期间不得转回。

五、成本法下长期股权投资的处置

处置长期股权投资时，将实际取得的价款和长期股权投资账面价值之间的差额确认为投资损益，并同时结转已计提的长期股权投资减值准备。其账务处理是：企业处置长期股权投资时，应按实际收到的金额，借记"银行存款"等账户，按原已计提的减值准备，借记"长期股权投资减值准备"账户，按该项长期股权投资的账面余额，贷记"长期股权投资"账户，按尚未领取的现金股利或利润，贷记"应收股利"账户；按其差额，贷记或借记"投资收益"账户。

例 5-7 承例 5-5，时宏公司于 2023 年 12 月 14 日将其作为长期投资持有的科信股份有限公司 60 000 000 股票中的 5 000 000 股出售。售价为每股 1.8 元，支付相关税费 42 500 元，取得价款净额 8 957 500 元。款项已由银行收妥。假定该项投资没有计提减值准备。

时宏公司的相关账务处理如下。

（1）计算出售 5 000 000 股的长期股权投资的账面价值

出售 5 000 000 股的长期股权投资的账面价值＝5 000 000÷60 000 000×72 510 000＝6 042 500（元）

（2）计算投资收益

股票转让取得价款	8 957 500
减：投资账面余额	6 042 500
投资收益	2 915 000

（3）出售股票时编制的会计分录

借：银行存款——工商银行海口南沙支行	8 957 500	
贷：长期股权投资——科信股份有限公司		6 042 500
投资收益		2 915 000

任务处理

任务二　长期股权投资权益法的核算

任务描述

时宏公司持有乙公司 20%有表决权的股份，能够对乙公司施加重大影响。乙公司于 2023 年 3 月 20 日宣告分派股利 15 000 000 元，时宏公司应分得现金股利 3 000 000 元。时宏公司于 2023 年 5 月 25 日收到现金股利 3 000 000 元。假定时宏公司取得该项投资时，乙公司各项可辨认资产、负债的公允价值与其账面价值相同，两者在以前期间未发生过内部交易。不考虑相关税费等其他因素影响，请会计人员赵美媛对该项经济业务进行账务处理。

知识储备

投资企业对被投资单位具有共同控制或重大影响的长期股权投资应当采用权益法核算。采用权益法核算的长期股权投资的一般的账务处理为：

① 初始投资或追加投资时，按照初始投资成本或追加投资的成本，增加长期股权投资的账面价值。

② 比较初始投资成本与投资时应享有被投资单位可辨认净资产公允价值的份额，对于初始投资成本大于投资时应享有被投资单位可辨认净资产公允价值份额的，不调整长期股权投资账面价值；对于初始投资成本小于投资时应享有被投资单位可辨认净资产公允价值份额的，应当

按照两者之间的差额调增长期股权投资的账面价值,同时计入取得投资当期损益(营业外收入)。

③ 持有投资期间,随着被投资单位所有者权益的变动相应调整增加或减少长期股权投资的账面价值,并按以下情况分别处理:对因被投资单位实现净损益和其他综合收益产生的所有者权益的变动,投资方应当按照应享有的份额,增加或减少长期股权投资的账面价值,同时确认为投资损益和其他综合收益;对于被投资单位宣告分派的现金股利或利润计算应分得的部分,相应减少长期股权投资的账面价值;对于被投资单位除净损益、其他综合收益及利润分配以外的因素导致的其他所有者权益变动,相应调整长期股权投资的账面价值,同时确认为资本公积(其他资本公积)。

业务核算

为了核算企业权益法下的长期股权投资,企业应当设置"长期股权投资""投资收益""其他综合收益""资本公积"等账户。

知识拓展:完全权益法

"长期股权投资"账户核算企业持有的长期股权投资,借方登记长期股权投资取得时的成本及采用权益法核算时按被投资企业实现的净利润计算的应分享的份额,贷方登记收回长期股权投资的价值或采用权益法核算时被投资单位宣告分派现金股利或利润时企业按持股比例计算应享有的份额,以及按被投资单位发生的净亏损计算的应分担的份额;期末借方余额,反映企业持有的长期股权投资的价值。

一、权益法下形成的长期股权投资

权益法下形成的长期股权投资是不可能在企业合并中形成的,因为企业合并是在投资方对被投资单位实施控制的情况下产生的。长期股权投资采用权益法核算是在投资方对被投资单位实施共同控制或重大影响的情况下产生的,所以权益法下形成的长期股权投资只能是企业合并以外的其他方式形成的。

(一)以支付现金方式取得的长期股权投资

以支付现金方式取得的长期股权投资,应当按照实际支付的购买价款作为长期股权投资的初始投资成本,包括与取得长期股权投资直接相关的费用、税金及其他必要支出,但不包括应从被投资单位收取的已宣告但尚未发放的现金股利或利润。

例 5-8 时宏公司于 2023 年 2 月 10 日从公开市场中买入乙公司 20%的股份,实际支付价款 80 000 000 元。在购买过程中支付手续费等相关费用 1 000 000 元。时宏公司取得该部分股权后能够对乙公司施加重大影响。假定时宏公司取得该项投资时,乙公司已宣告但尚未发放的现金股利为 2 000 000 元,时宏公司按其持股比例计算确定可分得 400 000 元。

时宏公司应当按照实际支付的购买价款扣减应收未收的现金股利后的余额作为取得长期股权投资的成本,编制会计分录如下。

借:长期股权投资——乙公司——投资成本　　　　　　80 600 000
　　应收股利——乙公司　　　　　　　　　　　　　　　400 000
　　贷:银行存款——工商银行海口南沙支行　　　　　　81 000 000

(二)以发行权益性证券方式取得的长期股权投资

以发行权益性证券方式取得的长期股权投资,应当按照发行权益性证券的公允价值作为初始投资成本,但不包括应从被投资单位收取的已宣告但尚未发放的现金股利或利润。为发行权益性证券支付的手续费、佣金等与发行直接相关的费用,不构成长期股权投资的初始投资成本。

这部分费用应从所发行证券的溢价发行收入中扣除。溢价收入不足冲减的，应依次冲减盈余公积和未分配利润。

例 5-9 2023 年 3 月，时宏公司通过增发 30 000 000 本企业普通股（每股面值 1 元）为对价，从非关联方甲公司处取得对丙公司 20%的股权。所增发股份的公允价值为 52 000 000 元。为增发该部分普通股，时宏公司支付了 1 700 000 元的佣金和手续费。取得丙公司该部分股权后，时宏公司能够对丙公司施加重大影响。不考虑相关税费等其他因素的影响。

时宏公司应当以所发行股份的公允价值作为取得长期股权投资的成本，编制会计分录如下。

借：长期股权投资——丙公司——投资成本　　　　　　52 000 000
　　贷：股本——甲公司　　　　　　　　　　　　　　　30 000 000
　　　　资本公积——股本溢价　　　　　　　　　　　　22 000 000
借：资本公积——股本溢价　　　　　　　　　　　　　 1 700 000
　　贷：银行存款——工商银行海口南沙支行　　　　　　 1 700 000

（三）以其他方式取得的长期股权投资

以其他方式取得的长期股权投资主要包括以非货币性资产交换、债务重组等方式取得的长期股权投资，其初始投资成本的确定应当分别按照《企业会计准则第 7 号——非货币性资产交换》《企业会计准则第 12 号——债务重组》的有关规定进行。

二、初始投资成本的调整

投资方取得对联营企业或合营企业的投资以后，对取得投资时初始投资成本和应享有被投资单位可辨认净资产公允价值份额之间的差额，应分情况处理。

① 初始投资成本大于取得投资时应享有被投资单位可辨认净资产公允价值份额的，两者之间的差额是投资方在取得投资过程中通过作价体现出的与所取得股权份额相对应的商誉价值。这种情况下不要求对长期股权投资的成本进行调整。

② 初始投资成本小于取得投资时应享有被投资单位可辨认净资产公允价值份额的，两者之间的差额体现为双方在交易作价过程中转让方的让步。该部分经济利益流入应计入取得投资当期的营业外收入，同时调整增加长期股权投资的账面价值。

例 5-10 时宏公司于 2023 年 1 月 1 日取得甲公司 30%的股权，支付价款 30 000 000 元。取得投资时被投资单位账面所有者权益的构成如下（假定该时点被投资单位各项可辨认资产、负债的公允价值与其账面价值相同，单位为元）。

实收资本　　　　　　　　　　　　　　　　　　　　　30 000 000
资本公积　　　　　　　　　　　　　　　　　　　　　24 000 000
盈余公积　　　　　　　　　　　　　　　　　　　　　 6 000 000
未分配利润　　　　　　　　　　　　　　　　　　　　15 000 000
所有者权益总额　　　　　　　　　　　　　　　　　　75 000 000

假定在甲公司的董事会中，所有股东均以其持股比例行使表决权。时宏公司在取得对甲公司的股权后，派人参与了甲公司的财务和生产经营决策。

因能够对甲公司的生产经营决策施加重大影响，时宏公司对该项投资采用权益法核算。取得投资时，时宏公司应编制的会计分录如下。

借：长期股权投资——甲公司——投资成本　　　　　　30 000 000
　　贷：银行存款——工商银行海口南沙支行　　　　　　30 000 000

由于长期股权投资的成本 30 000 000 元大于取得投资时应享有甲公司可辨认净资产公允价值的份额 22 500 000（75 000 000×30%）元，因此不对其初始投资成本进行调整。

假定上例中取得投资时甲公司可辨认净资产公允价值为 120 000 000 元，时宏公司按持股比例 30%计算确定应享有 36 000 000（120 000 000×30%）元，则初始投资成本和应享有甲公司可辨认净资产公允价值份额之间的差额 6 000 000 元应计入取得投资当期的损益。

时宏公司应编制的会计分录如下。

借：长期股权投资——甲公司——投资成本　　　　　　　　36 000 000
　　贷：银行存款——工商银行海口南沙支行　　　　　　　　30 000 000
　　　　营业外收入　　　　　　　　　　　　　　　　　　　 6 000 000

三、投资损益的确定

采用权益法核算与长期股权投资，在确认应享有（或分担）被投资单位的净利润（或净亏损）时，在被投资单位账面净利润的基础上，应根据以下因素的影响进行适当调整。

① 被投资单位采用的会计政策和会计期间与投资方不一致的，应按投资方的会计政策和会计期间对被投资单位的会计报表进行调整，在此基础上确定被投资单位的损益。

② 以取得投资时被投资单位固定资产、无形资产等的公允价值为基础计提的折旧额或摊销额，以及有关资产减值准备金额等对被投资单位净利润的影响。投资方取得投资时，被投资单位有关资产、负债的公允价值与其账面价值不同的，未来期间在计算归属于投资方应享有的净利润或应承担的净亏损时，应考虑对被投资单位计提的折旧额或摊销额及资产减值准备金额等进行调整。

投资方在对被投资单位的净利润进行调整时，应考虑重要性原则，不具有重要性的项目可不予调整。投资方无法合理确定取得投资时被投资单位各项可辨认资产、负债等公允价值的，或者投资时被投资单位各项可辨认资产、负债的公允价值和账面价值之间的差额不具有重要性的，或者其他原因导致无法取得对被投资单位账面净利润进行调整所需资料的，可以以被投资单位账面净利润为基础，经调整未实现内部交易损益后，计算确认投资收益。

例 5-11 承例 5-10，假定时宏公司在长期股权投资的成本大于取得投资时甲公司可辨认净资产公允价值份额的情况下，2023 年甲公司实现净利润 8 000 000 元。时宏公司与甲公司均以公历年度作为会计年度，采用相同的会计政策。由于投资时甲公司各项资产、负债的账面价值与其公允价值相同，因此不需要对甲公司的净利润进行调整，时宏公司应确认的投资收益为 2 400 000（8 000 000×30%）元。一方面用于增加长期股权投资的账面价值；另一方面作为利润表中的投资收益确认。

时宏公司应编制的会计分录如下。

借：长期股权投资——甲公司——损益调整　　　　　　　　2 400 000
　　贷：投资收益　　　　　　　　　　　　　　　　　　　 2 400 000

例 5-12 时宏公司于 2023 年 1 月 2 日购入乙公司 30%的股份，购买价款为 20 000 000 元，并自取得股份之日起派人参与乙公司的生产经营决策。取得投资日，乙公司可辨认净资产公允价值为 60 000 000 元，除表 5-3 所列项目外，其他资产、负债的公允价值与账面价值相同。

表 5-3　乙公司有关资产原价、公允价值及使用年限　　　　　　　　　　　　　　　元

项　目	账面原价	已提折旧	公允价值	原预计使用年限	剩余使用年限
存货	5 000 000		7 000 000		

（续表）

项 目	账面原价	已提折旧	公允价值	原预计使用年限	剩余使用年限
固定资产	10 000 000	2 000 000	12 000 000	20	16
无形资产	6 000 000	1 200 000	8 000 000	10	8
合　计	21 000 000	3 200 000	27 000 000		

假定乙公司 2023 年实现净利润 6 000 000 元，其中在时宏公司取得投资时的账面存货 5 000 000 元中有 80%对外出售。时宏公司与乙公司的会计年度和采用的会计政策相同；固定资产、无形资产等均按直线法提取折旧或摊销，预计净残值均为 0。假定时宏公司和乙公司之间未发生其他任何内部交易。

时宏公司在确定其应享有乙公司 2023 年的投资收益时，应在乙公司实现净利润的基础上根据取得投资时有关资产的账面价值和其公允价值之间的差额的影响进行调整（假定不考虑相关税费等其他因素影响）。

调整后的净利润 ＝ 6 000 000－(7 000 000－5 000 000)×80%－(12 000 000÷16－10 000 000÷20)－(8 000 000÷8－6 000 000÷10) ＝ 3 750 000（元）

该公司应享有份额 ＝ 3 750 000×30% ＝ 1 125 000（元）

时宏公司应编制的会计分录如下。

借：长期股权投资——乙公司——损益调整　　　　　1 125 000
　　贷：投资收益　　　　　　　　　　　　　　　　　　　　1 125 000

③ 在确认投资收益时，除考虑有关资产、负债的公允价值与账面价值差异的调整外，对于投资方和联营企业及合营企业之间发生的未实现内部交易损益，按照应享有的比例计算归属于投资方的部分应当予以抵销，在此基础上确认投资损益；投资方和被投资单位之间发生的内部交易损失，按照《企业会计准则第 8 号——资产减值》等规定属于资产减值损失的，应当全额确认。

未实现内部交易损益的抵销，应当分别按顺流交易和逆流交易进行账务处理：顺流交易是指投资方向其联营企业或合营企业投出或出售资产；逆流交易是指联营企业或合营企业向投资方投出或出售资产。未实现内部交易损益体现在投资方或其联营企业、合营企业持有的资产账面价值中的，在计算确认投资损益时应予抵销。

① 对于投资方向联营企业或合营企业投出或出售资产的顺流交易，在该交易存在未实现内部交易损益的情况下（有关资产未对外部独立第三方出售或未被消耗），投资方在采用权益法计算确认应享有联营企业或合营企业的投资损益时，应抵销该未实现内部交易损益的影响，同时调整对联营企业或合营企业长期股权投资账面价值。投资方因投出或出售资产给其联营企业或合营企业而产生的损益中，应仅限于确认归属于联营企业或合营企业其他投资方的部分。

例 5-13　时宏公司持有乙公司 20%有表决权的股份，能够对乙公司施加重大影响。2023 年 9 月，时宏公司将其账面价值为 8 000 000 元的商品以 12 000 000 元的价格出售给乙公司。乙公司将取得的商品作为管理用固定资产，预计使用寿命为 10 年、净残值为 0。假定时宏公司取得该投资时，乙公司各项可辨认资产、负债的公允价值与其账面价值相同，且双方在以前期间未发生过内部交易。乙公司 2023 年实现净利润 20 000 000 元。不考虑相关税费等其他因素的影响。

时宏公司在该项交易中实现利润 4 000 000 元，其中的 800 000（4 000 000×20%）元是针对本公司持有的对联营企业权益份额，在采用权益法计算确认投资损益时应予抵销。同时，应考虑固定资产折旧对损益的影响。

影响损益的金额＝（20 000 000－4 000 000＋4 000 000÷10÷12×3）×20%＝3 220 000（元）

时宏公司应编制的会计分录如下。

借：长期股权投资——乙公司——损益调整　　　　　　　　3 220 000
　　贷：投资收益　　　　　　　　　　　　　　　　　　　　　　3 220 000

② 对于联营企业或合营企业向投资方投出或出售资产的逆流交易，比照上述顺流交易处理。在该交易存在未实现内部交易损益的情况下（有关资产未对外部独立第三方出售），投资企业在采用权益法计算确认应享有联营企业或合营企业的投资损益时，应抵销该未实现内部交易损益的影响。同时，调整对联营企业或合营企业长期股权投资的账面价值。

例 5-14 时宏公司持有乙公司 20%有表决权的股份，能够对乙公司施加重大影响。2023 年 8 月，乙公司将其成本为 9 000 000 元的某商品以 15 000 000 元的价格出售给时宏公司，时宏公司将取得的商品作为存货。至 2023 年 12 月 31 日，时宏公司仍未对外出售该存货。乙公司 2023 年实现净利润 48 000 000 元。假定时宏公司取得该投资时，乙公司各项可辨认资产、负债的公允价值与其账面价值相同，且双方在以前期间未发生过内部交易。不考虑相关税费等其他因素的影响。

时宏公司在按照权益法确认应享有乙公司 2023 年净损益时，影响损益的金额＝（48 000 000－6 000 000）×20%＝8 400 000（元）

时宏公司应编制的会计分录如下。

借：长期股权投资——乙公司——损益调整　　　　　　　　8 400 000
　　贷：投资收益　　　　　　　　　　　　　　　　　　　　　　8 400 000

假定 2024 年，时宏公司将该商品以 18 000 000 元的价格出售给外部独立第三方。因该部分内部交易损益已经实现，时宏公司在确认应享有乙公司 2024 年净损益时，应考虑将原来未确认的该部分内部交易损益计入投资损益，即应在考虑其他因素计算确定的投资损益的基础上调整增加 6 000 000 元。假定乙公司 2024 年实现的净利润为 30 000 000 元。

影响损益的金额＝（30 000 000＋6 000 000）×20%＝7 200 000（元）

时宏公司应编制的会计分录如下。

借：长期股权投资——乙公司——损益调整　　　　　　　　7 200 000
　　贷：投资收益　　　　　　　　　　　　　　　　　　　　　　7 200 000

应当说明的是，投资方和其联营企业及合营企业之间的顺流交易或逆流交易产生的未实现内部交易损失，其中属于所转让资产发生减值损失的，有关未实现内部交易损失不应予以抵销。

例 5-15 时宏公司持有乙公司 20%有表决权的股份，能够对乙公司施加重大影响。2023 年 9 月，时宏公司将其账面价值为 2 000 000 元的商品以 1 600 000 元的价格出售给乙公司。截至 2023 年 12 月 31 日，该批商品尚未对外部第三方出售。假定时宏公司取得该投资时，乙公司各项可辨认资产、负债的公允价值与其账面价值相同，且双方在以前期间未发生过内部交易。乙公司 2023 年实现净利润 15 000 000 元。不考虑相关税费等其他因素的影响。

时宏公司在确认应享有乙公司 2023 年净损益时，如果有证据表明该商品交易价格 1 600 000 和其账面价值 2 000 000 元之间的差额为减值损失，则不应予以抵销。

影响损益的金额＝（15 000 000－0）×20%＝3 000 000（元）

时宏公司应编制的会计分录如下。

借：长期股权投资——乙公司——损益调整　　　　　　　　3 000 000
　　贷：投资收益　　　　　　　　　　　　　　　　　　　　　　3 000 000

四、被投资单位其他综合收益变动的处理

采用权益法核算长期股权投资时，被投资单位其他综合收益变动的，投资方应当按照归属于本企业的部分，相应调整长期股权投资的账面价值，同时增加或减少其他综合收益。在被投资单位其他综合收益增加时，借记"长期股权投资——其他综合收益"账户，贷记"其他综合收益"账户；在被投资单位其他综合收益减少时，借记"其他综合收益"账户；贷记"长期股权投资——其他综合收益"账户。

例 5-16 时宏公司持有乙公司 30%有表决权的股份，能够对乙公司施加重大影响。当期，乙公司持有分类为以公允价值计量且其变动计入其他综合收益的金融资产（其他债权投资），公允价值变动计入其他综合收益的金额为 20 000 000 元。除该事项外，乙公司当年实现净利润 80 000 000 元。假定时宏公司与乙公司适用的会计政策、会计期间相同，双方在当期及以前期间未发生过任何内部交易，投资时乙公司各项可辨认资产、负债的公允价值与其账面价值相同。不考虑相关税费等其他因素的影响。

影响损益的金额＝80 000 000×30%＝24 000 000（元）
影响其他综合收益的金额＝20 000 000×30%＝6 000 000（元）
时宏公司应编制的会计分录如下。
借：长期股权投资——乙公司——损益调整　　　　　　　　　24 000 000
　　长期股权投资——乙公司——其他综合收益　　　　　　　6 000 000
　　贷：投资收益　　　　　　　　　　　　　　　　　　　　24 000 000
　　　　其他综合收益　　　　　　　　　　　　　　　　　　6 000 000

五、取得现金股利或利润的处理

采用权益法核算的长期股权投资，投资方自被投资单位取得的现金股利或利润，应冲减长期股权投资的账面价值。在被投资单位宣告分派现金股利或利润时，借记"应收股利"账户，贷记"长期股权投资——损益调整"账户。

例 5-17 时宏公司持有乙公司 20%有表决权的股份，能够对乙公司施加重大影响。乙公司于 2023 年 3 月 20 日宣告分派股利 15 000 000 元，时宏公司应分得现金股利 3 000 000 元。时宏公司于 2023 年 5 月 25 日收到现金股利 3 000 000 元。假定时宏公司取得该投资时，乙公司各项可辨认资产、负债的公允价值与其账面价值相同，且双方在以前期间未发生过内部交易。不考虑相关税费等其他因素的影响。

时宏公司的相关账务处理如下。
（1）2023 年 3 月 20 日确认应收股利时编制的会计分录
借：应收股利——乙公司　　　　　　　　　　　　　　　　　3 000 000
　　贷：长期股权投资——乙公司——损益调整　　　　　　　3 000 000
（2）2023 年 5 月 25 日收到现金股利时编制的会计分录
借：银行存款——工商银行海口南沙支行　　　　　　　　　　3 000 000
　　贷：应收股利——乙公司　　　　　　　　　　　　　　　3 000 000

六、超额亏损的确认

在权益法下，投资方确认应分担被投资单位发生的损失，原则上应以长期股权投资账面价

值及其他实质上构成对被投资单位净投资的长期权益减记至 0 为限，但投资方负有承担额外损失义务的除外。这里所说"其他实质上构成对被投资单位净投资的长期权益"，通常是指长期应收项目等。例如，投资方对被投资单位的长期债权，该项债权没有明确的清收计划且在可预见的未来期间不准备收回，就实质上构成了对被投资单位的净投资。应该说明的是，该类长期权益不包括投资方和被投资单位之间因销售商品、提供劳务等日常活动所产生的长期债权。

投资方在确认应分担被投资单位发生的损失时，应按照以下顺序处理。

① 减记长期股权投资的账面价值。

② 在长期股权投资的账面价值减记至 0 的情况下，考虑是否有其他构成长期权益的项目。如果有，则以其他实质上构成对被投资单位长期权益的账面价值为限，继续确认投资损失，冲减长期应收项目等账面价值。

③ 在其他实质上构成对被投资单位长期权益的价值也减记至 0 的情况下，如果按照投资合同或协议约定，投资方需要履行其他额外的损失赔偿义务，则需要按预计将承担责任的金额确认预计负债，计入当期投资损失。

按上述顺序已确认的损失外仍有额外损失的，应在账外做备查登记，不再予以确认。

投资方权益法确认应分担被投资单位的净亏损或被投资单位其他综合收益减少净额，将有关长期股权投资冲减至 0 并产生了未确认投资净损失的，被投资单位在以后期间实现净利润或其他综合收益增加净额时，投资方应当按照以前确认或登记有关投资净损失时的相反顺序进行账务处理，即依次减记未确认投资净损失金额、恢复其他长期权益和恢复长期股权投资的账面价值。同时，投资方还应当重新复核预计负债的账面价值。

例 5-18 时宏公司持有乙公司 40%有表决权的股权，能够对乙公司施加重大影响。2023 年 12 月 31 日，该项长期股权投资账面价值为 20 000 000 元，包括投资成本、损益调整和其他综合收益。时宏公司账上有应收乙公司的长期应收款 5 000 000 元（实质上构成对乙公司的净投资）。乙公司 2023 年发生亏损 60 000 000 元。假定时宏公司在取得投资时，乙公司各项可辨认资产、负债的公允价值与其账面价值相同，且双方在以前期间未发生过内部交易，双方采用的会计政策和会计期间也相同。

时宏公司 2023 年应确认的投资损失按其持股比例，确认应分担的损失为 24 000 000（60 000 000×40%）元，但期末长期股权投资账面价值为 20 000 000 元，其他实质上构成对被投资单位净投资的长期权益项目——长期应收款为 5 000 000 元。因此，时宏公司应先全额冲减长期股权投资账面价值 20 000 000 元，再冲减长期应收款 4 000 000 元。确认上述投资损失后，长期股权投资的账面价值变为 0 元、长期应收款的账面价值余额为 1 000 000 元。

时宏公司应编制的会计分录如下。

借：投资收益　　　　　　　　　　　　　　　　　　　24 000 000
　　贷：长期股权投资——乙公司——损益调整　　　　　　20 000 000
　　　　长期应收款——乙公司——超额亏损　　　　　　　 4 000 000

七、被投资单位除净损益、其他综合收益及利润分配以外的所有者权益的其他变动

采用权益法核算的情况下，被投资单位除净损益、其他综合收益及利润分配以外的所有者权益的其他变动的因素，主要包括被投资单位接受其他股东的资本性投入、被投资单位发行可分离交易的可转债中包含的权益成分、以权益结算的股份支付、其他股东对被投资单位增资导致投资方持股比例变动等。投资方应按所持股权比例计算应享有的份额，调整长期股权投资的

账面价值，同时计入资本公积（其他资本公积），并在备查簿中予以登记。投资方在后续处置股权投资但对剩余股权仍采用权益法核算时，应按处置比例将这部分资本公积转入当期投资收益；对剩余股权终止权益法核算时，将这部分资本公积全部转入当期投资收益。

例 5-19 时宏公司持有 B 公司 30% 的股份。当期 B 公司因持有的其他权益工具投资公允价值变动计入资本公积的金额为 500 000 元。除该事项外，B 公司当期实现的净利润为 2 000 000 元。假定时宏公司在取得投资时，乙公司各项可辨认资产、负债的公允价值与其账面价值相同，且双方在以前期间未发生过内部交易，双方采用的会计政策和会计期间也相同。

影响损益的金额＝2 000 000×30%＝600 000（元）
影响其他资本公积的金额＝500 000×30%＝150 000（元）
时宏公司应编制的会计分录如下。
借：长期股权投资——B公司——损益调整　　　　　　　600 000
　　长期股权投资——B公司——其他权益变动　　　　　150 000
　　贷：投资收益　　　　　　　　　　　　　　　　　　　　600 000
　　　　资本公积——其他资本公积　　　　　　　　　　　　150 000

八、权益法下长期股权投资减值

（一）长期股权投资减值金额的确定

企业对联营企业或合营企业的长期股权投资在资产负债表日存在可能发生减值的迹象时，其可收回金额低于账面价值的，应当将该长期股权投资的账面价值减记至可收回金额，减记的金额确认为减值损失，计入当期损益（资产减值损失），同时计提相应的资产减值准备。

（二）长期股权投资减值的账务处理

企业计提长期股权投资减值准备，应当设置"长期股权投资减值准备"账户核算。企业按应减记的金额，借记"资产减值损失——计提的长期股权投资减值准备"账户，贷记"长期股权投资减值准备"账户。

九、权益法下长期股权投资的处置

处置长期股权投资时，应相应结转与所售股权相对应的长期股投资的账面价值。一般情况下，出售所得价款和处置长期股投资账面价值之间的差额，应确认为处置损益。

采用全部处置权益法核算长期股投资时，原权益法核算的相关其他综合收益应当在终止采用权益法核算时，采用与被投资单位直接处置的相关资产或负债相同的基础进行账务处理。由被投资单位除净损益、其他综合收益和利润分配以外的其他所有者权益变动而确认的所有者权益，应当在终止采用权益法核算时全部转入当期投资收益。

采用部分处置权益法核算长期股投资时，剩余股权仍采用权益法核算的，原权益法核算的相关其他综合收益应当采用与被投资单位直接处置的相关资产或负债相同的基础进行账务处理并按比例结转。由被投资单位除净损益、其他综合收益和利润分配以外的其他所有者权益变动而确认的所有者权益，应当按比例结转入当期投资收益。

按实际取得的价款和长期股权投资账面价值之间的差额确认为投资收益，并应同时结转已计提的长期股权投资减值准备。其账务处理是：企业处置长期股权投资时，应按实际收到的金额，借记"银行存款"等账户，按原已计提的减值准备，借记"长期股权投资减值准备"账户，按该长期股权投资的账面余额，贷记"长期股权投资"账户，按尚未领取的现金股利或利润，贷记"应收股利"账户；按其差额，贷记或借记"投资收益"账户。

同时，还应全部或按比例结转原记入资本公积、其他综合收益的相关金额，借记或贷记"资本公积——其他资本公积"账户、借记或贷记"其他综合收益"账户，贷记或借记"投资收益"账户。

例 5-20 时宏公司原持有 B 公司（上市公司）40%的股权。2023 年 11 月 30 日，时宏公司出售所持有 B 公司股权中的 30%，出售时时宏公司账面上对 B 公司长期股权投资的构成为：投资成本 46 000 000 元；损益调整 7 500 000 元；其他综合收益 4 300 000 元；其他权益变动 3 900 000 元。出售取得价款 21 860 000 元，款项已存入银行。时宏公司出售所持有 B 公司股权中的 30%后，剩余 10%的股权公允价值为 7 920 000 元，时宏公司将其划分为以公允价值计量且其变动计入当期损益的金融资产。

（1）时宏公司确认处置持有 B 公司股权的 30%时应编制的会计分录

借：银行存款——工商银行海口南沙支行　　　21 860 000
　　贷：长期股权投资——B 公司——投资成本　　13 800 000
　　　　长期股权投资——B 公司——损益调整　　2 250 000
　　　　长期股权投资——B 公司——其他综合收益　1 290 000
　　　　长期股权投资——B 公司——其他权益变动　1 170 000
　　　　投资收益　　　　　　　　　　　　　　　3 350 000

（2）时宏公司资本公积和其他综合收益的余额转入当期损益应编制的会计分录

借：资本公积——其他资本公积　　　　　　　3 900 000
　　其他综合收益　　　　　　　　　　　　　4 300 000
　　贷：投资收益　　　　　　　　　　　　　　8 200 000

（3）时宏公司确认剩余 10%的股权公允价值时应编制的会计分录

借：交易性金融资产——成本　　　　　　　　7 920 000
　　贷：长期股权投资——B 公司——投资成本　　4 600 000
　　　　长期股权投资——B 公司——损益调整　　750 000
　　　　长期股权投资——B 公司——其他综合收益　430 000
　　　　长期股权投资——B 公司——其他权益变动　390 000
　　　　投资收益　　　　　　　　　　　　　　　1 750 000

任务处理与项目练习

任务处理　　任务小结　　项目练习　　参考答案

案例讨论

1. 讨论投资与投机的区别、出售长期股权投资与出售金融资产的区别。
2. 思考如何在投资业务中培养学生遵纪守法、诚信为本的职业素养。

并购重组合同诈骗——A 公司收购 B 公司案

项目六 固定资产

学习目标

知识目标
- 掌握固定资产的概念和特征。
- 了解固定资产的分类方法和固定资产折旧的性质。
- 熟悉固定资产的确认标准、固定资产的计价基础、影响固定资产折旧的因素、固定资产折旧的范围、固定资产折旧的方法及其选择。
- 掌握固定资产增加、固定资产折旧的账务处理方法。
- 了解固定资产改建、扩建和修理的账务处理方法。
- 掌握固定资产清理、固定资产清查的账务处理方法。

能力目标
- 能够确定不同来源取得的固定资产的入账价值并进行会计核算。
- 能够对固定资产的折旧、后续支出及处置进行会计核算。
- 能够对固定资产清查、固定资产减值进行会计核算。

素质目标
- 培养学生理解国家政策,进而具有经世济民的理想。
- 培养学生具有社会主义核心价值观中诚信守法的法治意识。

任务一 固定资产取得的核算

任务描述

时宏公司于 2023 年 5 月购入一台需要安装的生产设备。增值税专用发票上注明价款为 100 000 元、增值税税率为 13%、增值税税额为 13 000 元,另支付运杂费 2 000 元、支付安装费 9 000 元。款项用银行存款支付。请会计人员赵美媛对购入该生产设备进行账务处理。

知识储备

任何一个企业从事生产经营活动,必须使用诸如厂房、建筑物、机器设备、自然资源等使用期限较长的资产,它们的价值将逐渐并分次转化为现金或现金等价物。固定资产是企业生产经营过程中的主要资产,是企业竞争实力的物化体现,主要包括房屋建筑物、机器设备、运输工具、工具器具等。为了规范我国企业固定资产的核算和披露,财政部2007年2月15日起施行的《企业会计准则第4号——固定资产》对我国企业固定资产的核算和披露做出了明确的规定。

一、固定资产的概念和特征

固定资产是指同时具有以下特征的有形资产。
① 为生产商品、提供劳务、出租或经营管理而持有的。
② 使用寿命超过一个会计年度。

其中,使用寿命是指企业使用固定资产所能生产产品或提供劳务的预计期间。

根据固定资产的定义可以看出,固定资产具有以下几个主要特征。
① 为生产商品、提供劳务、出租或经营管理而持有。
② 具有实物形态。
③ 使用寿命超过一个会计年度。

二、固定资产的确认条件

某一资产项目,如果要作为固定资产加以确认,首先要符合固定资产的定义;其次,还需要满足固定资产的确认条件。固定资产同时满足以下两个条件才能予以确认。
① 与该固定资产有关的经济利益很可能流入企业。
② 该固定资产的成本能够可靠地计量。

三、固定资产的分类

固定资产按管理和核算的不同需要可以有不同的分类。

(一)按固定资产的经济用途分类

固定资产按其经济用途可分为生产经营用固定资产和非生产经营用固定资产两类:生产经营用固定资产是指直接服务于生产、经营过程的各项固定资产,如行政办公楼、车间厂房、仓库、机器设备等;非生产经营用固定资产是指不直接服务于生产、经营过程的各项固定资产,如职工会堂、职工宿舍、职工浴室、职工理发室、幼儿园等。

(二)按固定资产的使用情况分类

固定资产按其使用情况可分为使用中固定资产、未使用固定资产和不需用固定资产3类:使用中固定资产是指正在使用的固定资产,包括目前正在参与营运的固定资产、由于季节性生产暂时停用的固定资产、由于大修理暂时停用的固定资产、出租的固定资产和内部替换使用的固定资产等;未使用固定资产是指已达到预定可使用状态但尚未交付使用的固定资产,包括新增尚未使用的固定资产和因改扩建等原因暂停使用的固定资产;不需用固定资产是指企业不再适用的或多余的,需要进行处理的固定资产,如企业因压缩生产而多余的机器设备等。

(三)按固定资产的产权归属分类

固定资产按其产权归属可分为自有固定资产和租入固定资产:自有固定资产是指产权归属本企业的固定资产,如购入的固定资产、接受投资者投入的固定资产、自行建造的固定资产和接受捐赠的固定资产等;租入固定资产是指企业通过租赁方式从其他单位或个人租入的固定资产,包括融资租入的固定资产和经营租入的固定资产。

（四）按固定资产的经济用途和使用情况综合分类

固定资产按经济用途和使用情况综合分为以下 6 类。

① 生产经营用固定资产。
② 非生产经营用固定资产。
③ 租出固定资产。
④ 不需用固定资产。
⑤ 未使用固定资产。
⑥ 融资租入固定资产。

> **注意**
>
> 土地是指过去已经估价单独入账的土地。土地使用权不属于固定资产的核算内容，而属于无形资产的核算内容；因征地而支付的土地补偿费，直接计入与土地有关的房屋建筑物价值中，不单独作为"固定资产——土地"核算。
>
> 融资租入固定资产是指企业采用融资租赁方式租入的固定资产。按照实质重于形式的原则，融资租入固定资产应当视同自有固定资产进行管理，记入"固定资产——融资租入固定资产"账户核算。需要注意的是，经营租入的固定资产不需要作为固定资产进行核算，经营租入的固定资产价值只需要在备查账中进行登记。

四、固定资产的计价

从《企业会计准则第 4 号——固定资产》的有关规定来看，企业固定资产的计价基础有 5 种，分别用于不同来源、不同情况下的固定资产计价。

（一）按历史成本计价

《企业会计准则第 4 号——固定资产》规定："固定资产应当按照成本进行初始计量。"这里的成本指的就是固定资产取得时发生的实际成本，也称历史成本。固定资产采用历史成本计价，具有业务发生时的支付凭证，因此具有客观性和可验证性等优点。

（二）按现值计价

《企业会计准则第 4 号——固定资产》规定："购买固定资产的价款超过正常信用条件延期支付，实质上具有融资性质的，固定资产的成本应当以购买价款的现值为基础确定。"此处的购买价款的现值是指延期支付的各笔款项按同期银行存款利率、市场利率折现的购入固定资产时的现值。固定资产采用现值计价，更符合谨慎性原则的要求。

（三）按净值计价

固定资产净值是指固定资产的原值减去已提折旧后的净额，也称折余价值。固定资产净值反映了固定资产的新旧程度，在固定资产盘亏、毁损时使用。

（四）按重置成本计价

重置成本是指按现在购买相同或相似固定资产所需支付的现金或现金等价物的金额。在固定资产盘盈和接受捐赠固定资产时，采用重置成本计价。

（五）按可收回金额计价

《企业会计准则第 8 号——资产减值》规定："资产存在减值迹象的，应当估计其可收回金额。"所谓可收回金额，是指资产的公允价值减去处置费用后的净额和资产预计未来现金流量的现值两者之间的较高者。其中，处置费用是指处理资产过程中发生的各项费用，包括与资产处置有关的法律费用、相关税费、搬运费及为使资产达到可销售状态所发生的直接费用等。可收回金额在固定资产的期末计价中采用。

业务核算

为了核算固定资产的取得、折旧、减值和处置等情况，企业应当设置"固定资产""累计折旧""固定资产减值准备"等账户。

① "固定资产"账户核算企业持有的固定资产成本，借方登记取得固定资产的成本，贷方登记出售、转让、报废或毁损等减少固定资产的账面余额；期末借方余额，反映企业固定资产的成本。本账户应按固定资产项目设置明细账，进行明细核算。

② "累计折旧"账户属于"固定资产"账户的备抵调整账户，核算企业对固定资产计提的累计折旧，贷方登记企业计提的固定资产折旧，借方登记处置固定资产转出的累计折旧；期末贷方余额，反映企业固定资产的累计折旧额。

③ "固定资产减值准备"账户属于"固定资产"账户的备抵调整账户，核算企业固定资产的账面价值高于其可收回金额时的计提数，贷方登记企业计提的固定资产减值金额，借方登记处置固定资产转出的累计减值准备；期末贷方余额，反映企业固定资产的累计减值准备。

一、外购的固定资产

企业外购的固定资产的成本包括：买价；相关税费，包括不能抵扣的增值税进项税额、进口关税等；相关费用，包括使固定资产达到预定可使用状态前所发生的可归属于该项资产的运输费、装卸费、安装费和专业人员服务费等。外购的固定资产的具体账务处理如下。

（一）购入不需要安装的固定资产

企业购入不需要安装的固定资产时，按实际支付的购买价款、运输费、装卸费和其他相关税费等，借记"固定资产"账户，贷记"银行存款"等账户。

例 6-1 时宏公司购入一台不需要安装的生产设备。增值税专用发票上注明设备价款为 20 000 元、增值税税率为 13%、增值税税额为 2 600 元；运杂费、保险费等费用共计 3 000 元。企业以银行存款支付上述款项。

时宏公司应编制的会计分录如下。

借：固定资产——生产设备　　　　　　　　　　　　　　　23 000
　　应交税费——应交增值税（进项税额）　　　　　　　　 2 600
　　贷：银行存款——工商银行海口南沙支行　　　　　　　　　　25 600

（二）购入需要安装的固定资产

购入需要安装的固定资产，先通过"在建工程"账户核算，待安装完毕且达到预定可使用状态时，再由"在建工程"账户转入"固定资产"账户。

企业购入固定资产时，按实际支付的购买价款、运输费、装卸费和其他相关税费等，借记"在建工程"账户，贷记"银行存款"等账户；支付安装费用等时，借记"在建工程"账户，贷记"银行存款"等账户；安装完毕且达到预定可使用状态时，按其实际发生成本，借记"固定资产"账户，贷记"在建工程"账户。

例 6-2 时宏公司于 2023 年 5 月购入一台需要安装的生产设备。增值税专用发票上注明价款为 100 000 元、增值税税率为 13%、增值税税额为 13 000 元，另支付运杂费 2 000 元、安装费 9 000 元。款项以银行存款支付。

时宏公司的相关账务处理如下。

（1）设备运达企业准备安装时编制的会计分录

借：在建工程——生产设备　　　　　　　　　　　　　102 000
　　应交税费——应交增值税（进项税额）　　　　　　 13 000
　　贷：银行存款——工商银行海口南沙支行　　　　　115 000

（2）设备投入安装，以银行存款支付安装费 9 000 元时编制的会计分录

借：在建工程——生产设备　　　　　　　　　　　　　 9 000
　　贷：银行存款——工商银行海口南沙支行　　　　　 9 000

（3）设备安装完毕投入生产使用时编制的会计分录

借：固定资产——生产设备　　　　　　　　　　　　　111 000
　　贷：在建工程——生产设备　　　　　　　　　　　111 000

二、自行建造的固定资产

自行建造的固定资产工程分为自营工程和出包工程。企业自行建造固定资产，应按建造该项资产达到预定可使用状态前发生的必要支出作为固定资产的入账价值，主要包括工程用物资成本、人工成本、缴纳的相关税费、应予资本化的借款费用，以及应分摊的间接费用等。

知识拓展：一笔款项购入多项没有单独标价的固定资产的确认与计量

（一）自营工程

自营工程是指企业自行组织工程物资采购、自行组织施工人员施工的建筑工程和安装工程。企业以自营方式建造固定资产，其入账价值应当按照建造该项固定资产达到预定可使用状态前发生的必要支出确定，包括直接材料、直接人工、直接机械施工费等。企业为建造固定资产准备的各种物资应当按照实际支付的买价、增值税税额、运输费、保险费等相关税费作为实际成本。工程项目较多且工程支出较大的企业，应当按照工程项目的性质分别核算各项工程的成本。

企业的自营工程主要通过"工程物资"和"在建工程"账户核算："工程物资"账户核算用于在建工程的各种物资的实际成本；"在建工程"账户核算企业建造该资产达到预定可使用状态前发生的必要支出及改扩建工程等转入的固定资产账面价值，可按"建筑工程""安装工程""在安装工程""待摊支出"及单项工程等进行明细核算。在建工程发生减值的情况下，可以单独设置"在建工程减值准备"账户，比照"固定资产减值准备"账户进行处理。

购入工程物资时，借记"工程物资""应交税费——应交增值税（进项税额）"等账户，贷记"银行存款"等账户；领用工程物资时，借记"在建工程"账户，贷记"工程物资"账户。非集体福利属性在建工程领用本企业原材料时，借记"在建工程"账户，贷记"原材料"等账户；集体福利属性在建工程领用本企业原材料时，借记"在建工程"账户，贷记"原材料""应交税费——应交增值税（进项税额转出）"等账户。在建工程领用本企业生产的商品时，借记"在建工程"账户，贷记"库存商品""应交税费——应交增值税（销项税额）"等账户；自营工

发生的其他费用（如分配工程人员工资等），借记"在建工程"账户，贷记"银行存款""应付职工薪酬"等账户；自营工程达到预定可使用状态时，按其实际成本，借记"固定资产"账户，贷记"在建工程"账户。

例 6-3　2023 年 1 月，时宏公司准备自行建造一座仓库。购入工程物资 250 000 元，增值税税率为 13%、增值税税额为 32 500 元。以银行存款支付。另外，还领用公司生产用的甲材料一批，实际成本为 32 000 元，该批材料的增值税税额为 4 160 元；分配工程人员工资 65 800 元，辅助生产车间提供有关劳务支出 35 000 元。8 月底，工程已达到预定可使用状态，但尚未办理竣工决算手续。工程按账面价值结转固定资产成本。

时宏公司的相关账务处理如下。

（1）购入为工程准备的物资时编制的会计分录

借：工程物资——建造仓库用料　　　　　　　　　　　　　250 000
　　应交税费——应交增值税（进项税额）　　　　　　　　　 32 500
　　贷：银行存款——工商银行海口南沙支行　　　　　　　　282 500

（2）工程领用物资时编制的会计分录

借：在建工程——仓库　　　　　　　　　　　　　　　　　250 000
　　贷：工程物资——建造仓库用料　　　　　　　　　　　　250 000

（3）工程领用原材料时编制的会计分录

借：在建工程——仓库　　　　　　　　　　　　　　　　　 32 000
　　贷：原材料——甲材料　　　　　　　　　　　　　　　　 32 000

（4）分配工程人员工资时编制的会计分录

借：在建工程——仓库　　　　　　　　　　　　　　　　　 65 800
　　贷：应付职工薪酬　　　　　　　　　　　　　　　　　　 65 800

（5）辅助生产车间为工程提供劳务时编制的会计分录

借：在建工程——仓库　　　　　　　　　　　　　　　　　 35 000
　　贷：生产成本——辅助生产成本　　　　　　　　　　　　 35 000

（6）8 月底，工程达到预定可使用状态，尚未办理竣工决算手续，固定资产成本按账面价值入账编制的会计分录如下。

借：固定资产——仓库　　　　　　　　　　　　　　　　　382 800
　　贷：在建工程——仓库　　　　　　　　　　　　　　　　382 800

（二）出包工程

出包工程是指企业通过招标等方式将工程项目发包给建造承包商，由建造承包商（施工企业）组织施工的建筑工程和安装工程。企业以出包方式建造固定资产，其成本由建造该项固定资产达到预定可使用状态前所发生的必要支出构成，包括发生的建筑工程支出、安装工程支出，以及需要分摊计入各固定资产价值的待摊支出。建筑工程支出和安装工程支出，如人工费、材料费、机械使用费等由建造承包商核算。对于发包企业而言，建筑工程支出、安装工程支出是构成在建工程成本的重要内容，发包企业按照合同规定的结算方式和工程进度定期与建造承包商办理工程价款结算，结算的工程价款计入在建工程成本。待摊支出是指在建设期发生的，不能直接计入某项固定资产价值而应由所建造固定资产共同负担的相关费用，包括为建造工程发生的管理费、征地费、可行性研究费、临时设施费、公证费、监理费、应负担的税费、符合资本化条件的借款费用，以及在建设期间发生的工程物资盘亏、报废、毁损的净损失和负荷联合试车费等。

项目六　固定资产

在出包方式下，其工程的具体支出主要由建造承包商核算。在这种方式下，"在建工程"账户主要是企业与建造承包商办理工程价款的结算账户，企业支付给建造承包商的工程价款作为工程成本，通过"在建工程"账户核算。企业按合理估计的工程进度和合同规定从建造承包商结算的进度款，借记"在建工程——建筑工程（××工程）""在建工程——安装工程（××工程）"账户，贷记"银行存款""预付账款"等账户。工程完工时，按合同规定补付的工程款，借记"在建工程"账户，贷记"银行存款"等账户。企业需要将安装设备运抵现场安装时，借记"在建工程——在安装设备（××设备）"账户，贷记"工程物资——××设备"账户；企业为建造固定资产发生的待摊支出，借记"在建工程——待摊支出"账户，贷记"银行存款""应付职工薪酬""长期借款"等账户。工程达到预定可使用状态时，按其成本，借记"固定资产"账户，贷记"在建工程"账户。

> **注意**
>
> 企业采用出包方式建造固定资产发生的需要分摊计入固定资产价值的待摊支出，应按下列公式进行分摊。
>
> 待摊支出分配率＝累计发生的待摊支出÷（建筑工程支出＋安装工程支出＋在安装设备支出）×100%
>
> 某工程应分配的待摊支出＝该工程支出合计×待摊支出分配率

例 6-4　时宏公司经批准新建一个火电厂，包括建造发电车间、冷却塔及安装发电设备 3 个单项工程。2023 年 2 月 1 日，时宏公司与乙公司签订合同，将火电厂新建工程出包给乙公司。双方约定，建造发电车间的价款为 5 000 000 元，建造冷却塔的价款为 2 800 000 元，安装发电设备的费用为 450 000 元。其他有关资料如下。

① 2023 年 2 月 1 日，时宏公司向乙公司预付建造发电车间的工程价款 3 000 000 元。
② 2023 年 5 月 8 日，时宏公司购入需要安装的发电设备，价款总计 3 800 000 元。款项已付。
③ 2023 年 7 月 2 日，时宏公司向乙公司预付建造冷却塔的工程价款 1 400 000 元。
④ 2023 年 7 月 22 日，时宏公司将发电设备运抵施工现场，交付乙公司安装。
⑤ 工程项目发生管理费、可行性研究费、公证费、监理费共计 116 000 元。款项已付。
⑥ 工程建造期间，台风造成冷却塔部分工程毁损。经核算，损失为 450 000 元。保险公司已经承诺支付 300 000 元。
⑦ 2023 年 12 月 20 日，所有工程完工。时宏公司收到乙公司的有关工程结算单据后，补付剩余工程款。

时宏公司的相关账务处理如下。

（1）2023 年 2 月 1 日，预付建造发电车间工程款编制的会计分录
　　借：预付账款——乙公司——建筑工程（发电车间）　　3 000 000
　　　　贷：银行存款——工商银行海口南沙支行　　　　　　　　3 000 000

（2）2023 年 5 月 8 日，购入发电设备编制的会计分录
　　借：工程物资——发电设备　　　　　　　　　　　　　3 800 000
　　　　贷：银行存款——工商银行海口南沙支行　　　　　　　　3 800 000

（3）2023 年 7 月 2 日，预付建造冷却塔工程款编制的会计分录
　　借：预付账款——乙公司——建筑工程（冷却塔）　　　1 400 000
　　　　贷：银行存款——工商银行海口南沙支行　　　　　　　　1 400 000

（4）2023年7月22日，将发电设备交乙公司安装编制的会计分录

借：在建工程——在安装设备（发电设备） 3 800 000
　　贷：工程物资——发电设备 3 800 000

（5）支付工程发生的管理费、可行性研究费、公证费、监理费编制的会计分录

借：在建工程——待摊支出 116 000
　　贷：银行存款——工商银行海口南沙支行 116 000

（6）台风造成冷却塔工程部分毁损编制的会计分录

借：营业外支出——非常损失 150 000
　　其他应收款——保险公司 300 000
　　贷：在建工程——建筑工程（冷却塔） 450 000

（7）2023年12月20日，结算工程款并补付剩余工程款编制的会计分录

借：在建工程——建筑工程（发电车间） 5 000 000
　　在建工程——建筑工程（冷却塔） 2 800 000
　　在建工程——安装工程（发电设备） 450 000
　　贷：银行存款——工商银行海口南沙支行 3 850 000
　　　　预付账款——乙公司——建筑工程（发电车间） 3 000 000
　　　　预付账款——乙公司——建筑工程（冷却塔） 1 400 000

（8）分摊待摊支出编制的会计分录

待摊支出分配率＝116 000÷（5 000 000＋2 800 000－450 000＋3 800 000＋450 000）×100%＝1%

发电车间应分摊的待摊支出＝5 000 000×1%＝50 000（元）

冷却塔应分摊的待摊支出＝（2 800 000－450 000）×1%＝23 500（元）

发电设备（安装工程）应分摊的待摊支出＝450 000×1%＝4 500（元）

发电设备（在安装设备）应分摊的待摊支出＝3 800 000×1%＝38 000（元）

借：在建工程——建筑工程（发电车间） 50 000
　　在建工程——建筑工程（冷却塔） 23 500
　　在建工程——安装工程（发电设备） 4 500
　　在建工程——在安装设备（发电设备） 38 000
　　贷：在建工程——待摊支出 116 000

（9）结转固定资产编制的会计分录

借：固定资产——发电车间 5 050 000
　　固定资产——冷却塔 2 373 500
　　固定资产——发电设备 4 292 500
　　贷：在建工程——建筑工程（发电车间） 5 050 000
　　　　在建工程——建筑工程（冷却塔） 2 373 500
　　　　在建工程——安装工程（发电设备） 454 500
　　　　在建工程——在安装设备（发电设备） 3 838 000

三、股东投入的固定资产

投资者投入的固定资产的成本按照投资合同或协议约定的价值确定，但合同或协议约定价值不公允的除外。在投资合同或协议约定价值不公允的情况下，固定资产的入账价值应该按照

该项固定资产的公允价值确定。

例 6-5 时宏公司接受股东 A 投资的生产设备一台。原值为 100 000 元,累计折旧为 5 000 元,经双方确认的价值为 90 000 元。该设备经验收交付使用。

时宏公司应编制的会计分录如下。

借:固定资产——生产设备　　　　　　　　　　　　　　　　90 000
　　贷:实收资本——股东 A　　　　　　　　　　　　　　　　90 000

四、用其他资产交换的固定资产

通过非货币性资产交换、债务重组、企业合并、租赁等方式取得的固定资产的账务处理,分别按照《企业会计准则第 7 号——非货币性资产交换》《企业会计准则第 12 号——债务重组》《企业会计准则第 20 号——企业合并》《企业会计准则第 21 号——租赁》等规定进行。

五、接受捐赠增加的固定资产

企业接受捐赠增加的固定资产,应按《企业会计准则》的规定(公允价值)确定入账价值,借记"固定资产"或"在建工程"账户,贷记"营业外收入——捐赠利得"账户,按接受捐赠过程中支付的相关税费,贷记"银行存款"等账户。

例 6-6 时宏公司收到 C 公司捐赠的全新汽车一辆。增值税专用发票上注明的价款为 100 000 元、增值税税率为 13%、增值税税额为 13 000 元。有关过户手续已全部办理完毕。另外用银行存款支付运输费用,增值税发票上注明运输费为 3 000 元、增值税税率 9%、增值税税额为 270 元。

时宏公司应编制的会计分录如下。

借:固定资产——汽车　　　　　　　　　　　　　　　　　103 000
　　应交税费——应交增值税(进项税额)　　　　　　　　　 13 270
　　贷:营业外收入——捐赠利得　　　　　　　　　　　　　113 000
　　　　银行存款——工商银行海口南沙支行　　　　　　　　　3 270

六、融资租入的固定资产

采用融资方式租入的固定资产应视同自有资产管理。融资租入固定资产时,承租人应按租赁资产公允价值和最低租赁付款额现值两者中较低者,加上初始直接费用,作为租入资产的入账价值,借记"固定资产——融资租入固定资产"账户,按最低租赁付款额,贷记"长期应付款"账户;按其差额,借记"未确认融资费用"账户。

任务处理

任务处理　　　　　　　　　　任务小结

任务二　固定资产折旧的核算

任务描述

时宏公司生产车间的一台设备原值为 100 000 元，预计净残值率为 4%，预计使用寿命为 5 年。请会计人员赵美媛采用年数总和法计算该设备的年折旧率和折旧额。

知识储备

一、固定资产折旧的概念

折旧是指在固定资产的使用寿命期内，按照确定的方法对应计折旧额进行系统分摊。其中，应计折旧额是指应当计提折旧的固定资产原价扣除其预计净残值后的金额。如果对固定资产计提减值准备，则还应当扣除已计提的固定资产减值准备累计金额。

固定资产折旧的过程，实质上就是固定资产在使用过程中价值逐步转移的过程。折旧并不是对固定资产价值转移的准确计价，而只是按照系统的、合理的方法将固定资产的价值进行分摊，以反映收入与费用相配比的要求，所以固定资产折旧是固定资产成本的分摊程序而不是计价程序。

企业的固定资产在长期参加生产经营过程中基本保持原有实物形态不变，但其使用寿命有限，所以价值的损耗是客观存在的。这种损耗的价值，如果转移到有关的产品成本或费用中，就是折旧。固定资产的损耗分为有形损耗和无形损耗两种：有形损耗是指固定资产在生产经营过程中由于使用和自然力的影响而引起的在使用价值及价值上的损耗；无形损耗是指由于科学技术不断进步，高效能的生产工具出现和推广引起原有生产工具的效能相对降低所发生的价值损失。折旧计入有关成本或费用中，最终会从营业收入中得到补偿，并转化为货币资金。

企业正确计提固定资产折旧，不仅能客观反映固定资产因使用而发生的损耗，确定其净值，实现其自身的价值补偿和实物更换，而且能把固定资产的成本较合理地计入各受益的会计期间，实现收入与费用的正确配比，从而真实地核算企业各期的成本、利润及应交税费和应付股利等，同时为企业将来固定资产重新购置积累资金。

二、影响折旧的因素

影响固定资产折旧的因素主要有以下几个方面。

① 固定资产原价。这是指固定资产的实际成本。

② 固定资产预计净残值。这是指假定固定资产预计使用寿命已满并处于使用寿命终了的预期状态下，企业从该项固定资产处置中获得的预期残值扣除预计清理费用后的金额。预计残值是指固定资产报废时可收回的各种残料价值；预计清理费用是指固定资产报废清理时所发生的拆卸、搬运等费用。

③ 固定资产减值准备。这是指固定资产已计提的固定资产减值准备累计金额。固定资产计提减值准备后，应当在剩余使用寿命内根据调整后的固定资产账面价值（固定资产账面余额扣减累计折旧和累计减值准备后的金额）和预计净残值重新计算确定折旧率及折旧额。

④ 固定资产的使用寿命。这是指企业使用固定资产所能生产产品、提供劳务和经营管理的

预计期间。企业确定固定资产使用寿命时，应当考虑以下因素。
- 这项固定资产预计生产产品的能力或实物产量、提供经营服务的水平程度。
- 这项固定资产预计的有形损耗，如设备使用中发生磨损、毁损，房屋及建筑物受到的自然侵蚀和损耗等。
- 这项固定资产预计的无形损耗，如因新科学技术的出现而使现有资产技术水平相对陈旧、市场需求变化使产品过时等。
- 法律或类似规定对这项固定资产使用的限制。某些固定资产的使用寿命可能受到法律或类似规定的约束，如对于融资租赁的固定资产，根据《企业会计准则第 21 号——租赁》的规定："能够合理确定租赁期届满时取得租赁资产所有权的，应当在租赁资产剩余使用寿命期内计提折旧。无法合理确定租赁期届满时能够取得租赁资产所有权的，应当在租赁期与租赁资产剩余使用寿命两者孰短的期间内计提折旧。"

三、固定资产计提折旧的范围

（一）计提折旧的范围

除下列情况以外，企业应对所有固定资产计提折旧。
① 已提足折旧仍然继续使用的固定资产。
② 按照规定单独估价作为固定资产入账的土地。

（二）计算折旧应注意的问题

① 固定资产应当按月计提折旧，并根据用途计入相关资产的成本或当期损益。当月增加的固定资产，当月不计提折旧；当月减少的固定资产，当月仍计提折旧。

② 固定资产提足折旧后，不论能否继续使用，均不再计提折旧，提前报废的固定资产也不再补提折旧。所谓提足折旧，是指已经提足该固定资产的应计折旧额。

③ 以融资租赁方式租入的固定资产和以经营租赁方式租出的固定资产，应当计提折旧；以融资租赁方式租出的固定资产和以经营租赁方式租入的固定资产，不应当计提折旧。

④ 企业因更新改造等原因调整固定资产价值的情况下，应当根据调整后的价值、预计尚可使用年限和预计净残值，按选定的折旧方法计提折旧。

⑤ 已达到预定可使用状态的固定资产，如果尚未办理竣工决算，则应当按照估计价值暂估入账，并计提折旧。待办理了竣工决算手续后，再按照实际成本调整原来的暂估价值，但不需要调整原来已计提的折旧额。

⑥ 企业对固定资产进行更新改造时，应将更新改造的固定资产的账面价值转入在建工程，并在此基础上核算经更新改造后的固定资产原价。处于更新改造过程而停止使用的固定资产，因已转入在建工程，因此不计提折旧，待更新改造项目达到预定可使用状态转为固定资产后，再按重新确定的折旧方法和该固定资产尚可使用的年限计提折旧。

业务核算

一、固定资产折旧的计算

企业应当根据与固定资产有关的经济利益的预期实现方式，合理选择固定资产折旧方法。可选用的折旧方法包括平均年限法、工作量法、双倍余额递减法和年数总和法等。固定资产折旧方法一经确定，除满足变更条件外，不得随意变更。

（一）平均年限法

平均年限法又称直线法，是将固定资产的应计提折旧总额均衡地分摊到固定资产预计使用寿命期内的一种方法。采用这种方法计算的每期折旧额均是相等的。平均年限法相关的计算公式为：

$$预计净残值率 = 预计净残值 \div 固定资产原值$$

$$年折旧率 = (1 - 预计净残值率) \div 预计使用寿命（年）\times 100\%$$

或

$$年折旧率 = 年折旧额 \div 固定资产原值$$

$$月折旧率 = 年折旧率 \div 12$$

$$折旧总额 = 固定资产原值 - 预计净残值$$

$$年折旧额 = 折旧总额 \div 预计使用寿命$$

或

$$年折旧额 = 固定资产原值 \times 年折旧率$$

$$月折旧额 = 年折旧额 \div 12$$

或

$$月折旧额 = 固定资产原值 \times 月折旧率$$

例 6-7 时宏公司的一台设备原值为 600 000 元，预计净残值率为 4%，预计使用寿命为 5 年。采用平均年限法计算年折旧额和月折旧额。

折旧额和月折旧额计算如下。

预计净残值 = 600 000 × 4% = 24 000（元）

折旧总额 = 600 000 − 24 000 = 576 000（元）

年折旧额 = 576 000 ÷ 5 = 115 200（元）

月折旧额 = 115 200 ÷ 12 = 9 600（元）

采用年限平均法计算折旧虽然较简单，但也存在着一些明显的局限性。首先，固定资产在不同使用年限提供的经济效益不同。一般来说，固定资产在使用前期工作效率相对较高，带来的经济利益也就多，而在其使用后期工作效率一般呈下降趋势，因此所带来的经济利益也就逐渐减少。其次，固定资产的维修费用将随着使用时间的延长不断增大。平均年限法不会考虑这些因素。

当固定资产各期的负荷程度相同，各期应分摊的折旧费也相同时，采用年限平均法计算折旧是合理的。但是如果固定资产各期负荷程度不同，则采用年限平均法计算的折旧额难以与固定资产实际损耗相一致，不符合收入与费用相互配比的原则，从而不利于企业采用新的技术和及时更新固定资产。

（二）工作量法

工作量法是企业根据实际工作量计算每期应计提折旧额的一种方法。其基本计算公式为：

$$单位工作量折旧额 = 固定资产原值 \times (1 - 预计净残值率) \div 预计总工作量$$

$$某项固定资产月折旧额 = 该项固定资产当月工作量 \times 单位工作量折旧额$$

例 6-8 时宏公司拥有一辆汽车，原值为 300 000 元，预计净残值率为 2%，预计行驶里程 600 000 千米。本月行驶 2 800 千米。采用工作量法计算本月折旧额。

本月折旧额计算如下。

预计净残值 = 300 000 × 2% = 6 000（元）

折旧总额 = 300 000 − 6 000 = 294 000（元）

单位行驶里程折旧额＝294 000÷600 000＝0.49（元/千米）

本月折旧额＝2 800×0.49＝1 372（元）

采用工作量法计算折旧额与单位产量成正比，固定资产使用产量越大、磨损越大，计提的折旧额越多，这比较符合固定资产的效能，计算也较直观，但在确定固定资产的产量上较为困难。因此，这种方法主要适用于企业专用车队的客货运输设备、专用设备等工作时间不均衡的固定资产。

（三）双倍余额递减法

双倍余额递减法是一种加速折旧法，是在不考虑固定资产预计净残值的情况下，根据每期期初的固定资产净值和双倍的直线法折旧率计算固定资产折旧的一种方法。应用这种方法计算折旧时，由于每年年初固定资产净值没有扣除预计净残值，因此在计算固定资产折旧额时，应在折旧年限到期前两年内，将固定资产的净值扣除预计净残值后的余额平均摊销。其计算公式为：

年折旧率＝2÷预计使用寿命（年）×100%

折旧基数（年初固定资产账面净值）＝固定资产原值－已提累计折旧

年折旧额＝折旧基数（年初固定资产账面净值）×年折旧率

月折旧额＝年折旧额÷12

例 6-9 时宏公司的一台设备原值为 600 000 元，预计净残值率为 4%，预计使用寿命为 5 年。采用双倍余额递减法计算各年的折旧额。

各年折旧额计算如下。

年折旧率＝2÷5×100%＝40%

第 1 年应计提折旧额＝（600 000－0）×40%＝240 000（元）

第 2 年应计提折旧额＝（600 000－240 000）×40%＝144 000（元）

第 3 年应计提折旧额＝（600 000－240 000－144 000）×40%＝86 400（元）

从第 4 年起改按年限平均法计提折旧，则年折旧额计算如下。

第 4 年应计提折旧额＝（600 000－240 000－144 000－86 400－600 000×4%）÷2＝52 800（元）

第 5 年应计提折旧额＝（600 000－240 000－144 000－86 400－600 000×4%）÷2＝52 800（元）

（四）年数总和法

年数总和法又称年限合计法，也是一种常用的加速折旧法，是将固定资产的原值减去预计净残值后的余额乘以一个逐年递减的分数计算每年的折旧额的方法。其中，这个分数的分子代表固定资产尚可使用寿命；分母代表预计使用寿命逐年数字总和。其计算公式为：

年折旧率＝（尚可使用年限÷预计使用寿命的年数总和）×100%

＝（总年限－已使用年限）÷[（1+总年限）×总年限÷2]×100%

折旧基数＝固定资产原值－预计净残值

年折旧额＝折旧基数×年折旧率

月折旧额＝年折旧额÷12

例 6-10 沿用例 6-9，采用年数总和法计算各年折旧额。

各年折旧额计算如下。

第 1 年折旧率＝5/15；第 2 年折旧率＝4/15；

第 3 年折旧率＝3/15；第 4 年折旧率＝4/15；
第 5 年折旧率＝1/15。
折旧基数＝600 000－600 000×4%＝576 000（元）
第 1 年应计提折旧额＝576 000×5/15＝192 000（元）
第 2 年应计提折旧额＝576 000×4/15＝153 600（元）
第 3 年应计提折旧额＝576 000×3/15＝115 200（元）
第 4 年应计提折旧额＝576 000×2/15＝76 800（元）
第 5 年应计提折旧额＝576 000×1/15＝38 400（元）

采用加速折旧法计提折旧，可以使固定资产成本尽快得到补偿，加快固定资产的更新换代，从而使企业保持较高的技术水平。但采用这种方法计提折旧，在固定资产使用前期由于计提折旧多，因此会使成本、费用提高，从而降低利润，影响上缴税费和利润分配，而且计算的工作量也较大。

以上几种方法，企业可自行选择，但一经选定，不得随意变动。

小·思考

比较平均年限法与加速折旧法对企业财务状况和损益的影响。

二、固定资产折旧的账务处理

企业计提的固定资产折旧应当根据固定资产用途，分别计入相关资产的成本或当期损益。例如，基本生产车间使用的固定资产，计提的折旧应记入"制造费用"账户，并最终计入所生产产品的成本；管理部门使用的固定资产，计提的折旧应记入"管理费用"账户；销售部门使用的固定资产，计提折旧应记入"销售费用"账户；未使用固定资产，计提的折旧应记入"管理费用"账户；租出的固定资产，计提的折旧应记入"其他业务成本"账户。

知识拓展：固定资产预计使用寿命等的复核

在会计实务中，企业一般应当按月计提折旧，计提的折旧应记入"累计折旧"账户的贷方，并根据用途计入相关资产的成本或当期损益。

例 6-11 2023 年 6 月，时宏公司固定资产计提折旧情况如下：甲车间厂房计提折旧 38 030 元，机器设备计提折旧 45 000 元；管理部门房屋建筑物计提折旧 65 000 元，运输工具计提折旧 24 000 元；销售部门房屋建筑物计提折旧 32 000 元，办公设备计提折旧 26 300 元。本月新购置一台机器设备，价值为 540 000 元，预计净残值为 40 000 元，预计使用寿命为 10 年。

时宏公司本月计提折旧应编制的会计分录如下。

借：制造费用——折旧费　　　　　　　　　　83 030
　　管理费用——折旧费　　　　　　　　　　89 000
　　销售费用——折旧费　　　　　　　　　　58 300
　　贷：累计折旧　　　　　　　　　　　　　　　230 330

任务处理

任务处理　　　　　任务小结

任务三　固定资产后续支出的核算

任务描述

时宏公司对一项生产用机器设备进行更新改造。当日，该机器设备原价为 200 000 元，累计折旧 110 400 元，已计提减值准备 1 800 元。通过银行支付更新改造过程中发生的改造费用 62 800 元。已达到预定可使用状态。请会计人员赵美媛对该设备的改扩建进行账务处理。

知识储备

固定资产后续支出包括更新改造、大修理、改扩建、改良及维护等支出。固定资产后续支出分为资本化支出和费用化支出。后续支出的处理原则为：与固定资产有关的更新改造等后续支出，符合固定资产确认条件的，应当计入固定资产成本，同时将被替换部分的账面价值扣除；与固定资产有关的修理费用等后续支出，不符合固定资产确认条件的，应当计入当期损益。

在具体工作中，对于固定资产发生的下列各项后续支出，通常的处理方法如下。

① 固定资产的日常维修应在发生时直接计入当期损益（管理费用或销售费用）。

② 改良支出予以资本化，计入固定资产账面价值。

③ 如果不能区分是固定资产修理还是固定资产改良，或者是固定资产修理和固定资产改良结合在一起，则企业应当判断后续支出是否满足固定资产确认条件。如果后续支出满足了固定资产的确认条件，则后续支出应当计入固定资产账面价值；否则，后续支出确认为当期损益。

④ 固定资产装修费用如果满足固定资产的确认条件，则装修费用应当计入固定资产账面价值。自有资产和融资租入固定资产，都应在"固定资产"账户下单设"固定资产装修"明细账户进行核算，在固定资产尚可使用年限和两次装修间隔期间两者中较短的期间内，采用合理的方法单独计提折旧。如果在下次装修时，与该项固定资产相关的"固定资产装修"明细账户仍有账面价值，则应将该账面价值一次全部计入当期营业外支出。

⑤ 经营租赁固定资产的改良支出应记入"长期待摊费用"账户，并在剩余租赁期和租赁资产尚可使用年限两者中较短的期间内进行摊销。

业务核算

一、资本化的后续支出

企业通过对厂房进行改建、扩建而使其更加坚固耐用，延长了厂房等固定资产的使用寿命；企业通过对设备的改建，提高了单位时间内产品的产出数量，提高了机械设备等固定资产的生产能力；企业通过对车床的改良，大大提高了生产产品的精确度，实现了企业产品的更新换代；企业通过对生产线的改良，能够大大降低产品的成本，提高了企业产品的价格竞争力，等等。这些通常都表明后续支出提高了固定资产原定的创利能力。此时，应将后续支出予以资本化。

在固定资产发生可资本化的后续支出时，企业应将该固定资产的原价、已计提的累计折旧和减值准备转销，将固定资产的账面价值转入在建工程。固定资产发生的可资本化的后续支出，通过"在建工程"账户核算。因为已转入在建工程，所以固定资产停止计提折旧。在固定资发生后续支出的工程完工并达到预定可使用状态时,再从在建工程转为固定资产,并按重新确定的固定资产原值、使用寿命、预计净残值和折旧方法计提折旧。

① 企业更新改造固定资产,应把固定资产的账面价值转入在建工程。

② 固定资产改扩建等发生的后续支出,可能涉及替换固定资产的某个组成部分。应当把替换的部分资本化,计入固定资产成本;被替换部分的账面价值应予转出。

例 6-12 2023年5月11日,时宏公司对一项生产用机器设备进行更新改造。当日,该机器设备原价为500 000元,累计折旧196 400元,已计提减值准备31 800元。通过银行支付更新改造过程中发生的劳务费用131 700元;领用本公司用于生产产品的甲材料一批,成本为35 000元,增值税税率为13%,购进该批材料的增值税税额为4 550元;领用本公司生产的A产品一批,成本为64 100元,市场价格(不含增值税税额)为120 000元,增值税税率为13%,应支付相关人员职工薪酬21 100元。经更新改造的机器设备于2023年9月10日达到预定可使用状态。上述更新改造支出符合资本化条件。

时宏公司相关的账务处理如下。

(1)进行更新改造时编制的会计分录

借:在建工程　　　　　　　　　　　　　　　271 800
　　累计折旧　　　　　　　　　　　　　　　196 400
　　固定资产减值准备　　　　　　　　　　　 31 800
　　贷:固定资产——机器设备　　　　　　　　　　500 000

(2)支付更新改造过程中发生的劳务费用编制的会计分录

借:在建工程　　　　　　　　　　　　　　　131 700
　　贷:银行存款——工商银行海口南沙支行　　　　131 700

(3)领用本公司用于生产产品的甲材料一批编制的会计分录

借:在建工程　　　　　　　　　　　　　　　 35 000
　　贷:原材料——甲材料　　　　　　　　　　　　 35 000

(4)领用本公司生产的A产品一批编制的会计分录

借:在建工程　　　　　　　　　　　　　　　 64 100
　　贷:库存商品——A产品　　　　　　　　　　　　64 100

(5)应支付相关人员职工薪酬编制的会计分录

借:在建工程　　　　　　　　　　　　　　　 21 100
　　贷:应付职工薪酬——短期薪酬　　　　　　　　 21 100

(6)达到预定可使用状态编制的会计分录

借:固定资产——机器设备　　　　　　　　　523 700
　　贷:在建工程　　　　　　　　　　　　　　　　523 700

二、费用化的后续支出

一般情况下,固定资产投入使用之后,由于固定资产磨损、各组成部分耐用程度不同,可能导致固定资产的局部损坏,所以为了维持固定资产的正常运转和使用,充分发挥其使用效能,企业应对固定资产进行必要的维护。发生的固定资产维护支出只是确保固定资产的正常工作状况,并不导致固定资产性能的改变或固定资产未来经济利益的增加。在此,固定资产的维护支出应在发生时一次性直接计入当期损益,不再通过预提或待摊的方式进行核算。

一般情况下,固定资产的大修理和日常修理费用在发生时就直接计入当期损益;企业生产车间和行政管理部门等发生的固定资产修理费用等后续支出，记入"管理费用"账户；企业专设销售机构发生的固定资产修理费用等后续性支出，记入"销售费用"账户。固定资产更新改造支出不满足固定资产的确认条件，在发生时直接计入当期损益。

例 6-13 2023 年 1 月 3 日，时宏公司对现有的厂房进行修理。修理过程中领用本企业甲材料一批，价值为 93 000 元；为购买该批原材料支付的增值税税额为 12 090 元，应支付维修人员的工资为 28 000 元。

时宏公司应编制的会计分录如下。

借：管理费用——修理费　　　　　　　　　　　　　　121 000
　　贷：原材料——甲材料　　　　　　　　　　　　　　　93 000
　　　　应付职工薪酬——短期薪酬　　　　　　　　　　　28 000

任务处理

任务处理　　　　　　　任务小结

任务四　固定资产清查与减值的核算

任务描述

时宏公司于 2023 年 12 月 31 日对固定资产进行清查时，盘亏一台生产设备。设备原价为 25 000 元，已计提折旧 11 000 元。请会计人员赵美媛对该盘亏设备进行账务处理。

知识储备

一、固定资产清查

为保持固定资产会计资料的真实性，企业应定期或至少于每年年末对固定资产进行清查盘点，以便确保账实相符，充分挖掘企业现有固定资产的潜力。在固定资产清查的过程中，如果发现盘盈、盘亏的固定资产，则要查明盈亏数量，填制固定资产盘盈盘亏报告表。同时，要查明盈亏原因和固定资产的使用情况，进而查明企业在固定资产保管、使用和维修管理中存在的问题，以便及时采取措施、堵塞漏洞、加强管理，挖掘利用固定资产的潜力并确保固定资产的安全。

👆固定资产的处置及清查

二、固定资产的期末计价

固定资产在资产负债表日存在可能发生减值的迹象时，其可收回金额低于账面价值的情况下，企业应当将该固定资产的账面价值减记至可收回金额，减记的金额确认为减值损失，计入当期损益，同时计提相应的减值准备，借记"资产减值损失"账户，贷记"固定资产减值准备"账户。固定资产减值损失一经确认，在以后的会计期间不得转回。

（一）固定资产减值的认定

企业应当在资产负债表日判断固定资产是否存在可能发生减值的迹象。存在下列迹象的，表明固定资产可能发生了减值。

① 固定资产的市价当期大幅度下跌，其跌幅明显高于因时间的推移或正常使用而预计的下跌。

② 企业经营所处的经济、技术或法律等环境及固定资产所处的市场在当期或将在近期发生重大变化，从而对企业产生不利影响。

③ 市场利率或其他市场投资报酬率在当期已经提高，从而影响企业计算资产预计未来现金流量现值的折现率，导致固定资产可收回金额大幅度降低。

④ 有证据表明固定资产已经陈旧过时或其实体已经损坏。

⑤ 固定资产已经或将被闲置、终止使用或计划提前处置。

⑥ 企业内部报告的证据表明固定资产的经济绩效已经低于或将低于预期，如固定资产所创造的净现金流量或实现的营业利润（或者亏损）远远低于（或者高于）预计金额等。

⑦ 其他表明固定资产可能已经发生减值的迹象。

（二）固定资产可收回金额的计量

固定资产存在减值迹象的情况下，应当估计可收回金额。可收回金额应当根据固定资产的公允价值减去处置费用后的净额和固定资产预计未来现金流量的现值两者之间较高者确定。处置费用包括与固定资产处置有关的法律费用、相关税费、搬运费及为使固定资产达到可销售状态所发生的直接费用等。

固定资产的公允价值减去处置费用后的净额和固定资产预计未来现金流量的现值，只要有一项超过了固定资产的账面价值，就表明固定资产没有发生减值，不需要再估计另一项金额。

固定资产的公允价值减去处置费用后的净额，应当根据公平交易中销售协议价格减去可直接归属于该固定资产处置费用的金额确定；不存在销售协议但存在固定资产活跃市场的情况下，应当按照该固定资产的市场价格减去处置费用后的金额确定。固定资产的市场价格通常应当根据固定资产的买方出价确定。

在不存在销售协议和固定资产活跃市场的情况下，应当以可获取的最佳信息为基础，估计固定资产的公允价值减去处置费用后的净额。该净额可以参考同行业类似固定资产的最近交易价格或结果进行估计。

企业按照上述规定仍然无法可靠估计固定资产的公允价值减去处置费用后的净额的情况下，应当以该固定资产预计未来现金流量的现值作为其可收回金额。

固定资产预计未来现金流量的现值，应当按照固定资产在持续使用过程中和最终处置时所产生的预计未来现金流量选择恰当的折现率进行折现后的金额加以确定。预计固定资产未来现金流量的现值，应当综合考虑固定资产的预计未来现金流量、使用寿命和折现率等因素。

预计的固定资产未来现金流量应当包括下列各项。

① 固定资产持续使用过程中预计固定产生的现金流入。

② 为实现固定资产持续使用过程中产生的现金流入所必需的预计现金流出，包括为使固定资产达到预定可使用状态所发生的现金流出。该现金流出应当是可直接归属于或可通过合理和一致的基础分配到固定资产中的现金流出。

③ 固定资产使用寿命结束时，处置固定资产收到或支付的净现金流量。该现金流量应当是在公平交易中，熟悉情况的交易双方自愿进行交易时，企业预期可从固定资产的处置中获取的

现金流入减去预计处置费用后的金额。

预计固定资产未来现金流量时，企业管理层应当在合理和有依据的基础上对固定资产剩余使用寿命内的整个经济状况进行最佳估计。

（三）资产组的认定及减值处理

在有迹象表明一项资产可能发生减值的情况下，企业应当以单项资产为基础估计可收回金额。企业难以对单项资产的可收回金额进行估计时，应当以该资产所属的资产组为基础确定资产组的可收回金额。

① 资产组的认定应当以资产组产生的主要现金流入是否独立于其他资产或资产组的现金流入为依据。同时，在认定资产组时，应当考虑企业管理层管理生产经营活动的方式（如是按照生产线、业务种类，还是按照地区或区域等）和对资产的持续使用或处置的决策方式等。

② 几项资产组合生产的产品（或其他产出）存在活跃市场时，即使部分或所有这些产品（或其他产出）均供内部使用，也应当在符合前款规定的情况下，将这几项资产的组合认定为一个资产组。

③ 如果该资产组的现金流入受内部转移价格的影响，那么应当按照企业管理层在公平交易中对未来价格的最佳估计数来确定资产组的未来现金流量。

业务核算

一、固定资产清查的核算

（一）固定资产盘亏

企业在财产清查中盘亏的固定资产，按盘亏固定资产的账面价值，借记"待处理财产损溢"账户，按已计提的累计折旧，借记"累计折旧"账户，按已计提的减值准备，借记"固定资产减值准备"账户，按固定资产原价，贷记"固定资产"账户。按管理权限报经批准后处理时，按可收回的保险赔偿或过失人赔款，借记"其他应收款"账户，按应计入营业外支出的金额，借记"营业外支出——盘亏损失"账户，贷记"待处理财产损溢"账户。

例 6-14 时宏公司年末对固定资产进行清查时盘亏一台设备，设备原价为 30 000 元，已计提折旧 10 000 元。

时宏公司的相关账务处理如下。

（1）批准前编制的会计分录

借：待处理财产损溢——待处理非流动资产损溢　　　　20 000
　　累计折旧　　　　　　　　　　　　　　　　　　10 000
　　贷：固定资产　　　　　　　　　　　　　　　　　　　　30 000

（2）批准后编制的会计分录

借：营业外支出——固定资产盘亏　　　　　　　　　　20 000
　　贷：待处理财产损溢——待处理非流动资产损溢　　　　　20 000

（二）固定资产盘盈

企业在财产清查中盘盈的固定资产，作为前期差错处理。企业在财产清查中盘盈的固定资产，在按管理权限报经批准处理前应先通过"以前年度损益调整"账户核算。盘盈的固定资产，应按以下规定确定其入账价值：如果同类或类似固定资产存在活跃市场，则按同类或类似固定资产的市场价格，减去按该固定资产新旧程度估计价值损耗后的余额，作为入账价值；如果同类或类似固定资产不存在活跃市场，则按该固定资产的预计未来现金流量的现值，作为入账价值。企业应按上述规定确定的入账价值，借记"固定资产"账户，贷记"以前年度损益调整"账户。缴纳企业所得税，借记"以前年度损益调整"账户，贷记"应交税费"账户。税收收益结转至留存收益，借记"以前年度损益调整"账户，贷记"盈余公积""利润分配"账户。

例 6-15 时宏公司在财产清查中，发现一台未入账的电脑。按同类或类似商品市场价格，减去按该项资产新旧程度估计的价值损耗后的余额为 10 000 元。假定该公司适用的企业所得税税率为 25%，按净利润的 10% 计提法定盈余公积金。

时宏公司的相关账务处理如下。

（1）盘盈固定资产时编制的会计分录

借：固定资产——电脑　　　　　　　　　　　　　　　10 000
　　贷：以前年度损益调整　　　　　　　　　　　　　　　　10 000

（2）确定应缴纳的企业所得税时编制的会计分录

借：以前年度损益调整　　　　　　　　　　　　　　　2 500
　　贷：应交税费——应交所得税　　　　　　　　　　　　　2 500

（3）结转为留存收益时编制的会计分录

借：以前年度损益调整　　　　　　　　　　　　　　　7 500
　　贷：盈余公积——法定盈余公积　　　　　　　　　　　　750
　　　　利润分配——未分配利润　　　　　　　　　　　　6 750

二、固定资产减值的核算

可收回金额的计量结果表明，固定资产的可收回金额低于账面价值的情况下，应当将固定资产的账面价值减记至可收回金额，减记的金额确认为固定资产减值损失，计入当期损益（资产减值损失），同时计提相应的资产减值准备。

知识拓展：固定资产减值披露

固定资产减值损失确认后，减值资产的折旧应当在未来期间做相应调整，以使该资产在剩余使用寿命内系统地分摊调整后的固定资产账面价值（扣除预计净残值）。

例 6-16 2023 年 12 月 31 日，时宏公司的某流水线存在可能发生减值的迹象。经计算，该流水线的可收回金额合计为 1 000 000 元、账面价值为 1 500 000 元。以前年度未对该流水线计提过减值准备。

时宏公司的相关账务处理如下。

借：资产减值损失——计提的固定资产减值准备　　　　500 000
　　贷：固定资产减值准备　　　　　　　　　　　　　　　　500 000

任务处理

任务处理　　　　　　　　任务小结

任务五　固定资产处置的核算

任务描述

时宏公司有一台设备,因生产经营的需要决定出售。该设备原价为 48 000 元,累计已计提折旧 15 000 元。在清理过程中,通过银行支付清理费用 4 000 元。该设备出售收入 49 000 元,已通过银行收讫。请会计人员赵美媛对该出售设备进行账务处理。

知识储备

固定资产满足下列条件之一的,应当予以终止确认。

① 该固定资产处于处置状态。固定资产处置包括固定资产的出售、转让、报废和毁损、对外投资、非货币性资产交换、债务重组等。处于处置状态的固定资产不再用于生产商品、提供劳务、出租或经营管理,所以不再符合固定资产的定义,应予终止确认。

② 该固定资产预期通过使用或处置不能产生经济利益。固定资产的确认条件之一是与该固定资产有关的经济利益很可能流入企业,如果一项固定资产预期通过使用或处置不能产生经济利益,就不再符合固定资产的定义和确认条件,应予终止确认。

业务核算

一、固定资产出售、报废或毁损的账务处理

企业出售、转让、报废固定资产或发生固定资产毁损,应当将处置收入扣除账面价值和相关税费后的金额计入当期损益。固定资产的账面价值是固定资产成本扣减累计折旧和累计减值准备后的金额。固定资产处置一般通过"固定资产清理"账户进行核算。

> **小思考**
>
> 固定资产减少有哪些途径?对各种减少途径如何进行账务处理?

(一)固定资产转入清理

出售、报废或毁损的固定资产转入清理时,按固定资产账面价值,借记"固定资产清理"账户,按已计提的累计折旧,借记"累计折旧"账户,按已计提的减值准备,借记"固定资产减值准备"账户,按固定资产原价,贷记"固定资产"账户。

(二)发生的清理费用

固定资产清理过程中发生的相关税费及其他费用,借记"固定资产清理"账户,贷记"银行存款""应交税费"等账户。

(三)收回残料或出售价款、保险赔偿

收回残料或出售价款、计算或收到应收保险公司或过失人赔偿的损失等,借记"银行存款""原材料""其他应收款"等账户,贷记"固定资产清理""应交税费——应交增值税(销项税额)"账户。

（四）清理净损益

固定资产清理完成后，属于出售固定资产产生的损失，借记"资产处置损益——出售固定资产损失"账户，贷记"固定资产清理"账户；属于报废或毁损固定资产产生的损失，借记"营业外支出——处置固定资产损失"账户，贷记"固定资产清理"账户；属于自然灾害等非正常原因造成的损失，借记"营业外支出——非常损失"账户，贷记"固定资产清理"账户。属于出售固定资产产生的利得，借记"固定资产清理"账户，贷记"资产处置损益——出售固定资产利得"账户；属于报废或毁损固定资产产生的利得，借记"固定资产清理"账户，贷记"营业外收入——处置固定资产利得"账户。

例6-17 时宏公司有一台设备，因生产经营的需要决定出售。该设备原价为159 200元，累计已计提折旧82 700元。在清理过程中，支付清理运输费用2 000元，增值税税率为9%，增值税税额为180元，价税合计2 180元，已通过银行付讫；该设备出售收入84 700元，增值税税率为13%，增值税税额为11 011元，价税合计95 711元，已通过银行收讫。

时宏公司的相关账务处理如下。

（1）固定资产转入清理编制的会计分录

  借：固定资产清理   76 500
    累计折旧   82 700
    贷：固定资产——设备   159 200

（2）发生清理费用编制的会计分录

  借：固定资产清理   2 000
    应交税费——应交增值税（进项税额） 180
    贷：银行存款——工商银行海口南沙支行 2 180

（3）收到残料变价收入编制的会计分录

  借：银行存款——工商银行海口南沙支行 95 711
    贷：固定资产清理   84 700
      应交税费——应交增值税（销项税额） 11 011

（4）结转固定资产净损益编制的会计分录

  借：固定资产清理   6 200
    贷：资产处置损益——出售固定资产利得 6 200

例6-18 时宏公司有一台设备，因使用期满经批准报废。该设备原价为186 700元，累计已计提折旧177 080元，已计提减值准备2 500元。在清理过程中，支付清理运输费用5 000元，增值税税率为9%，增值税税额为450元，价税合计5 450元，已通过银行付讫；残料变卖收入6 500元，增值税税率为13%，增值税税额为845元，价税合计7 345元，已通过银行收讫。

时宏公司的相关账务处理如下。

（1）固定资产转入清理编制的会计分录

  借：固定资产清理   7 120
    累计折旧   177 080
    固定资产减值准备   2 500
    贷：固定资产——设备   186 700

（2）发生清理费用编制的会计分录

  借：固定资产清理   5 000

应交税费——应交增值税（进项税额）　　　　　　　　　450
　　　贷：银行存款——工商银行海口南沙支行　　　　　　　5 450
（3）收到残料变价收入编制的会计分录
借：银行存款——工商银行海口南沙支行　　　　　　　　　7 345
　　　贷：固定资产清理　　　　　　　　　　　　　　　　　6 500
　　　　　应交税费——应交增值税（销项税额）　　　　　　　845
（4）结转固定资产净损益编制的会计分录
借：营业外支出——处置固定资产损失　　　　　　　　　　5 620
　　　贷：固定资产清理　　　　　　　　　　　　　　　　　5 620

二、持有待售的固定资产

　　企业持有待售的固定资产，其预计净残值不得高于其账面价值。账面价值比预计净残值高的部分，应作为资产减值损失直接计入当期损益。持有待售的固定资产从划归为持有待售之日起不再计提折旧和减值准备，归属于流动资产中的持有待售资产。

例 6-19　时宏公司有一台设备，因生产经营业务发展需要准备出售。该设备原价为 96 518 元，累计已计提折旧 62 754 元，已计提减值准备 13 688 元。
　　时宏公司的相关账务处理如下。
借：持有待售资产——持有待售固定资产　　　　　　　　　20 076
　　累计折旧　　　　　　　　　　　　　　　　　　　　　62 754
　　固定资产减值准备　　　　　　　　　　　　　　　　　13 688
　　　贷：固定资产——设备　　　　　　　　　　　　　　96 518

任务处理与项目练习

任务处理　　任务小结　　项目练习　　参考答案

案例讨论

　　1. 讨论固定资产加速折旧法的运用对企业当期利润的影响，以及如何培养学生诚信守法的法治意识。
　　2. 思考在选择固定资产计提折旧方法时，如何使学生能够理解国家政策，进而具有经世济民的理想。

解读加速折旧优惠政策

项目七 无形资产和其他资产

学习目标

知识目标
- 理解无形资产的概念、特征和确认条件，了解无形资产的内容。
- 重点掌握无形资产取得、摊销、减值和处置的处理方法。
- 了解长期待摊费用和其他长期资产的核算内容。
- 掌握以经营租赁方式租入的固定资产发生改良支出的处理方法。

能力目标
- 能够确定不同来源取得的无形资产的入账价值并进行会计核算。
- 能够对无形资产的摊销、减值及处置等进行会计核算。
- 能够对长期待摊费用进行会计核算。

素质目标
- 助力企业创新研发、转型升级，培养爱国主义情怀和创新意识。
- 理解科学技术是第一生产力，提高学生钻研科学的热情。

任务一 无形资产的核算

任务描述

时宏公司于 2023 年 12 月 18 日购买了一项专利权，由行政管理部门使用。其成本为 600 000 元，合同规定受益年限为 10 年。采用直线法按月进行摊销。请会计人员赵美媛对购入该专利权进行账务处理。

知识储备

在知识创新和技术进步不断加快的时代，无形资产在企业资产中所占的比重越来越大。因此，加强对无形资产核算与管理的重要性日益显现。《企业会计准则第 6 号——无形资产》规定了无形资产的确认、计量和相关信息的披露要求，从而有助于企业的科技创新并加大研发投入，以提升企业的价值和核心竞争力。

无形资产是指企业拥有或控制的、没有实物形态的、可辨认的非货币性资产。

项目七 无形资产和其他资产

无形资产具有以下特征。
① 由企业拥有或控制并能为其带来未来经济利益的资源。
② 无形资产不具有实物形态。
③ 无形资产具有可辨认性。
④ 无形资产属于非货币性资产。
无形资产主要包括专利权、商标权、土地使用权、非专利技术、著作权、特许权等。
无形资产应当在符合定义的前提下,同时满足以下两个确认条件才能予以确认。
① 与该无形资产有关的经济利益很可能流入企业。
② 该无形资产的成本能够可靠地计量。

业务核算

为了核算无形资产的取得、摊销、减值和处置等情况,企业应当设置"无形资产""累计摊销""无形资产减值准备"等账户。

①"无形资产"账户核算企业持有的无形资产成本,借方登记取得无形资产的成本,贷方登记出售或转让等减少无形资产的账面余额;期末借方余额,反映企业无形资产的成本。本账户应按无形资产项目设置明细账户,进行明细核算。

②"累计摊销"账户属于"无形资产"账户的备抵调整账户,核算企业对使用寿命有限的无形资产计提的累计摊销金额,贷方登记企业计提的无形资产摊销金额,借方登记处置无形资产转出的累计摊销金额;期末贷方余额,反映企业无形资产的累计摊销金额。

③"无形资产减值准备"账户属于"无形资产"账户的备抵调整账户,核算企业无形资产的账面价值高于其可收回金额时的计提数,贷方登记企业计提的无形资产减值准备金额,借方登记处置无形资产转出的累计减值准备金额;期末贷方余额,反映企业无形资产的累计减值准备金额。

一、无形资产取得的核算

无形资产应当按照实际成本进行初始计量。企业取得无形资产的主要方式有外购、自行研究开发等。取得的方式不同,其账务处理也有所差别。

(一)外购无形资产

外购无形资产的成本包括购买价款、相关税费及直接归属于使该项资产达到预定用途发生的其他支出。其中,直接归属于使该资产达到预定用途所发生的其他支出包括使无形资产达到预定用途所发生的专业服务费用、测试无形资产是否能够正常发挥作用的费用等,但既不包括为引入新产品进行宣传发生的广告费、管理费用及其他间接费用,也不包括在无形资产已经达到预定用途以后发生的费用。

例 7-1 时宏公司从南方有限责任公司购入一项专利权。取得的增值税专用发票上注明的价款为 1 600 000 元、增值税税率为 6%、增值税税额为 96 000 元。开出一张 1 696 000 元的转账支票支付相关价款。

时宏公司的相关账务处理如下。

借:无形资产——专利权　　　　　　　　　　　　　　　　1 600 000
　　应交税费——应交增值税(进项税额)　　　　　　　　　　96 000
　　贷:银行存款——工商银行海口南沙支行　　　　　　　　　　1 696 000

（二）自行研究开发无形资产

企业内部研究开发项目所发生的支出应区分研究阶段支出和开发阶段支出。考虑到研究阶段的探索性及成果的不确定性，研究阶段的有关支出应当在发生时全部费用化，计入当期损益（管理费用）；进入开发阶段的研发项目形成成果的可能性往往较大，因此如果企业能够证明开发支出符合无形资产的定义及相关确认条件，则可将其确认为无形资产。对于无法区分研究阶段和开发阶段的支出，应当在发生时全部费用化，计入当期损益（管理费用）。

知识拓展：开发支出资本化条件　　　　知识拓展：无形资产征税范围及税率

企业自行开发无形资产发生的研发支出，不满足资本化条件的，借记"研发支出——费用化支出"账户，满足资本化条件的，借记"研发支出——资本化支出"账户，贷记"原材料""银行存款""应付职工薪酬"等账户。期（月）末，应将"研发支出——费用化支出"账户归集的金额转入"管理费用"账户，借记"管理费用"账户，贷记"研发支出——费用化支出"账户；"研发支出——资本化支出"余额记入资产负债表中的"开发支出"项目。研究开发项目达到预定用途形成无形资产的，应按"研发支出——资本化支出"账户的余额，借记"无形资产"账户，贷记"研发支出——资本化支出"账户。

例7-2 时宏公司于2023年1月1日开始，自行研究、开发一项技术。截至2023年12月31日，发生研发支出合计1 200 000元，经测试该项研发活动完成了研究阶段。从2024年1月1日起进入开发阶段，2024年发生开发支出630 000元，假定全部符合开发支出资本化条件。截至2024年6月30日，该项研发活动结束，最终开发出一项非专利技术。上述款项已通过银行支付。

时宏公司的相关账务处理如下。
（1）2023年，发生研发支出编制的会计分录
借：研发支出——费用化支出　　　　　　　　　　　　　　1 200 000
　　贷：银行存款——工商银行海口南沙支行　　　　　　　　　1 200 000
（2）2023年12月31日，结转费用化支出编制的会计分录
借：管理费用——研发费用　　　　　　　　　　　　　　　1 200 000
　　贷：研发支出——费用化支出　　　　　　　　　　　　　　1 200 000
（3）2024年，发生开发支出并满足资本化确认条件编制的会计分录
借：研发支出——资本化支出　　　　　　　　　　　　　　　630 000
　　贷：银行存款——工商银行海口南沙支行　　　　　　　　　　630 000
（4）2024年6月30日，该技术研发完成并形成无形资产编制的会计分录
借：无形资产——非专利技术　　　　　　　　　　　　　　　630 000
　　贷：研发支出——资本化支出　　　　　　　　　　　　　　　630 000

二、无形资产摊销的核算

企业应当于取得无形资产时分析判断其使用寿命，使用寿命有限的无形资产应进行摊销，使用寿命不确定的无形资产不应摊销。使用寿命有限的无形资产，其残值一般视为0。无形资产的摊销期自其可供使用（其达到预定用途）起至终止确认止。

无形资产摊销方法包括平均年限法、生产总量法等。企业选择的无形资产的摊销方法，应

当反映与该无形资产有关的经济利益的预期实现方式。无法可靠确定预期实现方式的，应当采用直线法摊销。

企业至少应当于每年年度终了，对使用寿命有限的无形资产的使用寿命、预计净残值和摊销方法进行复核。如果无形资产的使用寿命、预计净残值和摊销方法与以前估计不同，则应当改变其摊销期限和摊销方法，按照会计估计变更进行处理。

企业应当按月对无形资产进行摊销，无形资产的摊销金额一般应计入当期损益。无形资产用于生产产品，其包含的经济利益通过所生产的产品实现的，其摊销金额应当计入生产成本；企业生产制造部门使用的无形资产，其摊销金额计入制造费用；企业管理部门使用的无形资产，其摊销金额计入管理费用；企业销售部门使用的无形资产，其摊销金额计入销售费用；出租的无形资产，其摊销金额计入其他业务成本。

例 7-3 时宏公司于 2023 年 1 月 8 日购买了一项专利权，由行政管理部门使用。其成本为 2 400 000 元，合同规定受益年限为 10 年。时宏公司采用平均年限法按月进行摊销，每月应摊销的金额为 20 000（2 400 000÷10÷12）元。

每月摊销时，时宏公司的相关账务处理如下。

借：管理费用——摊销　　　　　　　　　　　　　　　　20 000
　　贷：累计摊销——专利权　　　　　　　　　　　　　　　　20 000

例 7-4 2023 年 10 月 18 日，时宏公司将其自行开发完成的非专利技术出租给乙公司。该非专利技术成本为 185 760 元，双方约定的租赁期限为 8 年。时宏公司采用平均年限法按月进行摊销，每月应摊销的金额为 1 935（185 760÷8÷12）元。

每月摊销时，时宏公司的相关账务处理如下。

借：其他业务成本——摊销　　　　　　　　　　　　　　　1 935
　　贷：累计摊销——非专利技术　　　　　　　　　　　　　　1 935

三、无形资产减值的核算

无形资产在资产负债表日存在可能发生减值的迹象时，其可收回金额低于账面价值的，企业应将该无形资产的账面价值减记至可收回金额，减记的金额确认为减值损失，计入当期损益。同时，计提相应的资产减值准备，按应减记的金额，借记"资产减值损失——计提的无形资产减值准备"账户，贷记"无形资产减值准备"账户。无形资产减值损失一经确认，在以后会计期间不得转回。

例 7-5 从 2023 年 1 月 1 日起，时宏公司自行研发的某项非专利技术截至 2023 年 7 月 31 日已经达到预定可使用状态。研发期间，累计研究阶段支出为 210 000 元，累计开发阶段支出为 740 000 元（其中符合资本化条件的支出为 600 000 元）。假定结转研发费用均在 7 月末。研发过程中，领用一批甲材料 200 000 元。该批甲材料购入时的增值税税额为 26 000 元；研发支出费用通过银行存款支付 440 000 元，应付研发人员薪酬 310 000 元。根据该非专利技术的经济利益的预期实现方式，将在不确定的期间为企业带来经济利益，所以认定为使用寿命不确定的无形资产。2023 年年末，有关调查表明，根据公司产品生命周期、市场竞争等方面情况综合判断，对该非专利技术进行减值测试，其可收回金额为 500 000 元。

时宏公司的相关账务处理如下。

（1）2023 年发生研发费用时编制的会计分录

借：研发支出——费用化支出	210 000
研发支出——资本化支出	740 000
贷：原材料——甲材料	200 000
银行存款——工商银行海口南沙支行	440 000
应付职工薪酬——短期薪酬	310 000

（2）2023年7月31日结转研发费用时编制的会计分录

借：管理费用——研发费用	350 000
贷：研发支出——费用化支出	210 000
研发支出——资本化支出	140 000

（3）2023年7月31日达到预定可使用状态时编制的会计分录

借：无形资产——非专利技术	600 000
贷：研发支出——资本化支出	600 000

（4）2023年12月31日产生减值时编制的会计分录

借：资产减值损失——计提的无形资产减值准备	100 000
贷：无形资产减值准备——非专利技术	100 000

四、无形资产处置的核算

无形资产的处置主要是指无形资产对外出租、出售或无法为企业带来未来经济利益时报废并终止确认。

（一）无形资产出租

企业让渡无形资产使用权并收取租金，在满足收入确认条件的情况下，应确认相关的收入和费用。本项目不包括无形资产中的土地使用权出租，土地使用权出租将在项目八中介绍。

出租无形资产取得租金收入时，借记"银行存款""其他应收款"等账户，贷记"其他业务收入""应交税费"等账户；摊销出租无形资产的成本和发生与出租有关的各种费用支出时，借记"其他业务成本""税金及附加"等账户，贷记"累计摊销""应交税费"等账户。

例7-6 2023年1月1日，时宏公司将某商标权出租给丙公司使用。通过银行收取当月租金及税费26 500元，并开具增值税专用发票，注明价款为25 000元、增值税税率为6%、增值税税额为1 500元。此项商标权1月份应计提的摊销金额为20 000元。

时宏公司的相关账务处理如下。

（1）收取1月份租金时编制的会计分录

借：银行存款——工商银行海口南沙支行	26 500
贷：其他业务收入——出租商标权	25 000
应交税费——应交增值税（销项税额）	1 500

（2）核算1月份出租该商标权的摊销金额时编制的会计分录

借：其他业务成本——商标权摊销	20 000
贷：累计摊销——商标权	20 000

（二）无形资产出售

企业出售无形资产，表明企业放弃该无形资产的所有权，应将所取得的价款和该无形资产账面价值之间的差额作为资产处置利得或损失，计入当期损益。企业出售无形资产确认其利得的时点，应按照收入确认中的相关原则进行确定。

出售无形资产时，应按实际收到的金额，借记"银行存款"等账户，按已计提的累计摊销金额，借记"累计摊销"账户，原已计提减值准备的，借记"无形资产减值准备"账户，按应支付的相关税费及其他费用，贷记"应交税费""银行存款"等账户；按其账面余额，贷记"无形资产"账户；按其差额，贷记"资产处置损益——出售无形资产利得"账户或借记"资产处置损益——出售无形资产损失"账户。

例 7-7 时宏公司出售一项土地使用权，通过银行收取价款及税费 1 090 000 元，并开具增值税专用发票，注明价款为 1 000 000 元、增值税税率为 9%、增值税税额为 90 000 元。该土地使用权的成本为 3 000 000 元，出售时已摊销金额为 1 800 000 元、已计提的减值准备金额为 300 000 元。

时宏公司的相关账务处理如下。

借：银行存款——工商银行海口南沙支行　　　　　　1 090 000
　　累计摊销——土地使用权　　　　　　　　　　　1 800 000
　　无形资产减值准备——土地使用权　　　　　　　　300 000
　贷：无形资产——土地使用权　　　　　　　　　　　3 000 000
　　　应交税费——应交增值税（销项税额）　　　　　　90 000
　　　资产处置损益——出售无形资产利得　　　　　　　100 000

（三）无形资产报废

如果无形资产预期不能为企业带来未来经济利益，如某无形资产已被其他新技术所替代或超过法律保护期，不能再为企业带来经济利益，则不再符合无形资产的定义，应将其报废并予以转销，其账面价值转作当期损益。

转销时，应按已计提的累计摊销金额，借记"累计摊销"账户，按已计提的减值准备金额，借记"无形资产减值准备"账户，按无形资产账面余额，贷记"无形资产"账户；按其差额，借记"营业外支出——处置无形资产损失"账户。

例 7-8 时宏公司原拥有一项非专利技术，采用平均年限法进行摊销，预计使用期限为 10 年。现该项非专利技术已被内部研发成功的新技术所替代，用该非专利技术生产的产品已经没有市场，预期不能再为企业带来任何经济利益。经批准报废，故应当予以转销。转销时，该项非专利技术的成本为 600 000 元，已摊销 9 年，累计计提减值准备 46 300 元。该项非专利技术的残值为 0。假定不考虑其他相关因素。

时宏公司的相关账务处理如下。

借：累计摊销　　　　　　　　　　　　　　　　　　540 000
　　无形资产减值准备——非专利技术　　　　　　　　46 300
　　营业外支出——处置无形资产损失　　　　　　　　13 700
　贷：无形资产——非专利技术　　　　　　　　　　　600 000

任务处理

任务二 其他资产的核算

任务描述

时宏公司于 2023 年 11 月 1 日以经营租赁的方式新租入一栋没有装修的行政办公楼,租赁期 5 年。租入后进行改良装修,改良装修期为 6 个月。在改良装修过程中,通过银行支付装修工程款项 815 700 元。请会计人员赵美媛对该项租入行政办公楼并改良装修业务进行账务处理。

知识储备

其他资产是指除货币资金、交易性金融资产、债权投资、其他债权投资、其他权益工具投资、应收及预付款项、存货、长期股权投资、固定资产、无形资产、投资性房地产等以外的资产,主要包括长期待摊费用和其他长期资产。

① 长期待摊费用是指企业已经发生但应由本期和以后各期负担的,分摊期限在一年以上的各项费用,如以经营租赁方式租入的固定资产发生的改良支出等。

② 其他长期资产一般包括国家批准储备的特种物资、银行冻结存款、冻结物资及涉及诉讼中的财产等。

业务核算

为了核算长期待摊费用,企业应单设"长期待摊费用"账户。发生各项长期待摊费用时,借记"长期待摊费用"账户,贷记"银行存款"等账户;摊销时,借记"管理费用""销售费用"等账户,贷记"长期待摊费用"账户;该账户期末借方余额表示企业尚未摊销完毕的长期待摊费用。

例 7-9 时宏公司于 2023 年 1 月 1 日以经营租赁方式新租入一栋没有装修的行政办公楼,租赁期 5 年。租入后进行改良装修,改良装修期为 6 个月。在改良过程中,通过银行支付装修工程款项 281 200 元;领用本公司用于生产产品的甲材料一批,成本为 100 000 元、增值税税率为 13%,购进该批材料的增值税税额为 13 000 元;辅助生产车间为该装修工程提供的劳务支出为 180 000 元;应支付工程相关人员职工薪酬 34 690 元;2023 年 6 月 30 日改良装修完成,上述改良支出符合资本化条件。假定不考虑其他因素,从 2023 年 7 月起每月进行摊销。

时宏公司的相关账务处理如下。

(1)支付装修工程款项时编制的会计分录

  借:长期待摊费用   281 200
    贷:银行存款——工商银行海口南沙支行   281 200

(2)领用本公司用于生产产品的甲材料一批时编制的会计分录

  借:长期待摊费用   100 000
    贷:原材料——甲材料   100 000

(3)辅助生产车间为装修工程提供劳务时编制的会计分录

  借:长期待摊费用   180 000
    贷:生产成本——辅助生产成本   180 000

（4）应支付工程相关人员职工薪酬编制的会计分录
借：长期待摊费用　　　　　　　　　　　　　　　　　　　34 690
　　贷：应付职工薪酬——短期薪酬　　　　　　　　　　　　　　34 690
（5）从2023年7月起每月进行摊销时编制的会计分录如下。
借：管理费用——摊销　　　　　　　　　　　　　　　　　　11 035
　　贷：长期待摊费用　　　　　　　　　　　　　　　　　　　　11 035

任务处理与项目练习

任务处理　　　任务小结　　　项目练习　　　参考答案

案例讨论

1．讨论国家减税降费助力企业的优惠政策，以及创新研发活动是如何对企业发展有利的。

2．思考企业如何在科研投入方面培养学生的爱国主义情怀和创新意识。

减税降费助民企：创新研发增底气，转型升级添动力

项目八 投资性房地产

学习目标

知识目标
- 掌握投资性房地产的概念、范围和确认条件。
- 熟悉投资性房地产的初始计量、后续计量。
- 了解投资性房地产处置的账务处理。

能力目标
- 能够对投资性房地产进行初始计量的核算。
- 能够对投资性房地产进行后续计量的核算。
- 能够对投资性房地产的处置进行会计核算。

素质目标
- 培养诚信守法的法治意识和爱国爱岗的情怀。
- 树立诚信为本、操守为重、遵循准则、不做假账的意识。

任务一　采用成本模式计量的投资性房地产的核算

任务描述

时宏公司于 2023 年 11 月购得繁华商业街的一栋商务楼，并当即出租。该公司对企业的所有投资性房地产采用成本模式进行后续计量。通过银行支付该商务楼的购买价款，取得的增值税专用发票上注明价款为 6 000 000 元、增值税税率为 9%、增值税税额为 540 000 元。请会计人员赵美媛对该投资性房地产进行账务处理。

知识储备

我国 2006 年以前的《企业会计准则》中，并没有要求企业区分对待持有的投资性房地产和自用房地产，然而在实务中企业大多持有投资性房地产。由于两类房地产为企业带来现金流量的方式有较大差异，因此将投资性房地产和企业自用房地产都纳入固定资产或无形资产核算，不利于反映企业房地产的构成情况及各类房地产对企业经营业绩的贡献。基于此，财政部 2006

年发布了《企业会计准则第 3 号——投资性房地产》（简称 CAS3），将为赚取租金或资本增值而持有的房地产与为生产商品、提供劳务或经营管理而持有的房地产分别核算。

一、投资性房地产的概念及特征

房地产是指土地、建筑物及其权属的总称。房地产中的土地是指土地使用权；建筑物是指土地上的房屋等建筑物及构筑物。企业拥有的房地产，除厂房、办公场所等用于生产的类似用途外，还包括用于出租以获取租金或持有闲置的房地产待机出售以获取资本利得。CAS3 将为赚取租金或资本增值而持有的房地产划分为一类专门的资产，即投资性房地产；为生产商品、提供劳务或经营管理而持有的房地产被称作自用房地产。

投资性房地产和自用房地产在实物形态上完全相同，如都表现为土地使用权、建筑物或构筑物等，但在产生现金流量的方式上具有各自的特点和显著的差异。投资性房地产是为了赚取租金或资本增值，或者两者兼有。因此，投资性房地产产生的现金流量在很大程度上独立于企业持有的其他资产。而在商品生产或劳务供应过程中使用的房地产或用于管理的房地产产生的现金流量不仅归属于该项房地产，而且归属于在生产或供应过程中所使用的其他资产，这一类房地产属于自用房地产。也就是说，自用房地产必须与其他资产（如生产设备、原材料、人力资源等）相结合才能产生现金流量。根据实质重于形式的要求，两类房地产应分别进行账务处理，投资性房地产适用 CAS3，而自用房地产适用《企业会计准则第 4 号——固定资产》或《企业会计准则第 6 号——无形资产》。

投资性房地产是指为赚取租金或资本增值，或者两者兼有而持有的房地产。投资性房地产应当能够单独计量和出售。投资性房地产主要有以下特征。

① 投资性房地产是一种经营性活动。投资性房地产的主要形式是出租建筑物、出租土地使用权，实质上是一种让渡资产使用权的行为。另一种形式是持有并准备增值后转让的土地使用权，其目的是增值后转让以赚取增值收益。这两种形式的活动取得的收入，都是企业为完成其经营目标所从事的经营活动及与之相关的其他活动形成的经济利益的总流入。在我国的实务中，持有并准备增值后转让土地使用权的情况较少。

② 投资性房地产在用途、状态、目的等方面区别于作为生产经营场所的房地产和用于销售的房地产。

③ 投资性房地产有两种后续计量模式：一是成本模式；二是公允价值模式。同一企业只能采用同一种模式对所有投资性房地产进行后续计量，不得同时采用两种计量模式。

二、投资性房地产的范围

投资性房地产主要包括已出租的土地使用权、持有并准备增值后转让的土地使用权和已出租的建筑物。

（一）已出租的土地使用权

已出租的土地使用权是指企业通过出让或转让方式取得并以经营租赁方式出租的土地使用权。企业计划用于出租但尚未出租的土地使用权不属于此类。

（二）持有并准备增值后转让的土地使用权

持有并准备增值后转让的土地使用权是指企业取得的、准备增值后转让的土地使用权。按照国家有关规定认定的闲置土地不属于持有并准备增值后转让的土地使用权，即闲置土地不属于投资性房地产。

根据《闲置土地处理办法修订草案》的规定，闲置土地是指土地使用者依法取得土地使用权后未经原批准用地的人民政府同意，超过规定的期限未动工开发建设的建设用地。具有下列情形之一的，也可以认定为闲置土地。

① 国有土地有偿使用合同或建设用地批准书未规定动工开发建设日期，自国有土地有偿使用合同生效或土地行政主管部门建设用地批准书颁发之日起满一年未动工开发建设的土地。

② 已动工开发建设但开发建设的面积占应动工开发建设总面积不足 1/3，或者已投资额占总投资额不足 25%且未经批准中止开发建设连续满一年的土地。

③ 法律、行政法规规定的其他情形。

（三）已出租的建筑物

已出租的建筑物是指企业拥有产权并以经营租赁方式出租的建筑物，包括自行建造或开发完成后用于出租的房地产。

通常情况下，对企业持有以备经营出租的空置建筑物，只要企业董事会或类似机构做出正式书面决议，明确表明将其用于经营出租且持有意图短期内不再发生变化的，可视为投资性房地产。

空置建筑物包括：外购的尚未使用的房屋；自行建造或开发的尚未使用的房屋；已出租的在租赁期满收回之后，不再用于日常生产经营活动且经整理后准备继续用于出租但暂时空置的房屋。

三、不属于投资性房地产的项目

下列各项不属于投资性房地产。

（一）自用房地产

自有房地产是指为生产商品、提供劳务或经营管理而持有的房地产。在这种情况下，应将建筑物和土地使用权分别确认为固定资产与无形资产，如企业的厂房和办公楼、企业生产经营用的土地使用权等。企业拥有并自行经营的旅馆饭店，其经营目的主要是通过提供客房服务赚取服务收入，该业务不具有租赁性质，该旅馆饭店不确认为投资性房地产，而视为企业的经营场所，确定为自用房地产。

（二）作为存货的房地产

作为存货的房地产是指房地产开发企业销售的或为销售而正在开发的商品房和土地。这部分房地产属于房地产开发企业的存货。在实务中，某项房地产部分用于赚取租金或资本增值，部分用于生产商品、提供劳务或经营管理，其中能够单独计量和出售的、用于赚取租金或资本增值的部分，应当确认为投资性房地产；不能够单独计量和出售的、用于赚取租金或资本增值的部分，不确认为投资性房地产。

四、投资性房地产的确认条件

将某个项目确认为投资性房地产，首先应当符合投资性房地产的概念，其次要同时满足投资性房地产的两个确认条件。

① 与该资产相关的经济利益很可能流入企业。

② 该投资性房地产的成本能够可靠地计量。

已出租的土地使用权和已出租的建筑物，其作为投资性房地产的确认时点为租赁期开始日，即土地使用权、建筑物进入出租状态，开始赚取租金的日期。对持有并准备增值后转让的土地

项目八　投资性房地产

使用权，其作为投资性房地产的确认时点为企业停止使用自用土地使用权、准备增值后转让的日期。

业务核算

一、成本模式下投资性房地产的账户设置

① 进行投资性房地产的相关账务处理时，设置"投资性房地产"账户核算投资性房地产的价值。投资性房地产采用成本模式计量的，企业应当按照投资性房地产类别和项目进行明细核算；采用成本模式计量的投资性房地产比照固定资产或无形资产进行核算。

② 设置"投资性房地产累计折旧（摊销）"账户。在成本模式下，应当按照固定资产或无形资产的有关规定对投资性房地产进行后续计量，计提折旧或摊销（比照"累计折旧"账户或"累计摊销"账户）。

③ 在成本模式下，投资性房地产存在减值迹象的，还应当按照资产减值的有关规定进行处理，设置"投资性房地产减值准备"账户（比照"固定资产减值准备"账户或"无形资产减值准备"账户）。

二、成本模式下投资性房地产的初始计量

投资性房地产应当按照其发生的成本进行初始计量，以下分具体情况予以说明。

（一）外购的投资性房地产

企业外购的房地产，只有在购入房地产的同时开始对外出租（自租赁期开始日起，下同）或用于资本增值，才能称为外购的投资性房地产。外购投资性房地产的成本包括购买价款、相关税费和可直接归属于该资产的其他支出。

企业购入房地产自用一段时间之后再改为出租或用于资本增值的，应当先将外购的房地产确认为固定资产、无形资产或存货，自租赁期开始日或用于资本增值之日开始，才能从固定资产、无形资产或存货转换为投资性房地产。

例 8-1　时宏公司为了扩大经营规模及经营发展的需要，于2023年6月购得繁华商业街的一栋商务楼，并当即出租。时宏公司对企业的所有投资性房地产采用成本模式进行后续计量。通过银行支付该商务楼的购买价款和税费合计 3 270 000 元，取得的增值税专用发票上注明的价款为 3 000 000 元、增值税税率为 9%、增值税税额为 270 000 元。

时宏公司的相关账务处理如下。

借：投资性房地产——商务楼　　　　　　　　　　　3 000 000
　　应交税费——应交增值税（进项税额）　　　　　　270 000
　　贷：银行存款——工商银行海口南沙支行　　　　　　　3 270 000

（二）自行建造的投资性房地产

企业自行建造（或开发，下同）的房地产，只有在自行建造或开发活动完成（达到预定可使用状态）的同时开始对外出租或用于资本增值，才能将自行建造的房地产确认为投资性房地产。自行建造投资性房地产的成本，由建造该项房地产达到预定可使用状态前发生的必要且合理的支出构成，包括土地开发费、建筑成本、安装成本、应予以资本化的借款利息、支付的其他费用和分配的间接费用。

企业自行建造房地产达到预定可使用状态后一段时间才对外出租或用于资本增值的,应当先将自行建造的房地产确认为固定资产或无形资产,自租赁期开始日或用于资本增值开始日,再从固定资产或无形资产转换为投资性房地产。

例 8-2 2023 年 2 月,时宏公司在自有土地上自行建造两栋厂房。该工程耗用工程物资 21 000 000 元,应付工程人员薪酬费用 3 000 000 元。2023 年 11 月,时宏公司预计厂房即将完工,与乙公司签订了经营租赁合同,将其中的一栋厂房租赁给乙公司使用。租赁合同约定,该厂房于完工时开始起租,租期 8 年。2023 年 12 月 5 日,两栋厂房同时完工。该块土地使用权的取得是作为无形资产核算的,其实际成本为 9 000 000 元,累计摊销 1 000 000 元;两栋厂房的实际造价均为 12 000 000 元,能够单独计量和出售。假设时宏公司采用成本模式进行后续计量。

时宏公司的相关账务处理如下。

土地使用权中的对应部分同时转换为投资性房地产 = 9 000 000 × (12 000 000 ÷ 24 000 000) = 4 500 000(元)

（1）耗用工程物资和支付工程人员薪酬时编制的会计分录

借：在建工程——厂房　　　　　　　　　　　　　　　24 000 000
　　贷：工程物资　　　　　　　　　　　　　　　　　　21 000 000
　　　　应付职工薪酬——短期薪酬　　　　　　　　　　 3 000 000

（2）两栋厂房同时完工时编制的会计分录

借：固定资产——厂房　　　　　　　　　　　　　　　12 000 000
　　投资性房地产——已出租建筑物　　　　　　　　　　12 000 000
　　贷：在建工程——厂房　　　　　　　　　　　　　　24 000 000

（3）结转一栋厂房的土地使用权成本时编制的会计分录

借：投资性房地产——已出租土地使用权　　　　　　　　4 000 000
　　累计摊销　　　　　　　　　　　　　　　　　　　　　500 000
　　贷：无形资产——土地使用权　　　　　　　　　　　 4 500 000

三、成本模式下投资性房地产的后续计量

在成本模式下,应当按照固定资产或无形资产的有关规定,对投资性房地产进行后续计量,计提折旧或进行摊销。存在减值迹象的,还应当按照资产减值的有关规定进行处理。

① 外购或自行建造的投资性房地产,按照实际成本,借记"投资性房地产"账户,贷记"银行存款""在建工程"等账户。

② 按照固定资产或无形资产的有关规定,按月对投资性房地产计提折旧或进行摊销时,借记"其他业务成本"账户,贷记"投资性房地产累计折旧（摊销）"账户。

③ 取得的租金收入,借记"银行存款"账户,贷记"其他业务收入""应交税费——应交增值税（销项税额）"账户。

④ 存在减值迹象的,还应当按照资产减值的有关规定计提减值准备,借记"资产减值损失"账户,贷记"投资性房地产减值准备"账户。

例 8-3 时宏公司将一栋写字楼出租给乙公司使用,确认为投资性房地产,采用成本模式进行后续计量。假设这栋办公楼的成本为 72 000 000 元,按照平均年限法计提折旧,使用寿命为 20 年,预计净残值为 0。经营租赁合同约定,乙公司每月等额支付租金 400 000 元。时宏公

司通过银行收到价税合计 436 000 元，开具的增值税专用发票上注明的价款为 400 000 元、增值税税率为 9%、增值税税额为 36 000 元。

时宏公司的相关账务处理如下。

每月计提的折旧＝（72 000 000÷20）÷12＝300 000（元）

（1）每月计提折旧时编制的会计分录

借：其他业务成本——出租写字楼折旧　　　　　　　　　300 000
　　贷：投资性房地产累计折旧　　　　　　　　　　　　　　300 000

（2）每月确认租金收入时编制的会计分录

借：银行存款——工商银行海口南沙支行　　　　　　　　436 000
　　贷：其他业务收入——租赁收入　　　　　　　　　　　　400 000
　　　　应交税费——应交增值税（销项税额）　　　　　　　　36 000

例 8-4 时宏公司将某一土地使用权租赁给丙公司使用，已确认为投资性房地产，并一直采用成本模式进行后续计量。该土地使用权的成本为 18 000 000 元，按平均年限法进行摊销，使用期限为 20 年，预计净残值为 0。按照经营租赁合同约定，丙公司每月应该支付租金及税费 87 200 元。时宏公司开具的增值税专用发票上注明的价款 80 000 元、增值税税率为 9%、增值税税额的 7 200 元。款项尚未收到。当年年末，这项土地使用权出现减值迹象。经减值测试，土地使用权可收回金额为 14 300 000 元。其账面价值为 15 300 000 元，以前未计提减值准备。

时宏公司的相关账务处理如下。

每月摊销金额＝（18 000 000÷20）÷12＝75 000（元）

（1）每月计提折旧编制的会计分录

借：其他业务成本——土地使用权摊销　　　　　　　　　 75 000
　　贷：投资性房地产累计摊销　　　　　　　　　　　　　　 75 000

（2）每月确认租赁收入编制的会计分录

借：其他应收款——丙公司　　　　　　　　　　　　　　 87 200
　　贷：其他业务收入——租赁收入　　　　　　　　　　　　 80 000
　　　　应交税费——应交增值税（销项税额）　　　　　　　　 7 200

（3）计提减值准备编制的会计分录

借：资产减值损失——投资性房地产减值　　　　　　　1 000 000
　　贷：投资性房地产减值准备　　　　　　　　　　　　　1 000 000

四、成本模式计量的投资性房地产处置

当投资性房地产被处置，或者永久退出使用且预计不能从其处置中取得经济利益时，应当终止确认该项投资性房地产。企业出售、转让、报废投资性房地产或发生投资性房地产毁损时，应当将处置收入扣除其账面价值和相关税费后的金额计入当期损益，即将实际收到的处置收入计入其他业务收入，所处置投资性房地产的账面价值计入其他业务成本。

处置成本模式计量的投资性房地产时，分两步走。一是确认处置收入，计入其他业务收入，即按实际收到的金额，借记"银行存款"等账户，贷记"其他业务收入""应交税费——应交增值税（销项税额）"账户。二是结转处置成本，按账面价值转入其他业务成本，即按该项投资性房地产的累计折旧或累计摊销，借记"投资性房地产累计折旧（摊销）"账户，按该项投资性房地产的账面余额，贷记"投资性房地产"账户；按其差额，借记"其他业务成本"账户。已计提减值准备的，还应同时结转减值准备。

例 8-5 时宏公司将其出租的一栋写字楼确认为投资性房地产。租赁期届满后，时宏公司将该栋写字楼出售给乙公司。时宏公司通过银行收到价税合计 2 180 000 元，开具的增值税专用发票上注明的价款为 2 000 000 元、增值税税率为 9%、增值税税额为 180 000 元。假设这栋写字楼原采用成本模式计量。在出售的过程中用银行存款支付清理费用 29 000 元。出售时，该栋写字楼的成本为 16 000 000 元，已计提折旧 14 700 000 元，不考虑相关税费。

时宏公司的相关账务处理如下。

（1）确认处置收入时编制的会计分录

借：银行存款——工商银行海口南沙支行　　　2 180 000
　　贷：其他业务收入——租赁收入　　　　　　　　2 000 000
　　　　应交税费——应交增值税（销项税额）　　　　180 000

（2）结转投资性房地产账面价值时编制的会计分录

借：其他业务成本——出租写字楼折旧　　　　1 300 000
　　投资性房地产累计折旧　　　　　　　　　14 700 000
　　贷：投资性房地产——写字楼　　　　　　　　　16 000 000

（3）支付清理费用时编制的会计分录

借：其他业务成本——清理写字楼费用　　　　　29 000
　　贷：银行存款——工商银行海口南沙支行　　　　　29 000

任务处理

任务处理　　　　　任务小结

任务二　采用公允价值模式计量的投资性房地产的核算

任务描述

时宏公司于 2023 年 4 月 5 日购得繁华商业街的一栋商务楼，并当即出租。时宏公司对企业的所有投资性房地产采用公允价值模式进行后续计量。通过银行支付该商务楼的购买价款，取得的增值税专用发票上注明的价款为 6 000 000 元、增值税税率为 9%、增值税税额为 540 000 元。2023 年 6 月 30 日，该商务楼公允价值为 6 180 000 元；2023 年 12 月 31 日，该商务楼公允价值为 6 070 000 元。请会计人员赵美媛对该投资性房地产进行账务处理。

知识储备

企业只有存在确凿证据表明投资性房地产的公允价值能够持续可靠取得，才可以采用公允价值模式对投资性房地产进行后续计量。企业一旦选择采用公允价值计量模式，就应当对其所有的投资性房地产均采用公允价值模式进行后续计量。

采用公允价值模式进行后续计量的投资性房地产应当同时满足下列条件。

① 投资性房地产所在地有活跃的房地产交易市场。所在地通常是指投资性房地产所在的城

市，对于大中城市，应当具体化为投资性房地产所在的城区。

② 企业能够从活跃的房地产交易市场上取得同类或类似房地产的市场价格及其他相关信息，从而对投资性房地产的公允价值做出合理的估计。同类或类似的房地产，对建筑物而言是指所处地理位置、环境、性质相同，结构类型、新旧程度、可使用状况相同或相近的建筑物；对土地使用权而言是指同一城区、同一位置区域、所处地理环境相同或相近、可使用状况相同或相近的土地。

业务核算

一、公允价值模式下投资性房地产的初始计量

企业外购、自行建造等取得的投资性房地产，按应计入投资性房地产成本的金额，借记"投资性房地产——成本""应交税费——应交增值税（进项税额）"账户，贷记"银行存款""在建工程"等账户。

例 8-6 2023 年 1 月，时宏公司计划购入一栋写字楼用于对外出租。2 月 22 日，时宏公司与乙公司签订了经营租赁合同，约定自写字楼购买日起将此栋写字楼出租给乙公司使用，租赁期为 8 年。3 月 1 日，时宏公司实际购入写字楼，取得的增值税专用发票上注明的价款为 10 000 000 元、增值税税率为 9%、增值税税额为 900 000 元，款项以银行存款支付。假设不考虑其他因素，时宏公司采用公允价值模式对投资性房地产进行计量。

2023 年 3 月 1 日，时宏公司的相关账务处理如下。

借：投资性房地产——写字楼（成本）　　　　　　　　10 000 000
　　应交税费——应交增值税（进项税额）　　　　　　　　900 000
　　贷：银行存款——工商银行海口南沙支行　　　　　　10 900 000

二、公允价值模式下投资性房地产的后续计量

（一）账户设置

① 设置"投资性房地产"账户，并分设"成本"和"公允价值变动"两个明细账户，进行明细分类核算。

② 设置"公允价值变动损益"账户，用于反映资产负债表日投资性房地产公允价值和原账面价值之间的差额。

（二）核算程序

① 不对投资性房地产计提折旧或进行摊销，应当以在资产负债表日投资性房地产的公允价值为基础调整其账面价值，公允价值和原账面价值之间的差额计入当期损益（公允价值变动损益）。在资产负债表日，投资性房地产的公允价值高于其账面余额的差额，借记"投资性房地产——公允价值变动"账户，贷记"公允价值变动损益"账户；公允价值低于其账面余额的差额，做相反的会计分录。

② 取得的租金收入，确认为其他业务收入，借记"银行存款""其他应收款"账户，贷记"其他业务收入""应交税费——应交增值税（销项税额）"账户。

例 8-7 2023 年 9 月，时宏公司与乙公司签订租赁协议，约定将时宏公司新建造的一栋写字楼出租给乙公司使用，租赁期为 10 年。

2023年12月1日，该写字楼开始起租。写字楼的工程造价为80 000 000元，公允价值为相同金额。该写字楼所在区域有活跃的房地产交易市场，而且能够从房地产交易市场上取得同类房地产的市场报价，因此时宏公司决定采用公允价值模式对该出租的房产进行后续计量。

在确定该投资性房地产的公允价值时，时宏公司选取了与该处房产所处地区相近、结构及用途相同的房产，参照公司所在地房地产交易市场上平均销售价格，以及结合了周边市场信息和自有房产的特点。2023年12月31日，该写字楼的公允价值为84 000 000元。

时宏公司的相关账务处理如下。
（1）2023年12月1日，时宏公司出租写字楼时编制的会计分录
借：投资性房地产——写字楼（成本）　　　　　　　　　　80 000 000
　　贷：固定资产——写字楼　　　　　　　　　　　　　　　　80 000 000
（2）2023年12月31日，时宏公司按照公允价值调整其账面价值，公允价值和原账面价值之间的差额计入当期损益时编制的会计分录
借：投资性房地产——写字楼（公允价值变动）　　　　　　4 000 000
　　贷：公允价值变动损益——投资性房地产　　　　　　　　　4 000 000

三、投资性房地产后续计量模式的变更

企业对投资性房地产的计量模式一经确定，不得随意变更。从成本模式转为公允价值模式的，应当作为会计政策变更处理。变更计量模式时，公允价值和账面价值之间的差额调整期初留存收益（盈余公积、未分配利润）。但已采用公允价值模式计量的投资性房地产不得从公允价值模式转为成本模式。

企业变更投资性房地产后续计量模式时，按照计量模式变更日投资性房地产的公允价值，借记"投资性房地产——成本"账户，按照已计提的折旧或摊销，借记"投资性房地产累计折旧（摊销）"账户，原已经计提减值准备的，借记"投资性房地产减值准备"账户，按其原账面原值，贷记"投资性房地产"账户；按照公允价值和账面价值之间的差额，贷记或借记"利润分配——未分配利润""盈余公积"等账户。

例8-8 时宏公司将一栋写字楼租赁给乙公司使用，并一直采用成本模式进行后续计量。2023年1月1日，时宏公司认为该写字楼所在地的房地产交易市场比较成熟，具备了采用公允价值模式计量的各项条件，因此决定将该投资性房地产从成本模式计量转换为公允价值模式计量。该写字楼的原造价为90 000 000元，已计提折旧2 700 000元，账面价值为87 300 000元。2023年1月1日，该写字楼的公允价值为95 000 000元。假设时宏公司按净利润的10%计提盈余公积（不考虑所得税的影响）。

时宏公司的相关账务处理如下。
借：投资性房地产——写字楼（成本）　　　　　　　　　　95 000 000
　　投资性房地产累计折旧　　　　　　　　　　　　　　　 2 700 000
　　贷：投资性房地产——写字楼　　　　　　　　　　　　　90 000 000
　　　　利润分配——未分配利润　　　　　　　　　　　　　 6 930 000
　　　　盈余公积——法定盈余公积　　　　　　　　　　　　　 770 000

四、公允价值模式计量的投资性房地产处置

企业出售、转让采用公允价值模式计量的投资性房地产时，在账务处理上可按以下步骤进行。

项目八　投资性房地产

1. 确认处置收入

将确认处置收入计入其他业务收入，即按实际收到的金额，借记"银行存款"等账户，贷记"其他业务收入""应交税费——应交增值税（销项税额）"账户。

2. 结转处置成本

① 按投资性房地产账面价值转入其他业务成本，即按该投资性房地产的账面价值，借记"其他业务成本"账户，贷记"投资性房地产（成本）"账户，贷记或借记"投资性房地产（公允价值变动）"账户。

② 同时结转该项投资性房地产的累计公允价值变动。将公允价值变动损益的累计金额计入其他业务成本，即按该投资性房地产的累计公允价值变动，借记或贷记"公允价值变动损益"账户，贷记或借记"其他业务成本"账户。

③ 同时结转该投资性房地产在转换日计入其他综合收益的金额。将原计入其他综合收益的金额计入其他业务成本，即按该投资性房地产在转换日计入其他综合收益的金额，借记"其他综合收益"账户，贷记"其他业务成本"账户。

例 8-9　时宏公司于 2023 年 2 月 19 日与乙公司签订租赁协议,将其一栋写字楼出租给乙公司使用，租赁期开始日为 2023 年 4 月 15 日，租赁期为 3 年。2023 年 4 月 15 日，该写字楼公允价值为 6 700 000 元；其账面原值为 10 000 000 元，计提的累计折旧为 3 000 000 元，计提的减值准备金额为 500 000 元。该写字楼所在地的房地产交易市场比较成熟，具备了采用公允价值模式计量的各项条件，因此时宏公司决定对该投资性房地产采用公允价值模式进行后续计量。2023 年 12 月 31 日，该项投资性房地产的公允价值为 6 800 000 元；2024 年 12 月 31 日，该项投资性房地产的公允价值为 6 780 000 元；2025 年 12 月 31 日，该项投资性房地产的公允价值为 6 850 000 元。2026 年 4 月 15 日租赁期满，公允价值为 6 900 000 元，随即将此投资性房地产出售。时宏公司通过银行收到价税合计 7 521 000 元，开具的增值税专用发票上注明的价款为 6 900 000 元、增值税税率为 9%、增值税税额为 621 000 元。

时宏公司的相关账务处理如下。

（1）2023 年 4 月 15 日，出租该写字楼编制的会计分录

借：投资性房地产——写字楼（成本）　　　　　　　　　　　　6 700 000
　　累计折旧　　　　　　　　　　　　　　　　　　　　　　　3 000 000
　　固定资产减值准备　　　　　　　　　　　　　　　　　　　　500 000
　　贷：固定资产——写字楼　　　　　　　　　　　　　　　　10 000 000
　　　　其他综合收益　　　　　　　　　　　　　　　　　　　　200 000

（2）2023 年 12 月 31 日，该投资性房地产公允价值上升编制的会计分录

借：投资性房地产——写字楼（公允价值变动）　　　　　　　　　100 000
　　贷：公允价值变动损益　　　　　　　　　　　　　　　　　　100 000

（3）2024 年 12 月 31 日，该投资性房地产公允价值下降编制的会计分录

借：公允价值变动损益　　　　　　　　　　　　　　　　　　　　20 000
　　贷：投资性房地产——写字楼（公允价值变动）　　　　　　　　20 000

（4）2025 年 12 月 31 日，该投资性房地产公允价值上升编制的会计分录

借：投资性房地产——写字楼（公允价值变动）　　　　　　　　　70 000
　　贷：公允价值变动损益　　　　　　　　　　　　　　　　　　　70 000

（5）2026 年 4 月 15 日，出售该投资性房地产收取价税编制的会计分录

借：银行存款——工商银行海口南沙支行　　　　　　　　　　　7 521 000

　　　　贷：其他业务收入——出售投资性房地产收入　　　　　　6 900 000
　　　　　　应交税费——应交增值税（销项税额）　　　　　　　621 000
　（6）结转投资性房地产账面价值编制的会计分录
　　借：其他业务成本——出售投资性房地产成本　　　　　　　6 850 000
　　　　贷：投资性房地产——写字楼（成本）　　　　　　　　　6 700 000
　　　　　　投资性房地产——写字楼（公允价值变动）　　　　　150 000
　（7）结转投资性房地产累计公允价值变动金额编制的会计分录
　　借：公允价值变动损益　　　　　　　　　　　　　　　　　　150 000
　　　　贷：其他业务成本——出售投资性房地产成本　　　　　　150 000
　（8）结转投资性房地产转换日的其他综合收益金额编制的会计分录
　　借：其他综合收益　　　　　　　　　　　　　　　　　　　　200 000
　　　　贷：其他业务成本——出售投资性房地产成本　　　　　　200 000

任务处理与项目练习

任务处理　　任务小结　　项目练习　　参考答案

案例讨论

1. 讨论企业投资性房地产公允价值变动的财务造假手段有哪些。

2. 思考如何理解投资性房地产的后续计量，并启发学生树立诚信为本、操守为重、遵循准则、不做假账的观念，警示只顾眼前利益、利欲熏心所带来的负面影响。

300亿某药业财务造假案

项目九 流动负债

学习目标

知识目标
- 掌握短期借款的内容及账务处理方法。
- 掌握应付和预收款项的内容及账务处理方法。
- 掌握应付职工薪酬的内容及账务处理方法。
- 掌握应交税费的内容及账务处理方法。
- 熟悉其他流动负债的内容及账务处理方法。

能力目标
- 能够对各种流动负债的业务进行会计核算。
- 能够对应付职工薪酬和应交税费业务进行正确核算。

素质目标
- 培养学生具有依法纳税、为民收税、为国聚财的意识。
- 树立学生人人为我、我为人人的大局意识。

任务一 短期借款的核算

任务描述

时宏公司因生产经营需要于2023年4月1日从银行借入一年期借款100 000元,年利率为6%。时宏公司按月计息,每个季度末支付利息,到期支付本金。请会计人员赵美媛对该短期借款进行账务处理。

知识储备

短期借款是指企业从银行或其他金融机构借入的期限在一年以下(含一年)的各种借款。企业借入短期借款的主要目的在于解决企业流动资金的不足,以保证企业生产经营的正常进行。归还短期借款时,除归还借入的本金外,还要按借款期限的长短支付一定的利息。

短期借款

业务核算

为了反映和监督短期借款的借入、利息的发生和本金及利息的偿还情况，企业应通过"短期借款"账户核算。该账户贷方登记取得借款的本金数额，借方登记偿还借款的本金数额；余额在贷方，表示尚未偿还的短期借款。

本账户可按借款种类、贷款人和币种进行明细核算。企业从银行或其他金融机构取得短期借款时，借记"银行存款"账户，贷记"短期借款"账户。

在实务中，银行一般在每季度末收取短期借款利息，因此企业的短期借款利息一般采用月末预提的方式进行核算。短期借款利息属于筹资费用，应计入"财务费用"账户。企业应当在资产负债表日按照计算确定的短期借款利息费用，借记"财务费用"账户，贷记"应付利息"账户；实际支付利息时，根据已预提的利息，借记"应付利息"账户，根据本期应负担的利息，借记"财务费用"账户，根据应付利息总额，贷记"银行存款"账户。企业短期借款到期偿还本金时，借记"短期借款"账户，贷记"银行存款"账户。

一、短期借款取得的核算

企业借入各种短期借款时，应借记"银行存款"账户，贷记"短期借款"账户。

例 9-1 时宏公司 2023 年 7 月 1 日从银行借入为期 3 个月的借款 500 000 元，用于生产经营周转。借款年利率为 3%，所借款项已经存入本公司开户银行。时宏公司按月计提利息费用，到期时一次还本付息。

时宏公司的相关账务处理如下。

借：银行存款——工商银行海口南沙支行　　　　　　　　500 000
　　贷：短期借款——工商银行海口南沙支行　　　　　　　　500 000

二、短期借款利息的计提

短期借款利息支出应作为企业使用银行资金而应付出的代价，作为财务费用计入当期损益，并在会计上按不同情况分别处理。如果短期借款的利息是按期支付的（每季或每半年），或者利息是在借款到期时连同本金一起归还并且数额较大的，则可以采用预提的办法，按月预提计入财务费用；如果企业的短期借款利息是按月支付的，或者利息是在借款到期时连同本金一起归还，但是数额不大的，则可以不采用预提的方法，而在实际支付或收到银行的计息通知时，直接计入当期损益。

例 9-2 承例 9-1，时宏公司 7 月末、8 月末计提当月利息。

时宏公司的相关账务处理如下。

借：财务费用——利息支出　　　　　　　　　　　　　　1 250
　　贷：应付利息——工商银行海口南沙支行　　　　　　　　1 250

三、短期借款到期归还的账务处理

企业到期归还短期借款本金和利息时，应借记"短期借款""应付利息""财务费用"账户，贷记"银行存款"账户。

例 9-3 承例 9-2，时宏公司于 9 月末支付当月利息并归还本金。

借：短期借款——工商银行海口南沙支行　　　　500 000
　　应付利息——工商银行海口南沙支行　　　　　2 500
　　财务费用——利息支出　　　　　　　　　　　1 250
　　贷：银行存款——工商银行海口南沙支行　　　　　503 750

任务处理

任务二　应付及预收款项的核算

任务描述

时宏公司于2023年4月1日从大海公司购入一批A材料并已验收入库。取得的增值税专用发票上注明的价款为100 000元、增值税税率为13%、增值税税额为13 000元。款项尚未支付。购货协议规定的现金折扣条件为"2/10,1/20,N/30",计算现金折扣时需要考虑增值税。本公司于2023年4月8日用银行存款支付货款,请会计人员赵美媛对该应付账款进行账务处理。

知识储备

一、应付票据

应付票据是由出票人签发,由承兑人许诺在一定时期内支付一定款项的书面证明,是企业购买材料、商品或接受劳务供应等而开出、承兑的商业汇票。商业汇票未到期前,形成承兑企业的一项负债。

商业汇票分为商业承兑汇票和银行承兑汇票。商业承兑汇票由收款人或付款人签发,由付款人承兑,到期时无条件地支付确定金额给收款人或持票人。银行承兑汇票由在承兑银行开立存款账户的存款人签发,承兑人是付款人的开户银行,如果到期付款人无款支付,则付款人的开户银行将无条件地支付确定的金额给收款人或持票人。但对付款人或承兑申请人来说,不会由于付款人的开户银行承兑而使这项负债消失,因此即使是银行承兑汇票,付款人的现有义务仍然存在。

在我国不允许签发长期票据,商业汇票的最长期限为6个月。因此,应将应付票据归为流动负债核算。应付票据可分为带息票据和不带息票据两种。由于期限较短,因此平时一般不需要计提利息。但在中期和年末,根据权责发生制原则,需要提取应付未付的利息,增加财务费用和增加应付利息的账面价值。

二、应付账款

应付账款是指企业因购买材料、商品或接受劳务等业务应支付给供应商的款项。它是因在购销活动中买卖双方取得物资与支付货款在时间上的不一致而产生的负债。企业的其他应付款项,如应付赔偿款、应付租金、存入保证金等,不属于应付账款的核算内容。

三、预收账款

预收账款是指企业按合同规定向购货单位或个人预先收取的部分或全部货款。企业在向客户提供商品或劳务前预先收取的款项，因商品或劳务的销售合同尚未执行，不能作为企业的收入入账，只能确认为企业的一项负债。企业必须在收款后一年或一个营业周期内向客户发出商品或提供劳务。如果企业不能履行合同条款按期交付商品或提供劳务，则应如数退还预收货款并承担相关的责任。在企业按合同要求向客户如期交货或提供劳务后，预收账款才能转为企业营业收入，债务也随之解除。因此，预收账款既是企业未履行的义务，也是企业未实现的收益。

业务核算

一、应付票据的账务处理

由于票据按是否带息，可分为带息应付票据和不带息应付票据，所以在票据的账务处理上也应分为以下两种情况。

（一）不带息应付票据

对于不带息应付票据，其票据到期应付的金额就是票据的面值。该票据包括两种情况：一种是票据面值所记载的金额不含利息；另一种是面值中已包含了应计利息，只不过在应付票据上未注明利率。在账务处理上，对应付票据中所含的利息部分不单独核算，将其视为不含息应付票据，按其面值记账。

例 9-4 2023 年 3 月 5 日，时宏公司开出一张面值为 113 000 元、期限 5 个月的不带息银行承兑汇票，向昌达公司采购一批乙材料。材料已验收入库。取得的增值税专用发票上注明的乙材料价款为 100 000 元、增值税税率为 13%、增值税税额为 13 000 元。

时宏公司应编制的会计分录如下。

借：原材料——乙材料　　　　　　　　　　　　　　　　　100 000
　　应交税费——应交增值税（进项税额）　　　　　　　　 13 000
　　贷：应付票据——昌达公司（银行承兑汇票）　　　　　　　113 000

例 9-5 承例 9-4，时宏公司为购进乙材料，向银行申请取得银行承兑汇票，缴纳承兑手续费 58.50 元。款项从本公司银行账户上扣除。

时宏公司应编制的会计分录如下。

借：财务费用——手续费　　　　　　　　　　　　　　　　　58.50
　　贷：银行存款——工商银行海口南沙支行　　　　　　　　　58.50

例 9-6 承例 9-4，至 2023 年 8 月 5 日，时宏公司于 2023 年 3 月 5 日开出的银行承兑汇票到期，通知其开户银行用银行存款支付票据款项。

时宏公司应编制的会计分录如下。

借：应付票据——昌达公司（银行承兑汇票）　　　　　　　113 000
　　贷：银行存款——工商银行海口南沙支行　　　　　　　　113 000

例 9-7 承例 9-4，假设至 2023 年 8 月 5 日该银行承兑汇票到期，时宏公司银行存款账户存款不足，无力支付票据款项。

时宏公司应编制的会计分录如下。

借：应付票据——昌达公司（银行承兑汇票）　　　　　　　　　113 000
　　贷：短期借款——工商银行海口南沙支行　　　　　　　　　　　113 000

（二）带息应付票据

带息应付票据是指按照票据上记载的利息，在票面金额上加计利息的票据。由于目前我国应付票据期限较短，是否按期预提利息并不重要，因此在票据到期支付票据面值和利息时一次记入"财务费用"账户。如果带息应付票据计息期间涉及中期、期末或年度终了，则在中期、期末或年度终了时，应计提的利息，借记"财务费用"账户，贷记"应付利息"账户。票据到期支付本息时，按带息票据的账面价值，借记"应付票据"账户，按已经计提的利息，借记"应付利息"账户，按尚未计提的利息，借记"财务费用"账户，按实际支付的金额，贷记"银行存款"账户。应付带息票据到期，如果企业无力支付票款，则按应付票据的账面价值，借记"应付票据"账户，贷记"应付账款"账户；按应计提的利息，借记"财务费用"账户，贷记"应付利息"账户。到期不能支付的带息应付票据，转入"应付账款"账户核算后，中期、期末或年度终了时不再计提利息。

例 9-8　时宏公司于 2023 年 10 月 1 日从云海公司购入一批甲材料，取得的增值税专用发票上注明的价款为 200 000 元、增值税税率为 13%、增值税税额为 26 000 元。甲材料验收入库。时宏公司向云海公司开出期限为 6 个月、票面利率为 5% 的商业承兑汇票一张。此票据到期日为 2024 年 3 月 31 日。

时宏公司的相关账务处理如下。

（1）2023 年 10 月 1 日购入甲材料编制的会计分录

借：原材料——甲材料　　　　　　　　　　　　　　　　　　　200 000
　　应交税费——应交增值税（进项税额）　　　　　　　　　　　 26 000
　　贷：应付票据——云海公司（商业承兑汇票）　　　　　　　　　226 000

（2）2023 年 12 月 31 日计提利息编制的会计分录

借：财务费用——利息支出　　　　　　　　　　　　　　　　　　2 825
　　贷：应付利息——云海公司　　　　　　　　　　　　　　　　　　2 825

（3）2024 年 3 月 31 日票据到期，时宏公司银行存款余额充足，能够支付票据本息编制的会计分录

借：应付票据——云海公司（商业承兑汇票）　　　　　　　　　226 000
　　应付利息——云海公司　　　　　　　　　　　　　　　　　　2 825
　　财务费用——利息支出　　　　　　　　　　　　　　　　　　2 825
　　贷：银行存款——工商银行海口南沙支行　　　　　　　　　　 231 650

（4）2024 年 3 月 31 日票据到期，时宏公司银行存款余额不足，无力支付票据本息编制的会计分录

借：应付票据——云海公司（商业承兑汇票）　　　　　　　　　226 000
　　应付利息——云海公司　　　　　　　　　　　　　　　　　　2 825
　　财务费用——利息支出　　　　　　　　　　　　　　　　　　2 825
　　贷：应付账款——云海公司　　　　　　　　　　　　　　　　231 650

如果上述该票据为银行承兑汇票，则企业按票据金额的 1‰ 向银行支付承兑手续费。

（1）2023 年 10 月 1 日支付银行承兑汇票手续费编制的会计分录

借：财务费用——手续费　　　　　　　　　　　　　　　　　　226
　　贷：银行存款——工商银行海口南沙支行　　　　　　　　　　　226

（2）2023 年 10 月 1 日购入甲材料编制的会计分录

  借：原材料——甲材料   200 000

    应交税费——应交增值税（进项税额）   26 000

    贷：应付票据——云海公司（银行承兑汇票）   226 000

（3）2023 年 12 月 31 日计提利息编制的会计分录

  借：财务费用——利息支出   2 825

    贷：应付利息——云海公司   2 825

（4）2024 年 3 月 31 日票据到期，时宏公司银行存款余额充足，能够支付票据本息编制的会计分录

  借：应付票据——云海公司（银行承兑汇票）   226 000

    应付利息——云海公司   2 825

    财务费用——利息支出   2 825

    贷：银行存款——工商银行海口南沙支行   231 650

（5）2024 年 3 月 31 日票据到期，时宏公司银行存款余额不足，无力支付票据本息编制的会计分录

  借：应付票据——云海公司（银行承兑汇票）   226 000

    应付利息——云海公司   2 825

    财务费用——利息支出   2 825

    贷：短期借款——工商银行海口南沙支行   231 650

二、应付账款的账务处理

  公司购入材料、商品等验收入库，但货款尚未支付，应根据有关凭证，借记"原材料""库存商品""应交税费——应交增值税（进项税额）"等账户，贷记"应付账款"账户。企业接受供应单位提供劳务而发生的应付未付的款项，应根据供应单位的发票账单，借记"制造费用""管理费用"等有关成本费用账户，贷记"应付账款"账户；企业偿付应付账款时，借记"应付账款"账户，贷记"银行存款"账户。偿还应付账款时享有的现金折扣，作为理财收益，借记"应付账款"账户，贷记"财务费用"账户。企业开出、承兑商业汇票抵付购货款时，借记"应付账款"账户，贷记"应付票据"账户。企业的应付账款，因对方单位发生变故确实无法支付时，在报经有关部门批准后，可视同企业经营业务以外的一项额外收入，借记"应付账款"账户，贷记"营业外收入"账户。

例 9-9 2023 年 4 月 1 日，时宏公司从大海公司购入一批 A 商品并已验收入库。取得的增值税专用发票上注明的价款为 500 000 元、增值税税率为 13%、增值税税额为 65 000 元。款项尚未支付。购货协议规定的现金折扣条件为"2/10,1/20,N/30"，假定计算现金折扣时需要考虑增值税。时宏公司于 2023 年 4 月 8 日用银行存款支付货款，可享有应付款项的 2%的优惠；时宏公司于 2023 年 4 月 18 日用银行存款支付货款，可享有应付款项的 1%的优惠；时宏公司于 2023 年 4 月 28 日用银行存款支付货款，无法享有应付款项的优惠。

  时宏公司的相关账务处理如下。

（1）2023 年 4 月 1 日赊购 A 商品编制的会计分录

  借：库存商品——A 商品   500 000

    应交税费——应交增值税（进项税额）   65 000

    贷：应付账款——大海公司   565 000

（2）时宏公司于 2023 年 4 月 8 日用银行存款支付货款编制的会计分录

借：应付账款——大海公司　　　　　　　　　　　　　565 000
　　贷：银行存款——工商银行海口南沙支行　　　　　　　553 700
　　　　财务费用——现金折扣　　　　　　　　　　　　　 11 300

（3）时宏公司于 2023 年 4 月 18 日用银行存款支付货款编制的会计分录

借：应付账款——大海公司　　　　　　　　　　　　　565 000
　　贷：银行存款——工商银行海口南沙支行　　　　　　　559 350
　　　　财务费用——现金折扣　　　　　　　　　　　　　 5 650

（4）时宏公司于 2023 年 4 月 28 日以银行存款支付货款编制的会计分录

借：应付账款——大海公司　　　　　　　　　　　　　565 000
　　贷：银行存款——工商银行海口南沙支行　　　　　　　565 000

例 9-10　2023 年 12 月 31 日，时宏公司确定一笔应付枫叶公司货款 5 000 元。因债权人枫叶公司破产而撤销，导致无法支付的该货款应予转销。

时宏公司应编制的会计分录如下。

借：应付账款——枫叶公司　　　　　　　　　　　　　 5 000
　　贷：营业外收入——其他　　　　　　　　　　　　　　 5 000

三、预收账款的账务处理

为了核算各项预收款项的增减情况，企业应设置"预收账款"账户，贷方登记向购货单位或个人预收的货款及其补付的货款，借方登记企业向购货方发货后冲销的预收账款的数额和退回购货方多付账款的数额；余额一般在贷方，反映企业向购货单位预收款项但尚未向购货方发货的数额；期末如果为借方余额，则反映企业应收的款项。企业应按购货单位设置明细账，进行明细分类核算。

任务处理

任务处理　　　　　　　任务小结

任务三　应付职工薪酬的核算

任务描述

时宏公司 2023 年 9 月应付工资总额为 863 000 元。其中，生产 A 产品生产人员工资 374 000 元；车间管理人员工资 145 000 元；企业行政管理人员工资 216 000 元；销售人员工资 128 000 元。请会计人员赵美媛对该应付职工薪酬分配进行账务处理。

知识储备

一、应付职工薪酬的含义与内容

（一）应付职工薪酬的含义

职工是指与企业订立劳动合同的所有人员，既包括全职、兼职和临时职工，也包括虽未与企业订立劳动合同但由企业正式任命的人员，如董事会成员、监事会成员等。在企业的计划和控制下，虽未与企业订立劳动合同或未由其正式任命，但向企业所提供服务与职工所提供服务类似的人员，也属于职工范畴，包括通过企业与劳务中介公司签订用工合同而向企业提供服务的人员。

职工薪酬是指企业为获得职工提供的服务或终止劳动合同关系而给予职工的各种形式的报酬及其他相关支出，包括职工在职期间和离职后提供给职工的全部货币性薪酬及非货币性福利。企业提供给职工配偶、子女、受赡养人、已故员工遗属及其他受益人等的福利，也属于职工薪酬。职工薪酬是企业必须付出的人力成本，是吸引和激励职工的重要手段。也就是说，职工薪酬既是职工为企业投入劳动获得的报酬，也是企业的成本费用。

（二）应付职工薪酬的内容

职工薪酬主要包括以下内容。

（1）短期薪酬

短期薪酬是指企业在职工提供相关服务的年度报告期间结束后 12 个月内需要全部予以支付的职工薪酬，因解除与职工的劳动关系给予的补偿（属辞退福利）除外。短期薪酬具体包括如下内容。

① 职工工资、奖金、津贴和补贴。这是指构成工资总额的计时工资、计件工资、支付给职工的超额劳动报酬和增收节支的劳动报酬；为了补偿职工特殊或额外的劳动消耗和因其他特殊原因支付给职工的津贴；为了保证职工工资水平不受物价影响支付给职工的物价补贴，等等。

② 职工福利费。这是指企业为职工提供的福利，如为补助职工医疗、生活困难等从成本费用中提取的金额。为职工卫生保健、生活等发放或支付的各种现金补贴和非货币性福利，包括职工因公赴外地就医费用、职工疗养费用、防暑降温费等；企业尚未分离的内设集体福利部门所发生的设备、设施和人员费用；发放给在职职工的生活困难补助及按规定发生的其他职工福利支出，如丧葬补助费、抚恤费、职工异地安家费、独生子女费，等等。

③ 医疗保险费、工伤保险费等社会保险费。这是指企业按照国务院、各地方政府规定的基准和比例计算，向社会保险经办机构缴纳的医疗保险费、工伤保险费。

④ 住房公积金。这是指企业按照国家《住房公积金管理条例》规定的基准和比例计算，向住房公积金管理机构缴存的长期住房储蓄。

⑤ 工会经费和职工教育经费。这是指企业为了改善职工文化生活、为职工学习先进技术和提高文化水平和业务素质，用于开展工会活动和职工教育及职业技能培训，根据国家规定的基准和比例，从成本费用中提取的金额。

⑥ 短期带薪缺勤。这是指根据国家法律、法规和政策规定的企业在职工虽然缺勤但企业仍向其支付工资或提供补偿的职工缺勤，包括年休假、病假、短期伤残、婚假、产假、丧假、探亲假、计划生育假、事假、停工学习等执行国家或社会义务等特殊情况下按照计时工资或计件工资标准的一定比例支付的薪酬。

⑦ 短期利润分享计划。这是指因职工提供服务而与职工达成的基于利润或其他经营成果提

供薪酬的协议。

⑧ 非货币性福利。这是指企业以自己的产品或外购商品发放给职工作为福利、企业提供给职工无偿使用自己拥有的资产或租赁资产供职工无偿使用。例如,提供给企业高级管理人员使用的住房等;免费为职工提供诸如医疗保健的服务或向职工提供企业支付了一定补贴的商品或服务等(如以低于成本的价格向职工出售住房等)。

⑨ 其他短期薪酬。这是指除以上各项外的短期薪酬。其他与获得职工提供的服务相关的支出,是指除上述 8 种薪酬以外的其他为获得职工提供的服务而给予的薪酬,如企业提供给职工以权益形式结算的认股权、以现金形式结算但以权益工具公允价值为基础确定的现金股票增值权等。

(2)离职后福利

离职后福利是指企业为获得职工提供的服务而在职工退休或与企业解除劳动关系后提供的各种形式的报酬和福利,属于短期薪酬和辞退福利的除外。按其特征可分为如下几种形式。

① 设定提存计划。这是指向独立的基金缴存固定费用后,企业不再承担进一步支付义务的离职后福利计划,即企业按照国务院、各地方政府规定的基准和比例计算,向社会保险经办机构缴纳的养老保险费和失业保险费。

② 设定受益计划。这是指除设定提存计划以外的离职后福利计划,即企业按照年金计划规定的基准和比例计算,向企业年金管理人缴纳的补充养老保险,以及企业以购买商业保险形式提供给职工的各种保险待遇。

(3)辞退福利

辞退福利是指企业在职工劳动合同到期之前解除与职工的劳动关系,或者为鼓励职工自愿接受裁减而给予职工的补偿。具体来说,是指由于分离办社会职能,实施主辅分离辅业改制分流安置富余人员,实施重组、改组计划,职工不能胜任等原因,企业在职工劳动合同尚未到期之前解除与职工的劳动关系,或者为鼓励职工自愿接受裁减而提出补偿建议的计划中给予职工的经济补偿,即《国际财务报告可持续披露准则》中所指的辞退福利。

(4)其他长期职工福利

其他长期职工福利是指除短期薪酬、离职后福利、辞退福利之外所有的职工薪酬,包括长期带薪缺勤、长期残疾福利、长期利润分享计划等。

总之,从薪酬的涵盖时间和支付形式来看,职工薪酬包括企业在职工在职期间和离职后给予的所有货币性薪酬和非货币性福利;从薪酬的支付对象来看,职工薪酬包括提供给职工本人及其配偶、子女或其他被赡养人的福利,如支付给因公伤亡职工的配偶、子女或其他被赡养人的抚恤金。

二、职工薪酬的确认原则

企业应当在职工为其提供服务的会计期间,根据职工提供服务的受益对象,将应确认的职工薪酬(包括货币性薪酬和非货币性福利)计入相关资产成本或当期损益,将应付的职工薪酬确认为负债,但因解除与职工的劳动关系而给予的补偿(以下简称辞退福利)除外。职工薪酬的确认可按以下情况分别处理。

知识拓展:因解除与职工的劳动关系给予的补偿(辞退福利)

① 应由产品、劳务负担的职工薪酬,计入产品成本或劳务成本。生产产品、提供劳务中的直接生产人员和直接提供劳务人员发生的职工薪酬,计入存货成本。但非正常消耗的直接生产人员和直接提供劳务人员的职工薪酬,应当在发生时确认为当期损益。

② 应由在建工程、无形资产负担的职工薪酬，计入建造固定资产或无形资产成本。自行建造固定资产和自行研究开发无形资产过程中发生的职工薪酬，能否计入固定资产或无形资产成本取决于相关资产的成本确定原则。例如，企业在研究阶段发生的职工薪酬不能计入自行开发无形资产的成本；在开发阶段发生的职工薪酬，符合无形资产资本化条件的，应当计入自行开发无形资产的成本。

③ 其他职工薪酬，计入当期损益。除直接生产人员、直接提供劳务人员、符合准则规定条件的建造固定资产人员、开发无形资产人员以外的职工，包括公司总部管理人员、董事会成员、监事会成员等人员相关的职工薪酬，因难以确定直接对应的受益对象，均应当在发生时计入当期损益。

业务核算

为了总括地核算企业职工工资、福利等各项薪酬费用的发生和支付情况，应设置"应付职工薪酬"账户。该账户贷方登记应支付给职工的各项薪酬，借方登记实际支付给职工的各项薪酬；余额在贷方，表示应付未付的职工薪酬。

该账户应按短期薪酬（工资、奖金、津贴和补贴，职工福利费，社会保险费，住房公积金，工会经费和职工教育经费，短期带薪缺勤，短期利润分享计划，非货币性福利，其他短期薪酬）、离职后福利、辞退福利、长期职工福利等设置明细账户进行分类核算。

企业（外商）按规定从净利润中提取的职工奖励及福利基金，也在该账户进行核算。

一、短期薪酬的计量

1. 职工工资、奖金、津贴和补贴的账务处理

企业应当在职工为其提供服务的会计期间，将实际发生的职工工资、奖金、津贴和补贴确认为负债并计入当期损益，其他会计准则要求或允许计入资产成本的除外。

企业应当根据职工提供服务的受益对象，确认应付职工薪酬。根据职工工资、奖金、津贴和补贴的受益对象，借记"生产成本""制造费用""管理费用""销售费用""在建工程""研发支出"等账户，贷记"应付职工薪酬"账户。实际支付时，借记"应付职工薪酬"账户，贷记"银行存款""库存现金"账户。

例 9-11 时宏公司 2023 年 3 月应付工资总额 910 000 元。其中，生产 A 产品生产人员工资 272 000 元；生产 B 产品生产人员工资 211 000 元；车间管理人员工资 53 000 元；企业行政管理人员工资 78 000 元；销售人员工资 47 000 元；在建工程人员工资 249 000 元。2023 年 4 月 4 日通过银行支付上月职工工资。

时宏公司的相关账务处理如下。

（1）2023 年 3 月末分配工资时编制的会计分录

借：生产成本——A 产品（直接人工） 272 000
　　生产成本——B 产品（直接人工） 211 000
　　制造费用——工资 53 000
　　管理费用——工资 78 000
　　销售费用——工资 47 000
　　在建工程——工资 249 000
　　　贷：应付职工薪酬——短期薪酬（工资、奖金、津贴和补贴） 910 000

（2）2023年4月4日支付工资时编制的会计分录
借：应付职工薪酬——短期薪酬（工资、奖金、津贴和补贴）　910 000
　　贷：银行存款——工商银行海口南沙支行　　　　　　　　　910 000

2. 职工福利费的账务处理

① 企业以货币资金支付的货币性职工福利。应当在实际发生时，根据实际发生额按照受益对象计入当期损益或相关资产成本，同时确认应付职工薪酬。根据现金支付的职工福利的受益对象，借记"生产成本""制造费用""管理费用""销售费用""在建工程""研发支出"等账户，贷记"应付职工薪酬"账户。实际支付时，借记"应付职工薪酬"账户，贷记"银行存款""库存现金"账户。

例 9-12 时宏公司下设一所职工食堂，每月根据在岗职工数量及岗位分布情况、相关历史经验数据等计算需要补贴食堂的金额，从而确定企业每期因职工食堂而需要承担的职工福利费。时宏公司2023年3月在岗职工共计100人。其中，生产A产品生产工人职工数量30人；生产B产品生产工人职工数量23人；车间管理人员职工数量6人；企业行政管理人员职工数量8人；销售人员职工数量5人；在建工程人员职工数量28人。对于每个职工，企业每月补贴食堂300元。2023年3月1日，通过银行支付本月补贴食堂款项。

时宏公司的相关账务处理如下。

（1）2023年3月1日支付补贴食堂款项时编制的会计分录
借：应付职工薪酬——短期薪酬（职工福利费）　　　　　　30 000
　　贷：银行存款——工商银行海口南沙支行　　　　　　　　　30 000

（2）2023年3月末分配补贴食堂款项时编制的会计分录
借：生产成本——A产品（直接人工）　　　　　　　　　　　9 000
　　生产成本——B产品（直接人工）　　　　　　　　　　　6 900
　　制造费用——职工福利费　　　　　　　　　　　　　　　1 800
　　管理费用——职工福利费　　　　　　　　　　　　　　　2 400
　　销售费用——职工福利费　　　　　　　　　　　　　　　1 500
　　在建工程——职工福利费　　　　　　　　　　　　　　　8 400
　　贷：应付职工薪酬——短期薪酬（职工福利费）　　　　　　30 000

② 企业以自产产品发放给职工作为非货币性职工福利。企业职工福利费为非货币性福利的，应当按照公允价值计量。应当根据受益对象，按照该产品的公允价值和相关税费，计入相关资产成本或当期损益，同时确认应付职工薪酬。企业以其自产产品发放给职工作为职工薪酬的，根据发放产品的受益对象，借记"生产成本""制造费用""管理费用""销售费用""在建工程""研发支出"等账户，贷记"应付职工薪酬"账户。实际发放时，借记"应付职工薪酬"账户，贷记"主营业务收入""应交税费——应交增值税（销项税额）"账户。同时，还应结转自产产成品的成本。涉及消费税的，还应进行相应的处理。

例 9-13 时宏公司共有在岗职工共计100人。其中，生产A产品生产工人职工数量30人；生产B产品生产工人职工数量23人；车间管理人员职工数量6人；企业行政管理人员职工数量8人；销售人员职工数量5人；在建工程人员职工数量28人。2023年1月15日，时宏公司决定以其生产的笔记本电脑作为节日福利发放给公司每位职工。每台笔记本电脑的售价为5 000元、成本为3 000元。时宏公司开具的增值税专用发票上注明的价款为500 000元、增值税税率为13%、增值税税额为65 000元。假定时宏公司于当日将笔记本电脑发放给职工。

（1）计算2023年1月应计提的非货币性福利金额

应计入生产成本（A产品）的非货币性福利金额＝5 650×30＝169 500（元）

应计入生产成本（B产品）的非货币性福利金额＝5 650×23＝129 950（元）

应计入制造费用的非货币性福利金额＝5 650×6＝33 900（元）

应计入管理费用的非货币性福利金额＝5 650×8＝45 200（元）

应计入销售费用的非货币性福利金额＝5 650×5＝28 250（元）

应计入在建工程的非货币性福利金额＝5 650×28＝158 200（元）

（2）分配计提的非货币性福利应编制的会计分录

借：生产成本——A产品（直接人工） 169 500
　　生产成本——B产品（直接人工） 129 950
　　制造费用——福利费 33 900
　　管理费用——福利费 45 200
　　销售费用——福利费 28 250
　　在建工程——福利费 158 200
　　贷：应付职工薪酬——短期薪酬（非货币性福利） 565 000

（3）将笔记本电脑发放给职工时编制的会计分录

借：应付职工薪酬——短期薪酬（非货币性福利） 565 000
　　贷：主营业务收入——笔记本电脑 500 000
　　　　应交税费——应交增值税（销项税额） 65 000

（4）结转笔记本电脑成本编制的会计分录

借：主营业务成本——笔记本电脑 300 000
　　贷：库存商品——笔记本电脑 300 000

③ 企业以自有房屋无偿提供给职工使用作为非货币性职工福利。企业将拥有的房屋等资产无偿提供给职工使用的，应当根据受益对象，将该住房每期应计提的折旧计入相关资产成本或当期损益，同时确认应付职工薪酬。无偿向职工提供住房等固定资产使用的，按当期应计提的折旧额和受益对象，借记"生产成本""制造费用""销售费用""管理费用""在建工程""研发支出"等账户，贷记"应付职工薪酬"账户。同时，借记"应付职工薪酬"账户，贷记"累计折旧"账户。

例9-14 时宏公司于2023年6月将其拥有的房屋无偿提供给副总裁以上的高级管理人员使用。该房屋的账面原价为3 178 400元，预计使用年限为40年，预计净残值为20 000元。时宏公司对此房屋采用年限平均法计提折旧。

时宏公司的相关账务处理如下。

（1）将2023年6月折旧计入非货币性福利时编制的会计分录

借：管理费用——非货币性福利 6 580
　　贷：应付职工薪酬——短期薪酬（非货币性福利） 6 580

（2）计提2023年6月应计折旧额时编制的会计分录

借：应付职工薪酬——短期薪酬（非货币性福利） 6 580
　　贷：累计折旧——房屋 6 580

④ 企业以租赁房屋无偿提供给职工使用作为非货币性职工福利。租赁住房等资产供职工无偿使用的，应当根据受益对象，将每期应付的租金计入相关资产成本或当期损益，并确认应付职工薪酬。租赁住房等资产供职工无偿使用的，按每期应支付的租金的受益对象，借记"生产

成本""制造费用""销售费用""管理费用""研发支出""在建工程"等账户，贷记"应付职工薪酬"账户。同时，确认支付租赁住房所发生的租金，借记"应付职工薪酬"账户，贷记"银行存款""其他应付款"账户。

例 9-15 时宏公司因住房紧张，决定向蓝天房地产公司租赁住房，提供给副总裁以上的高级管理人员使用。每月向蓝天房地产公司用银行存款支付租金 6 125 元。

时宏公司的相关账务处理如下。
（1）确认应支付的租金时编制的会计分录
借：管理费用——非货币性福利   6 125
  贷：应付职工薪酬——短期薪酬（非货币性福利）   6 125
（2）支付租金时编制的会计分录
借：应付职工薪酬——短期薪酬（非货币性福利） 6 125
  贷：银行存款   6 125

⑤ 企业以购买的商品发给职工作为非货币性职工福利。购买的商品作为福利发放给职工的情况下，购买商品的增值税税额是不能抵扣的。如果企业在购买商品时已经明确商品的用途是作为福利发放给职工，则购进商品时的增值税税额不能抵扣，该商品的价税合计计入商品的成本；如果企业在购买商品时已经明确商品的用途是销售，则购进商品时的增值税税额可以抵扣，增值税税额不计入商品的成本，但后来因企业经营发展需要将该商品作为福利发放给职工，则应将原购进商品的增值税税额转出。应当根据购买商品的受益对象，借记"生产成本""制造费用""销售费用""管理费用""在建工程""研发支出"等账户，贷记"应付职工薪酬"账户；发放时，借记"应付职工薪酬"账户，贷记"库存商品""应交税费——应交增值税（进项税额转出）"账户。

例 9-16 时宏公司因经营发展需要，决定于 2023 年 2 月 10 日向销售部门特困职工通过购进 A 商品进行慰问。购进 A 商品时取得的增值税专用发票上注明的价款为 100 000 元、增值税税率为 13%、增值税税额为 13 000 元，价税合计 113 000 元。已通过银行存款支付。当日已将该 A 商品发放给销售部门特困职工。

时宏公司的相关账务处理如下。
（1）购进商品时编制的会计分录
借：库存商品——A 商品   113 000
  贷：银行存款——工商银行海口南沙支行   113 000
（2）确认商品用途时编制的会计分录
借：销售费用——非货币性福利   113 000
  贷：应付职工薪酬——短期薪酬（非货币性福利）   113 000
（3）发放商品时编制的会计分录
借：应付职工薪酬——短期薪酬（非货币性福利） 113 000
  贷：库存商品——A 商品   113 000

例 9-17 时宏公司购进 A 商品时取得的增值税专用发票上注明的价款为 100 000 元、增值税税率为 13%、增值税税额为 13 000 元，价税合计 113 000 元。已通过银行存款支付。该商品原用途是准备销售，后来因经营发展需要，决定于 2023 年 2 月 10 日向销售部门特困职工发放该 A 商品进行慰问。当日已将该 A 商品发放给销售部门特困职工。

时宏公司的相关账务处理如下。

（1）购进商品时编制的会计分录

借：库存商品——A商品　　　　　　　　　　　　　　　　100 000
　　应交税费——应交增值税（进项税额）　　　　　　　　 13 000
　　　贷：银行存款——工商银行海口南沙支行　　　　　　113 000

（2）确认商品用途时编制的会计分录

借：销售费用——非货币性福利　　　　　　　　　　　　　113 000
　　　贷：应付职工薪酬——短期薪酬（非货币性福利）　　 113 000

（3）发放商品时编制的会计分录

借：应付职工薪酬——短期薪酬（非货币性福利）　　　　　 113 000
　　　贷：库存商品——A商品　　　　　　　　　　　　　　100 000
　　　　　应交税费——应交增值税（进项税额转出）　　　 13 000

⑥ 难以认定受益对象的非货币性福利，直接计入当期损益和应付职工薪酬，借记"管理费用"等账户，贷记"应付职工薪酬"账户。

3. 社会保险费和住房公积金、工会经费和职工教育经费的账务处理

企业为职工缴纳的医疗保险费、工伤保险费等社会保险费和住房公积金，以及按规定提取的工会经费和职工教育经费，应当在职工为其提供服务的会计期间，根据规定的计提基础和计提比例计算确定相应的职工薪酬金额，并确认相应负债，计入当期损益或相关资产成本。计提应付职工薪酬时，国家规定了计提基础和计提比例的，应当按照国家规定的标准计提。例如，应向社会保险经办机构等缴纳的医疗保险费、工伤保险费等社会保险费，应向住房公积金管理机构缴存的住房公积金，以及工会经费和职工教育经费等。国家没有规定计提基础和计提比例的，企业应当根据历史经验数据和实际情况合理地预计当期应付职工薪酬。当期实际发生金额大于预计金额的，应当补提应付职工薪酬；当期实际发生金额小于预计金额的，应当冲回多提的应付职工薪酬。应当根据社会保险费和住房公积金、工会经费和职工教育经费的受益对象，借记"生产成本""制造费用""销售费用""管理费用""在建工程""研发支出"等账户，贷记"应付职工薪酬"账户；缴纳时，借记"应付职工薪酬"账户，贷记"银行存款""库存现金"账户。

例 9-18 根据时宏公司所在地政府的规定，应当按照职工工资总额的10%和8%计提并缴存医疗保险费与住房公积金。时宏公司分别按照职工工资总额的2%和8%计提工会经费与职工教育经费。时宏公司2023年3月应付工资总额为910 000元。其中，生产A产品生产人员工资272 000元；生产B产品生产人员工资211 000元；车间管理人员工资53 000元；行政管理人员工资78 000元；销售人员工资47 000元；在建工程人员工资249 000元。假定不考虑其他因素及所得税影响。2023年4月8日，通过银行转账方式向社会保险经办机构缴纳医疗保险费、工伤保险费，向住房公积金管理机构缴存住房公积金。

时宏公司的相关账务处理如下。

（1）根据上述资料，时宏公司计算2023年7月应计的职工薪酬

应计入生产成本（A产品）的医疗保险费和住房公积金、工会经费和职工教育经费＝272 000×（10%＋8%＋2%＋8%）＝76 160（元）

应计入生产成本（B产品）的医疗保险费和住房公积金、工会经费和职工教育经费＝211 000×（10%＋8%＋2%＋8%）＝59 080（元）

应计入制造费用的医疗保险费和住房公积金、工会经费和职工教育经费＝53 000×（10%＋8%＋2%＋8%）＝14 840（元）

应计入管理费用的医疗保险费和住房公积金、工会经费和职工教育经费＝78 000×（10%＋8%＋2%＋8%）＝21 840（元）

应计入销售费用的医疗保险费和住房公积金、工会经费和职工教育经费＝47 000×（10%＋8%＋2%＋8%）＝13 160（元）

应计入在建工程的医疗保险费和住房公积金、工会经费和职工教育经费＝249 000×（10%＋8%＋2%＋8%）＝69 720（元）

（2）分配医疗保险费、住房公积金、工会经费、职工教育经费时编制的会计分录

借：生产成本——A产品（直接人工）　　　　　　　　　76 160
　　生产成本——B产品（直接人工）　　　　　　　　　59 080
　　制造费用——医疗/住房/工会/教育　　　　　　　　14 840
　　管理费用——医疗/住房/工会/教育　　　　　　　　21 840
　　销售费用——医疗/住房/工会/教育　　　　　　　　13 160
　　在建工程——医疗/住房/工会/教育　　　　　　　　69 720
　　贷：应付职工薪酬——短期薪酬（医疗保险费）　　　91 000
　　　　应付职工薪酬——短期薪酬（住房公积金）　　　72 800
　　　　应付职工薪酬——短期薪酬（工会经费）　　　　18 200
　　　　应付职工薪酬——短期薪酬（职工教育经费）　　72 800

（3）缴纳医疗保险费、工伤保险费，缴存住房公积金时编制的会计分录

借：应付职工薪酬——短期薪酬（医疗保险费）　　　　91 000
　　应付职工薪酬——短期薪酬（住房公积金）　　　　72 800
　　贷：银行存款——工商银行海口南沙支行　　　　　163 800

4. 带薪缺勤的账务处理

企业应当在职工提供服务从而增加了其未来享有的带薪缺勤权利时，确认与累积带薪缺勤相关的职工薪酬，并以累积未行使权利而增加的预期支付金额计量。企业应当在职工实际发生缺勤的会计期间确认与非累积带薪缺勤相关的职工薪酬。应当根据带薪缺勤的受益对象，借记"生产成本""制造费用""销售费用""管理费用""在建工程""研发支出"等账户，贷记"应付职工薪酬"账户；支付时，借记"应付职工薪酬"账户，贷记"银行存款""库存现金"账户。

5. 利润分享计划的账务处理

职工只有在企业工作一段特定期间才能分享利润的，企业在计量利润分享计划产生的应付职工薪酬时，应当反映职工因离职而无法享受利润分享计划福利的可能性。如果企业在职工为其提供相关服务的年度报告期间结束后12个月内，不需要全部支付利润分享计划产生的应付职工薪酬，则该利润分享计划应当适用其他长期职工福利的有关规定。应当根据利润分享计划的受益对象，借记"生产成本""制造费用""销售费用""管理费用""在建工程""研发支出"等账户，贷记"应付职工薪酬"账户；支付时，借记"应付职工薪酬"账户，贷记"银行存款""库存现金"账户。

二、离职后福利的计量

1. 设定提存计划的账务处理

企业应当在职工为其提供服务的会计期间，根据规定的计提基础和计提比例计算确定相应

的职工薪酬金额，并确认相应负债，计入当期损益或相关资产成本。计提应付职工薪酬时，国家规定了计提基础和计提比例的，应当按照国家规定的标准计提。例如，应向社会保险经办机构等缴纳的基本养老保险费和失业保险费。国家没有规定计提基础和计提比例的，企业应当根据历史经验数据和实际情况，合理预计当期应付职工薪酬。当期实际发生金额大于预计金额的，应当补提应付职工薪酬；当期实际发生金额小于预计金额的，应当冲回多提的应付职工薪酬。根据设定提存计划，预期不会在职工提供相关服务的年度报告期结束后12个月内支付全部应缴存金额的，应当参照规定的折现率将全部应缴存金额以折现后的金额计量应付职工薪酬。应当根据离职后福利的受益对象，借记"生产成本""制造费用""销售费用""管理费用""在建工程""研发支出"等账户，贷记"应付职工薪酬"账户；缴纳支付时，借记"应付职工薪酬"账户，贷记"银行存款""库存现金"账户。

例 9-19 根据时宏公司所在地政府的规定，应当按照职工工资总额的20%和2%计提基本养老保险费与失业保险费，缴存当地社会保险经办机构。时宏公司2023年3月应付工资总额910 000元。其中，生产A产品生产人员工资272 000元；生产B产品生产人员工资211 000元；车间管理人员工资53 000元；行政管理人员工资78 000元；销售人员工资47 000元；在建工程人员工资249 000元。假定不考虑其他因素及所得税影响。2023年4月8日，通过银行转账方式向社会保险经办机构缴纳基本养老保险费和失业保险费。

时宏公司的相关账务处理如下。

（1）根据上述资料，时宏公司计算2023年3月应计的职工薪酬

应计入生产成本（A产品）的基本养老保险费和失业保险费=272 000×(20%+2%)=59 840（元）

应计入生产成本（B产品）的基本养老保险费和失业保险费=211 000×(20%+2%)=46 420（元）

应计入制造费用的基本养老保险费和失业保险费=53 000×(20%+2%)=11 660（元）

应计入管理费用的基本养老保险费和失业保险费=78 000×(20%+2%)=17 160（元）

应计入销售费用的基本养老保险费和失业保险费=47 000×(20%+2%)=10 340（元）

应计入在建工程的基本养老保险费和失业保险费=249 000×(20%+2%)=54 780（元）

（2）分配基本养老保险费和失业保险费时编制的会计分录

借：生产成本——A产品（直接人工）	59 840
生产成本——B产品（直接人工）	46 420
制造费用——养老保险费/失业保险费	11 660
管理费用——养老保险费/失业保险费	17 160
销售费用——养老保险费/失业保险费	10 340
在建工程——养老保险费/失业保险费	54 780
贷：应付职工薪酬——离职后福利（养老保险费）	182 000
应付职工薪酬——离职后福利（失业保险费）	18 200

（3）缴纳基本养老保险费和失业保险费时编制的会计分录

借：应付职工薪酬——离职后福利（养老保险费）	182 000
应付职工薪酬——离职后福利（失业保险费）	18 200
贷：银行存款——工商银行海口南沙支行	200 200

2. 设定受益计划的账务处理

① 重新计量设定受益计划净负债或净资产的变动额计入其他综合收益。该其他综合收益将

来不能转入损益。

② 权益法下当被投资方因重新计量设定受益计划净负债或净资产形成价值变动而确认的其他综合收益，将来也不转损益。

三、辞退福利的计量

① 企业向职工提供辞退福利的，应当在下列两者孰早日确认辞退福利产生的职工薪酬负债，并计入当期损益。

- 企业不能单方面撤回因解除劳动关系计划或裁减建议所提供的辞退福利时。
- 企业确认与涉及支付辞退福利的重组相关的成本或费用时。

② 企业应当按照辞退计划条款的规定，合理预计并确认辞退福利产生的应付职工薪酬。辞退福利预期在其确认的年度报告期结束后 12 个月内完全支付的，应当适用短期薪酬的相关规定；辞退福利预期在年度报告期结束后 12 个月内不能完全支付的，应当适用关于其他长期职工福利的有关规定。因解除与职工的劳动关系给予的补偿或鼓励职工自愿接受裁减而给予的补偿，不区分受益对象，企业发生的所有辞退福利，均借记"管理费用"账户，贷记"应付职工薪酬"账户；支付时，借记"应付职工薪酬"账户，贷记"银行存款""库存现金"等账户。

例 9-20 兴隆公司主要从事家电生产。2023 年 12 月，为在 2024 年顺利实施转产，兴隆公司管理层制订了一项辞退计划，并经公司董事会正式批准。规定自 2023 年 1 月 1 日起，以自愿方式，辞退平面直角彩色电视机生产车间职工，预计辞退给予职工的经济补偿为 8 000 000 元。兴隆公司通过银行存款支付以上款项。

兴隆公司的相关账务处理如下。

（1）兴隆公司 2023 年 12 月 31 日确认辞退福利时编制的会计分录

借：管理费用——辞退福利　　　　　　　　　　　　　　8 000 000
　　贷：应付职工薪酬——辞退福利　　　　　　　　　　　　　8 000 000

（2）银行存款支付以上辞退福利时编制的会计分录

借：应付职工薪酬——辞退福利　　　　　　　　　　　　8 000 000
　　贷：银行存款——工商银行海口南沙支行　　　　　　　　　8 000 000

四、其他长期职工福利的计量

企业向职工提供的其他长期职工福利，符合设定提存计划条件的，应当按照设定提存计划相同的原则进行处理。符合设定受益计划条件的，企业应当适用关于设定受益计划的有关规定，确认和计量其他长期职工福利净负债或净资产。在报告期末，企业应当将其他长期职工福利产生的职工薪酬成本确认为下列组成部分。

① 服务成本。
② 其他长期职工福利净负债或净资产的利息净额。
③ 重新计量其他长期职工福利净负债或净资产所产生的变动。

为简化相关账务处理，上述项目的总净额应计入当期损益或相关资产成本。

企业计提长期带薪缺勤、长期利润分享计划和长期残疾福利时，应当根据其他长期职工福利的受益对象，借记"生产成本""制造费用""销售费用""管理费用""在建工程""研发支出"等账户，贷记"应付职工薪酬"账户；支付时，借记"应付职工薪酬"账户，贷记"银行存款""库存现金"账户。

任务处理

任务处理　　　任务小结

任务四　应交税费的核算

任务描述

时宏公司于 2023 年 9 月 15 日销售 A 产品一批给大利公司。开具的增值税专用发票上注明的销售价格为 100 000 元、增值税税率为 13%、增值税税额为 13 000 元，价税合计 113 000 元。款项已通过银行收妥。请会计人员赵美媛对该应交增值税进行账务处理。

知识储备

应交税费是指企业应缴纳的各种税费，如增值税、消费税、所得税、资源税、土地增值税、城市维护建设税、房产税、城镇土地使用税、车船税、教育费附加、矿产资源补偿费及代扣代缴的个人所得税等。企业在一定时期内取得的营业收入和实现的利润或发生的特定经营行为，要按照规定向国家缴纳各种税金，这些应交的税金应按照权责发生制的原则确认。这些应交的税金在尚未缴纳之前，形成企业的一项负债。

应交税费

一、应交增值税

增值税是对在我国境内销售货物、提供加工修理或修配劳务（以下简称劳务），销售服务、无形资产、不动产及进口货物的单位和个人，就其应税销售行为的增值额和货物进口金额为计税依据而课征的一种流转税。增值税的纳税人是在中华人民共和国境内销售货物或提供加工、修理修配劳务，销售服务、无形资产、不动产及进口货物的单位和个人。

知识拓展：一般纳税人与小规模纳税人

二、应交消费税

消费税是在我国境内生产、委托加工和进口应税消费品（消费税税目规定的）的单位及个人，按其流转额缴纳的一种税。

三、其他应交税费

其他应交税费是指除上述应交税费以外的应交税费，包括应交资源税、应交城市维护建设税、应交土地增值税、应交所得税、应交房产税、应交城镇土地使用税、应交车船税、应交教育费附加、应交矿产资源补偿费、应交个人所得税等。企业应在"应交税费"账户下设置相应的明细账户进行核算，贷方登记应缴纳的有关税费，借方登记已缴纳的有关税费；期末贷方余额表示尚未缴纳的有关税费。

（一）应交城市维护建设税与应交教育费附加

① 城市维护建设税是以应交的增值税和消费税为计税依据征收的一种税。其纳税人为缴纳增值税和消费税的单位及个人。

② 教育费附加是为了发展教育事业而向企业征收的附加费用，企业按应交流转税的一定比例计算缴纳。

城市维护建设税与教育费附加都是以会计期间实际缴纳的增值税和消费税税额为基数的，其中城市维护建设税税率因纳税人所在地不同，税率从 1%到 7%不等（市区 7%；县城、镇、工矿区 5%；其余 1%）；教育费附加的税率为 3%。另外，还有应交地方教育附加，地方教育附加的税率为 2%。

（二）应交房产税、城镇土地使用税、车船税和矿产资源补偿费

① 房产税是国家对在城市、县城、建制县和工矿区征收的由产权所有人缴纳的一种税。房产税依照房产原值一次减除 10%至 30%后的余额计算缴纳。没有房产原值作为依据的，由房产所在地税务机关参考同类房产核定；房产出租的，以房产租金收入为房产税的计税依据。

② 城镇土地使用税是国家为了合理利用城镇土地、调节土地级差收入、提高土地使用效益、加强土地管理而开征的一种税。城镇土地使用税以纳税人实际占用的土地面积为计税依据，依照规定税额计算征收。

③ 车船税由拥有且使用车船的单位和个人缴纳。车船税按照税法规定适用的税额计算缴纳。

④ 矿产资源补偿费是对在我国领土和管辖海域开采矿产资源而征收的费用。矿产资源补偿费按照矿产品销售收入的一定比例计征，由采矿人缴纳。

业务核算

一、应交增值税的核算

（一）一般纳税人应交增值税的核算

1. 一般购销业务的账务处理

企业购买资产等，按应计入采购成本的金额，借记"材料采购"、"在途物资"或"原材料"、"库存商品"、"固定资产"、"无形资产"等账户，按可抵扣的增值税税额，借记"应交税费——应交增值税（进项税额）"账户，按应付或实际支付的金额，贷记"应付账款""应付票据""银行存款"等账户。购入资产发生退货则做相反的会计分录。

销售资产或提供应税劳务，按营业收入和应收取的增值税税额，借记"应收账款""应收票据""银行存款"等账户，按增值税专用发票上注明的增值税税额，贷记"应交税费——应交增值税（销项税额）"账户，按确认的营业收入，贷记"主营业务收入""其他业务收入"等账户。发生销售退回则做相反的会计分录。

例 9-21 时宏公司于 2023 年 3 月 16 日从兴业公司购入甲材料一批。取得的增值税专用发票上注明的甲材料价款为 840 000 元、增值税税率为 13%、增值税税额为 109 200 元，价税合计 949 200 元。款项尚未支付，材料验收入库。材料按实际成本核算。

时宏公司应编制的会计分录如下：

借：原材料——甲材料　　　　　　　　　　　　　　　　　840 000
　　应交税费——应交增值税（进项税额）　　　　　　　　109 200
　　贷：应付账款——兴业公司　　　　　　　　　　　　　　　949 200

例 9-22 时宏公司于 2023 年 8 月 28 日销售 A 产品一批给大利公司。开具的增值税专用发票上注明的销售价格为 517 000 元、增值税税率为 13%、增值税税额为 67 210 元，价税合计 584 210 元。款项通过银行存款已收妥。该批 A 产品的实际成本为 329 000 元。

时宏公司的相关账务处理如下。

（1）销售 A 产品时编制的会计分录

借：银行存款——工商银行海口南沙支行　　　　　　　　584 210
　　贷：主营业务收入——A 产品　　　　　　　　　　　　　517 000
　　　　应交税费——应交增值税（销项税额）　　　　　　　67 210

（2）结转已销售 A 产品成本时编制的会计分录

借：主营业务成本——A 产品　　　　　　　　　　　　　329 000
　　贷：库存商品——A 产品　　　　　　　　　　　　　　 329 000

2. 一般纳税企业购入免税农副产品的账务处理

购入的免税农副产品可按买价的 9% 计算增值税进项税额，准予从增值税销项税额中扣除。在会计核算上，均按买价扣除增值税进项税额后的金额作为该农产品的成本。

例 9-23 时宏公司于 2023 年 12 月 18 日决定向农户收购一批免税农产品，实际支付的价款为 1 000 000 元。收购的农产品已验收入库。按税法规定，购入的免税农产品可按实际买价的 9% 计算的进项税额抵扣。

时宏公司应编制的会计分录如下。

借：原材料——农产品　　　　　　　　　　　　　　　　910 000
　　应交税费——应交增值税（进项税额）　　　　　　　　 90 000
　　贷：银行存款——工商银行海口南沙支行　　　　　　　1 000 000

3. 一般纳税企业经营业务涉及的税目及税率

销售货物、提供加工、修理修配劳务、有形动产的租赁适用的增值税税率为 13%；交通运输服务、邮政服务、基础电信服务、建筑服务、不动产租赁服务、销售不动产、转让土地使用权适用的增值税税率为 9%；金融服务、生活服务、现代服务、增值电信服务、转让（技术、商标、著作）适用的增值税税率为 6%。

例 9-24 时宏公司于 2023 年 1 月 1 日将某设备出租给丙公司使用，通过银行收取当月租金及税费 74 580 元。开具的增值税专用发票上注明的价款为 66 000 元、增值税税率为 13%、增值税税额为 8 580 元。此设备 1 月份应计提的折旧额为 41 000 元。

时宏公司的相关账务处理如下。

（1）收取 1 月份租金时编制的会计分录

借：银行存款——工商银行海口南沙支行　　　　　　　　 74 580
　　贷：其他业务收入——出租设备收入　　　　　　　　　 66 000
　　　　应交税费——应交增值税（销项税额）　　　　　　　8 580

（2）核算 1 月份出租该设备的折旧额时编制的会计分录

借：其他业务成本——出租设备折旧　　　　　　　　　　 41 000
　　贷：累计折旧——设备　　　　　　　　　　　　　　　 41 000

4. 一般纳税企业视同销售的账务处理

按照《中华人民共和国增值税暂行条例》（以下简称《增值税暂行条例》）的规定，下列活动视同销售：将货物交付其他单位或个人代销；销售代销货物；设有两个以上机构并实行统一核算的纳税人，将货物从一个机构移送其他机构用于销售，但相关机构设在同一县（市）的除外；将自产或委托加工的货物用于非增值税应税项目；将自产、委托加工的货物用于集体福利或个人消费；将自产、委托加工或购进的货物作为投资，提供给其他单位或个体工商户；将自产、委托加工或购进的货物分配给股东或投资者；将自产、委托加工或购进的货物无偿赠送其他单位或个人。

5. 不予抵扣的增值税进项税额转出

按照《增值税暂行条例》的规定，下列项目的增值税进项税额不得从增值税销项税额中抵扣：用于非应税项目的购进货物或应税劳务；用于免税项目的购进货物或应税劳务；用于集体福利或个人消费的购进货物或应税劳务；管理不善的购进货物，等等。由于自然灾害等造成的非正常损失的购进货物的增值税进项税额可以抵扣。

企业购进的货物发生管理不善，以及将购进货物改变用途（如用于非应税项目、集体福利或个人消费），其增值税进项税额应通过"应交税费——应交增值税（进项税额转出）"账户转入有关账户，借记"待处理财产损溢""在建工程""应付职工薪酬"等账户，贷记"原材料"等账户和"应交税费——应交增值税（进项税额转出）"账户。

例9-25 时宏公司将原已购入用于生产A产品的甲材料一批挪用到正在建造的集体福利设施工程。该批甲材料成本为100 000元，购入时的增值税税率为13%，形成的增值税进项税额为13 000元。现该甲材料的市场售价为120 000元。

时宏公司应编制的会计分录如下。

借：在建工程——集体福利设施　　　　　　　　　　113 000
　　贷：原材料——甲材料　　　　　　　　　　　　　　100 000
　　　　应交税费——应交增值税（销项税额转出）　　　13 000

6. 转出多交增值税和未交增值税的账务处理

月份终了，企业计算出当月应交未交的增值税，借记"应交税费——应交增值税（转出未交增值税）"账户，贷记"应交税费——未交增值税"账户；当月多交的增值税，借记"应交税费——未交增值税"账户，贷记"应交税费——应交增值税（转出多交增值税）"账户；经过结转后，月份终了"应交税费——应交增值税"账户没有贷方余额，只能有借方余款，反映企业尚未抵扣的增值税进项税额。

未交增值税在以后月份上缴时，借记"应交税费——未交增值税"账户，贷记"银行存款"账户；多交的增值税在以后月份抵交当月应交增值税时，借记"应交税费——应交增值税（已交税金）"账户，贷记"应交税费——未交增值税"账户。

例9-26 时宏公司于2023年6月30日计算6月份的增值税销项税额合计815 604.72元、增值税进项税额合计331 741.65元。已交税金合计210 476.25元，本月尚未缴纳的增值税税额为273 386.82元，结转本月尚未缴纳的增值税。2023年7月8日，缴纳6月份尚未缴纳的增值税。

时宏公司的相关账务处理如下。

（1）2023年6月30日，结转未交增值税编制的会计分录

借：应交税费——应交增值税（转出未交增值税）　　273 386.82
　　贷：应交税费——应交增值税（未交增值税）　　　　273 386.82

(2) 2023年7月8日，缴纳上月应交增值税编制的会计分录

借：应交税费——应交增值税（未交增值税）　　　　　273 386.82
　　贷：银行存款——工商银行海口南沙支行　　　　　　　273 386.82

（二）小规模纳税人增值税的核算

小规模纳税人增值税的核算只需要设置"应交增值税"明细账户，不需要设置专栏。核算时需要将含税价转换为不含税价，不含税价＝含税价÷（1＋征收率）。

例 9-27　瀚海公司属于小规模纳税人，其开户银行为建设银行海口云龙支行。本期销售 M 产品一批，所开的增值税普通发票中注明的含税货款为 30 900 元、增值税税率为 3%。款项已存入银行。

瀚海公司应编制的会计分录如下。

借：银行存款——建设银行海口云龙支行　　　　　　30 900
　　贷：主营业务收入——M产品　　　　　　　　　　　　30 000
　　　　应交税费——应交增值税　　　　　　　　　　　　　900

二、应交消费税的核算

（一）销售应税消费品

企业销售应税消费品应缴税的消费税，应借记"税金及附加"账户，贷记"应交税费——应交消费税"账户。

例 9-28　玉兴公司向南阳公司销售其生产的应税消费品 A 产品。开具的增值税专用发票上注明的价款为 200 000 元、增值税税率为 13%、增值税税额为 26 000 元，价税合计 226 000 元。款项尚未收到。适用的消费税税率为 10%。玉兴公司开户银行为农业银行海口长提支行。

玉兴公司的相关账务处理如下。

（1）销售化妆品时编制的会计分录

借：银行存款——农业银行海口长提支行　　　　　　226 000
　　贷：主营业务收入——M产品　　　　　　　　　　　　200 000
　　　　应交税费——应交增值税（销项税额）　　　　　 26 000

（2）计算消费税时编制的会计分录

借：税金及附加——消费税　　　　　　　　　　　　　20 000
　　贷：应交税费——应交消费税　　　　　　　　　　　　20 000

（二）自产自销应税消费品

企业将生产的应税消费品用于集体福利设施工程等非生产经营项目时，按规定应缴纳的消费税，借记"在建工程"等账户，贷记"应交税费——应交消费税"账户。

例 9-29　玉兴公司将本公司生产的应税消费品 A 产品用于正在建造的集体福利设施工程。该产品成本为 800 000 元，计税价格（公允价值）为 1 000 000 元，适用的增值税税率为 13%，消费税税率为 10%。

玉兴公司应编制的会计分录如下。

借：在建工程——集体福利设施　　　　　　　　　　1 030 000

  贷：库存商品——A产品   800 000
    应交税费——应交增值税（销项税额）   130 000
    应交税费——应交消费税   100 000

  本例中，企业将生产的应税消费品用于在建工程等非生产机构时，按规定应缴纳的消费税100 000元应记入"在建工程"账户。

（三）委托加工应税消费品

  企业如有应交消费税的委托加工物资，一般应由受托方代收代缴税款。受托方按照应交消费税金额，借记"应收账款""银行存款"等账户，贷记"应交税费——应交消费税"账户。受托加工或翻新改制金银首饰，按照规定由受托方缴纳消费税。

  委托加工物资收回后用于连续生产应税消费品，按规定准予抵扣的，应按已由受托方代收代缴的消费税，借记"应交税费——应交消费税"账户，贷记"应付账款""银行存款"等账户。委托加工物资收回后，直接用于销售的，应将受托方代收代缴的消费税计入委托加工物资的成本，借记"委托加工物资"等账户，贷记"应付账款""银行存款"等账户。

例9-30 玉兴公司委托乙企业将一批甲材料（属于应税消费品）加工成丁材料。发出甲材料的实际成本为60 000元，应支付加工费为12 000元（含税价）。该公司和乙企业适用的增值税税率为13%，丁材料适用的消费税税率为10%，由乙企业代收代缴消费税。材料已经加工完成并由玉兴公司收回，丁材料验收入库。以上加工费和相关税费尚未支付，委托加工完成的丁材料收回后用于继续生产应税消费品。玉兴公司原材料采用实际成本法进行核算。

（1）玉兴公司收回的委托加工物资用于继续生产应税消费品应编制的会计分录
① 发出待加工的甲材料，编制会计分录如下。
  借：委托加工物资   60 000
    贷：原材料——甲材料   60 000
② 确认应支付加工费和税费，编制会计分录如下。
  借：委托加工物资   10 619.47
    应交税费——应交增值税（进项税额）   1 380.53
    应交税费——应交消费税   7 846.61
    贷：应付账款——乙企业   19 846.61
应交增值税税额=12 000÷(1+13%)×13%=1 380.53（元）
消费税组成计税价格=(60 000+10 619.47)÷(1−10%)=78 466.08（元）
受托方代收代缴的消费税税额=78 466.08×10%=7 846.61（元）
③ 收回加工完成后的丁材料，编制会计分录如下。
  借：原材料——丁材料   70 619.47
    贷：委托加工物资   70 619.47
（2）玉兴公司收回的委托加工物资直接用于对外销售应编制的会计分录
① 发出待加工的甲材料，编制会计分录如下。
  借：委托加工物资   60 000
    贷：原材料——甲材料   60 000
② 支付加工费和税费，编制会计分录如下。
  借：委托加工物资   18 466.08
    应交税费——应交增值税（进项税额）   1 380.53
    贷：银行存款——农业银行海口长堤支行   19 846.61

③ 收回加工完成后的丁材料，编制会计分录如下。

借：原材料——丁材料　　　　　　　　　　　　　　　78 466.08
　　贷：委托加工物资　　　　　　　　　　　　　　　　　78 466.08

三、其他应交税费的账务处理

（一）应交城市维护建设税与教育费附加

企业应交的城市维护建设税与教育费附加，应当以本期应缴纳的增值税和消费税为基础与相应税率进行计算，借记"税金及附加"等账户，贷记"应交税费——应交城市维护建设税""应交税费——应交教育费附加"账户。

例 9-31　时宏公司于 2023 年 3 月 31 日计算 3 月份应缴纳的增值税税额为 364 817.65 元、应缴纳的消费税税额为 110 425.71 元。时宏公司适用的城市维护建设税税率为 7%、教育费附加征收率为 3%、地方教育费附加征收率为 1%。2023 年 4 月 7 日缴纳上述税款。

时宏公司的相关账务处理如下。

（1）2023 年 3 月 31 日结转未缴纳的城市维护建设税和教育费附加时编制的会计分录

借：税金及附加——城市维护建设税　　　　　　　　　33 267.04
　　税金及附加——教育费附加　　　　　　　　　　　　19 009.73
　　贷：应交税费——应交城市维护建设税　　　　　　　　33 267.04
　　　　应交税费——应交教育费附加　　　　　　　　　　14 257.30
　　　　应交税费——应交地方教育附加　　　　　　　　　 4 752.43

（2）2023 年 4 月 7 日缴纳上月应交城市维护建设税和教育费附加时编制的会计分录

借：应交税费——应交城市维护建设税　　　　　　　　33 267.04
　　应交税费——应交教育费附加　　　　　　　　　　　14 257.30
　　应交税费——应交地方教育附加　　　　　　　　　　 4 752.43
　　贷：银行存款——工商银行海口南沙支行　　　　　　　52 276.77

（二）应交房产税、城镇土地使用税、车船税和矿产资源补偿费

企业应交的房产税、城镇土地使用税、车船税、矿产资源补偿费，借记"税金及附加"账户，贷记"应交税费——应交房产税（或应交城镇土地使用税、应交车船税、应交矿产资源补偿费）"账户。企业应交的土地增值税，借记"固定资产清理"账户，贷记"应交税费——土地增值税"账户。企业缴纳的印花税，借记"税金及附加"账户，贷记"银行存款"账户。企业缴纳的耕地占用税，借记"在建工程"账户，贷记"银行存款"账户。

例 9-32　2023 年 4 月 12 日，时宏公司的财务部门购买账簿 21 本。每本账簿需要粘贴印花税 5 元，合计 105 元，取得税务机关开具的完税凭证。时宏公司的出纳人员以现金支付。

时宏公司应编制的会计分录如下。

借：税金及附加——印花税　　　　　　　　　　　　　　105
　　贷：库存现金　　　　　　　　　　　　　　　　　　　105

任务处理

任务处理　　　　　　　　　任务小结

任务五 其他流动负债的核算

任务描述

时宏公司 2023 年度实现净利润 8 000 000 元。经公司股东大会批准，决定 2023 年度分配现金股利 2 000 000 元。假设时宏公司有两个股东：甲股东占时宏公司股权比例为 60%；乙股东占时宏公司股权比例为 40%。股利已经用银行存款支付。请会计人员赵美媛对该应付股利进行账务处理。

知识储备

一、应付利息

应付利息核算企业按照合同约定应支付的利息，包括分期付息到期还本的长期借款、企业债券等应支付的利息。

二、应付股利

应付股利是指企业根据股东大会或类似机构审议批准的利润分配方案，确定分配给投资者的现金股利或利润。

三、其他应付款

其他应付款是指企业除应付票据、应付账款、预收账款、合同负债、应付职工薪酬、应交税费、应付利息、应付股利等经营活动以外的其他各项应付、暂收的款项，如应付租入包装物租金、存入保证金等。

业务核算

一、应付利息的账务处理

企业采用合同约定的名义利率计算确定利息费用时，应将计算确定的金额记入"应付利息"账户；实际支付利息时，借记"应付利息"账户，贷记"银行存款"等账户。举例见本项目的任务一。

二、应付股利的账务处理

企业根据股东大会或类似机构审议批准的利润分配方案，确认应付给投资者的现金股利或利润时，借记"利润分配——应付现金股利"账户，贷记"应付股利"账户；向投资者实际支付现金股利时，借记"应付股利"账户，贷记"银行存款"等账户。

例 9-33 时宏公司 2023 年度实现净利润 8 000 000 元。经公司股东大会批准，决定 2023 年度分配现金股利 4 000 000 元。假设时宏公司有两个股东：甲股东占时宏公司股权比例为 60%；乙股东占时宏公司股权比例为 40%。股利已经用银行存款支付。

时宏公司的相关账务处理如下。

（1）分配股利时编制的会计分录

借：利润分配——应付现金股利　　　　　　　　　　　　　　　　4 000 000
　　贷：应付股利——甲股东　　　　　　　　　　　　　　　　　　2 400 000
　　　　应付股利——乙股东　　　　　　　　　　　　　　　　　　1 600 000

（2）支付股利时编制的会计分录

借：应付股利——甲股东　　　　　　　　　　　　　　　　　　　2 400 000
　　应付股利——乙股东　　　　　　　　　　　　　　　　　　　1 600 000
　　贷：银行存款——工商银行海口南沙支行　　　　　　　　　　　4 000 000

三、其他应付款的账务处理

企业发生其他各种应付、暂收款项时，借记"管理费用""销售费用""制造费用"等账户，贷记"其他应付款"账户；支付或退回其他各种应付、暂收款项时，借记"其他应付款"账户，贷记"银行存款"等账户。

例9-34 时宏公司从2023年7月1日起，以经营租赁方式向杏林公司租入机器设备一台，供基本生产车间使用。租期6个月，每月租金5 000元，按季支付。2023年9月30日，时宏公司以银行存款支付第三季度应付租金。

时宏公司的相关账务处理如下。

（1）7月31日计提当月租金时编制的会计分录

借：制造费用——租赁费　　　　　　　　　　　　　　　　　　　　5 000
　　贷：其他应付款——杏林公司　　　　　　　　　　　　　　　　　5 000

（2）9月30日支付第三季度租金时编制的会计分录

借：其他应付款——杏林公司　　　　　　　　　　　　　　　　　　10 000
　　制造费用——租赁费　　　　　　　　　　　　　　　　　　　　　5 000
　　贷：银行存款——工商银行海口南沙支行　　　　　　　　　　　　15 000

任务处理与项目练习

任务处理　　　　任务小结　　　　项目练习　　　　参考答案

项目十 非流动负债

学习目标

知识目标

- 理解长期借款、应付债券、长期应付款的概念。
- 掌握应付债券发行、计息、摊销等业务处理。
- 掌握长期借款和长期应付款的核算内容。

能力目标

- 能够正确计算长期借款利息费用，并进行账务处理。
- 能够对应付债券运用实际利率法进行摊销计算，确定实际利息费用。
- 能够对长期应付款进行会计核算。

素质目标

- 培养学生求真务实、一丝不苟的工作态度。
- 树立学生精益求精、仔细严谨的工匠精神。

任务一 长期借款的核算

任务描述

时宏公司因生产经营需要建造一栋厂房，于2023年4月1日从银行借入5年期借款800 000元，年利率为6%。时宏公司按月计提利息，利息费用符合资本化条件，每季度末支付利息，到期支付本金。请会计人员赵美媛对该长期借款进行账务处理。

知识储备

长期借款是指企业从银行或其他金融机构借入的期限在一年以上（不含一年）的各种借款。它一般用于固定资产的购建、改扩建工程、大修理工程、对外投资及为了保持长期经营能力等方面。它是企业长期负债的重要组成部分，必须加强管理与核算。

由于长期借款的使用关系到企业的生产经营规模和效益，因此企业除要遵守有关的贷款规定、编制借款计划并要有不同形式的担保外，还应监督借款的使用、按期支付长期借款的利息和按规定的期限归还借款本金等。对长期借款进行账务处理的基本要求是反映和监督企业长期借款的借入、借款利息的结算及借款本息的归还情况，以促使企业遵守信贷纪律、提高信用等级，同时也要确保长期借款发挥效益。

企业筹集的长期借款，按付息方式可以分为到期一次还本付息的长期借款和在借款期限内分期付息到期还本的长期借款；按借款条件可以分为抵押借款、担保借款和信用借款；按偿还方式可分为定期偿还的长期借款和分期偿还的长期借款；按长期借款的币种可以分为人民币长期借款和外币长期借款；按借款目的可以分为形成非流动资产的长期借款和形成流动资产的长期借款，等等。

业务核算

企业应通过"长期借款"账户核算长期借款的借入、归还等情况。该账户可按照贷款单位和贷款种类设置明细账，分别用"本金""利息调整""应计利息"等明细账户进行明细核算。该账户的贷方登记长期借款本息的增加额，借方登记长期借款本息的减少额；贷方余额表示企业尚未偿还的长期借款本金金额。

一、取得长期借款的核算

企业借入长期借款，应按实际收到的金额，借记"银行存款"账户，按借款本金，贷记"长期借款——本金"账户；如存在差额，还应借记"长期借款——利息调整"账户。

例10-1 时宏公司于2023年1月1日从银行借入资金6 000 000元，借款期限为3年，年利率为8.4%。该借款为到期一次还本付息的长期借款，不计复利，所借款项已存入银行。时宏公司用该项长期借款于当日购买需要安装的设备一台，取得的增值税专用发票上注明的价款为6 300 000元、增值税税率为13%、增值税税额为819 000元，价税合计7 119 000元。另通过银行支付运费，取得的增值税专用发票上注明的价款为70 000元、增值税税率为6%、增值税税额为4 200元，价税合计74 200元。设备已于2023年1月6日运抵该公司。

时宏公司的相关账务处理如下。
（1）取得借款时编制的会计分录
借：银行存款——工商银行海口南沙支行　　　　　　　　　6 000 000
　　贷：长期借款——工商银行海口南沙支行（本金）　　　　6 000 000
（2）支付设备价款时编制的会计分录
借：在建工程——安装设备　　　　　　　　　　　　　　　6 300 000
　　应交税费——应交增值税（进项税额）　　　　　　　　　 819 000
　　贷：银行存款——工商银行海口南沙支行　　　　　　　　7 119 000
（3）支付设备运费时编制的会计分录
借：在建工程——安装设备　　　　　　　　　　　　　　　　 70 000
　　应交税费——应交增值税（进项税额）　　　　　　　　　　4 200
　　贷：银行存款——工商银行海口南沙支行　　　　　　　　　74 200

二、长期借款利息的核算

长期借款利息费用应当在资产负债表日按照实际利率法计算确定，实际利率与合同利率差异较小的，也可以采用合同利率计算确定利息费用。长期借款计算确定的利息费用，应当按以下原则计入有关成本、费用。

① 属于筹建期间的利息费用，计入管理费用。
② 属于生产经营期间的利息费用，计入财务费用。
③ 如果长期借款用于购建固定资产，则在固定资产尚未达到预定可使用状态前，所发生的应当资本化的利息支出数计入在建工程成本；固定资产达到预定可使用状态后发生的利息支出，以及按规定不予资本化的利息支出计入财务费用。

如果长期借款是分期付息的长期借款，则按合同利率计算确定的应付未付利息，记入"应付利息"账户，借记"在建工程""制造费用""财务费用""研发支出"等账户，贷记"应付利息"账户；如果长期借款是到期一次还本付息的长期借款，则按合同利率计算的应付未付利息，记入"长期借款——应计利息"账户，借记"在建工程""制造费用""财务费用""研发支出"等账户，贷记"长期借款——应计利息"账户。

知识拓展：实际利率与名义利率

例 10-2 承例 10-1，时宏公司于 2023 年 12 月 31 日计提长期借款 2023 年度利息——假定按年计提利息费用（实务中按月计提利息费用），并于当日通过银行向安装公司支付设备安装款项。取得的增值税专用发票上注明的价款为 100 000 元、增值税税率为 6%、增值税税额为 6 000 元，价税合计 106 000 元。设备于当日安装完毕，达到预定可使用状态。时宏公司于 2024 年 12 月 31 日计提长期借款 2024 年度利息。

时宏公司的相关账务处理如下。
（1）2023 年 12 月 31 日计提长期借款 2023 年度利息时编制的会计分录
　借：在建工程——安装设备　　　　　　　　　　　　　　　504 000
　　　贷：长期借款——工商银行海口南沙支行（应计利息）　　　　504 000
（2）支付设备安装费时编制的会计分录
　借：在建工程——安装设备　　　　　　　　　　　　　　　100 000
　　　应交税费——应交增值税（进项税额）　　　　　　　　　　6 000
　　　贷：银行存款——工商银行海口南沙支行　　　　　　　　106 000
（3）设备安装完毕达到预定可使用状态时编制的会计分录
　借：固定资产——安装设备　　　　　　　　　　　　　　6 974 000
　　　贷：在建工程——安装设备　　　　　　　　　　　　　6 974 000
（4）2024 年 12 月 31 日计提长期借款 2024 年度利息时编制的会计分录
　借：财务费用——利息支出　　　　　　　　　　　　　　　504 000
　　　贷：长期借款——工商银行海口南沙支行（应计利息）　　　　504 000

三、归还长期借款的核算

① 企业归还分期付息到期还本的长期借款时，应按归还的本金，借记"长期借款——本金"账户，贷记"银行存款"账户；按归还的利息，借记"应付利息""财务费用""在建工程""制造费用"等账户，贷记"银行存款"账户。

② 企业归还到期一次还本付息的长期借款时，应按归还的本金，借记"长期借款——本金"账户，按已经计提的利息，借记"长期借款——应计利息"账户，按尚未计提的利息，借记"财务费用""在建工程""制造费用"等账户，贷记"银行存款"账户。

例 10-3 承例 10-2 和例 10-1，时宏公司计提长期借款 2025 年度的利息，该项长期借款于 2025 年 12 月 31 日到期，按时偿还该笔银行长期借款本息。

时宏公司的相关账务处理如下。
(1) 2025年12月31日计提长期借款2025年度利息时编制的会计分录
借：财务费用——利息支出　　　　　　　　　　　　　　504 000
　　贷：长期借款——工商银行海口南沙支行（应计利息）　　504 000
(2) 2025年12月31日支付长期借款本息时编制的会计分录
借：长期借款——工商银行海口南沙支行（本金）　　　　6 000 000
　　长期借款——工商银行海口南沙支行（应计利息）　　1 512 000
　　贷：银行存款——工商银行海口南沙支行　　　　　　　7 512 000

任务处理

任务处理　　任务小结

任务二　应付债券的核算

任务描述

时宏公司于2023年1月1日发行票面总值为5 000 000元的公司债券。购买方已通过银行办理债券款项支付手续，时宏公司已收妥发行债券款项。该债券票面利率为年利率8%，期限3年，面值发行，每季度末计提应付利息，到期一次还本付息。假定发行债券筹集的资金全部用于补充企业流动资金。请会计人员赵美嫒对该应付债券进行账务处理。

知识储备

一、应付债券的性质和种类

债券是指企业依照法定程序对外发行，约定在一定日期还本付息的有价证券。它是企业筹集长期使用资金的一种主要形式。企业通过发行债券取得资金是以将来履行归还购买债券者的本金和利息的义务作为保证的。

债券按不同的标准有多种分类，常见的分类有以下几种。
① 按发行方式，分为记名企业债券和无记名企业债券。
② 按有无担保，分为有担保企业债券和无担保企业债券。
③ 按偿还方式，分为定期偿还债券和分期偿还企业债券。

应付债券是指企业为筹集长期资金而发行的债券。企业应当设置企业债券备查簿，详细登记每一企业债券的票面金额、债券票面利率、还本付息期限与方式、发行总额、发行日期和编号、委托代销单位、转换股份等资料。企业债券到期清算时，应当在备查簿内逐笔注销。

二、应付债券发行的条件和发行方式

（一）公司债券的发行条件

发行公司债券，应当符合下列规定。

① 股份有限公司的净资产不低于人民币 3 000 万元，有限责任公司的净资产不低于人民币 6 000 万元。

② 本次发行后累计公司债券余额不超过最近一期末净资产额的 40%。金融类公司的累计公司债券余额按金融企业的有关规定计算。

③ 公司生产经营符合法律、行政法规和公司章程的规定，募集的资金投向符合国家产业政策。

④ 最近 3 个会计年度实现的年均可分配利润不少于公司债券一年的利息。

⑤ 债券的利率不超过国务院限定的利率水平。

⑥ 公司内部控制制度健全，完整性、合理性、有效性不存在重大缺陷。

⑦ 经资信评级机构评级，债券信用级别良好。

（二）公司债券的发行方式

企业债券发行价格一般取决于债券票面金额、债券票面利率、发行当时的市场利率，以及债券期限。

债券发行有面值发行、溢价发行和折价发行 3 种情况：企业债券按面值出售，称为面值发行；假设其他条件不变，债券的票面利率高于同期市场利率（实际利率）时，可按超过债券面值的价格发行，称为溢价发行；债券的票面利率低于同期市场利率（实际利率）时，可按低于债券面值的价格发行，称为折价发行。

（三）发行费用的处理

企业发行债券时，如果发行费用大于发行期间冻结资金所产生的利息收入，则按发行费用减去发行期间冻结资金所产生的利息收入后的差额（折价），根据发行债券所筹集资金的用途，按实际利率法摊销，增加财务费用或相关资产成本；如果发行费用小于发行期间冻结资金所产生的利息收入，则按发行期间冻结资金所产生的利息收入减去发行费用后的差额（溢价），根据发行债券所筹集资金的用途，按实际利率法摊销，冲减财务费用或相关资产成本。

业务核算

一、一般公司债券的核算

企业应当设置"应付债券"账户，并在该账户下设置"面值""利息调整""应计利息"等明细账户，核算应付债券的发行、利息计提、还本付息等情况。

（一）公司债券的发行

企业发行的一般公司债券，无论是按面值发行，还是溢价发行或折价发行，均按债券面值记入"应付债券——面值"账户，实际收到的款项和债券面值之间的差额，记入"应付债券——利息调整"明细账户。企业发行债券时，按实际收到的款项，借记"银行存款""库存现金"等账户，按债券票面价值，贷记"应付债券——面值"账户，按实际收到的款项和债券面值之间的差额，贷记或借记"应付债券——利息调整"账户。

发行债券按面值发行，对于分期付息到期还本的应付债券，按合同利率计算确定的应付未付利息，记入"应付利息"账户，按发行债券资金的用途，借记"在建工程""制造费用""财务费用""研发支出"等账户，贷记"应付利息"账户；对于到期一次还本付息的应付债券，按合同利率计算的应付未付利息，记入"应付债券——应计利息"账户，按发行债券资金的用途，借记"在建工程""制造费用""财务费用""研发支出"等账户，贷记"长期借款——应计利息"

账户。

例 10-4 经批准，时宏公司于 2023 年 1 月 1 日发行票面总值为 1 000 000 元的公司债券。购买方已通过银行办理债券款项支付手续，时宏公司已收妥发行债券款项。该债券票面利率为年利率 8%，期限 3 年，面值发行；每季度末计提应付利息，每年付息一次，到期一次偿还本金。假定发行债券筹集的资金全部用于补充企业流动资金。

时宏公司的相关账务处理如下。

（1）2023 年 1 月 1 日发行债券时编制的会计分录

借：银行存款——工商银行海口南沙支行　　1 000 000
　　贷：应付债券——面值　　　　　　　　　　　　1 000 000

（2）每季度末计提利息时编制的会计分录

借：财务费用——利息支出　　　　　　　　　20 000
　　贷：应付利息——购买方　　　　　　　　　　　20 000

（3）2023 年年末和 2024 年年末支付利息时编制的会计分录

借：应付利息——购买方　　　　　　　　　　80 000
　　贷：银行存款——工商银行海口南沙支行　　　　80 000

（4）2025 年年末还本付息时编制的会计分录

借：应付利息——购买方　　　　　　　　　　80 000
　　应付债券——面值　　　　　　　　　　1 000 000
　　贷：银行存款——工商银行海口南沙支行　　　 1 080 000

（二）利息调整的摊销

债券的溢价或折价通过"应付债券——利息调整"账户反映，应在债券存续期间采用实际利率法进行摊销。实际利率法是按照应付债券的实际利率及其摊余成本计算各期实际利息费用的方法。

① 在资产负债表日，对于分期付息到期还本的应付债券，企业应按期初应付债券摊余成本和实际利率计算确定的债券实际利息费用，借记"在建工程""制造费用""财务费用"等账户，按应付债券票面金额和票面利率计算确定的应付未付利息，贷记"应付利息"账户；按其差额，借记或贷记"应付债券——利息调整"账户。

知识拓展：实际利率

② 资产负债表日，对于到期一次还本付息的应付债券，企业应按期初应付债券摊余成本和实际利率计算确定的债券实际利息费用，借记"在建工程""制造费用""财务费用"等账户，按应付债券票面金额和票面利率计算确定的应付未付利息，贷记"应付债券——应计利息"账户；按其差额，借记或贷记"应付债券——利息调整"账户。

例 10-5 经批准，时宏公司于 2023 年 1 月 1 日发行票面总值为 1 000 000 元的公司债券。购买方已通过银行办理债券款项支付手续，时宏公司已收妥发行债券款项。该债券票面利率为年利率 6%，债券发行时的市场利率为年利率 5%，期限 5 年，溢价发行；每年年末计提应付利息，债券利息在每年 12 月 31 日支付，到期一次偿还本金。假定发行债券筹集的资金全部用于补充企业流动资金。

时宏公司发行该债券的实际发行价格总额 = 1 000 000 × 0.783 5（复利现值系数）+ 1 000 000 × 6% × 4.329 5（年金现值系数）= 1 043 270（元）

时宏公司根据上述资料，以实际利率和摊余成本计算实际利息费用如表 10-1 所示。

表 10-1　实际利息费用

元

付息日期	支付利息	实际利息费用	利息调整的摊销	应付债券摊余成本
2023 年 01 月 01 日				1 043 270.00
2023 年 12 月 31 日	60 000	52 163.50	7 836.50	1 035 433.50
2024 年 12 月 31 日	60 000	51 771.68	8 228.32	1 027 205.18
2025 年 12 月 31 日	60 000	51 360.26	8 639.74	1 018 565.44
2026 年 12 月 31 日	60 000	50 928.27	9 071.73	1 009 493.71
2027 年 12 月 31 日	60 000	50 506.29*	9 493.71	1 000 000.00

*尾数调整

根据表 10-1 所示的资料，时宏公司的账务处理如下。

（1）2023 年 1 月 1 日发行债券时编制的会计分录如下。

借：银行存款——工商银行海口南沙支行　　　　　1 043 270
　　贷：应付债券——面值　　　　　　　　　　　　　　1 000 000
　　　　应付债券——利息调整　　　　　　　　　　　　　　43 270

（2）2023 年 12 月 31 日计算实际利息费用并支付本期利息时编制的会计分录

借：财务费用——利息支出　　　　　　　　　　52 163.50
　　应付债券——利息调整　　　　　　　　　　　7 836.50
　　贷：应付利息——购买方　　　　　　　　　　　　60 000
借：应付利息——购买方　　　　　　　　　　　60 000
　　贷：银行存款——工商银行海口南沙支行　　　　　60 000

（3）2024 年 12 月 31 日计算实际利息费用并支付本期利息时编制的会计分录

借：财务费用——利息支出　　　　　　　　　　51 771.68
　　应付债券——利息调整　　　　　　　　　　　8 228.32
　　贷：应付利息——购买方　　　　　　　　　　　　60 000
借：应付利息——购买方　　　　　　　　　　　60 000
　　贷：银行存款——工商银行海口南沙支行　　　　　60 000

（4）2025 年 12 月 31 日计算实际利息费用并支付本期利息时编制的会计分录

借：财务费用——利息支出　　　　　　　　　　51 360.26
　　应付债券——利息调整　　　　　　　　　　　8 639.74
　　贷：应付利息——购买方　　　　　　　　　　　　60 000
借：应付利息——购买方　　　　　　　　　　　60 000
　　贷：银行存款——工商银行海口南沙支行　　　　　60 000

（5）2026 年 12 月 31 日计算实际利息费用并支付本期利息时编制的会计分录

借：财务费用——利息支出　　　　　　　　　　50 928.27
　　应付债券——利息调整　　　　　　　　　　　9 071.73
　　贷：应付利息——购买方　　　　　　　　　　　　60 000
借：应付利息——购买方　　　　　　　　　　　60 000
　　贷：银行存款——工商银行海口南沙支行　　　　　60 000

（三）债券的偿还

① 债券到期，对于分期付息到期还本的应付债券，企业应按债券到期支付债券本金，借记"应

付债券——面值"账户，按已计提的利息，借记"应付利息"账户，按尚未计提的利息，借记"财务费用""制造费用""在建工程"等账户，按支付的债券本金和利息，贷记"银行存款"账户。

② 债券到期，对于到期一次还本付息的应付债券，企业应按债券到期支付债券本金，借记"应付债券——面值"账户，按已计提的利息，借记"应付债券——应计利息"账户，按尚未计提的利息，借记"财务费用""制造费用""在建工程"等账户，按支付的债券本金和利息，贷记"银行存款"账户。

例 10-6 承例 10-5，时宏公司发行的债券于 2027 年 12 月 31 日到期。该公司计算最后一年的实际利息费用，并通过银行偿还该债券本金及最后一年利息。

根据表 10-1 所示的资料，时宏公司的账务处理如下。

（1）2027 年 12 月 31 日计算实际利息费用时编制的会计分录

借：财务费用——利息支出　　　　　　　　　　　　　　　50 506.29
　　应付债券——利息调整　　　　　　　　　　　　　　　　9 493.71
　　贷：应付利息——购买方　　　　　　　　　　　　　　　　　60 000

2027 年 12 月 31 日"应付债券——利息调整"账户的摊销金额＝43 270－（7 836.50+8 228.32+8 639.74+9 071.73）＝9 493.71（元）

2027 年 12 月 31 日实际利息费用＝60 000－9 493.71＝50 506.29（元）≠50 474.69（期初摊余成本 1 009 493.71×实际利率 5%）（元）

（2）2027 年 12 月 31 日支付本金和利息时编制的会计分录

借：应付利息——购买方　　　　　　　　　　　　　　　　　60 000
　　应付债券——面值　　　　　　　　　　　　　　　　　1 000 000
　　贷：银行存款——工商银行海口南沙支行　　　　　　　 1 060 000

二、可转换公司债券的核算

我国发行可转换公司债券采用记名式无纸化发行方式，债券最短期限为 3 年，最长期限为 5 年。企业发行的可转换公司债券在"应付债券"账户下设置"可转换公司债券"明细账户核算。

企业发行的可转换公司债券，应当在初始确认时将其包含的负债成分和权益成分进行分拆，将负债成分确认为应付债券，将权益成分确认为其他权益工具。在进行分拆时，应当先对负债成分的未来现金流量进行折现，确定负债成分的初始确认金额，再按发行价格总额扣除负债成分初始确认金额后的金额，确定权益成分的初始确认金额。发行可转换公司债券发生的交易费用，应当在负债成分和权益成分之间按照各自的相对公允价值进行分摊。

企业发行的可转换公司债券，应按实际收到的金额，借记"银行存款"等账户，按该项可转换公司债券包含的负债成分的面值，贷记"应付债券——可转换公司债券（面值）"账户，按权益成分的公允价值，贷记"其他权益工具——可转换公司债券"账户；按其差额，借记或贷记"应付债券——可转换公司债券（利息调整）"账户。

对于可转换公司债券的负债成分，在转换为股份前，其账务处理与一般公司债券的账务处理相同，即按照实际利率和可转换公司债券摊余成本计算确认实际利息费用，借记"财务费用""在建工程"等账户，按照其面值和票面利率确认应付未付利息，贷记"应付利息""应付债券——可转换公司债券（应计利息）"等账户；差额作为利息调整进行摊销，贷记或借记"应付债券——可转换公司债券（利息调整）"账户。

可转换公司债券持有者在债券存续期间行使转换权利，将可转换公司债券转换为股份时，对于债券面额不足转换一股股份的部分，企业应当以现金偿还。

项目十　非流动负债

可转换公司债券持有人行使转换权利，将其持有的债券转换为股票，按可转换公司债券的余额，借记"应付债券——可转换公司债券（面值、利息调整）"账户，按其权益成分的金额，借记"其他权益工具——可转换公司债券"账户，按股票面值和转换的股数计算的股票面值总额，贷记"股本"账户；按其差额，贷记"资本公积——股本溢价"账户。如果用现金支付不可转换股票的部分，则还应贷记"银行存款"等账户。

例 10-7　时宏公司经批准，于 2023 年 1 月 1 日按面值发行 5 年期一次还本分期付息的可转换公司债券 200 000 000 元，款项已收存银行。债券票面年利率为 6%，利息按年支付。债券发行一年后可转换为普通股股票。初始转股价为每股 10 元，股票面值为每股 1 元。

2024 年 1 月 1 日，债券持有人（购买方）将持有的可转换公司债券全部转换为普通股股票（假定按当日可转换公司债券的账面价值计算转股数）。时宏公司发行可转换公司债券时二级市场上与之类似的没有转换权的债券市场利率为 9%。

时宏公司的账务处理如下。

（1）2023 年 1 月 1 日，发行可转换公司债券时编制的会计分录

借：银行存款——工商银行海口南沙支行　　　　200 000 000
　　应付债券——可转换公司债券（利息调整）　　23 343 600
　　贷：应付债券——可转换公司债券（面值）　　　　200 000 000
　　　　其他权益工具——可转换公司债券　　　　　　23 343 600

可转换公司债券负债成分的公允价值 = 200 000 000 × 0.649 9（复利现值系数）+ 200 000 000 × 6% × 3.889 7（年金现值系数）= 176 656 400（元）

（2）2023 年 12 月 31 日，计算实际利息费用时编制的会计分录

借：财务费用——利息支出　　　　　　　　　　15 899 076
　　贷：应付利息——购买方　　　　　　　　　　　12 000 000
　　　　应付债券——可转换公司债券（利息调整）　　3 899 076

本年实际利息费用 = 176 656 400 × 9% = 15 899 076（元）

（3）2024 年 1 月 1 日，债券持有人行使转换权，可转换公司债券可转换股数 =（176 656 400 + 12 000 000 + 3 899 076）÷ 10 = 19 255 547.6（股）

不足 1 股的部分支付现金 0.60 元，编制的会计分录如下。

借：应付债券——可转换公司债券（面值）　　　　200 000 000
　　应付利息——购买方　　　　　　　　　　　　 12 000 000
　　其他权益工具——可转换公司债券　　　　　　 23 343 600
　　贷：股本　　　　　　　　　　　　　　　　　　　19 255 547
　　　　应付债券——可转换公司债券（利息调整）　　19 444 524
　　　　资本公积——股本溢价　　　　　　　　　　 196 643 528.40
　　　　库存现金　　　　　　　　　　　　　　　　　　　　0.60

任务处理

任务三　长期应付款的核算

📖 任务描述

时宏公司于 2023 年 6 月 12 日从国外益顺公司引进 M 生产设备的价款折算计账人民币 200 000 元。时宏公司于 2023 年 11 月 28 日用该设备生产的 A 产品归还设备价款。该批 A 产品售价为 200 000 元，请会计人员赵美媛对该长期应付款进行账务处理。

📖 知识储备

长期应付款是指企业除长期借款和应付债券以外的其他各种长期应付款项，包括应付融资方式租入固定资产的租赁费、以分期付款方式购入固定资产发生的应付款项、采用补偿贸易方式引进国外设备发生的应付款项等。

长期应付款属于非流动负债，除具有长期负债的负债数额大、偿还期限长等一般特点外，还具有以下两个特点。

① 具有分期付款性质。
② 长期应付款的计价经常涉及外币与本位币（人民币）比价的变动。

📖 业务核算

为了总括地核算长期应付款的发生和归还情况，企业应设置"长期应付款"账户。该账户属于负债类账户，贷方登记发生的长期应付款，借方登记归还的长期应付款；贷方余额表示企业尚未支付的各种长期应付款。该账户按长期应付款的种类设置"分期付款方式购入固定资产应付款""应付融资租入固定资产的租赁费"等明细账户进行分类核算。

一、企业融资租赁方式租入的固定资产

企业融资租赁方式租入的固定资产，在租赁期开始日，将租赁开始日租赁固定资产公允价值和最低租赁付款额的现值两者中较低者加上初始直接费用，作为租入固定资产的入账价值，借记"固定资产"等账户，按最低租赁付款额，贷记"长期应付款"账户，按发生的初始直接费用，贷记"银行存款"等账户；按其差额，借记"未确认融资费用"账户。按期支付的租金，借记"长期应付款"账户，贷记"银行存款"等账户。

知识拓展：计算最低租赁付款额的现值

二、具有融资性质的延期付款购买资产

企业购买资产有可能延期支付有关价款。如果延期支付的购买价款超过正常信用条件，则实质上具有融资性质，所购资产的成本应当以延期支付购买价款的现值为基础确定。实际支付的价款和购买价款的现值之间的差额，应当在信用期间采用实际利率法进行摊销，计入相关资产成本或当期损益。

企业购入资产超过正常信用条件延期付款，实质上具有融资性质时，应按购买价款的现值，借记"固定资产""在建工程""无形资产"等账户，按应支付的价款总额，贷记"长期应付款"账户；按其差额，借记"未确认融资费用"账户。实际支付价款时，借记"长期应付款"账户，贷记"银行存款"账户。分摊未确认融资费用时，借记"财务费用"账户，贷记"未确认融资

费用"账户。

例 10-8 时宏公司 2024 年 1 月 1 日从乙公司购入 G 生产设备作为固定资产使用。该生产设备已收到，不需安装。购货合同约定，G 生产设备的总价款为 2 000 万元，分 3 年支付：2024 年 12 月 31 日支付 1 000 万元；2025 年 12 月 31 日支付 600 万元；2026 年 12 月 31 日支付 400 万元。假定时宏公司 3 年期银行借款年利率为 6%。

时宏公司的相关账务处理如下。（本例中的金额单位为万元）

（1）2024 年 1 月 1 日，确定固定资产入账价值

固定资产入账价值 = $1\,000 \div (1+6\%) + 600 \div (1+6\%)^2 + 400 \div (1+6\%)^3 = 1\,813.24$（万元）

长期应付款入账价值 = 2 000（万元）

未确认融资费用 = 2 000 − 1 813.24 = 186.76（万元）

编制会计分录如下。

借：固定资产——G 生产设备　　　　　　　　1 813.24
　　未确认融资费用　　　　　　　　　　　　　186.76
　　贷：长期应付款——乙公司　　　　　　　　　　　2 000

（2）2024 年 12 月 31 日，确定未确认融资费用摊销并支付价款

未确认融资费用摊销金额 = 1 813.24 × 6% = 108.79（万元）

编制会计分录如下。

借：财务费用——利息支出　　　　　　　　　108.79
　　贷：未确认融资费用　　　　　　　　　　　　108.79
借：长期应付款——乙公司　　　　　　　　1 000
　　贷：银行存款——工商银行海口南沙支行　　1 000

（3）2025 年 12 月 31 日，确定未确认融资费用摊销金额并支付价款

未确认融资费用摊销金额 = [(2 000 − 1 000) − (186.76 − 108.79)] × 6% = 55.32（万元）

编制会计分录如下。

借：财务费用——利息支出　　　　　　　　　55.32
　　贷：未确认融资费用　　　　　　　　　　　　55.32
借：长期应付款——乙公司　　　　　　　　　600
　　贷：银行存款——工商银行海口南沙支行　　　600

（4）2026 年 12 月 31 日，确定未确认融资费用摊销金额并支付价款

未确认融资费用摊销金额 = (186.76 − 108.79 − 55.32) = 22.65（万元）

编制会计分录如下。

借：财务费用——利息支出　　　　　　　　　22.65
　　贷：未确认融资费用　　　　　　　　　　　　22.65
借：长期应付款——乙公司　　　　　　　　　400
　　贷：银行存款——工商银行海口南沙支行　　　400

经过以上处理未确认融资费用的分摊情况如表 10-2 所示。

表 10-2　未确认融资费用的分摊情况

万元

日　期	分期付款额 (1)	确认的融资费用 (2) = 期初 (4) × 6%	应付本金减少额 (3) = (1) − (2)	应付本金余额 期末 (4) = 期初 (4) − (3)
2024 年 1 月 1 日				1 813.24

(续表)

日　期	分期付款额	确认的融资费用	应付本金减少额	应付本金余额
	（1）	（2）=期初（4）×6%	（3）=（1）-（2）	期末（4）=期初（4）-（3）
2024 年 12 月 31 日	1 000	108.79	891.21	922.03
2025 年 12 月 31 日	600	55.32	544.68	377.35
2026 年 12 月 31 日	400	22.65	377.35	0

三、应付补偿贸易引进设备款

补偿贸易是一种以信贷为基础的贸易方式，即根据贸易双方的协定，卖方向买方提供机器设备或专用技术，买方在投入生产后，以一定数量的产品或其他双方商定的商品分期计价偿还。最常见的偿还方式是直接用引进设备生产的产品偿还。

企业采用补偿贸易方式引进国外设备时，应按设备、工具、零配件等的价款及国外运杂费的外币金额和规定的汇率折算为人民币记账，借记"在建工程""工程物资"等账户，贷记"长期应付款——应付补偿贸易引进设备款"账户。

企业支付引进设备的进口关税、国内运杂费和安装费等，借记"在建工程"等账户，贷记"银行存款"等账户。

按补偿贸易方式引进的国外设备交付使用时，按确定的全部成本，借记"固定资产"账户，贷记"在建工程"账户。

企业用引进设备生产的产品销售款归还引进设备款时，借记"长期应付款"账户，贷记"应收账款"等账户。

例 10-9　时宏公司于 2023 年 6 月 12 日从国外丙公司引进 R 生产设备的价款折算计账人民币 500 000 元。该公司于 2023 年 11 月 28 日用该设备生产的 H 产品归还设备价款。第 1 批 H 产品售价为 400 000 元，销售成本为 300 000 元。

时宏公司的相关账务处理如下。

（1）引进设备时编制的会计分录

借：固定资产——R 生产设备　　　　　　　　　　　　　500 000
　　贷：长期应付款——丙公司（补偿贸易引进设备应付款）　　500 000

（2）产品销售实现及结转成本（不考虑交流转税）时编制的会计分录

借：应收账款——丙公司　　　　　　　　　　　　　　　400 000
　　贷：主营业务收入——H 产品　　　　　　　　　　　　400 000

借：主营业务成本——H 产品　　　　　　　　　　　　　300 000
　　贷：库存商品——H 产品　　　　　　　　　　　　　　300 000

（3）用第 1 批产品的价款偿还设备价款时编制的会计分录

借：长期应付款——丙公司（补偿贸易引进设备应付款）　　400 000
　　贷：应收账款——丙公司　　　　　　　　　　　　　　400 000

任务处理

任务处理　　　　任务小结

任务四　借款费用的核算

任务描述

时宏公司为扩建厂房从银行借入一笔专门借款,生产经营需要从银行借入一笔一般借款。请会计人员赵美媛对这两项借款产生的借款费用种类进行判断,并对两项借款费用中利息费用的计算过程和原理进行剖析。

知识储备

一、借款费用的概念和内容

借款费用是指企业因借入资金所付出的代价,包括借款利息、折价或溢价的摊销、辅助费用及因外币借款而发生的汇兑差额等。

① 因借款而发生的利息。它包括企业从银行或其他金融机构等借入资金发生的利息、发行公司债券或企业债券发生的利息,以及为购建或生产符合资本化条件的资产而发生的带息债务所承担的利息等。

② 因借款而发生的折价或溢价的摊销。因借款而发生的折价或溢价主要是指发行债券中发生的折价或溢价。发行债券中的折价或溢价,其实质是对债券票面利息的调整,即将债券票面利率调整为实际利率。它属于借款费用范畴。

③ 因借款而发生的辅助费用。这是指企业在借款过程中发生的诸如手续费、佣金等费用。由于这些费用是因安排借款而发生的,也属于借入资金所付出的代价,因此是借款费用的构成部分。

④ 因外币借款而发生的汇兑差额。这是指由于汇率变动导致市场汇率与账面汇率出现差异,因此对外币借款本金及其利息的记账本位币金额产生影响的金额。它是企业借入外币借款承担的代价和风险。

二、借款费用的确认原则

企业发生的借款费用,可直接归属于符合资本化条件的资产的购建或生产的,应当予以资本化,计入符合资本化条件的资产成本。其他借款费用,应当在发生时根据发生额确认为财务费用,计入当期损益。

符合资本化条件的资产是指需要经过相当长时间的购建或生产活动才能达到预定可使用或可销售状态的固定资产、投资性房地产和存货等资产。

符合借款费用资本化条件的存货主要包括房地产开发企业开发的用于对外出售的房地产开发产品、企业制造的用于对外出售的大型机器设备等。这类存货通常需要经过相当长时间的建造或生产过程,才能达到预定可销售状态。其中,相当长时间是指资产的购建或生产所必需的时间,通常为一年以上(含一年)。企业购入即可使用的资产,或者购入后需要安装但所需安装时间较短的资产,或者需要建造或生产但所需建造或生产时间较短的资产,均不属于符合资本化条件的资产。

不是用于购建或生产符合资本化条件的资产所发生的借款费用，属于筹建期间发生的，作为开办费处理；属于正常经营过程中发生的，作为财务费用计入当期损益。

三、借款费用应予资本化的借款范围

借款费用应予资本化的借款范围既包括专门借款，也包括一般借款。

① 专门借款是指为购建或生产符合资本化条件的资产而专门借入的款项。专门借款应当有明确的专门用途，通常应当有标明专门用途的借款合同。为购建或生产符合资本化条件的资产而发生的专门借款，在资产达到预定可使用或可销售状态之前发生的借款费用，应予以资本化，计入所购建或生产的资产成本；在资产达到预定可使用或可销售状态后发生的借款费用，应当计入当期损益。

② 一般借款是指除专门借款之外的借款，一般借款在借入时通常没有特指必须用于符合资本化条件的资产的购建或生产。对于一般借款，只有在购建或生产符合资本化条件的资产占用了一般借款时，才应将与一般借款相关的借款费用资本化，否则发生的借款费用应当计入当期损益。

四、借款费用资本化期间的确定

借款费用资本化的期间是指从借款费用开始资本化时点到停止资本化时点的期间，但借款费用暂停资本化的期间不包括在内。它包括3个时间的确定，即借款费用开始资本化时点、借款费用暂停资本化的时间和借款费用停止资本化时点的确定。只有发生在资本化期间的借款费用，才允许资本化。

（一）借款费用开始资本化时点的确定

企业发生的借款费用，可直接归属于符合资本化条件的资产的购建或生产的，应当予以资本化，计入符合资本化条件的资产成本。借款费用只有同时满足以下3个条件，才能开始资本化。

① 资产支出已经发生。资产支出只包括为购建或生产符合资本化条件的资产而以支付现金、转移非现金资产或承担带息债务形式发生的支出。

② 借款费用已经发生。这是指专门借款已经到位，或者专门借款资金虽未到位，但企业占用一般借款进行资产的购建或生产。这两种情况都会发生相应的借款费用。

③ 为使资产达到预定可使用或可销售状态必要的购建或生产活动已经开始。这主要是指资产的实体建造或生产工作已经开始，如厂房的实际开工建造、主体设备的安装等，不包括仅仅持有资产但没有发生为改变资产形态而进行建造或生产活动的情况，如只购置了建筑用地但未开工兴建房屋、建造一艘大型轮船但只购入了原材料尚未开始加工等。

（二）借款费用暂停资本化的时间的确定

符合资本化条件的资产在购建或生产过程中发生非正常中断，且中断时间连续超过3个月，应当暂停借款费用的资本化。非正常中断通常是由于企业管理决策上的原因或其他不可预见的原因等导致的中断。在非正常中断期间发生的借款费用应当计入当期损益，直至购建或生产活动重新开始。如果中断是使购建或生产的符合资本化条件的资产达到预定可使用或可销售状态必要的程序，或者事先可预见的不可抗力因素导致的中断，如某些地区的工程在建造过程中由于可预见的不可抗力因素（如雨季或冰冻季节等原因）导致施工出现停顿，则属于正常中断。正常中断期间所发生的借款费用应当继续资本化。

（三）借款费用停止资本化时点的确定

购建或生产符合资本化条件的资产达到预定可使用或可销售状态时，借款费用应当停止资本化。在符合资本化条件的资产达到预定可使用或可销售状态之后所发生的借款费用，应当在发生时根据其发生额确认为费用，计入当期损益。

资产达到预定可使用或可销售状态，是指所购建或生产的符合资本化条件的资产已经达到建造方、购买方或企业自身等预先设计、计划或合同约定的可使用，或者可以销售的状态。企业在确定借款费用停止资本化的时点时需要运用职业判断，应当遵循实质重于形式的原则。

知识拓展：达到预定可使用或可销售状态时点的判断方法

业务核算

企业每期应予资本化的借款费用金额，包括当期应资本化的利息、借款折价或溢价的摊销、辅助费用和外币汇兑差额。

一、借款利息（包括折价或溢价的摊销）资本化金额的确定

在借款费用资本化期间内，每一期间的利息（包括折价或溢价的摊销）资本化金额，应当按照下列方法确定。

① 为购建或生产符合资本化条件的资产而借入专门借款的情况下，应当以专门借款当期实际发生的利息费用减去将尚未动用的借款资金存入银行取得的利息收入或进行暂时性投资取得的投资收益后的金额确定。

② 为购建或生产符合资本化条件的资产而占用了一般借款的情况下，企业应当根据累计资产支出超过专门借款部分的资产支出加权平均数乘以所占用一般借款的资本化率，计算确定一般借款应予资本化的利息金额。资本化率应当根据一般借款加权平均利率计算确定。

$$\text{一般借款利息费用资本化金额} = \text{累计资产支出超过专门借款部分的资产支出加权平均数} \times \text{所占用一般借款的资本化率}$$

$$\text{所占用一般借款的资本化率} = \text{所占用一般借款当期实际发生的利息之和} \div \text{所占用一般借款本金加权平均数}$$

$$\text{所占用一般借款本金加权平均数} = \sum \text{所占用每笔一般借款本金} \times \text{每笔一般借款在当期所占用的天数} \div \text{当期天数}$$

③ 借款存在折价或溢价的情况下，应当按照实际利率法确定每一期间应摊销的折价或溢价金额，调整每期利息金额。在资本化期间，每一期间的利息资本化金额，不应当超过当期相关借款实际发生的利息金额。

二、借款辅助费用资本化金额的确定

专门借款发生的辅助费用，在购建或生产的符合资本化条件的资产达到预定可使用或可销售状态之前发生的情况下，应当在发生时根据发生额予以资本化，计入符合资本化条件的资产的成本；在购建或生产的符合资本化条件的资产达到预定可使用或可销售状态之后发生的情况下，应当在发生时根据发生额确认为费用，计入当期损益。上述资本化或计入当期损益的辅助费用的发生额，可按照实际利率法所确定的金融负债交易费用对每期利息费用的调整额确定。借款实际利率与合同利率差异较小的，也可以采用合同利率计算确定利息费用。一般借款发生的辅助费用，也应当按照上述原则确定其发生额。考虑到借款辅助费用与金融负债交易费用是一致的，其账务处理相同。

三、外币专门借款汇兑差额资本化金额的确定

在资本化期间内,外币专门借款本金及利息的汇兑差额应当予以资本化,计入符合资本化条件的资产的成本。除外币专门借款之外的其他外币借款本金及其利息所产生的汇兑差额,应当作为财务费用计入当期损益。

任务处理与项目练习

任务处理　　　任务小结　　　项目练习　　　参考答案

项目十一 所有者权益

学习目标

知识目标

- 理解所有者权益的概念、特征、确认条件和分类。
- 掌握实收资本的概念及其账务处理。
- 掌握资本公积和盈余公积的概念、内容及账务处理。
- 掌握未分配利润的概念及账务处理。

能力目标

- 能够对实收资本进行账务处理。
- 能够核算资本公积和盈余公积。
- 能够正确核算期末未分配利润。

素质目标

- 培养学生遵纪守法、一丝不苟的工作态度。
- 树立学生爱国敬业、诚信友善的社会主义核心价值观。

任务一 实收资本的核算

任务描述

甲、乙、丙 3 家公司拟共同出资人民币 6 000 万元注册成立时宏公司：甲公司出资人民币 3 000 万元；乙、丙两家公司尚未出资。请会计人员赵美媛对该实收资本进行账务处理。

知识储备

所有者权益是指企业资产扣除负债后所有者享有的剩余权益。对于公司来说，所有者权益又称为股东权益。所有者权益的来源包括所有者投入的资本、直接计入所有者权益的利得和损失、留存收益等。为了反映所有者权益的来源，便于投资者和其他报表使用者了解企业所有者权益来源及变动情况，应将所有者权益分为实收资本（股本）、其他权益工具、其他综合收益、专项储备、资本公积、盈余公积和未分配利润等，并在资产负债表上单列项目予以反映。

实收资本是指投资者按照企业章程或合同、协议的约定，实际投入企业的资本。所有者向企业投入的资本在一般情况下无须偿还，并可以长期周转使用。我国有关规定要求企业的实收资本与注册资本必须一致。企业收到投资者投入企业的资本时，必须聘请注册会计师进行验资并由其出具验资报告。投资者向企业投入的资本在企业持续经营期内，除依法转让外，不得以任何形式抽回。

投资者可以采用货币资金、固定资产、材料物资等多种形式出资，符合国家规定比例时还可以以无形资产的方式出资。不论以何种方式出资，如果投资者在投资过程中违反投资合约，不按规定如期缴付出资额或不如期缴足规定的出资额，则企业可以依法追究投资者的违约责任。

企业可以采用不同方式筹集资金，既可以一次缴足，也可以分次缴足。采用分次缴足时，最后一次投入企业的资本必须在营业执照签发之日起6个月内缴足。因此，在某一特定的期间内，企业的实收资本可能小于其注册资本的数额。

业务核算

一、一般企业实收资本的核算

实收资本是投资者按照企业章程、合同或协议的约定实际投入企业的资本。企业应设置"实收资本"账户，核算企业实际收到投资人投入资本的增减变动状况。

（一）投资者用现金出资

投资者以现金投入的资本应以实际收到或存入企业开户银行的金额作为实收资本入账。接受现金资产投资时，应以实际收到的金额，借记"银行存款"等账户，按投资合同或协议约定额投资者在注册资本中所占份额的部分，贷记"实收资本"账户，按企业实际收到金额超过投资者在企业注册资本中所占份额的差额，贷记"资本公积——资本溢价"账户。

例 11-1 时宏公司由甲、乙、丙3家公司共同投资设立，注册资本为6 000万元。甲、乙、丙3家公司投入的资本分别为3 000万元、1 200万元和1 800万元。

时宏公司应编制的会计分录如下。

借：银行存款——工商银行海口南沙支行　　　60 000 000
　　贷：实收资本——甲公司　　　　　　　　　　30 000 000
　　　　实收资本——乙公司　　　　　　　　　　12 000 000
　　　　实收资本——丙公司　　　　　　　　　　18 000 000

例 11-2 时宏公司注册资本为6 000万元，现有丁公司出资现金2 000万元，使得时宏公司的注册资本增加到8 000万元，其中丁公司占时宏公司注册资本的比例为20%。

时宏公司应编制的会计分录如下。

借：银行存款——工商银行海口南沙支行　　　20 000 000
　　贷：实收资本——丁公司　　　　　　　　　　16 000 000
　　　　资本公积——资本溢价　　　　　　　　　　4 000 000

（二）投资者用非现金出资

企业接受原材料、固定资产、无形资产等非现金资产投资时，应按投资合同或协议约定的价值（不公允的除外）作为原材料、固定资产、无形资产的入账价值；投资者按投资合同或协议约定在企业注册资本或股本中所占份额的部分作为实收资本的入账价值，投资合同或协议约定的价值（不公允的除外）超过投资者在企业注册资本中所占的份额的部分，计入资本公积。

接受原材料投资时，增值税专用发票上注明的增值税可以抵扣。接受固定资产投资时，如果固定资产属于与生产经营有关的设备、工具、器具等，则其增值税可凭增值税专用发票、海关进口增值税专用缴款书和运输费用结算单据等进行抵扣。

例 11-3 时宏公司在设立时收到 M 公司作为资本投入的甲材料一批，经约定时宏公司接受 M 公司投入的资本为 226 000 元。投资合同约定这批甲材料合同约定的价值为 200 000 元，与公允价值相符。取得的增值税专用发票上注明的价款为 200 000 元、增值税税率为 13%、增值税税额为 26 000 元，价税合计 226 000 元。

时宏公司应编制的会计分录如下。

借：原材料——甲材料　　　　　　　　　　　　　　　　　200 000
　　应交税费——应交增值税（进项税额）　　　　　　　　 26 000
　　贷：实收资本——M公司　　　　　　　　　　　　　　 226 000

（三）企业增加资本的核算

一般企业增加资本的主要途径：接受投资者追加投资、资本公积转增资本和盈余公积转增资本。

① 企业按规定接受投资者额外追加投入实现增资时，应按投资合同或协议约定的价值（不公允的除外）作为投入资产的入账价值，借记"银行存款"等账户，按投资合同或协议约定在企业注册资本或股本中所占份额的部分作为实收资本的入账价值，贷记"实收资本"账户；按两者之间的差额，贷记"资本公积——资本溢价"账户。

② 企业采用资本公积转增资本时，应按照转增的金额，借记"资本公积"账户，贷记"实收资本"账户。

③ 企业采用盈余公积转增资本时，应按照转增的金额，借记"盈余公积"账户，贷记"实收资本"账户。

例 11-4 海龙公司的股东大会或类似权力机构决定，拟将本公司的累计其他资本公积 2 000 000 元转增资本。海龙公司原有两个股东，即股东 A 公司和股东 B 公司，股东 A 公司在海龙公司的出资比例为 60%，股东 B 公司在海龙公司的出资比例为 40%。已按股东的出资比例办妥增资手续。

海龙公司应编制的会计分录如下。

借：资本公积——其他资本公积　　　　　　　　　　　　2 000 000
　　贷：实收资本——股东A公司　　　　　　　　　　　　1 200 000
　　　　实收资本——股东B公司　　　　　　　　　　　　　800 000

（四）企业减少资本的核算

企业实收资本减少的原因大体有两种：一是资本过剩；二是企业发生重大损失。有限责任公司和一般企业减资返还，按照法定程序报经批准减少，按减少的注册资本金额，借记"实收资本"账户，贷记"银行存款"等账户。

二、股份有限公司股本的核算

（一）发行股票

股份有限公司用发行股票方式筹集的股本应设置"股本"账户核算。公司发行的股票，在收到现金等资产时，按实际收到的金额，借记"银行存款"等账户，按股票面值和核定的股份总额的乘积计算的金额，贷记"股本"账户；按其差额，贷记"资本公积——股本溢价"账户。

我国有关法律规定，股份有限公司发行股票时，既可以按面值发行，也可以溢价发行——公司发行股票收入大于股本总额，但不允许折价发行。股份有限公司应按照每股实际发行价格与实际发行的股数的乘积作为发行收入，记入"银行存款"账户。

例 11-5 景龙公司向 M 公司发行普通股 5 000 000 股。每股面值 1 元，按每股 1.0 元价格发行。股票发行成功，股款 5 000 000 元已全部收到并存入银行。景龙公司的开户银行为农业银行海口怡达支行。不考虑发行过程中的税费等因素。

景龙公司应编制的会计分录如下。

借：银行存款——农业银行海口怡达支行　　5 000 000
　　贷：股本——M公司　　5 000 000

例 11-6 景龙公司向 M 公司发行普通股 5 000 000 股。每股面值 1 元，按每股 1.3 元价格发行。股票发行成功，股款 6 500 000 元已全部收到并存入银行。不考虑发行过程中的税费等因素。

景龙公司应编制的会计分录如下。

借：银行存款——农业银行海口怡达支行　　6 500 000
　　贷：股本——M公司　　5 000 000
　　　　资本公积——股本溢价　　1 500 000

（二）注销股票

股份公司减资时采取收购并注销本公司股票的方式，购回的股票支付的价款高于面值总额的，按注销股票的面值总额减少股本，借记"股本"账户，按注销库存股的账面余额，贷记"库存股"账户；按其差额，借记"资本公积——股本溢价"账户；股本溢价不足冲减的情况下，应依次冲减"盈余公积""利润分配——未分配利润"等账户。购回的股票支付的价款低于面值总额的，应按股票面值总额，借记"股本"账户，按注销库存股的账面余额，贷记"库存股"账户；按其差额，贷记"资本公积——股本溢价"账户。

任务处理

任务二　资本公积的核算

任务描述

丁企业投资 5 000 万元入股时宏公司，使得时宏公司的注册资金达到 10 000 万元，丁企业占时宏公司总注册资本的比例为 20%。丁企业投入资金超过其注册资本的部分 3 000 万元作为资本公积。请会计人员赵美媛对该资本公积进行账务处理。

知识储备

资本公积是指企业收到投资者投入资金超过其注册资本应享有的份额的部分但不能构成实收资本（或股本），或者从其他来源取得，由所有者享有的资金。它属于所有者权益的范畴。资本公积与盈余公积不同，盈余公积是从净利润中取得的，而资本公积的形成与企业的净利润无关。资本公积有不同的来源，企业应当根据资本公积形成的来源不同，分别进行账务处理。

> **注意**
> 资本公积可以依法用于转增资本，但不得作为投资利润或股利进行分配。

业务核算

一、资本溢价的核算

企业创立时，投资者认缴的出资额往往与注册资本一致，不会产生资本公积。但在企业重组或有新的投资者加入时，为了维护原投资者的权益，新加入的投资者的出资额不一定全部作为实收资本处理。其原因主要有两点：第一，企业创立时的资金投入和企业已经走向经营正规时的资金投入，即使数量相同，其盈利能力也不同；第二，新投资者与原投资者一样，有权参与原留存收益的分配。因此，只有新加入的投资者的出资额大于实收资本，才能维护原投资者的权益，超出的这部分就是资本溢价。

例11-7 大山公司注册资本为 7 000 000 元。为扩大经营规模，决定引入新投资人 F 公司，将注册资本增加至 9 000 000 元。按照增加投资协议的规定，新投资人 F 公司需要缴纳现金 2 500 000 元，同时享有大山公司 25% 的股权。大山公司已通过银行收到该投资款项。大山公司的开户银行为建设银行海口万国支行。假定不考虑其他因素。

大山公司应编制的会计分录如下。

借：银行存款——建设银行海口万国支行　　　　　　　　　2 500 000
　　贷：实收资本——F 公司　　　　　　　　　　　　　　　　　2 250 000
　　　　资本公积——资本溢价　　　　　　　　　　　　　　　　　250 000

二、股本溢价的核算

股本溢价是指股份有限公司溢价发行股票时实际收到的款项超过股票面值总额的数额。溢价发行股票时，企业按股票面值记入"股本"账户，超出股票面值的部分作为"资本公积——股本溢价"处理。溢价发行股票时的发行费用从溢价中抵扣，溢价不足抵扣的冲减盈余公积和未分配利润。

例11-8 景龙公司委托某证券公司代理发行股票 20 000 000 股。每股面值 1 元，每股发行价格 1.2 元。与证券公司约定，按发行收入的 3% 支付手续费。假定发行收入已全部通过银行收妥，发行费用已全部通过银行支付。假定不考虑其他因素。

景龙公司的相关账务处理如下。

（1）收到发行收入时编制的会计分录

借：银行存款——农业银行海口怡达支行　　　　　　　　　24 000 000

贷：股本	20 000 000
资本公积——股本溢价	4 000 000

（2）支付发行费用时编制的会计分录

借：资本公积——股本溢价	720 000
贷：银行存款——农业银行海口怡达支行	720 000

三、其他资本公积的核算

其他资本公积是指资本溢价（或股本溢价）项目以外所形成的资本公积。其中，主要是指企业长期股权投资采用权益法核算时，被投资单位除净损益以外的所有者权益的其他变动，企业按持股比例计算应享有的份额。如果是利得，则应借记"长期股权投资——其他权益变动"账户，贷记"资本公积——其他资本公积"账户；如果是损失，则做相反分录。在处置长期股权投资时，应按处置比例转销与该投资相关的其他资本公积。

例 11-9 景龙公司于 2023 年 1 月 1 日向甲公司投资 1 000 000 元，拥有该公司 30%的股份，对该公司有重大影响，因而对甲公司长期股权投资采用权益法核算。2023 年 12 月 31 日，甲公司净损益、利润分配和其他综合收益之外的所有者权益增加了 200 000 元。假定除此之外，甲公司的其他所有者权益没有变化、景龙公司的持股比例没有变化。不考虑其他因素。

景龙公司应编制的分录如下。

借：长期股权投资——其他权益变动	60 000
贷：资本公积——其他资本公积	60 000

假定甲公司净损益、利润分配和其他综合收益之外的所有者权益减少了 200 000 元，其他条件不变。景龙公司应编制的会计分录如下。

借：资本公积——其他资本公积	60 000
贷：长期股权投资——其他权益变动（甲公司）	60 000

四、转增资本的核算

经股东大会或类似机构决议，用资本公积转增资本时，应借记"资本公积（资本溢价或股本溢价）"账户，贷记"实收资本"或"股本"账户。

任务处理

任务处理　　任务小结

任务三　留存收益的核算

任务描述

时宏公司 2023 年度实现净利润 5 000 000 元，公司决定按当年净利润的 10%提取法定盈余公积，按当年净利润的 5%提取任意盈余公积。请会计人员赵美媛对该提取盈余公积进行账务处理。

项目十一 所有者权益

知识储备

留存收益是指企业从历年实现的利润中提取或留存于企业的内部积累。它来源于企业的生产经营活动所实现的利润，包括企业的盈余公积和未分配利润两个部分。

盈余公积是指企业按照国家有关规定，从税后净利润中提取的用于企业扩大经营规模、提高经营能力的积累资金。盈余公积包括法定盈余公积和任意盈余公积。法定盈余公积按照税后利润的10%提取，其累计额已达注册资本的50%时可不再提取。企业提取盈余公积的用途主要：弥补以前年度发生的亏损；转增资本金。

未分配利润是经过弥补亏损、提取法定盈余公积、提取任意盈余公积和向投资者分配利润等利润分配之后剩余的利润，是留存于企业的历年结存的利润。年度终了，企业应当根据国家有关规定和企业章程、投资者协议等，对企业当年可供分配利润进行分配。

利润分配的顺序依次是：提取法定盈余公积；提取任意盈余公积；向投资者分配利润。

从数量上看，未分配利润是期初未分配利润加上本期实现的净利润减去提取的盈余公积和分配的利润后的余额。

未分配利润有两层含义：一是留待以后年度处理的利润；二是未指明特定用途的利润。

相对于所有者权益的其他部分来说，企业对于未分配利润的使用有较大的自主权。

业务核算

一、盈余公积的核算

企业应通过"盈余公积"账户核算盈余公积的提取和使用等情况，并分别设置"盈余公积——法定盈余公积""盈余公积——任意盈余公积"明细账户进行明细核算。

"盈余公积"账户的贷方登记企业提取的数额，借方登记使用数。使用盈余公积的情况包括以下3种。

① 盈余公积补亏。用盈余公积补亏时，无特殊的限制，只要有足够的金额即可弥补。

② 盈余公积转增资本。

③ 盈余公积发放现金股利或利润。该账户的贷方余额表示盈余公积的实有数。

企业按规定提取盈余公积时，借记"利润分配——提取法定盈余公积""利润分配——提取任意盈余公积"账户，贷记"盈余公积——法定盈余公积""盈余公积——任意盈余公积"账户。经股东大会或类似机构决议用盈余公积弥补亏损，借记"盈余公积"账户，贷记"利润分配——盈余公积补亏"账户；经股东大会或类似机构决议用盈余公积转增资本，借记"盈余公积"账户，贷记"实收资本（或股本）"账户；经股东大会或类似机构决议用盈余公积分配现金股利或利润时，借记"盈余公积"账户，贷记"应付股利"账户。

（一）盈余公积的提取

例 11-10 时宏公司本年实现净利润3 000 000元，公司决定按当年净利润的10%提取法定盈余公积，按当年净利润的5%提取任意盈余公积。

时宏公司应编制的会计分录如下。

借：利润分配 —— 提取法定盈余公积	300 000
利润分配 —— 提取任意盈余公积	150 000

贷：盈余公积——法定盈余公积		300 000
盈余公积——任意盈余公积		150 000

（二）盈余公积的使用

1. 用盈余公积补亏

例 11-11　经股东大会批准，时宏公司用以前年度提取的法定盈余公积弥补当年亏损，当年弥补亏损的数额为 120 000 元。

时宏公司应编制的会计分录如下。

借：盈余公积——法定盈余公积		120 000
贷：利润分配——盈余公积补亏		120 000

2. 用盈余公积转增资本

例 11-12　经股东大会批准，时宏公司以法定盈余公积 250 000 转增资本，以扩大经营规模。

时宏公司应编制的会计分录如下。

借：盈余公积——法定盈余公积		250 000
贷：实收资本——股东		250 000

3. 用盈余公积发放现金股利或利润

例 11-13　经股东大会批准，时宏公司用任意盈余公积 900 000 元发放现金股利。

时宏公司应编制的会计分录如下。

借：盈余公积——任意盈余公积		900 000
贷：应付股利——股东		900 000

二、未分配利润的核算

未分配利润属于企业所有者权益，其金额反映在"利润分配"账户下的"未分配利润"明细账户的贷方余额。年度终了，结转实现的净利润，借记"本年利润"账户，贷记"利润分配——未分配利润"账户；"利润分配——未分配利润"账户贷方余额表示企业累计实现的盈利数额。年度终了，结转实现的净亏损，借记"利润分配——未分配利润"账户，贷记"本年利润"账户；"利润分配——未分配利润"账户借方余额表示企业累计实现的亏损数额。年度中期期末，未分配利润的金额可通过"本年利润"账户余额和"利润分配——未分配利润"账户余额来确定。

例 11-14　时宏公司 2023 年度实现净利润 86 000 000 元。年度终了，将净利润结至未分配利润。

时宏公司应编制的会计分录如下。

借：本年利润		86 000 000
贷：利润分配——未分配利润		86 000 000

任务处理与项目练习

任务处理　　任务小结　　项目练习　　参考答案

项目十二 收入

学习目标

知识目标

- 理解收入的概念、特征、确认原则和确认条件。
- 重点掌握收入确认和计量的步骤。
- 重点掌握时段履约业务和时点履约业务的内容及账务处理。
- 重点掌握特定交易的确认和计量处理方法。
- 了解合同成本的概念和主要内容。

能力目标

- 能够对某一时段履行的履约义务的业务进行会计核算。
- 能够对某一时点履行的履约义务的业务进行会计核算。
- 能够对委托代销业务进行会计核算。
- 能够对商业折扣、现金折扣和销售退回业务进行会计核算。

素质目标

- 培养学生具有遵纪守法的法治意识。
- 使学生建立文化自信,具有良好的职业素养。

任务一 认知收入

任务描述

时宏公司销售产品确认收入时,既有按某一时点履行的履约义务的业务确认收入,也有按某一时段履行的履约义务的业务确认收入。请会计人员赵美媛确认收入的步骤。

知识储备

对于任何一个营利性机构或组织来说,日常经营活动的主题之一必定是发生各种费用,并通过某种方式取得收入。收入是企业利润之源,无法取得收入的营利性机构将无法继续生存。对于企业来说,取得收入的形式可以是销售商品、提供劳务、让渡资产使用权等多种方式。费用的发生会导致企业利润的减少，但它们是企业取得收入的支撑，企业会尽量减少费用的发生额。《企业会计准则第 14 号——收入》中明确规定了收入的确认、计量和相关信息的披露要求。

一、收入的概念

收入是指企业在日常活动中形成的、会导致所有者权益增加的、与所有者投入资本无关的经济利益的总流入。其中，日常活动是指企业为完成其经营目标所从事的经常性活动及与之相关的活动。例如，工业企业制造并销售产品、商品流通企业销售商品、咨询公司提供咨询服务、软件公司为客户开发软件、安装公司提供安装服务、建筑企业提供建造服务等均属于企业的日常活动。日常活动所形成的经济利益的流入应当确认为收入。

本项目所述内容适用于所有与客户之间的合同，不涉及企业对外出租资产收取的租金、进行债权投资收取的利息、进行股权投资取得的现金股利、保险合同取得的保费收入等。企业以存货换取客户的存货、固定资产、无形资产及长期股权投资等，按照本项目所述进行账务处理；其他非货币性资产交换，按照《企业会计准则第 7 号——非货币资产交换》进行账务处理。企业处置固定资产、无形资产等，在确定处置时点及计量处置损益时，按照本项目的有关内容进行账务处理。除非特别说明，本项目中所称的商品既包括商品，也包括服务。

二、关于收入确认的原则

企业确认收入的方式应当反映其向客户转让商品的模式，收入的金额应当反映企业因转让这些商品而预期有权收取的对价金额。企业应当在履行了合同中的履约义务，即在客户取得相关商品控制权时确认收入。

知识拓展：收入与利得

取得相关商品控制权是指能够主导该商品的使用并从中获得几乎全部的经济利益，包括有能力阻止其他方主导该商品的使用并从中获得经济利益。取得商品控制权同时包括 3 个要素：一是能力，即客户必须拥有现时权利，能够主导该商品的使用并从中获得几乎全部经济利益；二是主导该商品的使用，客户有能力主导该商品的使用是指客户有权使用该商品，或者能够允许或阻止其他方使用该商品；三是能够获得几乎全部的经济利益，商品的经济利益是指该商品的潜在现金流量，既包括现金流入的增加，也包括现金流出的减少。

本项目中所称的客户，是指与企业订立合同以向企业购买其日常活动生产出的商品并支付对价的一方。如果合同对方与企业订立合同的目的是共同参与一项活动（如合作开发一项资产），合同对方与企业一起分担或分享该活动产生的风险或收益，而不是获取企业日常活动生产出的商品，则该合同对方不是企业的客户。

企业收入的账务处理是以企业和客户之间的单个合同为基础的。但是为便于实务操作，当企业能够合理预计，将收入的账务处理应用于具有类似特征的合同（或履约义务）组合或应用于该组合中的每一个合同（或履约义务）不会对企业的财务报表产生显著不同的影响时，企业可以在合同组合层面对收入进行账务处理。

任务处理

任务处理

任务二　收入的确认和计量

任务描述

时宏公司拥有一批 A 商品，标价 700 000 元，销售该批 A 商品的商业折扣率为 10%。2023 年 12 月 16 日与万达公司协商，万达公司承诺全部赊购该批商品，当日已将该批商品交付给万达公司。开出的增值税专用发票上注明的价款 630 000 元、增值税税率为 13%、增值税税额为 81 900 元，价税合计 711 900 元。款项尚未收到。该批商品成本为 370 000 元。请会计人员赵美媛对该收入进行账务处理。

知识储备

收入的确认和计量大致分为五步：第一步，识别与客户订立的合同；第二步，识别合同中的单项履约义务；第三步，确定交易价格；第四步，将交易价格分摊至各单项履约义务；第五步，履行各单项履约义务时确认收入。其中，第一步、第二步和第五步主要与收入的确认有关；第三步和第四步主要与收入的计量有关。

收入的确认和计量

业务核算

销售商品收入的核算，主要涉及"主营业务收入""主营业务成本""税金及附加""库存商品""发出商品""应交税费"等账户。

①"主营业务收入"账户核算企业销售商品和提供劳务发生的收入。该账户的贷方登记出售商品、提供劳务的等取得的收入，借方登记发生的销货退回、折让等冲减的主营业务收入及期末结转入"本年利润"账户的主营业务收入；结转后该账户应无余额。该账户应按商品或劳务种类设置明细分类账，进行明细分类核算。

②"主营业务成本"账户核算企业销售商品和提供劳务等交易所发生的实际成本。该账户的借方登记本期结转的销售商品、提供劳务的实际成本，贷方反映期末转入"本年利润"账户的成本及因销售退回而冲减的主营业务成本；结转后该账户应无余额。该账户应按商品或劳务种类设置明细账，进行明细核算。

③"税金及附加"账户核算企业销售商品、销售材料、提供劳务等日常经营活动中所负担的税金及附加，包括消费税、城市维护建设税、资源税和教育费附加等。

④"发出商品"账户反映企业商品销售不满足收入确认条件但已发出商品的成本。

一、识别与客户订立的合同

（一）合同识别

本项目中所称的合同，是指双方或多方之间订立有法律约束力的权利和义务的协议。合同包括书面形式、口头形式及其他形式（如隐含于商业惯例或企业以往的习惯做法中等）。企业和客户之间订立的合同同时满足下列 5 项条件的，企业应当在履行了合同中的履约义务，即在客户取得相关商品控制权时确认收入：一是合同各方已批准该合同并承诺将履行各自义务；二是该合同明确了合同各方与所转让商品相关的权利和义务；三是该合同有明确的与所转让商品相关的支付条款；四是该合同具有商业实质，即履行该合同将改变企业未来现金流量的风险、时间分布或金额；五是企业因向客户转让商品而有权取得的对价很可能收回。企业在进行上述判断时，需要注意下列 3 点：一是合同约定的权利和义务是否具有法律约束力，需要根据企业所处的法律环境和实务操作进行判断；二是合同具有商业实质，是指履行该合同将改变企业未来现金流量的风险、时间分布或金额；三是企业在评估其因向客户转让商品而有权取得的对价是否很可能收回时，仅应考虑客户到期时支付对价的能力和意图（客户的信用风险）。企业预期很可能无法收回全部合同对价时，应当判断其原因是客户的信用风险还是企业向客户提供了价格折让所致。

　　对于不符合上述 5 项条件的合同，企业只有在不再负有向客户转让商品的剩余义务（如合同已完成或取消），且已向客户收取的对价（包括全部或部分对价）无须退回时，才能将已收取的对价确认为收入；否则，应当将已收取的对价作为负债进行账务处理。企业向客户收取无须退回的对价的，应当在已经将该部分对价所对应的商品的控制权转移给客户，并已经停止向客户转让额外的商品，且也不再负有此类义务，或者相关合同已经终止时，将该部分对价确认为收入。

　　需要说明的是，没有商业实质的非货币性资产交换，无论何时均不应确认收入。从事相同业务经营的企业之间，为便于向客户或潜在客户销售商品而进行的非货币性资产交换（如两家石油公司之间相互交换石油，以便及时满足各自不同地点客户的需求），不应当确认收入。

　　企业和客户之间的合同，在合同开始日即满足上述 5 项条件的，企业在后续期间无须对其进行重新评估，除非有迹象表明相关事实和情况发生了重大变化。在合同开始日不符合上述 5 项条件的，企业应当在后续期间对其进行持续评估，以判断其能否满足上述 5 项条件。企业在此之前已经向客户转移了部分商品的，当该合同在后续期间满足上述 5 项条件时，企业应当将在此之前已经转移商品所分摊的交易价格确认为收入。合同开始日是指合同开始赋予合同各方具有法律约束力的权利和义务的日期，通常是指合同生效日。

（二）合同合并

　　企业与同一客户（或该客户的关联方）同时订立或在相近时间内先后订立的两份或多份合同，在满足下列条件之一时，应当合并为一份合同进行账务处理：一是该两份或多份合同基于同一商业目的而订立并构成"一揽子交易"，如一份合同在不考虑另一份合同对价的情况下将会发生亏损；二是该两份或多份合同中的一份合同的对价金额取决于其他合同的定价或履行情况，如一份合同如果发生违约，将会影响另一份合同的对价金额；三是该两份或多份合同中所承诺的商品（或每份合同中所承诺的部分商品）构成单项履约义务。两份或多份合同合并为一份合同进行账务处理的，仍然需要区分该一份合同中包含的各单项履约义务。

（三）合同变更

　　合同变更是指经合同各方批准对原合同范围或价格做出的变更。合同各方可能以书面形式、口头形式或其他形式（如隐含于企业以往的习惯做法中）批准合同变更。企业应当区分以下 3 种情形对合同变更分别进行账务处理。

　　1. 合同变更部分作为单独合同

　　合同变更增加了可明确区分的商品及合同价款，且新增合同价款反映了新增商品单独售价的（以下简称为合同变更的第一种情形），应当将该合同变更部分作为一份单独的合同进行账务处理。此类合同变更不影响原合同的账务处理。

　　2. 合同变更作为原合同终止及新合同订立

　　合同变更不属于合同变更的第一种情形，且在合同变更日已转让的商品和未转让的商品之间可明确区分的（以下简称为合同变更的第二种情形），应当视为原合同终止。同时，将原合同未履约部分与合同变更部分合并为新合同进行账务处理。

3. 合同变更部分作为原合同的组成部分

合同变更不属于合同变更的第一种情形，且在合同变更日已转让的商品和未转让的商品之间不可明确区分的（以下简称为合同变更的第三种情形），应当将该合同变更部分作为原合同的组成部分，在合同变更日重新计算履约进度，并调整当期收入和相应成本等。

如果在合同变更日未转让的商品为上述第二种和第三种情形的组合，则企业应当分别按照上述第二种或第三种情形的方式对合同变更后尚未转让（或部分未转让）的商品进行账务处理。

二、识别合同中的单项履约义务

合同开始日，企业应当识别合同中所包含的各单项履约义务，并确定各单项履约义务是在某一时段履行，还是在某一时点履行。然后，在履行各单项履约义务时分别确认收入。履约义务是指合同中企业向客户转让可明确区分商品的承诺。企业应当将下列向客户转让商品的承诺作为单项履约义务。

（一）企业向客户转让可明确区分商品（或者商品或服务的组合）的承诺

企业向客户承诺的商品同时满足下列条件的，应当作为可明确区分商品。

① 客户能够从该商品本身或从该商品与其他易于获得的资源一起使用中受益。当客户能够使用、消耗或以高于残值的价格出售商品，或者以能够产生经济利益的其他方式持有商品时，表明客户能够从该商品本身获益。对于某些商品而言，客户可能需要将其与其他易于获得的资源一起使用才能从中获益。在评估某项商品是否能够明确区分时，应当基于该商品自身的特征，无须考虑合同中可能存在的阻止客户从其他来源取得相关资源的限制性条款。

② 企业向客户转让该商品的承诺与合同中的其他承诺可单独区分，以识别企业承诺转让的是每一项商品，还是由这些商品组成的一个或多个组合产出。组合产出的价值通常高于或显著不同于各单项商品的价值总和。

下列情形通常表明企业向客户转让该商品的承诺与合同中的其他承诺不可明确区分。

① 企业需要提供重大的服务以将该商品与合同中承诺的其他商品进行整合，形成合同约定的某个或某些组合产出转让给客户。例如，企业为客户建造写字楼的合同中，企业向客户提供的砖头、水泥、人工等都能够使客户获益，但是企业对客户承诺的是为其建造一栋写字楼，而并非提供这些砖头、水泥和人工等，所以企业需要提供重大的服务将这些商品进行整合，以形成合同约定的一项组合产出（写字楼）转让给客户。因此，在该合同中，砖头、水泥和人工等商品彼此之间不能单独区分。

② 该商品将对合同中承诺的其他商品予以重大修改或定制。例如，企业承诺向客户提供其开发的一款现有软件，并提供安装服务。虽然该软件无须更新或技术支持也可直接使用，但是企业在安装过程中需要在该软件现有的基础上对其进行定制化的重大修改，才能够使其与客户现有的信息系统相兼容。此时，转让软件的承诺与提供定制化重大修改的承诺在合同层面是不可明确区分的。

③ 该商品与合同中承诺的其他商品具有高度关联性。也就是说，合同中承诺的每一项商品均受到合同中其他商品的重大影响。例如，企业承诺为客户设计一种新产品并负责生产 10 个样品，企业在生产和测试样品的过程中需要对产品的设计进行不断的修正，就会导致已生产的样品均可能需要进行不同程度的返工。此时，企业提供的设计服务和生产样品的服务是不断交替、反复进行的，二者高度关联，因此在合同层面是不可明确区分的。

需要说明的是，企业向客户销售商品时，往往约定企业需要将商品运送至客户指定的地点。通常情况下，商品控制权转移给客户之前发生的运输活动不构成单项履约义务；商品控制权转移给客户之后发生的运输活动可能表明企业向客户提供了一项运输服务，企业应当考虑该项服务是否构成单项履约义务。

（二）一系列实质相同且转让模式相同的、可明确区分的商品的承诺

当企业向客户连续转让某项承诺的商品时，如每天提供类似劳务的长期劳务合同等，如果这些商品属于实质相同且转让模式相同的一系列商品，则企业应当将这一系列商品作为单项履约义务。其中，转让模式相同是指每一项可明确区分的商品均满足某一时段内履行履约义务的条件且采用相同方法确定其履约进度。

企业在判断所转让的一系列商品是否实质相同时，应当考虑合同中承诺的性质。当企业承诺的是提供确定数量的商品时，需要考虑这些商品本身是否实质相同；当企业承诺的是在某一期间内随时向客户提供某项服务时，需要考虑企业在该期间内的各个时间段（如每天或每小时）的承诺是否相同，而并非具体的服务行为本身。例如，企业向客户提供两年的酒店管理服务（包括保洁、维修、安保等），但没有具体的服务次数或时间的要求。尽管企业每天提供的具体服务不一定相同，但是企业每天对于客户的承诺都是相同的，即按照约定的酒店管理标准随时准备根据需要为其提供相关服务。因此，该酒店管理服务符合"实质相同"的条件。

三、确定交易价格

交易价格是指企业因向客户转让商品而预期有权收取的对价金额。企业代第三方收取的款项（如增值税），以及企业预期将退还给客户的款项，应作为负债处理，不计入交易价格。合同标价并不一定代表交易价格，企业应根据合同条款，并结合以往的习惯做法等确定交易价格。

（一）可变对价

企业与客户的合同中约定的对价金额可能是固定的，也可能会因商业折扣、销售折让、现金折扣、销售退回、返利、退款、奖励积分、激励措施、业绩奖金、索赔、未来事项等因素而变化。此外，企业有权收取的对价金额将根据一项或多项或有事项的发生有所不同的情况，也属于可变对价的情形。例如，企业售出商品但允许客户退货时，由于企业有权收取的对价金额将取决于客户是否退货，因此该合同的交易价格是可变的。

① 商业折扣是指企业根据市场供需情况或针对不同的客户要求，在商品标价上给予的扣除金额。商业折扣是企业最常用的促销方式之一。企业为了扩大销售、占领市场，对于批发商往往给予商业折扣，采用销量越多、价格越低的促销策略，也就是我们通常所说的"薄利多销"原则。例如，购买 5 件，销售价格折扣率为 10%；购买 10 件，销售价格折扣率为 20%，等等。其特点是：商业折扣是在实现销售时同时发生的，商业折扣在交易时已经确定，交易双方按扣除商业折扣以后的发票价格进行货款结算，因此不影响销售商品收入的计量，不需要对商业折扣单独进行账务处理。

② 现金折扣是指债权人为鼓励债务人在规定的期限内付款，而向债务人提供的债务扣除。它是为了敦促客户尽早付清货款而提供的一种价格优惠。现金折扣的表示一般采用符号"折扣率/付款期限"。例如，符号"2/10,1/20,N/30"表示如果购买方在 10 天内付款，可按售价享受 2% 的折扣；20 天内付款，可按售价享受 1% 的折扣；超过 20 天就不能享受任何折扣。由于现金折扣直接影响企业的现金流量，所以必须在会计中反映。核算现金折扣的方法有总价法和净价法两种。目前，我国《企业会计准则》要求采用总价法入账。总价法是指销售商品时以不扣除现金折扣的金额记录应收账款和销售收入，不考虑现金折扣，如果购货方愿意在折扣期内享受现

金折扣，则销售方应将购货方所取得的现金折扣作为财务费用处理；净价法是指销售商品时扣除现金折扣的金额记录应收账款和销售收入，如果购货方在折扣期内未享受现金折扣，收到的现金超过净价的部分记入"财务费用"账户的贷方。

③ 销售折让是指由于商品的质量、规格等不符合要求，销售单位同意在商品价格上给予的减让。销售折让既可能发生在企业确认收入之前，也可能发生在企业确认收入之后。发生在确认收入之前的销售折让按照商业折扣处理；发生在收入确认之后的销售折让，应当在发生时冲减当期销售商品收入。

④ 销售退回是指企业售出的商品由于质量、品种不符合要求等原因而发生的退货。对于销售退回，企业应分别不同情况进行账务处理。对于未确认收入的售出商品发生销售退回的，企业应按已记入"发出商品"账户的商品成本金额，借记"库存商品"账户，贷记"发出商品"账户。已确认收入的售出商品发生销售退回的，企业一般应在发生时冲减当期销售商品收入，同时冲减当期销售商品成本，如该项销售退回已发生现金折扣，应同时调整相关财务费用的金额；如该项销售退回允许扣减增值税税额，应同时调整"应交税费——应交增值税（销项税额）"账户的相应金额。

例 12-1 时宏公司拥有一批 A 商品，标价 700 000 元，销售该批 A 商品的商业折扣率为 10%。2023 年 2 月 1 日与万达公司协商，万达公司承诺全部赊购该批商品，当日已将该批商品交付给万达公司。开出的增值税专用发票上注明的价款为 630 000 元、增值税税率为 13%、增值税税额为 81 900 元，价税合计 711 900 元。款项尚未收到。该批商品成本为 370 000 元。双方约定，产品赊销期限 30 天，现金折扣条件为"2/10,1/20,N/30"，且计算现金折扣时包括增值税。

时宏公司的相关账务处理如下。

（1）2023 年 2 月 1 日赊销时编制的会计分录

借：应收账款——万达公司　　　　　　　　　　　　　　711 900
　　贷：主营业务收入——销售 A 商品　　　　　　　　　　　630 000
　　　　应交税费——应交增值税（销项税额）　　　　　　　 81 900
借：主营业务成本——销售 A 商品　　　　　　　　　　　370 000
　　贷：库存商品——A 商品　　　　　　　　　　　　　　　370 000

（2）万达公司在 2023 年 2 月 9 日付款时编制的会计分录

万达公司在 10 天内付款享受现金折扣=711 900×2%=14 238（元）

借：银行存款——工商银行海口南沙支行　　　　　　　　697 662
　　财务费用——现金折扣　　　　　　　　　　　　　　 14 238
　　贷：应收账款——万达公司　　　　　　　　　　　　　711 900

（3）万达公司在 2023 年 2 月 19 日付款时编制的会计分录

万达公司在 20 天内付款享受现金折扣=711 900×1%=7 119（元）

借：银行存款——工商银行海口南沙支行　　　　　　　　704 781
　　财务费用——现金折扣　　　　　　　　　　　　　　　7 119
　　贷：应收账款——万达公司　　　　　　　　　　　　　711 900

（4）万达公司在 2023 年 3 月 2 日付款时编制的会计分录

万达公司在 30 天内付款享受现金折扣=711 900×0%=0

借：银行存款——工商银行海口南沙支行　　　　　　　　711 900
　　贷：应收账款——万达公司　　　　　　　　　　　　　711 900

例12-2 时宏公司2023年6月25日与乙公司签订合同，向其销售一批A商品。开出的增值税专用发票上注明的销售价格为400 000元、增值税税率为13%、增值税税额为52 000元，价税合计452 000元。款项尚未收到。该批商品成本为270 000元。7月2日，乙公司在验收过程中发现商品外观上存在瑕疵，但基本不影响使用，要求时宏公司在价格上（不含增值税税额）给予5%的减让。假定此时时宏公司已经确认收入，并已取得税务机关开具的红字增值税专用发票。7月9日收到扣除销售折让后的货款。

时宏公司的相关账务处理如下。

（1）2023年6月25日销售实现时编制的会计分录

借：应收账款——乙公司　　　　　　　　　　　　　　452 000
　　贷：主营业务收入——销售A商品　　　　　　　　　400 000
　　　　应交税费——应交增值税（销项税额）　　　　　52 000
借：主营业务成本——销售A商品　　　　　　　　　　270 000
　　贷：库存商品——A商品　　　　　　　　　　　　　270 000

（2）2023年7月2日发生销售折让时编制的会计分录

借：主营业务收入——销售A商品　　　　　　　　　　20 000
　　应交税费——应交增值税（销项税额）　　　　　　2 600
　　贷：应收账款——乙公司　　　　　　　　　　　　22 600

（3）2023年7月9日收到扣除销售折让后的货款时编制的会计分录

借：银行存款——工商银行海口南沙支行　　　　　　429 400
　　贷：应收账款——乙公司　　　　　　　　　　　　429 400

例12-3 时宏公司于2023年2月20日向甲公司销售一批R商品。该批商品的生产成本为180 000元，商品已经发运给甲公司。根据销售合同的规定，甲公司对该批商品验收无误后再付款。时宏公司在未收到货款之前，该批商品的控制权并未转移，尚未满足收入确认的条件，时宏公司尚未开出增值税专用发票。2023年3月10日，甲公司在验收时发现商品质量存在问题，要求退货，时宏公司同意退货。

时宏公司的相关账务处理如下。

（1）2023年2月20日发出商品时编制的会计分录

借：发出商品——R商品（甲公司）　　　　　　　　　180 000
　　贷：库存商品——R商品　　　　　　　　　　　　180 000

（2）2023年3月10日发生退货时编制的会计分录

借：库存商品——R商品　　　　　　　　　　　　　　180 000
　　贷：发出商品——R商品（甲公司）　　　　　　　　180 000

例12-4 时宏公司于2023年2月20日向甲公司销售一批R商品。该批商品的生产成本为180 000元，商品已经发运给甲公司，满足收入确认的条件。开出的增值税专用发票上注明的销售价格为290 000元、增值税税率为13%、增值税税额为37 700元，价税合计327 700元。甲公司已全部支付款项。2023年3月10日，甲公司在验收时发现商品质量存在问题，要求退货，时宏公司同意退货。时宏公司于当日办理退款手续，通过银行支付全部退货款327 700元，并将该批R商品验收入库。

时宏公司的相关账务处理如下。

（1）2023年2月20日发出商品时编制的会计分录

借：银行存款——工商银行海口南沙支行　　　　　　　327 700
　　贷：主营业务收入——销售 R 商品　　　　　　　　　　　290 000
　　　　应交税费——应交增值税（销项税额）　　　　　　　 37 700
借：主营业务成本——销售 R 商品　　　　　　　　　　180 000
　　贷：库存商品——R 商品　　　　　　　　　　　　　　　180 000

（2）2023年3月10日发生退货时编制的会计分录

借：主营业务收入——销售 R 商品　　　　　　　　　　290 000
　　应交税费——应交增值税（销项税额）　　　　　　　 37 700
　　贷：银行存款——工商银行海口南沙支行　　　　　　　　327 700
借：库存商品——R 商品　　　　　　　　　　　　　　180 000
　　贷：主营业务成本——销售 R 商品　　　　　　　　　　　180 000

1. 可变对价最佳估计数的确定

企业应当按照期望值或最可能发生的金额确定可变对价的最佳估计数。期望值是按照各种可能发生的对价金额及相关概率计算确定的金额。当企业拥有大量具有类似特征的合同，并据此估计合同可能产生多个结果时，按照期望值估计可变对价金额通常是恰当的。最可能发生的金额是一系列可能发生的对价金额中最可能发生的单一金额，即合同最可能产生的单一结果。当合同仅有两个可能结果（如企业能够达到或不能达到某业绩奖金目标）时，按照最可能发生金额估计可变对价金额通常是恰当的。

企业采用期望值或最可能发生金额估计可变对价时，应当选择能够更好地预测其有权收取的对价金额的方法。对于某一事项的不确定性对可变对价金额的影响，企业应当在整个合同期间一致地采用同一种方法进行估计。对于类似的合同，应当采用相同的方法进行估计。但是，当存在多个不确定性事项均会影响可变对价金额时，企业可以采用不同的方法对其进行估计。

2. 计入交易价格的可变对价金额的限制

企业按照期望值或最可能发生的金额确定可变对价金额之后，计入交易价格的可变对价金额还应该满足限制条件，即包含可变对价的交易价格应当不超过在相关不确定性消除时累计已确认的收入极可能不会发生重大转回的金额。企业在对此进行评估时，应当同时考虑收入转回的可能性及转回金额的比重。其中，"极可能"发生的概率应远高于"很可能"（可能性超过50%），但不要求达到"基本确定"（可能性超过95%）。在评估收入转回金额的比重时，应同时考虑合同中包含的固定对价和可变对价。企业应当将满足上述限制条件的可变对价的金额计入交易价格。

在每一资产负债表日，企业应当重新估计可变对价金额（包括重新评估对可变对价的估计是否受到限制），以如实反映报告期末存在的情况及报告期内发生的情况变化。

（二）合同中存在的重大融资成分

当企业将商品的控制权转移给客户的时间与客户实际付款的时间不一致时，对于企业以赊销的方式销售商品，或者要求客户支付预付款等，如果各方以在合同中明确（或以隐含的方式）约定的付款时间为客户或企业就转让商品的交易提供了重大融资利益，则合同中即包含了重大融资成分。合同中存在重大融资成分的，企业应当按照假定客户在取得商品控制权时即以现金支付的应付金额（现销价格）确定交易价格。

在评估合同中是否存在融资成分及该融资成分对于该合同而言是否重大时，企业应当考虑所有相关的事实和情况，具体包括：

① 已承诺的对价金额和已承诺商品的现销价格之间的差额。

② 企业将承诺的商品转让给客户和客户支付相关款项之间的预计时间间隔与相应的市场现行利率的共同影响。企业向客户转让商品和客户支付相关款项之间虽然存在时间间隔，但两者之间的合同没有包含重大融资成分的情形有：

- 客户就商品支付了预付款，且可以自行决定这些商品的转让时间。例如，企业向客户出售其发行的充值卡，客户可随时到该企业持卡购物；企业向客户授予奖励积分，客户可随时到该企业兑换这些积分，等等。
- 客户承诺支付的对价中有相当大的部分是可变的，该对价金额或付款时间取决于某一未来事项是否发生，且该事项实质上不受客户或企业控制。例如，按照实际销售量收取的特许权使用费。
- 合同承诺的对价金额和现销价格之间的差额是由于向客户或企业提供融资利益以外的其他原因所导致的，且这一差额与产生该差额的原因是相称的。例如，合同约定的支付条款是为了为企业或客户提供保护，以防止另一方未能依照合同约定充分履行其部分或全部义务。

合同中存在重大融资成分的，企业在确定该重大融资成分的金额时，应使用将合同对价的名义金额折现为商品现销价格的折现率。该折现率一经确定，不得因后续市场利率或客户信用风险等情况的变化而变更。企业确定的交易价格和合同承诺的对价金额之间的差额，应当在合同期间内采用实际利率法摊销。需要说明的是，企业应当在单个合同层面考虑融资成分是否重大，而不应在合同组合层面考虑这些合同中的融资成分的汇总影响对企业整体而言是否重大。企业只有在确认了合同资产（或应收款项）和合同负债时，才应当分别确认重大融资成分相应的利息收入和利息支出。

为简化实务操作，如果在合同开始日，企业预计客户取得商品控制权与客户支付价款间隔不超过一年，则可以不考虑合同中存在的重大融资成分。企业应当对类似情形下的类似合同一致地应用这一简化处理方法。

例 12-5 2023年1月1日，时宏公司与乙公司签订合同，向其销售一批A商品。合同约定，该批商品将于2024年12月31日交货。合同中包含两种可供选择的付款方式：乙公司可以在2024年12月31日交付A商品时支付4 494 400元，或者在合同签订时支付4 000 000元。乙公司选择在合同签订时支付货款，该批商品的控制权在交货时转移。时宏公司于2023年1月1日收到乙公司支付的货款。上述价格均包含增值税，该公司适用的增值税税率为13%。时宏公司在两年后交付A商品时的成本为2 800 000元，双方严格履行所签订的合同。按照上述两种付款方式计算的内含利率为6%。根据乙公司付款时间和商品交付时间之间的间隔及现行市场利率水平，时宏公司认为该合同包含重大融资成分，在确定交易价格时应当对合同承诺的对价金额进行调整，以反映该重大融资成分的影响。假定该融资费用不符合借款费用资本化的要求。

时宏公司的相关账务处理如下。
（1）2023年1月1日收到货款时编制的会计分录
  借：银行存款——工商银行海口南沙支行　　　　　　　　4 000 000
    未确认融资费用　　　　　　　　　　　　　　　　　494 400
    贷：合同负债——乙公司　　　　　　　　　　　　　　　　4 494 400
（2）2023年12月31日确认融资成分的影响时编制的会计分录
本年实际利息费用（未确认融资费用摊销金额）＝4 000 000×6%＝240 000（元）

借：财务费用——利息支出　　　　　　　　　　　　　　　240 000
　　贷：未确认融资费用　　　　　　　　　　　　　　　　　　240 000

（3）2024年12月31日确认融资成分的影响时编制的会计分录

本年实际利息费用（未确认融资费用摊销金额）＝4 240 000×6%＝254 400（元）

借：财务费用——利息支出　　　　　　　　　　　　　　　254 400
　　贷：未确认融资费用　　　　　　　　　　　　　　　　　　254 400

（4）2024年12月31日交付A商品且销售实现时编制的会计分录

借：合同负债——乙公司　　　　　　　　　　　　　　　4 494 400
　　贷：主营业务收入——销售A商品　　　　　　　　　　　3 977 345.13
　　　　应交税费——应交增值税（销项税额）　　　　　　　　517 054.87
借：主营业务成本——销售A商品　　　　　　　　　　　2 800 000
　　贷：库存商品——A商品　　　　　　　　　　　　　　　2 800 000

合同负债是指企业已收或应收客户对价而应向客户转让商品的义务。企业在向客户转让商品之前，如果客户已经支付合同对价或企业已经取得无条件收取合同对价的权利，则企业应当在客户实际支付款项和到期应支付款项孰早时点，将该已收或应收的款项确认并列示为合同负债。合同资产是指企业已向客户转让商品而有权收取对价的权利，且该权利取决于时间流逝之外的其他因素。应收款项是企业无条件收取合同对价的权利。只有在合同对价到期支付之前仅仅随着时间的流逝即可收款的权利，才是无条件的收款权。合同资产和应收款项都是企业拥有的有权收取对价的合同权利。二者的区别在于：应收款项代表的是无条件收取合同对价的权利，即企业仅仅随着时间的流逝即可收款；合同资产并不是一项无条件收款权，该权利除时间流逝之外还取决于其他条件（如履行合同中的其他履约义务），才能收取相应的合同对价。合同资产的减值应当按照《企业会计准则第22号——金融工具确认和计量》的规定进行账务处理。

合同资产和合同负债应当在资产负债表中单独列示，并按流动性分别列示为"合同资产"或"其他非流动资产"，以及"合同负债"或"其他非流动负债"。同一合同下的合同资产和合同负债应当以净额列示；不同合同下的合同资产和合同负债不能互相抵销。

（三）非现金对价

当企业因转让商品而有权向客户收取的对价是非现金形式时，如实物资产、无形资产、股权、客户提供的广告服务等，企业通常应当按照非现金对价在合同开始日的公允价值确定交易价格。非现金对价的公允价值不能合理估计的，企业应当参照其承诺向客户转让商品的单独售价间接确定交易价格。

非现金对价的公允价值既可能因对价的形式而发生变动（如企业有权向客户收取的对价是股票，而股票本身的价格会发生变动），也可能由于对价形式以外的原因而发生变动（如企业有权收取非现金对价的公允价值因企业的履约情况而发生变动）。合同开始日后，非现金对价的公允价值因对价形式以外的原因而发生变动的，应当作为可变对价，按照与计入交易价格的可变对价金额的限制条件相关的规定进行处理；合同开始日后，非现金对价的公允价值因对价形式而发生变动的，该变动金额不应计入交易价格。

企业在向客户转让商品的同时，如果客户向企业投入材料、设备或人工等商品，以协助企业履行合同，则企业应当评估其是否取得了对这些商品的控制权。取得了这些商品控制权的，企业应当将这些商品作为从客户收取的非现金对价进行账务处理。

（四）应付客户对价

企业在向客户转让商品的同时，需要向客户或第三方支付对价的，除为了从客户取得其他可明确区分商品的款项外,应当将该应付对价冲减交易价格,并在确认相关收入和支付(或承诺支付)客户对价二者孰晚的时点冲减当期收入。应付客户对价还包括可以抵减应付企业金额的相关项目金额,如优惠券、兑换券等。

四、将交易价格分摊至各单项履约义务

合同中包含两项或多项履约义务的,企业应当在合同开始日,按照各单项履约义务所承诺商品的单独售价的相对比例,将交易价格分摊至各单项履约义务。单独售价是指企业向客户单独销售商品的价格。企业在类似环境下向类似客户单独销售某商品的价格,应作为该商品的单独售价。单独售价无法直接观察的,企业应当综合考虑其能够合理取得的全部相关信息,采用市场调整法、成本加成法、余值法等方法合理估计单独售价。企业在估计单独售价时,应当最大限度地采用可观察的输入值,并对类似情况采用一致的估计方法。

① 市场调整法是企业根据某商品或类似商品的市场售价,考虑本企业的成本和毛利等进行适当调整后的金额,确定其单独售价的方法。

② 成本加成法是企业根据某商品的预计成本加上其合理毛利后的金额,确定其单独售价的方法。

③ 余值法是企业根据合同交易价格减去合同中其他商品可观察单独售价后的余额,确定某商品单独售价的方法。企业在商品近期售价波动幅度巨大,或者因未定价且未曾单独销售而使售价无法可靠确定时,可采用余值法估计其单独售价。

例 12-6 2023 年 3 月 1 日,时宏公司与乙公司签订合同,向其销售 A、B 两项商品,合同价款为 2 000 万元。合同约定,A 商品于合同开始日交付,B 商品在 2023 年 4 月 1 日交付;只有当 A、B 两项商品全部交付之后,时宏公司才有权收取 2 000 万元的合同对价。开出的增值税专用发票上注明的价款为 2 000 万元、增值税税率为 13%、增值税税额为 260 万元,价税合计 2 260 万元。款项尚未收到。假定 A 商品和 B 商品构成两项履约义务,其控制权在交付时转移给客户。分摊至 A 商品和 B 商品的交易价格分别为 500 万元与 2 000 万元,合计 2 500 万元。上述价格均不包含增值税,时宏公司适用的增值税税率为 13%。A 商品成本为 290 万元,B 商品成本为 1 100 万元。(本例中的金额单位用万元表示)

时宏公司的相关账务处理如下。

A 商品应当分摊的交易价格 = 500÷2 500×2 000 = 400(万元)

B 商品应当分摊的交易价格 = 2 000÷2 500×2 000 = 1 600(万元)

(1) 2023 年 3 月 1 日交付 A 商品时编制的会计分录

借:合同资产——乙公司　　　　　　　　　　　　　　　400
　　贷:主营业务收入——销售 A 商品　　　　　　　　　　　　　400
借:主营业务成本——销售 A 商品　　　　　　　　　　290
　　贷:库存商品——A 商品　　　　　　　　　　　　　　　　　290

(2) 2023 年 4 月 1 日交付 B 商品时编制的会计分录

借:应收账款——乙公司　　　　　　　　　　　　　　2 260
　　贷:合同资产　　　　　　　　　　　　　　　　　　　　　　400
　　　　主营业务收入——销售 B 商品　　　　　　　　　　　　1 600
　　　　应交税费——应交增值税(销项税额)　　　　　　　　　260
借:主营业务成本——销售 B 商品　　　　　　　　　　1 100
　　贷:库存商品——B 商品　　　　　　　　　　　　　　　　　1 100

五、履行每一单项履约义务时确认收入

企业应当在履行了合同中的履约义务,即客户取得相关商品控制权时确认收入。控制权转移是确认收入的前提。对于履约义务,企业首先判断履约义务是否满足在某一时段履行的条件,如果不满足,则该履约义务属于在某一时点履行的履约义务。对于在某一时段履行的履约义务,企业应当选取恰当的方法来确定履约进度;对于在某一时点履行的履约义务,企业应当综合分析控制权转移的迹象,判断其转移时点。

(一)在某一时段履行的履约义务

1. 在某一时段履行履约义务的条件

满足下列条件之一的,属于在某一时段履行的履约义务。

① 客户在企业履约的同时即取得并消耗企业履约所带来的经济利益。
② 客户能够控制企业履约过程中在建的商品。
③ 企业履约过程中所产出的商品具有不可替代用途,且企业在整个合同期间内有权就累计至今已完成的履约部分收取款项。

2. 在某一时段履行的履约义务的收入确认

对于在某一时段履行的履约义务,企业应当在该段时间内按照履约进度确认收入,但履约进度不能合理确定的除外。企业应当考虑商品的性质,采用产出法或投入法确定恰当的履约进度,并且在确定履约进度时应当扣除那些控制权尚未转移给客户的商品。企业按照履约进度确认收入时,在资产负债表日将合同的交易价格总额乘以履约进度扣除以前会计期间累计已确认的收入后的金额,确认为当期收入。在资产负债表日,将预计合同费用总额乘以履约进度扣除以前会计期间累计已确认的费用后的金额,确认为当期费用。

① 产出法。产出法是根据已转移给客户的商品对于客户的价值确定履约进度。通常可采用实际测量的完工进度、评估已实现的结果、已达到的工程进度节点、时间进度、已完工或交付的产品等产出指标确定履约进度。企业在评估是否采用产出法确定履约进度时,应当考虑具体的事实和情况,并选择能够如实反映企业履约进度和向客户转移商品控制权的产出指标。当选择的产出指标无法计量控制权已转移给客户的商品时,不应采用产出法。

② 投入法。投入法是根据企业为履行履约义务的投入确定履约进度。通常可采用投入的材料数量、花费的人工工时或机器工时、发生的成本和时间进度等投入指标确定履约进度。当企业从事的工作或发生的投入是在整个履约期间平均发生时,企业也可以按照平均年限法确认收入。产出法下有关产出指标的信息有时可能无法通过直接观察获得,或者企业为获得这些信息需要花费很高的成本时,可能需要采用投入法来确定履约进度。

例 12-7 时宏公司于 2023 年 12 月 1 日接受乙公司一项设备安装任务,安装期为 3 个月。合同总收入 600 000 元,至年底已预收安装费 440 000 元,实际发生安装费用 280 000 元(假定均为安装人员薪酬),估计还将发生安装费用 120 000 元。假定时宏公司按实际发生的成本占估计总成本的比例确定安装的履约进度,不考虑增值税等其他因素。

时宏公司的相关账务处理如下。

2023 年年底履约进度 = 280 000 ÷ (280 000 + 120 000) × 100% = 70%
2023 年年底确认的劳务收入 = 600 000 × 70% − 0 = 420 000(元)
2023 年年底确认的劳务成本 = (280 000 + 120 000) × 70% − 0 = 280 000(元)

（1）实际发生劳务成本时编制的会计分录
借：合同履约成本——设备安装　　　　　　　　　　　　280 000
　　贷：应付职工薪酬——短期薪酬　　　　　　　　　　　　　280 000
（2）预收劳务款时编制的会计分录
借：银行存款——工商银行海口南沙支行　　　　　　　440 000
　　贷：合同负债——乙公司　　　　　　　　　　　　　　　　440 000
（3）2023年年底确认劳务收入并结转劳务成本时编制的会计分录
借：合同负债——乙公司　　　　　　　　　　　　　　420 000
　　贷：主营业务收入——设备安装　　　　　　　　　　　　　420 000
借：主营业务成本——设备安装　　　　　　　　　　　280 000
　　贷：合同履约成本——设备安装　　　　　　　　　　　　　280 000

对于同一合同下属于在一时段履行的履约义务涉及与客户结算对价的，通常情况下，企业已向客户转让商品而有权收取的对价金额应当确认为合同资产或应收账款，对于其已收或应收客户对价而应向客户转让商品的义务，应当按照已收或应收的金额确认合同负债。由于同一合同下的合同资产和合同负债应当以净额列示，企业也可以设置"合同结算"账户，以核算同一合同下属于在一时段履行的履约义务涉及与客户结算对价所产生的合同资产和合同负债，并在此账户下设置"合同结算——价款结算"明细账户反映定期与客户进行结算的金额、设置"合同结算——收入结转"明细账户反映按履约进度结转的收入金额。在资产负债表日，"合同结算"账户的期末余额在借方的，根据其流动性，在资产负债表中分别列示为"合同资产"或"其他非流动资产"项目；期末余额在贷方的，根据其流动性，在资产负债表中分别列示为"合同负债"或"其他非流动负债"项目。

例 12-8　时宏公司于2023年1月1日与丙公司签订了一项大型设备建造工程合同。根据双方合同，该工程造价为63 000 000元，工程期限为一年半，预计2024年6月30日竣工，预计可能发生的总成本为40 000 000元；时宏公司负责工程的施工及全面管理，丙公司按照第三方工程监理公司确认的工程完工量，每半年与时宏公司结算一次。假定该建造工程整体构成单项履约义务，并属于在某一时段履行的履约义务。时宏公司采用已发生成本占预计总成本比例计算履约进度，增值税税率为9%，不考虑其他相关因素。2023年6月30日，工程累计实际发生成本15 000 000元，丙公司与时宏公司结算合同价款25 000 000元，时宏公司实际收到价款20 000 000元；2023年12月31日，工程累计实际发生成本30 000 000元，丙公司与时宏公司结算合同价款11 000 000元，时宏公司实际收到价款10 000 000元；2024年6月30日，工程累计实际发生成本41 000 000元，丙公司与时宏公司结算合同竣工价款27 000 000元，时宏公司实际收到价款33 000 000元。上次价款均不含增值税。时宏公司实际发生的成本中K材料占实际发生的成本的比重为50%、职工薪酬占实际发生的成本的比重为50%。假定时宏公司与丙公司结算时即发生增值税纳税义务，丙公司在实际支付工程价款的同时支付其对应的增值税税款。

时宏公司的相关账务处理如下。
（1）2023年1月1日至2023年6月30日实际发生工程成本时编制的会计分录
借：合同履约成本——设备建造　　　　　　　　　　15 000 000
　　贷：原材料——K材料　　　　　　　　　　　　　　　　　7 500 000
　　　　应付职工薪酬——短期薪酬　　　　　　　　　　　　7 500 000
（2）2023年6月30日按照履约进度确认收入和费用时编制的会计分录
2023年6月30日履约进度＝15 000 000÷40 000 000×100%＝37.5%

2023年6月30日确认的合同收入＝63 000 000×37.5%－0＝23 625 000（元）
2023年6月30日确认的合同成本＝40 000 000×37.5%－0＝15 000 000（元）

借：合同结算——收入结转　　　　　　　　　　　　23 625 000
　　贷：主营业务收入——设备建造　　　　　　　　　　　　23 625 000
借：主营业务成本——设备建造　　　　　　　　　　15 000 000
　　贷：合同履约成本——设备建造　　　　　　　　　　　　15 000 000
借：应收账款——丙公司　　　　　　　　　　　　　27 250 000
　　贷：合同结算——价款结算　　　　　　　　　　　　　　25 000 000
　　　　应交税费——应交增值税（销项税额）　　　　　　　2 250 000
借：银行存款——工商银行海口南沙支行　　　　　　20 000 000
　　贷：应收账款——丙公司　　　　　　　　　　　　　　　20 000 000

2023年6月30日，"合同结算"账户余额在贷方，为1 375 000（23 625 000－25 000 000）元，应在资产负债表中的"合同负债"项目列示。

（3）2023年7月1日至2023年12月31日实际发生工程成本时编制的会计分录
借：合同履约成本——设备建造　　　　　　　　　　15 000 000
　　贷：原材料——K材料　　　　　　　　　　　　　　　　7 500 000
　　　　应付职工薪酬——短期薪酬　　　　　　　　　　　　7 500 000

（4）2023年12月31日按照履约进度确认收入和费用时编制的会计分录
2023年12月31日履约进度＝30 000 000÷40 000 000×100%＝75%
2023年12月31日确认的合同收入＝63 000 000×75%－23 625 000＝23 625 000（元）
2023年12月31日确认的合同成本＝40 000 000×75%－15 000 000＝15 000 000（元）

借：合同结算——收入结转　　　　　　　　　　　　23 625 000
　　贷：主营业务收入——设备建造　　　　　　　　　　　　23 625 000
借：主营业务成本——设备建造　　　　　　　　　　15 000 000
　　贷：合同履约成本——设备建造　　　　　　　　　　　　15 000 000
借：应收账款——丙公司　　　　　　　　　　　　　11 990 000
　　贷：合同结算——价款结算　　　　　　　　　　　　　　11 000 000
　　　　应交税费——应交增值税（销项税额）　　　　　　　990 000
借：银行存款——工商银行海口南沙支行　　　　　　10 000 000
　　贷：应收账款——丙公司　　　　　　　　　　　　　　　10 000 000

2023年6月30日，"合同结算"账户余额在借方，为11 250 000（23 625 000－11 000 000－1 375 000）元，应在资产负债表中的"合同资产"项目列示。

（5）2024年1月1日至2024年6月30日实际发生工程成本时编制的会计分录
借：合同履约成本——设备建造　　　　　　　　　　11 000 000
　　贷：原材料——K材料　　　　　　　　　　　　　　　　5 500 000
　　　　应付职工薪酬——短期薪酬　　　　　　　　　　　　5 500 000

（6）2024年6月30日按照履约进度确认收入和费用时编制的会计分录
2024年6月30日履约进度＝41 000 000÷41 000 000×100%＝100%
2024年6月30日确认的合同收入＝63 000 000×100%－23 625 000－23 625 000＝15 750 000（元）
2024年6月30日确认的合同成本＝41 000 000×100%－15 000 000－15 000 000＝11 000 000（元）

```
借：合同结算——收入结转                           15 750 000
    贷：主营业务收入——设备建造                          15 750 000
借：主营业务成本——设备建造                       11 000 000
    贷：合同履约成本——设备建造                          11 000 000
借：应收账款——丙公司                             29 430 000
    贷：合同结算——价款结算                              27 000 000
        应交税费——应交增值税（销项税额）                  2 430 000
借：银行存款——工商银行海口南沙支行                38 670 000
    贷：应收账款——丙公司                                38 670 000
```

2024年6月30日，"合同结算"账户余额为0（15 750 000－27 000 000＋11 250 000）元。

由于投入法下的投入指标和企业向客户转移商品的控制权之间未必存在直接的对应关系，因此企业在采用投入法时，应扣除那些虽然已经发生，但是未导致向客户转移商品的投入。在实务中，企业通常按照累计实际发生的成本占预计总成本的比例（成本法）确定履约进度。累计实际发生的成本包括企业向客户转移商品过程中所发生的直接成本和间接成本，如直接人工、直接材料、分包成本及其他与合同相关的成本。在下列情形下，企业在采用成本法确定履约进度时，需要对已发生的成本进行适当的调整。

① 已发生的成本并未反映企业履行履约义务的进度。例如，因企业生产效率低下等原因而导致的非正常消耗，包括非正常消耗的直接材料、直接人工及制造费用等，不应包括在累计实际发生的成本中，除非企业和客户在订立合同时已经预见会发生这些成本并将其包括在合同价款中。

② 已发生的成本与企业履行履约义务的进度不成比例。如果企业已发生的成本与履约进度不成比例，则企业在采用成本法确定履约进度时需要进行适当调整。对于施工中尚未安装、使用或耗用的商品或材料成本等，当企业在合同开始日就预见将能够满足下列所有条件时，应在采用成本法确定履约进度时不包括这些成本：第一，该商品或材料不可明确区分，即不构成单项履约义务；第二，客户先取得该商品或材料的控制权，之后才接受与之相关的服务；第三，该商品或材料的成本相对于预计总成本而言是重大的；第四，企业自第三方采购该商品或材料，且未深入参与其设计和制造，对于包含该商品的履约义务而言，企业是主要责任人。

在每一资产负债表日，企业应当对履约进度进行重新估计。当客观环境发生变化时，企业需要重新评估履约进度是否发生变化，以确保履约进度能够反映履约情况的变化。对于每一项履约义务，企业只能采用一种方法来确定其履约进度，并加以一贯运用。对于类似情况下的类似履约义务，企业应当采用相同的方法（如成本法）确定履约进度。

对于在某一时段内履行的履约义务，只有当其履约进度能够合理确定时，才应当按照履约进度确认收入。当履约进度不能合理确定时，企业已经发生的成本预计能够得到补偿的，应当按照已经发生的成本金额确认收入，直到履约进度能够合理确定为止。

（二）在某一时点履行的履约义务

对于不属于在某一时段履行的履约义务，应当属于在某一时点履行的履约义务，企业应当在客户取得相关商品控制权时点确认收入。在判断控制权是否转移时，企业应当考虑下列5个迹象。

1. 企业就该商品享有现时收款权利，即客户就该商品负有现时付款义务

当企业就该商品享有现时收款权利时，可能表明客户已经有能力主导该商品的使用并中获得几乎全部的经济利益。

2. 企业已将该商品的法定所有权转移给客户，即客户已拥有该商品的法定所有权

当客户取得了商品的法定所有权时，表明客户可能已取得对该商品的控制权。如果企业仅仅是为了确保到期收回货款而保留商品的法定所有权，那么企业拥有的该权利通常并不妨碍客户取得对该商品的控制权。

3. 企业已将该商品实物转移给客户，即客户已占有该商品实物

客户占有了某项商品实物并不意味着就一定取得了对该商品的控制权，反之亦然。

（1）委托代销安排

这一安排是指委托方和受托方签订代销合同或协议，委托受托方向终端客户销售商品。受托方获得对该商品控制权的，企业应当按销售商品进行账务处理，这种安排不属于委托代销安排；受托方没有获得对该商品控制权的，企业通常应当在受托方售出商品后，按合同或协议约定的方法计算确定的手续费确认收入。委托方在收到受托方开具的代销清单时，表明委托方的商品控制权已经实质性转移，委托方应确认收入。受托方将代销商品向第三方最终客户销售时，按视同销售处理，将收取的手续费确认为收入。

表明一项安排是委托代销安排的迹象包括但不限于：一是在特定事件发生之前（如向最终客户出售产品或指定期间到期之前），企业拥有对商品的控制权；二是企业能够要求将委托代销的商品退回或将其销售给其他方（如其他经销商）；三是尽管受托方可能被要求向企业支付一定金额的押金，但是并没有承担对这些商品无条件付款的义务。

例 12-9 时宏公司委托丙公司销售 W 商品 200 件。W 商品已经发出，成本为 60 元/件。合同约定丙公司应按每件 100 元对外销售，时宏公司按不含增值税的销售价格的 10%向丙公司支付手续费用。丙公司对外实际销售 100 件，开出的增值税专用发票上注明的价款为 10 000 元、增值税税率为 13%、增值税税额为 1 300 元，价税合计 11 300 元。款项已经收到。丙公司开户银行为建设银行海口甸阳支行。丙公司向时宏公司开出收取手续费的增值税专用发票上注明的价款为 943.40 元、增值税税率为 6%、增值税税额为 56.60 元，价税合计 1 000 元。丙公司扣除手续费的代销款项支付时宏公司。时宏公司收到丙公司开具的代销清单时，向丙公司开具一张相同金额的增值税专用发票。假定除上述情况外，不考虑其他因素。

时宏公司的相关账务处理如下。

（1）发出商品时，应编制的会计分录。

借：发出商品——W 商品（丙公司） 12 000
  贷：库存商品——W 商品 12 000

（2）收到代销清单时应编制的会计分录

借：应收账款——丙公司 11 300
  贷：主营业务收入——销售 W 商品 10 000
    应交税费——应交增值税（销项税额） 1 300

借：主营业务成本——销售 W 商品 6 000
  贷：发出商品——W 商品（丙公司） 6 000

借：销售费用——代销手续费 943.40
  应交税费——应交增值税（进项税额） 56.60
  贷：应收账款——丙公司 1 000

（3）收到丙公司支付的货款时应编制的会计分录

借：银行存款——工商银行海口南沙支行 10 300
  贷：应收账款——丙公司 10 300

丙公司的相关账务处理如下。

（1）收到代销商品时应编制的会计分录

借：受托代销商品——W商品（时宏公司）　　　　　20 000
　　贷：受托代销商品款——时宏公司　　　　　　　　　20 000

（2）对外销售时应编制的会计分录

借：银行存款——建设银行海口甸阳支行　　　　　　11 300
　　贷：受托代销商品——W商品（时宏公司）　　　　　10 000
　　　　应交税费——应交增值税（销项税额）　　　　　 1 300

（3）收到增值税专用发票应编制的会计分录

借：受托代销商品款——时宏公司　　　　　　　　　10 000
　　应交税费——应交增值税（进项税额）　　　　　　 1 300
　　贷：应付账款——时宏公司　　　　　　　　　　　　11 300

（4）支付货款并计算代销手续费应编制的会计分录

借：应付账款——时宏公司　　　　　　　　　　　　11 300
　　贷：银行存款——建设银行海口甸阳支行　　　　　10 300
　　　　其他业务收入——代销手续费　　　　　　　　 943.40
　　　　应交税费——应交增值税（销项税额）　　　　　56.60

（2）售后代管商品安排

售后代管商品是指根据企业与客户签订的合同，企业已经就销售的商品向客户收款或取得了收款权利，但是直到未来某一时点将该商品交付给客户之前，企业仍然继续持有该商品实物的安排。

在售后代管商品安排下，除应考虑客户是否取得商品控制权的迹象外，还应同时满足以下4项条件，才表明客户取得了该商品的控制权：一是该安排必须具有商业实质；二是属于客户的商品必须能够单独识别；三是该商品可以随时应客户要求交付给客户；四是企业不能自行使用该商品或将该商品提供给其他客户。在实务中，越是通用的、可以与其他商品互相替换的商品，越有可能难以满足上述条件。需要注意的是，企业在同时满足上述条件时对尚未发货的商品确认了收入的，应当考虑其是否还承担了其他的履约义务，如向客户提供保管服务等，从而应将部分交易价格分摊至该其他履约义务。

4. 企业已将该商品所有权上的主要风险和报酬转移给客户，即客户已取得该商品所有权上的主要风险和报酬

企业在判断时不应考虑导致企业在除所转让商品之外产生其他单项履约义务的风险。例如，企业将产品销售给客户并承诺提供后续维护服务的安排中，销售产品和提供维护服务均构成单项履约义务。在企业将产品销售给客户之后，虽然仍然保留了与后续维护服务相关的风险，但是由于维护服务构成单项履约义务，该保留的风险并不影响企业已将产品所有权上的主要风险和报酬转移给客户的判断。

5. 客户已接受该商品

当商品通过了客户的验收，通常表明客户已接受该商品。客户验收通常有两种情况：一是企业向客户转让商品时，能够客观地确定该商品符合合同约定的标准和条件，客户验收只是一项例行程序，不会影响企业判断客户取得该商品控制权的时点；二是企业向客户转让商品时，无法客观地确定该商品是否符合合同规定的条件，在客户验收之前，企业不能认为已经将该商品的控制权转移给了客户，企业应当在客户完成验收并接受该商品时才能确认收入。在实务中，定制化程度越高的商品越难以证明客户验收仅仅是一项例行程序。

需要强调的是，在上述 5 个迹象中并没有哪一个或哪几个迹象是决定性的，企业应当根据合同条款和交易实质进行分析，综合判断其是否已将商品的控制权转移给客户及何时转移的，从而确定收入确认的时点。此外，企业应当从客户的角度进行评估，而不应仅考虑企业自身的看法。

例 12-10 时宏公司在 2023 年 6 月 11 日向万达公司销售 A 商品一批。开出的增值税专用发票上注明的价款为 200 000 元、增值税税率为 13%、增值税税额为 26 000 元，价税合计 226 000 元。款项尚未收到。该商品的生产成本为 116 000 元。时宏公司在销售时已知万达公司资金周转发生困难，但为了减少存货积压，同时也为了维持与万达公司建立的长期商业合作关系，时宏公司仍将商品发往万达公司且办妥托收手续。假定时宏公司发出该商品时其增值税纳税义务已经发生。2023 年 9 月 25 日，万达公司经营情况逐渐好转并承诺近期付款。时宏公司于 2023 年 10 月 8 日收到货款。

时宏公司的相关账务处理如下。

（1）2023 年 6 月 11 日发出商品时应编制的会计分录

借：发出商品——A 商品　　　　　　　　　　　　　　　　116 000
　　贷：库存商品——A 商品　　　　　　　　　　　　　　　　116 000

同时，将增值税专用发票上注明的增值税转入应收账款应编制的会计分录如下。

借：应收账款——万达公司　　　　　　　　　　　　　　　　26 000
　　贷：应交税费——应交增值税（销项税额）　　　　　　　　26 000

注意，如果销售该商品的增值税纳税义务尚未发生，则不做这笔会计分录，等纳税义务发生时再编制应交增值税的分录。

（2）2023 年 9 月 25 日万达公司承诺付款时应编制的会计分录

借：应收账款——万达公司　　　　　　　　　　　　　　　　200 000
　　贷：主营业务收入——销售 A 商品　　　　　　　　　　　　200 000
借：主营业务成本——销售 A 商品　　　　　　　　　　　　　116 000
　　贷：发出商品——A 商品　　　　　　　　　　　　　　　　116 000

（3）2023 年 10 月 8 日收到货款时应编制的会计分录

借：银行存款——工商银行海口南沙支行　　　　　　　　　　226 000
　　贷：应收账款——万达公司　　　　　　　　　　　　　　　226 000

例 12-11 2023 年 12 月 1 日时宏公司为推广销售 B 商品，承诺凡购买该商品的客户均有 3 个月的试用期。在试用期内如果对商品的使用效果不满意，则时宏公司无条件给予退货。向客户销售 B 商品一批，开出的增值税专用发票上注明的价款为 150 000 元、增值税税率为 13%、增值税税额为 19 500 元，价税合计 169 500 元。款项已通过银行收妥。该商品的生产成本为 102 000 元。截至 2024 年 3 月 1 日，购买该商品的客户均未退货。

时宏公司的相关账务处理如下。

（1）2023 年 12 月 1 日发出商品时应编制的会计分录

借：发出商品——B 商品　　　　　　　　　　　　　　　　102 000
　　贷：库存商品——B 商品　　　　　　　　　　　　　　　　102 000
借：银行存款——工商银行海口南沙支行　　　　　　　　　　169 500
　　贷：合同负债——客户　　　　　　　　　　　　　　　　　150 000
　　　　应交税费——应交增值税（销项税额）　　　　　　　　19 500

（2）2024年3月1日客户没有发生退货时应编制的会计分录
借：合同负债——客户　　　　　　　　　　　　　　　150 000
　　贷：主营业务收入——销售B商品　　　　　　　　　　　150 000
借：主营业务成本——销售B商品　　　　　　　　　　　102 000
　　贷：发出商品——B商品　　　　　　　　　　　　　　　102 000

任务处理

任务处理

任务三　合同成本的核算

任务描述

时宏公司于2023年12月提供酒店住宿服务业务。当月月底该公司计提固定资产折旧10 000元，无形资产摊销费用20 000元，确认收入100 000元（不含税），增值税税率为6%。款项已收妥存入银行。请会计人员赵美媛对该合同履约成本进行分析与确认。

知识储备

企业不管是按某一时点履行的履约义务的业务确认收入，还是按某一时段履行的履约义务的业务确认收入，均有可能发生合同履约成本或合同取得成本，因此要深刻理解在收入确认过程中合同成本产生的前提条件及确认的基础。

业务核算

一、合同履约成本

企业为履行合同可能会发生各种成本，企业在确认收入的同时应当对这些成本进行分析，属于本书其他项目范围的，应当按照相关项目的要求进行账务处理；不属于本书其他章节范围且同时满足下列条件的，应当作为合同履约成本确认为一项资产。

① 该成本与一份当前或预期取得的合同直接相关。预期取得的合同应当是企业能够明确识别的合同，如现有合同续约后的合同、尚未获得批准的特定合同等。与合同直接相关的成本包括直接人工（如支付给直接为客户提供所承诺服务的人员的工资、奖金等）、直接材料（如为履行合同耗用的原材料、辅助材料、构配件、零件、半成品的成本和周转材料的摊销及租赁费用等）、制造费用（或类似费用，如组织和管理相关生产、施工、服务等活动发生的费用，包括管理人员的职工薪酬、劳动保护费、固定资产折旧费及修理费、物料消耗、取暖费、水电费、办公费、差旅费、财产保险费、工程保修费、排污费、临时设施摊销费等）、明确由客户承担的成本及仅由于该合同而发生的其他成本（如支付给分包商的成本、机械使用费、设计和技术援助费用、施工现场二次搬运费、生产工具和用具使用费、检验试验费、工程定位复测费、工程点交费用、场地清理费等）。

② 该成本增加了企业未来用于履行（或持续履行）履约义务的资源。
③ 该成本预期能够收回。

下列支出不属于合同履约成本，企业应在支出发生时将其计入当期损益：一是管理费用，除非这些费用明确由客户承担；二是非正常消耗的直接材料、直接人工和制造费用（或类似费用），这些支出为履行合同发生，但未反映在合同价格中；三是与履约义务中已履行（包括已全部履行或部分履行）部分相关的支出，即该支出与企业过去的履约活动相关；四是无法在尚未履行的和已履行（或已部分履行）的履约义务之间区分的相关支出。

例 12-12 时宏公司与乙公司签订合同，为乙公司信息中心提供管理服务，合同期限为5年。在向乙公司提供服务之前，时宏公司设计并搭建了一个信息技术平台供其内部使用，该信息技术平台由相关的硬件和软件组成。时宏公司需要提供设计方案，将该信息技术平台与乙公司现有的信息系统对接，并进行相关测试。该平台并不会转让给乙公司，但是将用于向乙公司提供服务。时宏公司为该平台的设计、购买硬件和软件及信息中心的测试发生了成本。除此之外，时宏公司专门指派两名员工，负责向乙公司提供服务。

本例中，时宏公司为履行合同发生的上述成本中，购买硬件和软件的成本应分别按照本书项目六和项目七的规定进行账务处理；设计服务成本和信息中心的测试成本不属于其他章节的规范范围，但是这些成本与履行该合同直接相关，并且增加了时宏公司未来用于履行履约义务（提供管理服务）的资源，如果时宏公司预计该成本可通过未来提供服务收取的对价收回，则时宏公司应当将这些成本确认为一项资产。时宏公司向两名负责该项目的员工支付的工资费用，虽然与向乙公司提供服务有关，但是由于其并未增加企业未来用于履行履约义务的资源，因此应当于发生时计入当期损益。

满足上述条件确认为资产的合同履约成本，初始确认时摊销期限不超过一年或一个正常营业周期的，在资产负债表中列示为存货；初始确认时摊销期限在一年或一个正常营业周期以上的，在资产负债表中列示为其他非流动资产。

二、合同取得成本

企业为取得合同发生的增量成本预期能够收回的，应当作为合同取得成本确认为一项资产。增量成本是指企业不取得合同就不会发生的成本，如销售佣金等。为简化实务操作，该资产摊销期限不超过一年的，可以在发生时计入当期损益。

企业为取得合同发生的，除预期能够收回的增量成本之外的其他支出，如无论是否取得合同均会发生的差旅费、投标费、为准备投标资料发生的相关费用等，应当在发生时计入当期损益，除非这些支出明确由客户承担。

例 12-13 时宏公司通过竞标赢得一个新客户。为取得与该客户的合同，时宏公司聘请外部律师进行尽职调查支付的相关费用为 15 000 元、为投标而发生的差旅费为 10 000 元、支付销售人员佣金 5 000 元。时宏公司预计这些支出未来均能够收回。此外，时宏公司根据其年度销售目标、整体盈利情况及个人业绩等，向销售部门经理支付年度奖金 10 000 元。

本例中，时宏公司因签订该客户合同而向销售人员支付的佣金属于为取得合同发生的增量成本，应将其作为合同取得成本确认为一项资产；时宏公司聘请外部律师进行尽职调查发生的支出、为投标发生的差旅费，无论是否取得合同都会发生，不属于增量成本，因此应于发生时直接计入当期损益；时宏公司向销售部门经理支付的年度奖金也不是为取得合同发生的增量成本，这是因为该奖金发放与否及发放金额多少还取决于其他因素（包括公司的盈利情况和个人业绩），其并不能直接归属于可识别的合同。

企业因现有合同续约或发生合同变更需要支付的额外佣金，也属于为取得合同发生的增量成本。在实务中，当合同取得成本的安排比较复杂时，对于合同续约或合同变更时需要支付额外的佣金、企业支付的佣金金额取决于客户未来的履约情况或取决于累计取得的合同数量或金额等。企业需要运用判断，对发生的合同取得成本进行恰当的账务处理。

满足上述条件确认为资产的合同取得成本，初始确认时摊销期限不超过一年或一个正常营业周期的，在资产负债表中列示为其他流动资产；初始确认时摊销期限在一年或一个正常营业周期以上的，在资产负债表中列示为其他非流动资产。

三、合同履约成本和合同取得成本的摊销及减值

（一）摊销

确认为企业资产的合同履约成本和合同取得成本（以下称与合同成本相关的资产），应当采用与该资产相关的商品收入确认相同的基础（在履约义务履行的时点或按照履约义务的履约进度）进行摊销，计入当期损益。

（二）减值

与合同成本相关的资产，其账面价值高于下列第一项减去第二项的差额的，应按超出部分的金额计提减值准备，并确认为资产减值损失：一是企业因转让与该资产相关的商品预期能够取得的剩余对价；二是为转让该相关商品估计将要发生的成本。以前期间减值的因素之后发生变化，使得第一项减去第二项的差额高于该资产账面价值的，应当转回原已计提的资产减值准备，并计入当期损益，但转回后的资产账面价值不应超过假定不计提减值准备情况下该资产在转回日的账面价值。在确定上述资产的减值损失时，企业应当首先对相关的其他资产确定减值损失，然后再按上述要求确定上述资产的减值损失。

知识拓展：特定交易的核算

任务处理与项目练习

任务处理　　任务小结　　项目练习　　参考答案

项目十三 费用

学习目标

知识目标

- 理解费用的概念、特征、确认原则和确认条件。
- 重点掌握费用确认和计量。
- 重点掌握营业成本的内容及账务处理。
- 重点掌握期间费用的确认和计量处理方法。

能力目标

- 能够对涉及营业成本的业务进行会计核算。
- 能够对涉及税金及附加税的业务进行会计核算。
- 能够对各项期间费用进行会计核算。

素质目标

- 培养学生的节约意识,能够使企业适当降低费用、增加利润。
- 培养学生具有家国情怀、法治意识、使命担当。

任务一 营业成本

任务描述

时宏公司2023年8月末,结转已经销售的A产品成本为463 700元,结转已经出售甲材料的成本为128 400元。请会计人员赵美媛对该期末结转营业成本进行账务处理。

知识储备

费用是指企业在日常活动中发生的、会导致所有者权益减少的、与向所有者分配利润无关的经济利益的总流出。费用包括企业日常活动所产生的经济利益的总流出,主要是指企业为取得营业收入进行产品及劳务销售等营业活动所发生的企业资金的流出,具体包括成本费用和期间费用。

企业为生产产品、提供劳务等发生的可归属于产品成本、劳务成本等的费用,应当在确认销售商品收入、提供劳务收入等时，将已销售商品、已提供劳务的成本计入当期损益。成本费用包括主营业务成本、其他业务成本、税金及附加等。

一、主营业务成本

主营业务成本是指企业为生产产品、提供劳务等发生的可归属于产品成本、劳务成本等的费用，应当在确认销售商品收入、提供劳务收入等时，将已销售商品成本、已提供劳务的成本计入当期损益（主营业务成本）。如销售产品而发生销售商品成本或劳务成本。

二、其他业务成本

其他业务成本是指企业为生产产品、提供劳务以外发生的不可归属于产品成本、劳务成本但又属于营业过程而发生的费用，应当在确认其他业务收入时，将已发生的成本计入当期损益（其他业务成本）。如出售材料、资产出租收入等。

三、税金及附加

税金及附加是指企业经营活动应负担的相关税费，包括消费税、城市维护建设税、教育费附加、资源税、房产税、车船税、城镇土地使用税、印花税等。

① 消费税是对生产、委托加工及进口应税消费品（主要指烟、酒、化妆品、高档次及高能耗的消费品）征收的一种税。消费税的计税方法主要有从价定率、从量定额及从价定率和从量定额复合计税 3 种：从价定率是根据商品销售价格和规定的税率计算应交的消费税。从量定额是根据商品销售数量和规定的单位税额计算应交的消费税；复合计税是两者的结合。

② 城市维护建设税（以下简称城建税）和教育费附加是对从事生产经营活动的单位和个人，以其实际缴纳的增值税、消费税为依据，按纳税人所在地适用的不同税率计算征收的一种流转税。

③ 资源税是对在我国境内开采国家规定的矿产资源和生产用盐的单位、个人征收的一种税，按应税数量和规定的单位税额计算。例如，开采石油、煤炭、天然气的企业需要按开采的数量计算缴纳资源税。

业务核算

一、主营业务成本

主营业务成本是指企业销售商品、提供劳务等经常性活动所发生的成本。企业一般在确认销售商品、提供劳务等主营业务收入时，或者在月末，将已销售商品、已提供劳务的成本结转入主营业务成本。主营业务成本按主营业务的种类进行明细核算，期末将主营业务成本的发生额转入"本年利润"账户，结转后本账户无余额。

例 13-1 时宏公司于 2023 年 1 月 20 日向乙公司销售一批 C 商品。开出的增值税专用发票上注明的销售价款为 370 000 元、增值税税率为 13%、增值税税额为 48 100 元，价税合计 418 100 元。款项已通过银行收妥，并将提货单及发票送交乙公司。该批 C 商品的生产成本为 225 000 元。

时宏公司的相关账务处理如下。

（1）销售实现时编制的会计分录

借：银行存款——工商银行海口南沙支行　　　　　　　　418 100
　　贷：主营业务收入——C 商品　　　　　　　　　　　　　370 000

　　　　　应交税费——应交增值税（销项税额）　　　　　　　　　　　48 100
　借：主营业务成本——C商品　　　　　　　　　　　　　　　　225 000
　　　贷：库存商品——C商品　　　　　　　　　　　　　　　　　　　225 000
　（2）期末结转损益时编制的会计分录
　借：主营业务收入——销售C商品　　　　　　　　　　　　　370 000
　　　贷：本年利润　　　　　　　　　　　　　　　　　　　　　　　　370 000
　借：本年利润　　　　　　　　　　　　　　　　　　　　　　225 000
　　　贷：主营业务成本——销售C商品　　　　　　　　　　　　　　225 000

例 13-2 时宏公司 2023 年 3 月末计算已销售的甲、乙、丙 3 种商品的实际成本，分别为 120 000 元、280 000 元和 190 000 元。该公司月末结转已销甲、乙、丙商品成本。

　　时宏公司的相关账务处理如下。
　（1）月末结转已销商品成本时编制的会计分录
　借：主营业务成本——销售甲商品　　　　　　　　　　　　120 000
　　　主营业务成本——销售乙商品　　　　　　　　　　　　280 000
　　　主营业务成本——销售丙商品　　　　　　　　　　　　190 000
　　　贷：库存商品——甲商品　　　　　　　　　　　　　　　　　　120 000
　　　　　库存商品——乙商品　　　　　　　　　　　　　　　　　　280 000
　　　　　库存商品——丙商品　　　　　　　　　　　　　　　　　　190 000
　（2）期末结转损益时编制的会计分录
　借：本年利润　　　　　　　　　　　　　　　　　　　　　　590 000
　　　贷：主营业务成本——销售甲商品　　　　　　　　　　　　　　120 000
　　　　　主营业务成本——销售乙商品　　　　　　　　　　　　　　280 000
　　　　　主营业务成本——销售丙商品　　　　　　　　　　　　　　190 000

例 13-3 时宏公司于 2023 年 2 月 1 日接受一项设备安装任务，安装期限为 3 个月。合同总价款为 100 000 元，实际发生安装成本 60 000 元，分别为 2023 年 2 月 1 日通过银行支付安装款 36 000 元、2023 年 3 月 1 日通过银行支付安装款 24 000 元。2023 年 4 月 30 日安装完成，结转安装成本。

　　时宏公司的相关账务处理如下。
　（1）2023 年 2 月 1 日支付安装款时编制的会计分录
　借：合同履约成本——设备安装　　　　　　　　　　　　　36 000
　　　贷：银行存款——工商银行海口南沙支行　　　　　　　　　　36 000
　（2）2023 年 3 月 1 日支付安装款时编制的会计分录
　借：合同履约成本——设备安装　　　　　　　　　　　　　24 000
　　　贷：银行存款——工商银行海口南沙支行　　　　　　　　　　24 000
　（3）2023 年 4 月 30 日结转安装成本时编制的会计分录
　借：主营业务成本——设备安装　　　　　　　　　　　　　60 000
　　　贷：合同履约成本——设备安装　　　　　　　　　　　　　　60 000
　（4）2023 年 4 月 30 日期末结转损益时编制的会计分录
　借：本年利润　　　　　　　　　　　　　　　　　　　　　　60 000
　　　贷：主营业务成本——设备安装　　　　　　　　　　　　　　60 000

二、其他业务成本

其他业务成本是指企业确认的除主营业务活动以外的其他经营活动所发生的支出。其他业务成本包括销售材料的成本、出租固定资产的折旧额、出租无形资产的摊销额、出租包装物的成本或摊销额等。本账户按其他业务成本的种类进行明细核算。

期末，本账户发生额转入"本年利润"账户，结转后本账户无余额。

例 13-4 时宏公司于 2023 年 12 月 12 日销售一批甲材料。开具的增值税专用发票上注明的价款为 100 000 元、增值税税率为 13%、增值税税额为 13 000 元，价税合计 113 000 元。款项已由银行收妥。该批材料的实际成本为 79 000 元。

时宏公司的相关账务处理如下。

（1）销售实现时编制的会计分录

借：银行存款——工商银行海口南沙支行　　　　　　　　113 000
　　贷：其他业务收入——销售甲材料　　　　　　　　　　　100 000
　　　　应交税费——应交增值税（销项税额）　　　　　　　　13 000
借：其他业务成本——销售甲材料　　　　　　　　　　　　 79 000
　　贷：原材料——甲材料　　　　　　　　　　　　　　　　 79 000

（2）期末结转损益时编制的会计分录

借：其他业务收入——销售甲材料　　　　　　　　　　　　100 000
　　贷：本年利润　　　　　　　　　　　　　　　　　　　　100 000
借：本年利润　　　　　　　　　　　　　　　　　　　　　　79 000
　　贷：其他业务成本——销售甲材料　　　　　　　　　　　 79 000

例 13-5 时宏公司 2023 年 1 月 1 日将自行开发完成的非专利技术出租给另一家公司。该非专利技术的成本为 2 400 000 元，双方约定的租赁期限为 10 年，时宏公司每月应摊销 20 000（2 400 000÷10÷12）元。

时宏公司的相关账务处理如下。

（1）每月摊销时编制的会计分录

借：其他业务成本——无形资产摊销　　　　　　　　　　　 20 000
　　贷：累计摊销　　　　　　　　　　　　　　　　　　　　 20 000

（2）期末结转损益时编制的会计分录

借：本年利润　　　　　　　　　　　　　　　　　　　　　 20 000
　　贷：其他业务成本——无形资产摊销　　　　　　　　　　 20 000

例 13-6 时宏公司于 2023 年 11 月 22 日销售商品时，领用单独计价的包装物一批。对单独计价的包装物开出的增值税专用发票上注明的价款为 58 000 元、增值税税率为 13%、增值税税额为 7 540 元，价税合计 65 540 元。款项已存入银行。时宏公司对领用的包装物按实际成本核算，包装物实际成本 40 000 元。

时宏公司的相关账务处理如下。

（1）出售包装物时编制的会计分录

借：银行存款——工商银行海口南沙支行　　　　　　　　　 65 540
　　贷：其他业务收入——销售包装物　　　　　　　　　　　 58 000
　　　　应交税费——应交增值税（销项税额）　　　　　　　　7 540

（2）结转出售包装物成本时编制的会计分录

借：其他业务成本——销售包装物　　　　　　　　　　40 000
　　贷：周转材料——包装物　　　　　　　　　　　　　　　　40 000

（3）期末结转损益时编制的会计分录

借：其他业务收入——销售包装物　　　　　　　　　　58 000
　　贷：本年利润　　　　　　　　　　　　　　　　　　　　　58 000
借：本年利润　　　　　　　　　　　　　　　　　　　　40 000
　　贷：其他业务成本——销售包装物　　　　　　　　　　　　40 000

例 13-7　时宏公司 2023 年 5 月 11 日出租一幢办公楼给乙公司使用。已确认为投资性房地产，采用成本模式进行后续计量。假设出租的办公楼成本为 24 000 000 元，按平均年限法计提折旧，使用寿命为 40 年，预计净残值为 0。时宏公司计算每月应计提的折旧额为 50 000（24 000 000÷40÷12）元。按照合同规定，乙公司按月支付时宏公司租金。

时宏公司的相关账务处理如下。

（1）月末计提折旧时编制的会计分录

借：其他业务成本——办公楼折旧　　　　　　　　　　50 000
　　贷：投资性房地产累计折旧　　　　　　　　　　　　　　　50 000

（2）期末结转损益时编制的会计分录

借：本年利润　　　　　　　　　　　　　　　　　　　　50 000
　　贷：其他业务成本——办公楼折旧　　　　　　　　　　　　50 000

三、税金及附加

企业应当设置"税金及附加"账户，核算企业经营活动发生的消费税、城市维护建设税、教育费附加、资源税、房产税、车船税、城镇土地使用税、印花税等相关税费。按规定计算确定的与经营活动相关的税费，企业应借记"税金及附加"账户，贷记"应交税费"账户；期末，应将"税金及附加"账户发生额转入"本年利润"账户，结转后本账户无余额。

例 13-8　某化妆品公司于 2023 年 2 月 14 日向客户销售化妆品，取得应纳消费税的销售收入 3 164 000 元。该商品适用的消费税税率为 20%。该化妆品公司月末计算的应交消费税为 632 800（3 164 000×20%）元。

某化妆品公司的相关账务处理如下。

（1）月末计算应交消费税编制的会计分录

借：税金及附加——消费税　　　　　　　　　　　　　632 800
　　贷：应交税费——应交消费税　　　　　　　　　　　　　632 800

（2）期末结转损益时编制的会计分录

借：本年利润　　　　　　　　　　　　　　　　　　　632 800
　　贷：税金及附加——消费税　　　　　　　　　　　　　　632 800

例 13-9　某化妆品公司 2023 年 4 月实际应交增值税为 351 000 元、应交消费税为 267 000 元。城市维护建设税税率为 7%、教育费附加征收率为 3%。月末计算应交的城市维护建设税为 43 260[(351 000+267 000)×7%]元、教育费附加为 18 540 元[(351 000+267 000)×3%]。

某化妆品公司的相关账务处理如下。

（1）月末计算应交城市维护建设税和教育费附加时编制的会计分录

借：税金及附加——城市维护建设税　　　　　　　　　　43 260
　　税金及附加——教育费附加　　　　　　　　　　　　18 540
　　　贷：应交税费——应交城市维护建设税　　　　　　　　43 260
　　　　　应交税费——应交教育费附加　　　　　　　　　　18 540

（2）期末结转损益时编制的会计分录

借：本年利润　　　　　　　　　　　　　　　　　　　　61 800
　　　贷：税金及附加——城市维护建设税　　　　　　　　　43 260
　　　　　税金及附加——教育费附加　　　　　　　　　　　18 540

任务处理

任务处理

任务二　期间费用

任务描述

时宏公司 2023 年 3 月以银行存款支付销售产品保险费，取得的增值税专用发票上注明的价款为 100 000 元、增值税税率为 6%、增值税税额为 6 000 元，价税合计 106 000 元。请会计人员赵美媛对该销售费用进行账务处理。

知识储备

期间费用是指企业在日常活动经营过程中，当期发生的不能计入特定核算对象的成本，不能直接归属于某个特定产品成本的费用。由于期间费用难以判定其所归属的产品，因而不能列入产品的制造成本，而在发生的当期直接计入当期损益。期间费用包括销售费用、管理费用和财务费用。

一、销售费用

销售费用是指企业在销售商品的过程中，发生的与销售有关各项费用及为销售本企业商品而专设的销售机构（含销售网点、售后服务网点等）的经营费用。销售费用的具体项目包括保险费、包装费、展览费和广告费、商品维修费、预计产品质量保证损失、运输费、装卸费等，以及为销售本企业商品而专设的销售机构（含销售网点、售后服务网点等）的职工薪酬、业务费、折旧费等经营费用。企业发生的与专设销售机构相关的固定资产修理费用等后续支出，应在发生时计入销售费用。

二、管理费用

管理费用是指企业的行政管理部门为管理和组织经营而发生的各项费用，具体包括的项目有：职工薪酬、职工福利费、折旧费、摊销费、工会经费、职工教育经费、业务招待费、咨询费、诉讼费、公司经费、劳动保险费、董事会会费等。

三、财务费用

财务费用是指企业为筹集生产经营所需资金等而发生的费用,包括利息支出(减利息收入)、手续费、现金折扣、汇兑损失(减汇兑收益)等。

业务核算

一、销售费用

企业应通过"销售费用"账户核算销售费用的发生和结转情况。该账户的借方登记企业所发生的各项销售费用,贷方登记期末结转入"本年利润"账户的销售费用;结转后该账户应无余额。该账户应按销售费用的费用项目进行明细核算。

企业在销售商品过程中发生的各项费用和企业发生的为销售本企业商品而专设的销售机构的职工薪酬、业务费、折旧费、修理费等经营费用,借记"销售费用"账户,贷记"库存现金""银行存款""应付职工薪酬""应付账款""累计折旧""累计摊销"等账户;期末,应将"销售费用"账户发生额转入"本年利润"账户,借记"本年利润"账户,贷记"销售费用"账户,结转后本账户无余额。

例 13-10 时宏公司2023年3月发生的经济业务如下。

① 3月1日,为宣传新产品,请金色广告公司做新产品销售宣传。取得的增值税专用发票上注明的价款为80 000元、增值税税率为6%、增值税税额为4 800元,价税合计84 800元。款项尚未支付。

② 3月12日,销售一批产品,合同规定运输费由本公司承担,请希顺运输公司将产品运抵购货方。取得的运输增值税专用发票上注明的价款为170 000元、增值税税率为6%、增值税税额为10 200元,价税合计180 200元。该公司开出银行承兑汇票支付运输费。

③ 3月15日,用银行存款支付销售贵重产品的保险费。取得的增值税专用发票上注明的价款为250 000元、增值税税率为6%、增值税进项税额为15 000元,价税合计265 000元。

④ 3月31日经核算,销售部门本月共发生费用72 000元。其中,销售机构人员薪酬32 000元;销售部门专用办公设备折旧费28 000元;办公用品耗费12 000元,取得的增值税专用发票上注明的价款为12 000元、增值税税率为13%、增值税税额为1 560元,价税合计13 560元,款项用银行存款支付。

⑤ 3月31日,按专设销售机构人员的职工工资总额提取当月的工会经费和职工教育经费。工会经费计提比例为2%,职工教育经费计提比例为8%。

⑥ 3月31日,将本月发生的销售费用575 200元结转到"本年利润"账户。

时宏公司的相关账务处理如下。

(1)3月1日,确认应支付广告费时编制的会计分录

借:销售费用——广告费　　　　　　　　　　　　　　　　　80 000
　　应交税费——应交增值税(进项税额)　　　　　　　　　　4 800
　　　贷:应付账款——金色广告公司　　　　　　　　　　　　84 800

(2)3月12日,支付运输费时编制的会计分录

借:销售费用——运输费　　　　　　　　　　　　　　　　　170 000
　　应交税费——应交增值税(进项税额)　　　　　　　　　　10 200

　　　　贷：应付票据——希顺运输公司（银行承兑汇票）　　　180 200
（3）3月15日，支付产品保险费时编制的会计分录如下。
　　借：销售费用——保险费　　　　　　　　　　　　　　250 000
　　　　应交税费——应交增值税（进项税额）　　　　　　 15 000
　　　　贷：银行存款——工商银行海口南沙支行　　　　　265 000
（4）3月31日，销售部发生费用时编制的会计分录如下。
　　借：销售费用——职工薪酬　　　　　　　　　　　　　 32 000
　　　　销售费用——折旧费　　　　　　　　　　　　　　 28 000
　　　　销售费用——办公费　　　　　　　　　　　　　　 12 000
　　　　应交税费——应交增值税（进项税额）　　　　　　 1 560
　　　　贷：应付职工薪酬——短期薪酬（工资）　　　　　 32 000
　　　　　　累计折旧　　　　　　　　　　　　　　　　　 28 000
　　　　　　银行存款——工商银行海口南沙支行　　　　　 13 560
（5）3月31日，提取工会经费和职工教育经费时编制的会计分录
　　借：销售费用——工会经费　　　　　　　　　　　　　　　640
　　　　销售费用——职工教育经费　　　　　　　　　　　 2 560
　　　　贷：应付职工薪酬——工会经费　　　　　　　　　　　 640
　　　　　　应付职工薪酬——职工教育经费　　　　　　　 2 560
（6）3月31日，期末结转损益时编制的会计分录
　　借：本年利润　　　　　　　　　　　　　　　　　　　575 200
　　　　贷：销售费用——广告费　　　　　　　　　　　　 80 000
　　　　　　销售费用——运输费　　　　　　　　　　　　170 000
　　　　　　销售费用——保险费　　　　　　　　　　　　250 000
　　　　　　销售费用——职工薪酬　　　　　　　　　　　 32 000
　　　　　　销售费用——折旧费　　　　　　　　　　　　 28 000
　　　　　　销售费用——办公费　　　　　　　　　　　　 12 000
　　　　　　销售费用——工会经费　　　　　　　　　　　　　640
　　　　　　销售费用——职工教育经费　　　　　　　　　 2 560

二、管理费用

　　企业应通过"管理费用"账户核算管理费用的发生和结转情况。该账户的借方登记企业发生的各项管理费用，贷方登记期末转入"本年利润"账户的管理费用；结转后该账户应无余额。该账户应按管理费用的费用项目进行明细核算。

　　企业在筹建期间内发生的开办费，包括人员工资、办公费、培训费、差旅费、印刷费、注册登记费等，借记"管理费用"账户，贷记"银行存款"等账户；企业行政管理部门人员的职工薪酬，借记"管理费用"账户，贷记"应付职工薪酬"账户；企业行政管理部门计提的固定资产折旧，借记"管理费用"账户，贷记"累计折旧"账户；企业行政管理部门发生的办公费、水电费、差旅费等及企业发生的业务招待费、咨询费、研究费用等其他费用，借记"管理费用"账户，贷记"银行存款""研发支出"等账户；期末，应将"管理费用"账户发生额转入"本年利润"账户，借记"本年利润"账户，贷记"管理费用"账户。

　　例 13-11　时宏公司2023年4月发生如下经济业务。

① 为拓展企业经营市场，用银行存款支付业务招待费。取得的增值税普通发票上注明的价款为 2 000 元、增值税税率为 6%、增值税税额为 120 元，价税合计 2 120 元。
② 就一项产品的设计方案向有关专家进行咨询，以现金支付咨询费 30 000 元。
③ 计算本月行政管理部门的商标权应计提的摊销额 48 000 元。
④ 企业准备开始研究一项专利技术。在研究阶段中，领用甲材料 60 000 元，应付研究人员薪酬 90 000 元。
⑤ 行政部门本月共发生费用 95 600 元。其中，行政人员薪酬 46 000 元；行政部专用办公设备折旧费 22 000 元；以现金支付报销行政人员差旅费 13 600 元；办公用品耗费 14 000 元，取得的增值税专用发票上注明的价款为 14 000 元、增值税税率为 13%、增值税税额为 1 820 元，价税合计 15 820 元，款项用银行存款支付。
⑥ 期末将"管理费用"账户发生额转入到"本年利润"账户中。
时宏公司的相关账务处理如下。
（1）支付业务招待费时编制的会计分录
　　借：管理费用——业务招待费　　　　　　　　　　　　　　　2 120
　　　　贷：银行存款——工商银行海口南沙支行　　　　　　　　　　　2 120
（2）支付咨询费时编制的会计分录
　　借：管理费用——咨询费　　　　　　　　　　　　　　　　　30 000
　　　　贷：库存现金　　　　　　　　　　　　　　　　　　　　　30 000
（3）行政管理部门商标权应计提摊销额编制的会计分录
　　借：管理费用——摊销费　　　　　　　　　　　　　　　　　48 000
　　　　贷：累计摊销　　　　　　　　　　　　　　　　　　　　　48 000
（4）发生研发费用时编制的会计分录
　　借：研发支出——费用化支出　　　　　　　　　　　　　　　150 000
　　　　贷：原材料——甲材料　　　　　　　　　　　　　　　　　60 000
　　　　　　应付职工薪酬——短期薪酬（工资）　　　　　　　　　90 000
　　借：管理费用——研发费用　　　　　　　　　　　　　　　　150 000
　　　　贷：研发支出——费用化支出　　　　　　　　　　　　　　150 000
（5）行政部发生费用时编制的会计分录
　　借：管理费用——职工薪酬　　　　　　　　　　　　　　　　46 000
　　　　管理费用——折旧费　　　　　　　　　　　　　　　　　22 000
　　　　管理费用——差旅费　　　　　　　　　　　　　　　　　13 600
　　　　管理费用——办公费　　　　　　　　　　　　　　　　　14 000
　　　　应交税费——应交增值税（进项税额）　　　　　　　　　　1 820
　　　　贷：应付职工薪酬——短期薪酬（工资）　　　　　　　　　46 000
　　　　　　累计折旧　　　　　　　　　　　　　　　　　　　　22 000
　　　　　　库存现金　　　　　　　　　　　　　　　　　　　　13 600
　　　　　　银行存款——工商银行海口南沙支行　　　　　　　　　15 820
（6）期末结转损益时编制的会计分录
　　借：本年利润　　　　　　　　　　　　　　　　　　　　　325 720
　　　　贷：管理费用——业务招待费　　　　　　　　　　　　　　2 120
　　　　　　管理费用——咨询费　　　　　　　　　　　　　　　30 000
　　　　　　管理费用——摊销费　　　　　　　　　　　　　　　48 000

管理费用——研发费用	150 000
管理费用——职工薪酬	46 000
管理费用——折旧费	22 000
管理费用——差旅费	13 600
管理费用——办公费	14 000

三、财务费用

企业应通过"财务费用"账户核算财务费用的发生和结转情况。该账户的借方登记企业发生的各项财务费用，贷方登记期末结转入"本年利润"账户的财务费用；结转后该账户应无余额。该账户应按财务费用的费用项目进行明细核算。

企业发生的各项财务费用，借记"财务费用"账户，贷记"银行存款""应收账款"等账户；企业发生的应冲减财务费用的利息收入、汇兑差额、现金折扣，借记"银行存款""应付账款"等账户，贷记"财务费用"账户；期末，应将"财务费用"账户发生额转入"本年利润"账户，借记"本年利润"账户，贷记"财务费用"账户。

例 13-12　时宏公司2023年5月发生如下经济业务。

① 时宏公司因生产经营需要，2023年5月1日从银行借入短期借款900 000元，期限6个月，年利率6%。该借款本金到期后一次偿还；利息分月计提，按季支付。

② 2023年5月5日销售一批产品给乙公司。开出的增值税专用发票上标明的价税合计为400 000元。现金折扣条件为"2/10,1/20,N/30"，乙公司于2023年5月20日支付现金折扣后的货款。时宏公司已通过银行收妥款项。

③ 2023年5月9日采购甲材料时，销售方要求必须要采用银行承兑汇票结算方式。为了取得银行承兑汇票，支付银行手续费300元。

④ 2023年5月10日向达昌公司购买材料。取得的增值税专用发票上标明的价税合计为87 000元。现金折扣条件为"2/10,1/20,N/30"，时宏公司于2023年5月18日支付现金折扣后的货款。款项已通过银行支付。

⑤ 月末将"财务费用"账户发生额转入"本年利润"账户中。

时宏公司的相关账务处理如下。

（1）2023年5月31日，计提5月份应付短期借款利息时编制的会计分录

月末计提5月份应付利息＝900 000×6%÷12＝4 500（元）

| 借：财务费用——利息支出 | 4 500 | |
| 　　贷：应付利息——工商银行海口南沙支行 | | 4 500 |

（2）2023年5月20日，收到货款时编制的会计分录

计算承担的现金折扣＝400 000×1%＝4 000（元）

借：银行存款——工商银行海口南沙支行	396 000	
财务费用——现金折扣	4 000	
贷：应收账款——乙公司		400 000

（3）2023年5月9日，支付银行手续费时编制的会计分录

| 借：财务费用——手续费 | 300 | |
| 　　贷：银行存款——工商银行海口南沙支行 | | 300 |

（4）2023年5月18日，支付货款时编制的会计分录

计算获得的现金折扣＝87 000×2%＝1 740（元）

借：应付账款——达昌公司	87 000	
贷：银行存款——工商银行海口南沙支行		85 260
财务费用——现金折扣		1 740

（5）月末结转损益时编制的会计分录

借：本年利润	7 060	
贷：财务费用——利息支出		4 500
财务费用——手续费		300
财务费用——现金折扣		2 260

任务处理与项目练习

任务处理　　任务小结　　项目练习　　参考答案

项目十四

利润

学习目标

知识目标
- 了解营业外收入、营业外支出的核算内容，并掌握其核算方法。
- 理解企业所得税的计税基础及暂时性差异。
- 掌握企业所得税费用的会计核算。
- 理解会计利润的构成并掌握其核算方法。
- 掌握利润分配的顺序及其核算方法。

能力目标
- 能够对营业外收入和营业外支出进行会计核算。
- 能够对企业所得税费用进行会计核算。
- 能够正确计算营业利润、利润总额和净利润。
- 能够按照要求分配企业利润并能进行会计核算。

素质目标
- 培养学生具有节约意识，能有效掌握增加企业利润的方式。
- 树立学生的法治意识。

任务一　营业外收支的核算

任务描述

时宏公司 2023 年 10 月 31 日对出纳人员的现金日记账进行清查，发现实际现金总额比账面余额多出 900 元。经查实，400 元无法找到来源；500 元系应付职工张友阳的加班工资。请会计人员赵美媛对该现金盘盈业务进行账务处理。

知识储备

对于从事生产、加工、流通或服务等经营活动的企业来说，营利是其存在的主要目的之一。为了能够使企业的经营进入良性循环、企业的管理者和投资者更好地掌握企业的经营状况，核算企业利润成为每一周期末会计部门的主要工作。利润是指企业一定期间获得的经营成果。根据《中华人民共和国企业所得税法》的规定，企业获得利润之后需要按照法律的要求缴纳企业所得税。

一、营业外收入

营业外收入是指企业发生的与其日常活动无直接关系的各项利得。营业外收入并不是由企业经营资金耗费所产生的，不需要企业付出代价，实际上是一种纯收入，不可能也不需要与有关费用进行配比。营业外收入主要包括非流动资产毁损报废利得、债务重组利得、捐赠利得、盘盈利得、政府补助等。

① 非流动资产毁损报废利得。这主要是指固定资产和无形资产的毁损报废利得：固定资产毁损报废利得是指企业毁损报废固定资产所取得的残料价值和变价收入等扣除固定资产的账面价值、清理费用、处置相关税费后的净收益；无形资产毁损报废利得是指企业毁损报废无形资产所取得的变价收入等扣除无形资产的账面价值及相关税费后的净收益。

② 债务重组利得。这是指企业在进行债务重组时，债务人重组债务的账面价值高于清偿债务的现金及非现金资产的公允价值、转让股权的公允价值、重组后债务账面价值的差额所形成的净收益。

③ 捐赠利得。这是指企业接受捐赠各项货币性资产或非货币性资产形成的利得。

④ 盘盈利得。这是指企业对于现金等资产在清查盘点过程中盘盈的资产报经批准后计入营业外收入的金额。

⑤ 政府补助。这是指企业从政府无偿取得的各项货币性资产或非货币性资产形成的利得。

二、营业外支出

营业外支出是指企业发生的与其日常活动无直接关系的各项损失，主要包括非流动资产毁损报废损失、债务重组损失、公益性捐赠支出、盘亏损失、非常损失、罚款支出等。

① 非流动资产毁损报废损失。这主要是指固定资产和无形资产的毁损报废损失：固定资产毁损报废损失是指企业毁损报废固定资产所取得的残料价值和变价收入等扣除固定资产的账面价值、清理费用、处置相关税费后的净损失；无形资产毁损报废损失是指企业毁损报废无形资产所取得的变价收入等扣除无形资产的账面价值及相关税费后的净损失。

② 债务重组损失。这是指企业在进行债务重组时，债权人重组债务的账面价值高于清偿债务的现金及非现金资产的公允价值、享有股权的公允价值、重组后债务账面价值的差额所形成的净损失。

③ 公益性捐赠支出。这是指企业对外进行公益性捐赠发生的支出。

④ 盘亏损失。这是指企业固定资产盘亏造成的损失，在扣除保险公司赔偿和相关责任赔偿后计入营业外支出的净损失。

⑤ 非常损失。这是指企业固定资产或存货对于因客观因素（如自然灾害等）造成的损失，在扣除保险公司赔偿后计入营业外支出的净损失。

⑥ 罚款支出。这是指企业由于违反合同、违法经营、偷税漏税、拖欠税款等而支付的违约金、罚款、滞纳金等支出。

业务核算

一、营业外收入的账务处理

企业应通过"营业外收入"账户核算营业外收入的取得及结转情况。该账户贷方登记企业确认的各项营业外收入,借方登记期末结转入本年利润的营业外收入;结转后该账户应无余额。该账户应按照营业外收入的项目进行明细核算。

企业发生营业外收入时,借记"固定资产清理""应付账款""库存现金""银行存款""待处理财产损溢"等账户,贷记"营业外收入"账户;期末,应将"营业外收入"账户发生额转入"本年利润"账户,借记"营业外收入"账户,贷记"本年利润"账户。

(一)非流动资产毁损报废利得

例 14-1 时宏公司有一台机器设备在使用过程中已经毁损,毁损时该设备在账簿上记录的原值为 810 000 元,已经计提累计折旧 760 000 元,已经计提减值准备 10 000 元。通过银行支付清理费用,取得的增值税专用发票上注明的价款为 12 000 元、增值税税率为 6%、增值税税额为 720 元,价税合计 12 720 元。残料变价收入已通过银行收妥,开出的增值税专用发票上注明的价款为 58 000 元、增值税税率为 13%、增值税税额为 7 540 元,价税合计 65 540 元。

时宏公司的相关账务处理如下。

(1)将固定资产账面价值转入清理编制的会计分录

借:固定资产清理	40 000
累计折旧	760 000
固定资产减值准备	10 000
贷:固定资产——机器设备	810 000

(2)支付清理费用编制的会计分录

借:固定资产清理	12 000
应交税费——应交增值税(进项税额)	720
贷:银行存款——工商银行海口南沙支行	12 720

(3)收到残料变价收入编制的会计分录

借:银行存款——工商银行海口南沙支行	65 540
贷:固定资产清理	58 000
应交税费——应交增值税(销项税额)	7 540

(4)结转毁损固定资产净损益编制的会计分录

借:固定资产清理	6 000
贷:营业外收入——非流动资产毁损报废利得	6 000

(5)期末结转净损益编制的会计分录

借:营业外收入——非流动资产毁损报废利得	6 000
贷:本年利润	6 000

(二)债务重组利得

例 14-2 债权人时宏公司 2023 年 3 月 1 日销售一批 A 商品给债务人乙公司,开出的增值税专用发票上价税合计 813 600 元。2023 年 11 月 1 日,乙公司发生财务困难,无法按合同规定偿还债务。经双方协议,时宏公司同意乙公司以 700 000 元现金抵偿该应付账款,解除债权债务关系。乙公司已通过银行支付该款项。时宏公司已通银行收妥该款项。时宏公司为该项债权计提了坏账准备 45 000 元。

债务人乙公司的相关账务处理如下。

（1）产生债务重组利得编制的会计分录
借：应付账款——时宏公司　　　　　　　　　　　　　　813 600
　　贷：银行存款——工商银行海口南沙支行　　　　　　　　700 000
　　　　营业外收入——债务重组利得　　　　　　　　　　　113 600
（2）期末结转净损益编制的会计分录
借：营业外收入——债务重组利得　　　　　　　　　　　113 600
　　贷：本年利润　　　　　　　　　　　　　　　　　　　113 600

例 14-3　债权人时宏公司 2023 年 3 月 1 日销售一批 A 商品给债务人乙公司，开出的增值税专用发票上标明的价税合计为 813 600 元。2023 年 11 月 1 日，乙公司发生财务困难，无法按合同规定偿还债务。经双方协议，时宏公司同意乙公司以其生产的 E 产品抵偿该应付账款。取得的增值税专用发票上注明的价款为 600 000 元、增值税税率为 13%、增值税税额为 78 000 元，价税合计 678 000 元。时宏公司收到 E 产品已验收入库存，作为商品核算。时宏公司为该项债权计提了坏账准备 45 000 元。乙公司的 E 产品市场售价为 600 000 元、生产成本为 430 000 元，已计提存货跌价准备 15 000 元。

债务人乙公司的相关账务处理如下。
（1）产生债务重组利得编制的会计分录
借：应付账款——时宏公司　　　　　　　　　　　　　　813 600
　　贷：主营业务收入——销售 E 商品　　　　　　　　　　600 000
　　　　应交税费——应交增值税（销项税额）　　　　　　 78 000
　　　　营业外收入——债务重组利得　　　　　　　　　　135 600
借：主营业务成本——销售 E 商品　　　　　　　　　　　415 000
　　存货跌价准备　　　　　　　　　　　　　　　　　　　15 000
　　贷：库存商品——E 商品　　　　　　　　　　　　　　430 000
（2）期末结转损益编制的会计分录
借：主营业务收入——销售 E 商品　　　　　　　　　　　600 000
　　营业外收入——债务重组利得　　　　　　　　　　　　135 600
　　贷：本年利润　　　　　　　　　　　　　　　　　　　735 600
借：本年利润　　　　　　　　　　　　　　　　　　　　　415 000
　　贷：主营业务成本——销售 E 商品　　　　　　　　　　415 000

（三）捐赠利得

例 14-4　时宏公司 2023 年 3 月 12 日接受捐赠，已通银行收妥朝阳公司捐赠的现金 160 000 元。同时，还收到朝阳公司捐赠的非专利技术一项，该非专利技术市价为 200 000 元。取得的增值税专用发票上注明的价款为 200 000 元、增值税税率为 6%、增值税税额为 12 000 元，价税合计 212 000 元。假设不考虑其他税费。

时宏公司的相关账务处理如下。
（1）产生捐赠利得时应编制的会计分录
借：银行存款——工商银行海口南沙支行　　　　　　　　160 000
　　无形资产——非专利技术　　　　　　　　　　　　　　200 000
　　应交税费——应交增值税（进项税额）　　　　　　　　 12 000
　　贷：营业外收入——捐赠利得　　　　　　　　　　　　372 000

（2）期末结转净损益编制的会计分录
借：营业外收入——捐赠利得　　　　　　　　　　　　　　372 000
　　贷：本年利润　　　　　　　　　　　　　　　　　　　　　　　372 000

（四）盘盈利得

例 14-5　时宏公司 2023 年 10 月 31 日，对出纳人员的现金进行清查，发现实际现金总额比账面余额多出 600 元。经查实，200 元无法找到来源；400 元系应付职工李江友的加班工资。

时宏公司的相关账务处理如下。
（1）审批前应编制的会计分录
借：库存现金　　　　　　　　　　　　　　　　　　　　　　　600
　　贷：待处理财产损溢——待处理流动资产损溢　　　　　　　　　600
（2）批准后应编制的会计分录
借：待处理财产损溢——待处理流动资产损溢　　　　　　　　　600
　　贷：营业外收入——盘盈利得　　　　　　　　　　　　　　　　200
　　　　其他应付款——李江友　　　　　　　　　　　　　　　　　400
（3）期末结转净损益编制的会计分录
借：营业外收入——盘盈利得　　　　　　　　　　　　　　　　200
　　贷：本年利润　　　　　　　　　　　　　　　　　　　　　　　200

（五）政府补助

例 14-6　时宏公司于 2023 年 7 月 13 日遭受重大自然灾害——台风袭击，给企业生产经营的各项财产造成严重损失。2023 年 12 月 20 日收到了政府补助资金 1 260 000 元，用于弥补其遭受自然灾害的损失。款项已存入银行。

时宏公司的相关账务处理如下。
（1）产生政府补助时编制的会计分录
借：银行存款——工商银行海口南沙支行　　　　　　　　1 260 000
　　贷：营业外收入——政府补助　　　　　　　　　　　　　　1 260 000
（2）期末结转净损益编制的会计分录
借：营业外收入——政府补助　　　　　　　　　　　　　1 260 000
　　贷：本年利润　　　　　　　　　　　　　　　　　　　　　1 260 000

二、营业外支出的账务处理

企业应通过"营业外支出"账户核算营业外支出的发生及结转情况。该账户借方登记企业确认的各项营业外支出，贷方登记期末结转入本年利润的营业外支出；结转后该账户应无余额。该账户应按照营业外支出的项目进行明细核算。

企业发生营业外支出时，借记"营业外支出"账户，贷记"固定资产清理""应收账款""库存现金""银行存款""待处理财产损溢"等账户；期末，应将"营业外支出"账户发生额转入"本年利润"账户，借记"本年利润"账户，贷记"营业外支出"账户。

（一）非流动资产毁损报废损失

例 14-7 时宏公司有一项专利技术由于科学技术进步而被淘汰，现申请报废。报废时该专利技术在账簿上记录的原值为 920 000 元，已经计提累计摊销 870 000 元，已经计提减值准备 21 000 元。

时宏公司的相关账务处理如下。

（1）产生非流动资产毁损报废损失编制的会计分录

借：营业外支出——非流动资产毁损报废损失　　　　　29 000
　　累计摊销　　　　　　　　　　　　　　　　　　　870 000
　　无形资产减值准备　　　　　　　　　　　　　　　　21 000
　　　贷：无形资产——专利权　　　　　　　　　　　　920 000

（2）期末结转净损益编制的会计分录

借：本年利润　　　　　　　　　　　　　　　　　　　29 000
　　　贷：营业外支出——非流动资产毁损报废损失　　　 29 000

（二）债务重组损失

例 14-8 债权人时宏公司 2023 年 3 月 1 日销售一批 A 商品给债务人乙公司，开出的增值税专用发票上标明的价税合计为 813 600 元。2023 年 11 月 1 日，乙公司发生财务困难，无法按合同规定偿还债务。经双方协议，时宏公司同意乙公司以 700 000 元现金抵偿该应付账款，解除债权债务关系。乙公司已通过银行支付该款项。时宏公司已通过银行收妥该款项。时宏公司为该项债权计提了坏账准备 45 000 元。

债权人时宏公司的相关账务处理如下。

（1）产生债务重组损失编制的会计分录

借：银行存款——工商银行海口南沙支行　　　　　　700 000
　　坏账准备　　　　　　　　　　　　　　　　　　　45 000
　　营业外支出——债务重组损失　　　　　　　　　　68 600
　　　贷：应收账款——乙公司　　　　　　　　　　　813 600

（2）期末结转净损益编制的会计分录

借：本年利润　　　　　　　　　　　　　　　　　　　68 600
　　　贷：营业外支出——债务重组损失　　　　　　　　68 600

例 14-9 债权人时宏公司 2023 年 3 月 1 日销售一批 A 商品给债务人乙公司，开出的增值税专用发票上标明的价税合计为 813 600 元。2023 年 11 月 1 日，乙公司发生财务困难，无法按合同规定偿还债务。经双方协议，时宏公司同意乙公司以其生产的 E 产品抵偿该应付账款。取得的增值税专用发票上注明的价款为 600 000 元、增值税税率为 13%、增值税税额为 78 000 元，价税合计 678 000 元。时宏公司收到 E 产品已验收入库，作为商品核算。时宏公司为该项债权计提了坏账准备 45 000 元。乙公司的 E 产品市场售价为 600 000 元，生产成本为 430 000 元，已计提了存货跌价准备 15 000 元。

债权人时宏公司的相关账务处理如下。

（1）产生债务重组损失编制的会计分录

借：库存商品——E 产品　　　　　　　　　　　　　600 000
　　应交税费——应交增值税（进项税额）　　　　　　78 000

```
        坏账准备                                                    45 000
        营业外支出——债务重组损失                                    90 600
            贷：应收账款——乙公司                                            813 600
    （2）期末结转净损益编制的会计分录
        借：本年利润                                                  90 600
            贷：营业外支出——债务重组损失                                      90 600
```

（三）公益性捐赠支出

例 14-10 时宏公司于 2023 年 4 月 12 日向海口市慈善总会捐款 680 000 元。款项通过银行转账支付，并取得海口市慈善总会开出的收款收据。

时宏公司的相关账务处理如下。

```
（1）产生公益性捐赠支出编制的会计分录
    借：营业外支出——公益性捐赠支出                                 680 000
        贷：银行存款——工商银行海口南沙支行                              680 000
（2）期末结转净损益编制的会计分录
    借：本年利润                                                680 000
        贷：营业外支出——公益性捐赠支出                                  680 000
```

（四）盘亏损失

例 14-11 时宏公司 2023 年 12 月 31 日的财产清查结果表明，在盘点时发现少了两台计算机。两台计算机原价 16 000 元，已计提折旧额 13 000 元，已计提减值准备 1 000 元。经查，两台计算机丢失的原因在于保管看守不当。经批准，由保管员赔偿 400 元，其他剩余损失计入营业外支出。

时宏公司的相关账务处理如下。

```
（1）批准前计算机盘亏时编制的会计分录
    借：待处理财产损溢——待处理固定资产损溢                            2 000
        累计折旧                                                 13 000
        固定资产减值准备                                             1 000
        贷：固定资产——计算机                                           16 000
（2）批准后编制的会计分录
    借：营业外支出——盘亏损失                                        1 600
        其他应收款——保管员                                            400
        贷：待处理财产损溢——待处理固定资产损溢                             2 000
（3）期末结转净损益编制的会计分录
    借：本年利润                                                  1 600
        贷：营业外支出——盘亏损失                                        1 600
```

（五）非常损失

例 14-12 时宏公司 2023 年 12 月 31 日财产清查结果表明，甲材料盘亏 200 000 元，该材料原入账时已确认进项税额 26 000 元。该原材料属于意外火灾造成的损失，经批准全部转作营业外支出。

时宏公司的相关账务处理如下。
(1) 批准前甲材料盘亏时编制的会计分录
借：待处理财产损溢——待处理流动资产损溢　　　　　　　200 000
　　贷：原材料——甲材料　　　　　　　　　　　　　　　　　　　200 000
(2) 批准后编制的会计分录
借：营业外支出——非常损失　　　　　　　　　　　　　　200 000
　　贷：待处理财产损溢——待处理流动资产损溢　　　　　　　　　200 000
(3) 期末结转净损益编制的会计分录
借：本年利润　　　　　　　　　　　　　　　　　　　　　200 000
　　贷：营业外支出——盘亏损失　　　　　　　　　　　　　　　　200 000

(六) 罚款支出

例 14-13 时宏公司因未按时申报缴纳企业所得税，税务机关给予行政罚款，用银行存款支付税务罚款 30 000 元。

时宏公司的相关账务处理如下。
(1) 产生罚款支出编制的会计分录
借：营业外支出——罚款支出　　　　　　　　　　　　　　30 000
　　贷：银行存款——工商银行海口南沙支行　　　　　　　　　　　30 000
(2) 期末结转净损益编制的会计分录
借：本年利润　　　　　　　　　　　　　　　　　　　　　30 000
　　贷：营业外支出——罚款支出　　　　　　　　　　　　　　　　30 000

任务处理

任务处理　　　任务小结

任务二　所得税费用的核算

任务描述

时宏公司 2023 年度利润表中的利润总额为 24 000 000 元。该公司适用的企业所得税税率为 25%，预计未来期间适用的企业所得税税率不会发生变化，未来期间能够产生足够的应纳税所得额用以抵扣可抵扣暂时性差异。递延所得税资产及递延所得税负债不存在期初余额。请会计人员赵美媛对该应交所得税进行账务处理。

知识储备

一、企业所得税概述

企业所得税是对境内企业和其他取得收入的组织的生产经营所得及其他所得征收的一种

税。企业所得税是国家依法对企业的生产经营所得课征的税，具有强制性、无偿性，无论国家对企业是否有投资，只要企业有所得，均要依法缴纳企业所得税。

所得税费用是指应在会计税前利润中扣除的费用，包括当期所得税费用和递延所得税费用（或收益）。所得税费用的确认有应付税款法和资产负债表债务法两种方法：采用应付税款法只确认当期所得税费用，而不确认递延所得税费用；采用资产负债表债务法，既要确认当期所得税费用，也要确认递延所得税费用。

二、计税基础

资产负债表债务法是从资产负债表出发，通过比较资产负债表上列示的资产、负债，按照《企业会计准则》规定确定的账面价值与按照税法规定确定的计税基础，对于两者之间的差异，区分应纳税暂时性差异与可抵扣暂时性差异，确认相关的递延所得税负债与递延所得税资产。

计税基础是资产负债表债务法下的重要内容，包括资产的计税基础和负债的计税基础。

（一）资产的计税基础

资产的计税基础是指企业收回资产账面价值的过程中，计算应纳税所得额时按照税法规定可以自应税经济利益中抵扣的金额，即某一项资产在未来期间计税时可以税前扣除的金额。从税收的角度考虑，资产的计税基础是假定企业按照税法规定进行核算所提供的资产负债表中资产的应有金额。

资产在初始确认时，其计税基础一般为取得成本。从所得税角度考虑，某一单项资产产生的所得是指该项资产产生的未来经济利益流入扣除其取得成本之后的金额。一般情况下，税法认定的资产取得成本为购入时实际支付的金额。在资产持续持有的过程中，可在未来期间税前扣除的金额是指资产的取得成本减去以前期间按照税法规定已经税前扣除的金额后的余额。例如，固定资产、无形资产等长期资产在某一资产负债表日的计税基础是指其成本扣除按照税法规定已在以前期间税前扣除的累计折旧额或累计摊销额后的金额。

（二）负债的计税基础

负债的计税基础是指负债的账面价值减去未来期间计算应纳税所得额时按照税法规定可予抵扣的金额。

三、暂时性差异

暂时性差异是指资产、负债的账面价值与其计税基础不同产生的差额。其中，账面价值是指按照《企业会计准则》的规定确定的有关资产、负债在资产负债表中应列示的金额。由于资产、负债的账面价值与其计税基础不同，产生了在未来收回资产或清偿负债的期间内应纳税所得额增加或减少并导致未来期间应交所得税增加或减少的情况，因此在这些暂时性差异发生的当期，一般应确认相应的递延所得税负债或递延所得税资产。根据暂时性差异对未来期间应纳税所得额的影响，分为应纳税暂时性差异和可抵扣暂时性差异。

（一）应纳税暂时性差异

应纳税暂时性差异在未来期间转回时，会增加转回期间的应纳税所得额，即在未来期间不考虑该事项影响的应纳税所得额的基础上，由于该暂时性差异的转回，因此会进一步增加转回期间的应纳税所得额和应交所得税金额。在应纳税暂时性差异产生当期，应当确认相关的递延所得税负债。

应纳税暂时性差异通常产生于以下情况。

① 资产的账面价值大于其计税基础。一项资产的账面价值代表的是企业在持续使用或最终出售该项资产时会取得的经济利益的总额，而计税基础代表的是一项资产在未来期间可予税前扣除的总金额。资产的账面价值大于其计税基础，该项资产未来期间产生的经济利益不能全部税前抵扣，两者之间的差额需要缴纳企业所得税，产生应纳税暂时性差异。

② 负债的账面价值小于其计税基础。一项负债的账面价值为企业预计在未来期间清偿该项负债时的经济利益流出，而计税基础代表的是账面价值在扣除税法规定未来期间允许税前扣除的金额之后的差额。因负债的账面价值与其计税基础不同产生的暂时性差异，实质上是依税法规定该项负债在未来期间可以税前扣除的金额。负债的账面价值小于其计税基础，意味着该项负债在未来期间可以税前抵扣的金额为负数，即应在未来期间在应纳税所得额的基础上调增，增加未来期间的应纳税所得额和应交所得税金额。产生的应纳税暂时性差异，应确认相关的递延所得税负债。

（二）可抵扣暂时性差异

可抵扣暂时性差异在未来期间转回时会减少转回期间的应纳税所得额，减少未来期间的应交所得税。在可抵扣暂时性差异产生当期，符合确认条件的情况下，应当确认相关的递延所得税资产。

可抵扣暂时性差异一般产生于以下情况。

① 资产的账面价值小于其计税基础。从经济含义来看，如果资产在未来期间产生的经济利益少，按照税法规定允许税前扣除的金额多，则企业在未来期间可以减少应纳税所得额并减少应交所得税。

② 负债的账面价值大于其计税基础。负债产生的暂时性差异实质上是依税法规定该项负债可以在未来期间税前扣除的金额。一项负债的账面价值大于其计税基础，意味着未来期间按照税法规定构成负债的全部或部分金额可以自未来应税经济利益中扣除，以减少未来期间的应纳税所得额和应交所得税。

某些交易或事项发生后，因为不符合资产、负债的确认条件而未体现为资产负债表中的资产或负债，但按照税法规定能够确定其计税基础的，其账面价值 0 和计税基础之间的差异也构成暂时性差异。例如，企业发生的符合条件的广告费和业务宣传费支出，除税法另有规定外，不超过当年销售收入 15%的部分准予扣除，超过部分准予在以后纳税年度结转扣除。该类支出在发生时按照《企业会计准则》的规定计入当期损益，不形成资产负债表中的资产，但因按税法规定可以确定其计税基础，所以两者之间的差异也形成暂时性差异。

例 14-14 时宏公司 2023 年发生广告费 10 000 000 元，至年底尚未支付给广告公司。税法规定，企业发生的广告费、业务宣传费不超过当年销售收入 15%的部分允许税前扣除，超过部分允许结转以后年度税前扣除。该公司 2023 年实现销售收入 60 000 000 元。

时宏公司的账务分析如下。

因广告费支出形成的资产的账面价值＝0。

因广告费支出形成的资产的计税基础＝10 000 000－60 000 000×15%＝1 000 000(元)

广告费支出形成的资产的账面价值 0 和其计税基础 1 000 000 元之间形成 1 000 000 元可抵扣暂时性差异。

业务核算

一、会计账户设置

（一）"所得税费用"账户

企业应在损益类账户中设置"所得税费用"账户，核算企业按规定从当期利润中扣除的所得税费用。其借方发生额反映如下内容：企业按照税法规定计算确定的当期应交所得税金额；在确认相关资产、负债时，根据《企业会计准则第18号——所得税》应予确认的递延所得税负债；在资产负债表日，递延所得税资产的应有余额小于"递延所得税资产"账户余额的差额；在资产负债表日，递延所得税负债的应有余额大于"递延所得税负债"账户余额的差额。其贷方发生额反映如下内容：在确认相关资产、负债时根据《企业会计准则第18号——所得税》应予确认的递延所得税资产；在资产负债表日，递延所得税资产的应有余额大于"递延所得税资产"账户余额的差额；在资产负债表日，递延所得税负债的应有余额小于"递延所得税负债"账户余额的差额；期末结转"本年利润"账户金额。本账户结转后期末无余额。

（二）"应交税费——应交所得税"账户

企业应在负债类账户中设置"应交税费——应交所得税"账户，核算企业按税法规定计算应交企业所得税和实际缴纳所得税的情况。该账户贷方反映应纳企业所得税，借方反映实际已缴纳企业所得税；余额在贷方，反映欠缴的企业所得税。

（三）"递延所得税资产"账户

企业应在资产类账户中设置"递延所得税资产"账户，核算企业根据《企业会计准则第18号——所得税》确认的可抵扣暂时性差异产生的所得税资产。根据税法规定可用以后年度税前利润弥补的亏损产生的所得税资产，也在该账户核算。该账户借方反映企业在确认相关资产、负债时，根据《企业会计准则第18号——所得税》应予确认的递延所得税资产和在资产负债表日递延所得税资产的应有余额大于"递延所得税资产"账户余额的差额，贷方反映当企业确认递延所得税资产的可抵扣暂时性差异情况发生回转时转回的所得税影响额、税率变动或开征新税调整的递延所得税资产、在资产负债表日递延所得税资产的应有余额小于"递延所得税资产"账户余额的差额、在资产负债表日预计未来期间很可能无法获得足够的应纳税所得额用以抵扣可抵扣暂时性差异的所得税影响金额等；余额在借方，反映尚未转回的递延所得税资产。

（四）"递延所得税负债"账户

企业应在负债类账户中设置"递延所得税负债"账户，核算企业根据《企业会计准则第18号——所得税》确认的应纳税暂时性差异产生的所得税负债。该账户贷方反映企业在确认相关资产、负债时根据《企业会计准则第18号——所得税》应予确认的递延所得税负债和在资产负债表日递延所得税负债的应有余额大于"递延所得税负债"账户余额的差额，借方反映当企业确认递延所得税负债的应纳税暂时性差异情况发生回转时转回的所得税影响额、税率变动或开征新税调整的递延所得税负债、在资产负债表日递延所得税负债的应有余额小于"递延所得税负债"账户余额的差额；余额在贷方，反映尚未转回的递延所得税负债。

二、企业所得税费用的账务处理

核算企业所得税主要是为确定当期应交所得税及利润表中的所得税费用，从而确定各期实现的净利润。确认递延所得税资产和递延所得税负债，最终目的也是解决不同会计期间所得税费用的分配问题。在按照资产负债表债务法进行核算的情况下，利润表中的所得税费用由两个部分组成：当期应交所得税和递延所得税费用（或收益）。

（一）当期应交所得税

当期应交所得税是指企业按照税法规定，针对当期发生的交易和事项确定的当期应纳税所得额及适用的企业所得税税率计算确定的，应缴纳给税务机关的企业所得税金额，即应交企业所得税。其计算公式为：

$$当期应交所得税＝当期应纳税所得额×所得税税率$$

企业在确定当期应交所得税时，对于当期发生的交易或事项，账务处理与税收处理不同的，应在会计利润的基础上，按照适用税收法规的要求进行调整（纳税调整），计算出当期应纳税所得额。一般情况下，当期应纳税所得额可在会计利润（利润总额）的基础上调整《企业会计准则》与税收法规之间的差异来进行确定。这种差异分为增加应纳税所得额差异（纳税调增项目）和减少应纳税所得额差异（纳税调减项目）。

《企业会计准则》与税收法规之间的差异从时间上分为永久性差异和暂时性差异。

① 永久性差异是指该差异只影响当期应交所得税，不影响未来期间应交所得税。永久性差异中的增加应纳税所得额差异（纳税调增项目）主要有支付政府机关的行政罚款、超标准业务招待费、超标准的职工薪酬等；永久性差异中的减少应纳税所得额差异（纳税调减项目）主要有收到国库券利息收益、收到被投资单位分配的股利等。

② 暂时性差异是指该差异既影响当期应交所得税，又影响未来期间应交所得税。暂时性差异可分为可抵扣暂时性差异和应纳税暂时性差异；暂时性差异中的增加应纳税所得额差异（纳税调增项目）主要是可抵扣暂时性差异；暂时性差异中的减少应纳税所得额差异（纳税调减项目）主要是应纳税暂时性差异。

应纳税所得额的计算公式为：

$$\begin{aligned}应纳税所得额＝&会计利润＋按照《企业会计准则》规定记入利润表但计算所得税时不允许\\&税前扣除的费用和损失－按照《企业会计准则》规定记入利润表但计算所\\&得税时不允许税前形成的收入和利得－税法规定的不征税收入＋（或－）\\&记入利润表的费用和按照税法规定可予税前抵扣的金额之间的差额＋（或－）\\&记入利润表的收入和按照税法规定应计入应纳税所得额的收入之间的差额＋\\&（或－）其他需要调整的因素\end{aligned}$$

（二）递延所得税费用

递延所得税费用（或收益）是指按照《企业会计准则》规定应予确认的递延所得税资产和递延所得税负债在会计期末应有的金额相对于原已确认金额之间的差额，即递延所得税资产和递延所得税负债的当期发生额，但不包括计入所有者权益的交易或事项的所得税影响金额。用公式表示如下。

$$\begin{aligned}递延所得税费用（或收益）＝&当期递延所得税负债的增加额＋当期递延所得税资产的减少\\&额－当期递延所得税负债的减少额－当期递延所得税资产的\\&增加额\end{aligned}$$

不确认递延所得税资产的特殊情况：某些情况下，如果企业发生的某项交易或事项不涉及企业合并，并且交易发生时既不影响会计利润，也不影响应纳税所得额，且该项交易中产生的资产、负债的初始确认金额与其计税基础不同，产生可抵扣是暂时性的，则《企业会计准则》规定在交易或事项发生时不确认相关的递延所得税资产。如果确认递延所得税资产，则需要调整资产、负债的入账价值，而对实际成本进行调整将有违历史成本原则，会影响会计信息的可靠性，因此这种情况下不能确认相关的递延所得税资产。

例 14-15 时宏公司2023年9月取得的某项其他权益工具投资，成本为2 000 000元。2023年12月31日，其公允价值为2 400 000元。时宏公司适用的所得税税率为25%。

时宏公司的相关账务处理如下：

（1）会计期末在确认公允价值变动时编制的会计分录

其他权益工具投资公允价值变动上升＝2 400 000－2 000 000＝400 000（元）

借：其他权益工具投资——公允价值变动　　　　　400 000
　　贷：其他综合收益　　　　　　　　　　　　　　　　　400 000

（2）确认应纳税暂时性差异的所得税影响时编制的会计分录

应纳税暂时性差异对所得税影响金额＝400 000×25%＝100 000（元）

借：其他综合收益　　　　　　　　　　　　　　　100 000
　　贷：递延所得税负债　　　　　　　　　　　　　　　　100 000

例 14-16 时宏公司2023年发生资本化研究开发支出8 000 000元。至年末研发项目尚未完成。税法规定，按照《企业会计准则》规定资本化的开发支出按其200%作为计算摊销额的基础。

时宏公司的账务分析如下：

时宏公司按照《企业会计准则》规定资本化的开发支出为8 000 000元，其计税基础为16 000 000（8 000 000×200%）元。该开发支出及其所形成的无形资产在初始确认时其账面价值与计税基础即存在差异，因该差异并非产生于企业合并，同时在产生时既不影响会计利润，也不影响应纳税所得额，所以按照《企业会计准则第18号——所得税》规定，不确认与该暂时性差异相关的所得税影响。

（三）所得税费用

计算确定了当期应交所得税及递延所得税费用（或收益）后，利润表中应予确认的所得税费用为两者之和（或之差），即：

所得税费用＝当期应交所得税＋递延所得税费用

例 14-17 时宏公司2023年度利润表中的利润总额为12 000 000元。该公司适用的企业所得税税率为25%。预计未来期间适用的企业所得税税率不会发生变化，未来期间能够产生足够的应纳税所得额用以抵扣可抵扣暂时性差异。递延所得税资产及递延所得税负债不存在期初余额。

该公司2023年发生的有关交易和事项中，账务处理与税收处理存在差别的有：

① 2022年12月15日取得的一项固定资产，成本为6 000 000元，使用年限为10年，预计净残值为0。账务处理按双倍余额递减法计提折旧，税收处理按平均年限法计提折旧。假定税法规定的使用年限及预计净残值与会计规定相同。

② 向关联企业捐赠现金2 000 000元。

③ 当年度发生研究开发支出5 000 000元，较上年度增长20%，其中3 000 000元予以资本化。截至2023年12月31日，该研发资产仍在开发过程中。税法规定，企业费用化的研究开发支出按200%税前扣除，资本化的研究开发支出按资本化金额的200%确定应予摊销的金额。

④ 因违反环保法规罚款1 500 000元。

⑤ 期末对持有的存货计提了300 000元的存货跌价准备。

⑥ 该公司 2023 年 12 月 31 日有关资产、负债的账面价值、计税基础及相应的暂时性差异如表 14-1 所示。

表 14-1　有关资产、负债的账面价值、计税基础及相应的暂时性差异

元

项　目	账面价值	计税基础	差　异 应纳税暂时性差异	可抵扣暂时性差异
存货	8 000 000	8 300 000		300 000
固定资产	25 400 000	26 000 000		600 000
开发支出	3 000 000	5 250 000		2 250 000
其他应付款	1 000 000	1 000 000		
总　计				3 150 000

时宏公司的相关账务处理如下。

（1）计算 2023 年度当期应交所得税

当期应纳税所得额＝12 000 000＋(6 000 000÷10×2－6 000 000÷10)＋2 000 000－(5 000 000－3 000 000)×100%＋1 500 000＋300 000＝14 400 000（元）

当期应交所得税＝14 400 000×25%＝3 600 000（元）

（2）计算 2023 年度递延所得税费用

递延所得税费用＝－(300 000＋600 000)×25%＝－225 000（元）

（3）利润表中应确认的所得税费用

所得税费用＝3 600 000＋(－225 000)＝3 375 000（元）

（4）根据当期应交所得税和递延所得税费用所做的账务处理

① 根据当期应交所得税，编制会计分录如下。

借：所得税费用　　　　　　　　　　　　　　　　　　　3 600 000
　　贷：应交税费——应交所得税　　　　　　　　　　　　　　　3 600 000

② 根据递延所得税费用，编制会计分录如下。

借：递延所得税资产　　　　　　　　　　　　　　　　　　225 000
　　贷：所得税费用　　　　　　　　　　　　　　　　　　　　　225 000

或者将上述①②合并，编制会计分录如下。

借：所得税费用　　　　　　　　　　　　　　　　　　　3 375 000
　　递延所得税资产　　　　　　　　　　　　　　　　　　225 000
　　贷：应交税费——应交所得税　　　　　　　　　　　　　　　3 600 000

任务处理

任务处理　　　　　任务小结

任务三　本年利润的核算

任务描述

2023 年 12 月，时宏公司产生了主营业务收入 600 000 元、其他业务收入 80 000 元、投资

收益 5 000 元、公允价值变动损益 2 400 元、营业外收入 1 600 元。请会计人员赵美媛对该期的收入和利得进行账务处理。

知识储备

一、利润的概念

利润是指企业一定期间获得的经营成果。利润包括收入减去费用后的净额和直接计入当期损益的利得减去损失的净额等。

① 直接计入当期损益的利得是指企业非日常活动形成的、会导致所有者权益增加的、与所有者投入资本无关的经济利益的净流入。

② 直接计入当期损益的损失是指企业非日常活动形成的、会导致所有者权益减少的、与向所有者分配利润无关的经济利益的净流出。

二、利润的构成

在利润表中，利润的金额分为营业利润、利润总额和净利润。

（一）营业利润

营业利润是指企业在一定会计期间的日常活动中取得的利润。其计算为：

营业利润＝营业收入－营业成本－税金及附加－销售费用－管理费用－财务费用±投资收益（或损失）±公允价值变动收益（或损失）－资产减值损失－信用减值损失±资产处置收益

其中，营业收入＝主营业务收入＋其他业务收入；营业成本＝主营业务成本＋其他业务成本；税金及附加包括企业应负担的消费税、城市维护建设税、教育费附加、土地增值税、印花税、房产税、车船税和矿产资源补偿费等；投资收益（或损失）是指企业以各种方式对外投资所取得的收益（或发生的损失）；公允价值变动收益（或损失）是指企业交易性金融资产等公允价值变动形成的应计入当期损益的利得（或损失）；资产减值损失是指企业计提各项资产减值准备所形成的损失；信用减值损失是指企业计提以摊余成本计量的金融资产的减值准备所形成的损失；资产处置收益是出售固定资产和无形资产所产生的收益（或损失）。

（二）利润总额

利润总额是指企业一定会计期间的营业利润加上营业外收入减去营业外支出后的金额。其计算公式为：

利润总额＝营业利润＋营业外收入－营业外支出

其中，营业外收入是指企业发生的与其日常活动无直接关系的各项利得，如非流动资产毁损报废利得、债务重组利得、盘盈利得、捐赠利得、政府补助等；营业外支出是指企业发生的与其日常活动无直接关系的各项损失，如非流动资产毁损报废损失、债务重组损失、盘亏损失、公益性捐赠支出、非常损失、罚款支出等。

（三）净利润

净利润是指企业一定会计期间的利润总额减去所得税费用后的净额。其计算公式为：

净利润＝利润总额－所得税费用

其中，所得税费用是指企业确认的应从当期利润总额中扣除的当期所得税费用和递延所得税费用。

业务核算

在会计期末,应归集各损益账户的本期发生额合计数,将其全部转入"本年利润"账户;结转后,各损益账户期末应无余额。其具体步骤如下。

① 将各收入和利得类账户本期发生额,结转入"本年利润"账户。结转之前,应先归集各收入和利得类账户本期发生额合计数;结转之后,各收入和利得类账户期末应无余额。在会计期末,将各收入和利得类账户的本期贷方发生额合计数,全部转入"本年利润"账户的贷方,形成当期利润的增加数额,同时分别借记"主营业务收入""其他业务收入""营业外收入""投资收益""公允价值变动损益""资产处置损益"等账户,贷记"本年利润"账户。

② 将各费用和损失类账户本期发生额,结转入"本年利润"账户。结转之前,应先归集各费用和损失类账户本期发生额合计数;结转之后,各费用和损失类账户期末应无余额。在会计期末,将各费用和损失类账户的本期借方发生额合计数,全部转入"本年利润"账户的借方,形成当期利润的减少数额,同时借记"本年利润"账户,分别贷记"主营业务成本""其他业务成本""税金及附加""销售费用""管理费用""财务费用""资产减值损失""信用减值损失""营业外支出"等账户。

③ 在会计期末,计算当期应交所得税、递延所得税费用(或收益)和所得税费用,将"所得税费用"类账户本期发生额结转入"本年利润"账户的借方,同时借记"本年利润"账户,贷记"所得税费用"账户。

④ 在会计期末,结转损益后,"本年利润"账户如果为贷方余额,则反映年初至期末累计实现的净利润,应借记"本年利润"账户,贷记"利润分配——未分配利润"账户;"本年利润"账户如果为借方余额,则反映年初至期末累计实现的净亏损,应借记"利润分配——未分配利润"账户,贷记"本年利润"账户。年度终了,企业将"本年利润"账户余额结转至"利润分配——未分配利润"账户,进行后续利润分配。

例 14-18 时宏公司 2023 年度经营业绩如表 14-2 所示。

表 14-2 损益类账户发生额

元

项　目	借方金额	贷方金额
主营业务收入		80 000 000
其他业务收入		5 000 000
公允价值变动损益		300 000
投资收益		200 000
营业外收入		1 000 000
主营业务成本	40 000 000	
其他业务成本	3 000 000	
税金及附加	5 000 000	
销售费用	8 000 000	
管理费用	15 000 000	
财务费用	3 000 000	
资产减值损失	1 500 000	
营业外支出	500 000	
所得税费用	2 600 000	

在资产负债表日，年度终了时宏公司的相关账务处理如下。

（1）将收入和利得类账户本期发生额结转至"本年利润"账户

借：主营业务收入	80 000 000
其他业务收入	5 000 000
公允价值变动损益	300 000
投资收益	200 000
营业外收入	1 000 000
贷：本年利润	86 500 000

（2）将费用和损失类账户本期发生额结转至"本年利润"账户

借：本年利润	78 600 000
贷：主营业务成本	40 000 000
其他业务成本	3 000 000
税金及附加	5 000 000
销售费用	8 000 000
管理费用	15 000 000
财务费用	3 000 000
资产减值损失	1 500 000
营业外支出	500 000
所得税费用	2 600 000

（3）将年终净利润结转至"利润分配——未分配利润"账户

净利润＝86 500 000－78 600 000＝7 900 000（元）

借：本年利润	7 900 000
贷：利润分配——未分配利润	7 900 000

任务处理

任务处理　　任务小结

任务四　利润分配的核算

任务描述

时宏公司 2023 年实现净利润 8 200 000 元。该公司按当期净利润的 10%提取法定盈余公积，按净利润的 5%提取任意盈余公积，向原股东分派现金股利 2 400 000 元。请会计人员赵美媛对该利润分配进行账务处理。

知识储备

利润分配是指企业将可供分配利润按国家的有关规定和企业投资人的决议，在各方利益人之间进行分配的过程。可供分配利润为当期实现的净利润加上年初未分配利润（或减去年初未

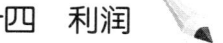

弥补亏损）和其他转入后的金额。

根据《中华人民共和国公司法》等有关法律规定，企业取得的当期净利润应按照以下规定顺序进行分配。

① 弥补以前年度的累计亏损。
② 提取法定盈余公积。
③ 提取任意盈余公积。
④ 向投资者（或股东）分配利润。

一、盈余公积

盈余公积是指企业按规定从当期实现的净利润（弥补以前年度的累计亏损后）中提取的企业积累资金。公司制企业的盈余公积包括法定盈余公积和任意盈余公积。

（一）计提比例

1. 法定盈余公积

按照《中华人民共和国公司法》的规定，公司制企业应按照当期净利润（弥补以前年度的累计亏损后）的10%提取法定盈余公积；法定盈余公积累计额已达注册资本的50%时，可以不再提取。非公司制企业的计提比例可超过10%。

2. 任意盈余公积

公司制企业根据股东大会决议的计提比例提取任意盈余公积；非公司制企业经类似权力机构批准，也可提取任意盈余公积。

（二）盈余公积的用途

企业提取的盈余公积经批准可用于弥补亏损、转增资本、发放现金股利。

1. 弥补亏损

企业发生亏损时，应由企业自行弥补。弥补亏损的渠道主要有3条：一是用以后年度税前利润弥补，按照现行制度规定，企业发生亏损时可以用以后5年内实现的税前利润弥补，即税前利润弥补亏损的期间为5年；二是用以后年度税后利润弥补，企业发生的亏损经过5年期间未弥补足额的，尚未弥补的亏损应用所得税后的利润弥补；三是以盈余公积弥补亏损，企业用提取的盈余公积弥补亏损时，应当由公司董事会提议并经股东大会批准。

2. 转增资本

企业将盈余公积转增资本时，必须经股东大会决议批准。在实际将盈余公积转增资本时，要按股东原有持股比例结转。盈余公积转增资本时，转增后留存的盈余公积的数额不得少于注册资本的25%。

二、向投资者分配利润

可供分配的利润减去提取的法定盈余公积后，为可供投资者分配的利润。可供投资者分配的利润按下列顺序分配。

① 应付优先股股利。这是指企业按照利润分配方案分配给优先股股东的现金股利。
② 提取任意盈余公积。这是指企业按股东大会或类似机构决定提取的任意盈余公积。
③ 应付普通股股利。这是指企业按照利润分配方案分配给普通股股东的现金股利，包括分配给投资者的利润。
④ 转作资本（或股本）的普通股股利。这是指企业按照利润分配方案用分派股票股利的形

式转作资本（或股本），包括企业以利润转增的资本。

可供投资者分配的利润经过上述分配后，余额为未分配利润（或未弥补的亏损）。未分配利润可留待以后年度进行分配。企业如发生亏损，可以按规定由以后年度利润进行弥补。企业的未分配利润（或未弥补的亏损）应在资产负债表的所有者权益项目中单独反映。

业务核算

一、账户设置

企业的利润分配是通过"利润分配"账户进行的，其借方反映利润分配的各项内容，如提取法定盈余公积、提取任意盈余公积和应付现金股利等及发生净亏损的结转，贷方反映本年净利润的结转及用盈余公积弥补的亏损等；"利润分配"账户的期末余额如果在借方，则表示企业历年积存的未弥补亏损；如果期末余额在贷方，则表示企业历年积存的未分配利润。

同时，企业应在"利润分配"账户下设置"提取法定盈余公积""提取任意盈余公积""应付现金股利""转作股本的股利""盈余公积补亏""未分配利润"等明细账户进行会计核算。年度终了，应将"利润分配"所有各明细账户（除"未分配利润"明细账户外）的余额全部转入"利润分配——未分配利润"明细账户；结转后，其他各明细账户（除"未分配利润"明细账户外）无余额，只有"利润分配——未分配利润"账户有余额。

二、利润分配的核算

① 企业按有关法律规定提取的法定盈余公积，借记"利润分配——提取法定盈余公积"账户，贷记"盈余公积——法定盈余公积"账户；按股东大会或类似机构决议提取的任意盈余公积，借记"利润分配——提取任意盈余公积"账户，贷记"盈余公积——任意盈余公积"账户。

② 按股东大会或类似机构决议分配给股东的现金股利，借记"利润分配——应付现金股利（或利润）"账户，贷记"应付股利"账户。

③ 按股东大会或类似机构决议分配给股东的股票股利，在办理增资手续后，借记"利润分配——转作股本的股利"账户，贷记"股本"或"实收资本"账户；如有差额，贷记"资本公积——资本溢价（或资本溢价）"账户。

④ 企业用盈余公积弥补亏损，借记"盈余公积——法定盈余公积（或任意盈余公积）"账户，贷记"利润分配——盈余公积补亏"账户。

⑤ 年度终了，企业应将"利润分配"账户所属其他明细账户（除"未分配利润"明细账户外）的余额转入"利润分配——未分配利润"明细账户；结转后，除"利润分配——未分配利润"明细账户外，"利润分配"账户所属其他明细账户应无余额。

例 14-19 承例 14-18，时宏公司 2023 年实现净利润 7 900 000 元。该公司按当期净利润的 10%提取法定盈余公积，按净利润的 15%提取任意盈余公积，向原股东分派现金股利 2 200 000 元。假设时宏公司原有股东两个，其出资情况为：甲股东出资比例为 60%；乙股东出资比例为 40%。

时宏公司的相关账务处理如下。

（1）提取盈余公积编制的会计分录

借：利润分配——提取法定盈余公积　　　　　　　　　　　790 000
　　利润分配——提取任意盈余公积　　　　　　　　　　1 185 000
　　贷：盈余公积——法定盈余公积　　　　　　　　　　　　790 000

盈余公积——任意盈余公积 　　　　　　　　　　　　　　1 185 000

（2）分配现金股利编制的会计分录

借：利润分配——应付现金股利 　　　　　　　　　　　　2 200 000
　　贷：应付股利——甲股东 　　　　　　　　　　　　　　1 320 000
　　　　应付股利——乙股东 　　　　　　　　　　　　　　　880 000

（3）结转"利润分配"其他明细账户余额编制的会计分录

借：利润分配——未分配利润 　　　　　　　　　　　　　　4 175 000
　　贷：利润分配——提取法定盈余公积 　　　　　　　　　　790 000
　　　　利润分配——提取任意盈余公积 　　　　　　　　　1 185 000
　　　　利润分配——应付现金股利 　　　　　　　　　　　2 200 000

例 14-20　北方公司2023年年终结账前有关损益类账户的年末余额如表14-3所示。

表14-3　有关损益类账户的年末余额

元

收入和利得类账户	期末余额	费用和损失类账户	期末余额
主营业务收入	3 000 000	主营业务成本	1 800 000
其他业务收入	200 000	其他业务成本	140 000
投资收益	150 000	税金及附加	120 000
营业外收入	80 000	销售费用	160 000
		管理费用	190 000
		财务费用	70 000
		营业外支出	50 000

其他补充资料：

① 表14-3中"营业外支出"账户余额中含有本年支付税务滞纳金及罚款30 000元。
② 表14-3中"投资收益"账户余额中含有本年国债利息收入90 000元。
③ 北方公司适用的所得税税率为25%。
④ 北方公司无年初未分配利润。根据《中华人民共和国公司法》及股东大会决议，按公司净利润的10%提取法定盈余公积，按公司净利润的5%提取任意盈余公积，按公司净利润的70%分配股利给股东。假设北方公司原有股东两个，其出资情况为：A股东出资比例为70%；B股东出资比例为30%。

北方公司的相关账务处理如下。

（1）将收入和利得类账户余额结转入"本年利润"账户编制的会计分录

借：主营业务收入 　　　　　　　　　　　　　　　　　　　3 000 000
　　其他业务收入 　　　　　　　　　　　　　　　　　　　　200 000
　　投资收益 　　　　　　　　　　　　　　　　　　　　　　150 000
　　营业外收入 　　　　　　　　　　　　　　　　　　　　　 80 000
　　贷：本年利润 　　　　　　　　　　　　　　　　　　　3 430 000

（2）将费用和损失类账户余额结转入"本年利润"账户编制的会计分录

借：本年利润 　　　　　　　　　　　　　　　　　　　　　2 530 000
　　贷：主营业务成本 　　　　　　　　　　　　　　　　　1 800 000
　　　　其他业务成本 　　　　　　　　　　　　　　　　　　140 000

税金及附加	120 000
销售费用	160 000
管理费用	190 000
财务费用	70 000
营业外支出	50 000

（3）计算公司当年利润总额

利润总额＝3 430 000－2 530 000＝900 000（元）

（4）计算公司当年应交所得税编制的会计分录

应纳税所得额＝利润总额＋支付税务滞纳金及罚款－国债利息收入＝900 000＋30 000－90 000＝840 000（元）

应交所得税＝840 000×25%＝210 000（元）

借：所得税费用	210 000	
贷：应交税费——应交所得税		210 000

（5）结转所得税费用编制的会计分录

借：本年利润	210 000	
贷：所得税费用		210 000

（6）计算公司当年净利润编制的会计分录

净利润＝900 000－210 000＝690 000（元）

借：本年利润	690 000	
贷：利润分配——未分配利润		690 000

（7）计算公司当年提取的盈余公积和分配现金股利编制的会计分录

借：利润分配——提取法定盈余公积	69 000	
利润分配——提取任意盈余公积	34 500	
利润分配——应付现金股利	483 000	
贷：盈余公积——法定盈余公积		69 000
盈余公积——任意盈余公积		34 500
应付股利——A股东		338 100
应付股利——B股东		144 900

（8）结转"利润分配"所属明细账户余额编制的会计分录

借：利润分配——未分配利润	586 500	
贷：利润分配——提取法定盈余公积		69 000
利润分配——提取任意盈余公积		34 500
利润分配——应付现金股利		483 000

（9）计算公司当年未分配利润。

未分配利润＝690 000－586 500＝103 500（元）

任务处理与项目练习

项目十五 财务报告

学习目标

知识目标
- 了解财务报告的组成、一般编制程序、编制要求。
- 识记资产负债表报表内容。
- 识记利润表报表内容。
- 认知现金流表的概念与内容。
- 认知所有者权益变动表的概念与内容。

能力目标
- 能解释资产负债表的概念和内容。
- 能根据科目汇总表编制资产负债表。
- 能根据科目汇总表编制利润表。
- 能描述所有者权益变动表的基本结构。
- 能描述现金流量表的结构。

素质目标
- 培养学生具有政治认同、文化修养的格局。
- 树立学生具有大局意识、国家利益和民族利益至上的思想。

任务一 认知财务报告

任务描述

时宏公司2023年度财务报告包括财务报表和其他应在财务报告中披露的相关信息及资料。请会计人员赵美媛及全体财务人员对编制资产负债表、利润表、现金流量表及所有者权益变动表有一个整体认识。

知识储备

财务报表是会计要素确认、计量的结果和综合性描述。《企业会计准则》中对会计要素确认、计量过程中所采用的各项会计政策被企业实际应用后将有助于促进企业可持续发展，反映企业管理层受托责任的履行情况。企业在生产经营过程中应用《企业会计准则》，需要通过一套完整的结构化的报表体系科学地进行列报。投资者等报表使用者通过全面阅读和综合分析财务报表，可以了解和掌握企业过去及当前的状况并预测企业未来的发展趋势，从而做出相关决策。

一、会计报表的组成

会计工作的总结是会计工作一项重要内容。企业的财务报告主要包括财务报表和其他应当在财务报告中披露的相关信息和资料。一套完整的财务报表至少应当包括"四表一注"，即资产负债表、利润表、现金流量表、所有者权益变动表（或股东权益变动表，下同）及附注。其中，资产负债表是静态报表；利润表、现金流量表、所有者权益变动表是动态报表。从编报期间来看，年度财务报告是一套完整的财务报告，而中期财务报告（报告期间短于一个完整的会计年度）至少包括资产负债表和利润表。

二、财务报告的编制要求

为了使财务报表能够最大限度地满足各报表使用者的需要，实现编制财务报告的基本目的，充分发挥财务报告的作用，企业编制财务报告应当遵循真实可靠、相关可比、全面完整、编报及时、便于理解的原则，符合国家统一会计制度的相关规定。

知识拓展：企业财务报表的组成

（一）真实可靠

财务报告的项目数据来源必须建立在真实可靠的基础上，使企业财务报告能够如实地反映企业财务状况、经营成果和现金流量的情况。财务报告必须根据审核无误的账簿和相关资料进行编制，不得以任何方式造假。如果财务报告所提供的信息不真实，就会导致使用者做出错误的决策，从而造成无法挽回的经济损失。

（二）相关可比

财务报告提供的信息必须与使用者的决策相关，并便于不同企业或同一企业不同时期之间的相互比较，以便使用者分析企业在整个行业的地位，了解、判断企业过去、现在的财务信息，并预测企业未来的发展趋势。

（三）全面完整

企业提供的财务报告应当全面、完整，应当披露企业的财务状况、经营成果和现金流量等全面信息，完整地反映企业财务活动的过程和结果，以便满足各方面对财务信息资料的需要。为了保证财务报告的全面、完整，在编制财务报告时需要按照国家统一的会计制度规定的格式和内容进行编制，不得瞒报和漏报。

（四）编报及时

财务报告所提供的信息具有很强的时效性，只有及时编制和报送财务报告才能为使用者提供对决策有用的相关信息，否则就会失去它应有的作用。

（五）便于理解

编制财务报告应当清晰明了，便于使用者据此做出准确的决策。

业务核算

例 15-1 某田股份财务报告造假案。

某田股份曾经创造了中国股市长盛不衰的绩优神话。这家以养殖、旅游和饮料为主的上市公司,一亮相就颠覆了行业规律和市场法则。1996 年发行上市以后,在财务数字上一直保持着神奇的增长速度:总资产规模从上市前的 2.66 亿元发展到 2000 年末的 28.38 亿元,增长了 9 倍,历年年报的业绩都在每股 0.60 元以上,最高达到 1.15 元。即使遭遇了 1998 年特大洪灾以后,每股收益也达到了不可思议的 0.81 元,5 年间股本扩张了 360%,创造了中国农业企业罕见的"某田神话"。

2001 年 10 月 8 日,某田股份发布了一个公告,称公司已接受中国证监会对本公司有关事项进行的调查。这引起了中央财经大学研究所研究员刘姝威的注意。2001 年 10 月 9 日起,刘姝威对某田股份的财务报告进行了分析,得出的结论是:2000 年某田股份的流动比率已经下降到 0.77,净营运资金已经下降到负 1.27 亿元。这几个简单的数字在刘姝威看来,说明的是:某田股份在一年内难以偿还流动债务,有 1.27 亿元的短期债务无法偿还。这令刘姝威震惊,某田股份已经失去了创造现金流量的能力,完全是在依靠银行的贷款维持生存——它是一个空壳!10 月 23 日,刘姝威毫不犹豫地将《应立即停止对某田股份发放贷款》的 600 字报告传真给了《金融内参》编辑部,两天之后顺利刊发。"某田神话"破灭。

2002 年 5 月,公司因连续 3 年亏损,暂停上市。

任务处理

任务处理　　任务小结

任务二　编制资产负债表

任务描述

时宏公司 2023 年 12 月 31 日相关总账余额记录为:"库存现金"总账借方余额 3 718.45 元;"银行存款"总账借方余额 7 296 814.66 元;"其他货币资金"总账借方余额 584 313.67 元。请会计人员赵美媛编制 2023 年度资产负债表中"货币资金"项目的金额。

知识储备

一、资产负债表的概念

资产负债表是指反映企业在某一特定日期的财务状况的报表。通过提供资产负债表,可以反映企业在某一特定日期所拥有或控制的经济资源、承担的现时义务和所有者对净资产的要求权,从而帮助财务报表使用者全面了解企业的财务状况,分析企业的偿债能力等情况,进而为其做出经济决策提供依据。

二、资产负债表的内容

资产负债表主要反映资产、负债和所有者权益三方面的内容,并满足"资产=负债+所有者权益"恒等式。

(一)资产

资产负债表中的资产反映由过去的交易或事项形成并由企业在某一特定日期所拥有或控制的、预期会给企业带来经济利益的资源。资产应当按照流动资产和非流动资产在资产负债表中列示,在流动资产和非流动资产类别下进一步按性质分项列示。

① 流动资产是指预计在一个正常营业周期中变现、出售或耗用,或者主要为交易目的而持有,或者预计在资产负债表日起一年内(含一年)变现的资产,或者自资产负债表日起一年内交换其他资产或清偿负债的能力不受限制的现金或现金等价物。资产负债表中列示的流动资产项目通常包括货币资金、交易性金融资产、应收票据、应收账款、预付款项、其他应收款、存货、合同资产、持有待售资产、一年内到期的非流动资产和其他流动资产等。

知识拓展:正常营业周期

② 非流动资产是指流动资产以外的资产。资产负债表中列示的非流动资产项目通常包括债权投资、其他债权投资、长期应收款、长期股权投资、其他权益工具投资、投资性房地产、固定资产、在建工程、无形资产、生产性生物资产、油汽资产、开发支出、商誉、长期待摊费用、递延所得税资产、其他非流动资产。

(二)负债

资产负债表中的负债反映在某一特定日期企业承担的、预期会导致经济利益流出企业的现时义务。负债应当按照流动负债和非流动负债在资产负债表中进行列示,在流动负债和非流动负债类别下再进一步按性质分项列示。

① 流动负债是指预计在一个正常营业周期中清偿或主要为交易目的而持有,或者自资产负债表日起一年内(含一年)到期应予以清偿,或者企业无权自主地将清偿推迟至资产负债表日后一年以上的负债。资产负债表中列示的流动负债项目通常包括短期借款、交易性金融负债、应付票据、应付账款、预收款项、合同负债、应付职工薪酬、应交税费、其他应付款、持有待售负债、一年内到期的非流动负债及其他流动负债等。

② 非流动负债是指流动负债以外的负债。资产负债表中列示的非流动负债项目通常包括长期借款、应付债券、租赁负债、长期应付款、预计负债、递延收益、递延所得税负债及其他非流动负债等。

(三)所有者权益

资产负债表中的所有者权益是企业资产扣除负债后的剩余权益,反映企业在某一特定日期股东(即投资者)拥有的净资产的总额。它一般包括实收资本(或股本)、其他权益工具、资本公积、其他综合收益、盈余公积和未分配利润。

三、资产负债表的结构

资产负债表的结构格式分为账户式和报告式两种,我国《企业会计准则》规定我国企业的资产负债表采用账户式结构。账户式资产负债表分为左右两方:左方为资产项目,大体按资产的流动性大小排列,流动性大的资产(如"货币资金""交易性金融资产"等)排在前面,流动性小的资产(如"长期股权投资""固定资产"等)排在后面;右方为负债及所有者权益项目,一般按要求清偿时间的先后顺序排列,"短期借款""应付票据""应付账款"等需要在一年以内或长于一年的一个正常营业周期内偿还的流动负债排在前面,"长期借款""应付债券"等在一年以上才需要偿还的非流动负债排在中间,在企业清算之前不需要偿还的所有者权益项目排在后面。

账户式资产负债表中的资产各项目的合计等于负债和所有者权益各项目的合计,即资产负债表左方和右方平衡。因此,通过账户式资产负债表可以反映资产、负债、所有者权益之间的内在关系,即"资产=负债+所有者权益"。

我国企业资产负债表格式如表 15-1 所示。

表 15-1 资产负债表

编制单位：　　　　　　　　　　　　年　月　日　　　　　　　　　　　　　　　会企 01 表
　　　　　　　　　　　　　　　　　　　　　　　　　　　　　　　　　　　　　　　元

资　产	行次	期末余额	年初余额	负债和所有者权益	行次	期末余额	年初余额
流动资产：				流动负债：			
货币资金				短期借款			
交易性金融资产				交易性金融负债			
应收票据				应付票据			
应收账款				应付账款			
合同资产				预收款项			
预付款项				合同负债			
其他应收款				应付职工薪酬			
存货				应交税费			
持有待售资产				其他应付款			
一年内到期的非流动资产				持有待售负债			
其他流动资产				一年内到期的非流动负债			
流动资产合计				其他流动负债			
非流动资产：				流动负债合计			
债权投资				非流动负债：			
其他债权投资				长期借款			
长期应收款				应付债券			
长期股权投资				租赁负债			
其他权益工具投资				长期应付款			
其他非流动金融资产				预计负债			
投资性房地产				递延收益			
固定资产				递延所得税负债			
在建工程				其他非流动负债			
生产性生物资产				非流动负债合计			
油气资产				负债合计			
无形资产				所有者权益：			
开发支出				实收资本（股本）			
商誉				其他权益工具			
长期待摊费用				资本公积			

（续表）

资　产	行次	期末余额	年初余额	负债和所有者权益	行次	期末余额	年初余额
递延所得税资产				其他综合收益			
其他非流动资产				盈余公积			
非流动资产合计				未分配利润			
				所有者权益合计			
资产总计				负债和所有者权益总计			

单位负责人：　　　　　　　　财务负责人：　　　　　　　　制表人：

业务核算

一、资产负债表的编制方法

知识拓展：列报　　编制资产负债表

（一）"年初余额"栏填列方法

"年初余额"栏内各项金额应根据上年末（12月31日）资产负债表的"期末余额"栏内所列金额填列。如果本年度资产负债表的名称与上年相比发生变动，则应对资产负债表各项目的名称和金额按本年度的规定进行调整，按调整后的金额填入本表的"年初余额"栏内。

（二）"期末余额"栏填列方法

1. 根据总账余额填列

（1）根据总账余额直接填列

"交易性金融资产""合同资产""其他权益工具投资""递延所得税资产""短期借款""应付票据""合同负债""应付职工薪酬""应交税费""递延所得税负债""实收资本""其他权益工具""资本公积""其他综合收益""盈余公积"等项目，应当根据"交易性金融资产""合同资产""其他权益工具投资""递延所得税资产""短期借款""应付票据""合同负债""应付职工薪酬""应交税费""预计负债""递延收益""递延所得税负债""实收资本（股本）""其他权益工具""资本公积""库存股""其他综合收益""盈余公积"等总账余额直接填列。

（2）根据总账余额计算填列

①"货币资金"项目应当根据"库存现金""银行存款""其他货币资金"总账余额的相加数填列。

②"其他应付款"项目应当根据"其他应付款""应付利息""应付股利"总账余额的相加数填列。

③"未分配利润"项目应当根据"本年利润""利润分配"总账余额的相加数填列。

2. 根据明细账余额计算填列

①"应收账款"项目应当根据"应收账款"总账所属明细账户借方余额和"预收账款"所属明细账户借方余额的相加数减去"坏账准备"总账中有关应收账款计提的坏账准备期末余额后的金额填列。

②"预收款项"项目应当根据"预收账款"总账所属明细账户贷方余额和"应收账款"总账所属明细账户贷方余额的相加数填列。

③"应付账款"项目应当根据"应付账款"总账所属明细账户贷方余额和"预付账款"总账所属明细账户贷方余额的相加数填列。

④"预付款项"项目应当根据"预付账款"总账所属明细账户借方余额和"应付账款"总账所属明细账户借方余额的相加数减去"坏账准备"总账中有关预付款项计提的坏账准备期末余额后的金额填列。

⑤"开发支出"项目应当根据"研发支出"总账所属"资本化支出"明细账户余额填列。

3. 根据总账和明细账余额分析计算填列

①"其他债权投资"项目应当根据"其他债权投资"总账余额扣除"其他债权投资"总账所属明细账户中将在一年内到期且企业能够按期收回的其他债权投资金额后的净额填列。

②"长期待摊费用"项目应当根据"长期待摊费用"总账余额填列。

③"一年内到期的非流动资产"项目应当根据"债权投资"总账所属明细账户中将在一年内到期且企业能够按期收回的债权投资金额减去相应的"债权投资减值准备"明细账户余额后的净额、"长期应收款"总账所属明细账户中将在一年内到期且企业能够按期收回的长期应收款金额减去相应"未实现融资收益"明细账户余额后的净额、"其他债权投资"总账所属明细账户中将在一年内到期且企业能够按期收回的其他债权投资的相加数填列。

④"长期借款"项目应当根据"长期借款"总账余额扣除"长期借款"总账所属明细账户中将在一年内到期且企业不能自主地将清偿义务展期的长期借款金额后的净额填列。

⑤"应付债券"项目应当根据"应付债券"总账余额扣除"应付债券"总账所属明细账户中将在一年内到期且企业不能自主地将清偿义务展期的应付债券金额后的净额填列。

⑥"一年内到期的非流动负债"项目应当根据"长期应付款"总账所属明细账户中将在一年内到期且企业不能自主地将清偿义务展期的长期应付款金额减去相应的"未确认融资费用"明细账户余额后的净额、"长期借款"总账所属明细账户中将在一年内到期且企业不能自主地将清偿义务展期的长期借款金额、"应付债券"总账所属明细账户中将在一年内到期且企业不能自主地将清偿义务展期的应付债券金额的相加数填列。

4. 根据有关账户余额减去其备抵账户余额后的净额填列

①"应收票据"项目应当根据"应收票据"总账余额减去"坏账准备"总账中有关应收票据计提的坏账准备期末余额后的净额填列。

②"其他应收款"项目应当根据"其他应收款""应收利息""应收股利"总账余额的相加数减去"坏账准备"总账中有关其他应收款计提的坏账准备期末余额后的净额填列。

③"存货"项目应当根据"原材料""周转材料""委托加工物资""材料采购""在途物资""生产成本""制造费用""库存商品""委托代销商品""受托代销商品""发出商品""合同履约成本(摊销期限在一年内)""材料成本差异(借方)"等总账余额的相加数减去"存货跌价准备""合同履约成本减值准备""受托代销商品款""商品进销差价""材料成本差异(贷方)"等总账余额后的净额填列。

④"债权投资"项目应根据"债权投资"总账余额扣除"债权投资"总账所属明细账户中将在一年内到期且企业能够按期收回的债权投资金额再减去相应的"债权投资减值准备"明细账户余额后的净额填列。

⑤"长期应收款"项目应根据"长期应收款"总账余额扣除"长期应收款"总账所属明细账户中将在一年内到期且企业能够按期收回的长期应收款金额再减去相应的"未实现融资收益"明细账户余额后的净额填列。

⑥"长期应付款"项目应根据"长期应付款"总账余额扣除"长期应付款"总账所属明细账户中将在一年内到期偿还的长期应付款金额再减去相应"未确认融资费用"明细账户余额后的净额填列。

⑦"在建工程"项目应当根据"在建工程""工程物资"总账余额的相加数减去"在建工程减值准备""工程物资减值准备"总账余额后的净额填列。

⑧"固定资产"项目应当根据"固定资产"总账余额和"固定资产清理"总账借方余额的相加数减去"累计折旧""固定资产减值准备"总账余额及"固定资产清理"总账贷方余额后的净额填列。

⑨"无形资产"项目应当根据"无形资产"总账余额减去"累计摊销""无形资产减值准备"总账余额后的净额填列。

⑩"投资性房地产"项目应当根据"投资性房地产"总账余额减去"投资性房地产累计折旧(摊销)""投资性房地产减值准备"总账余额后的净额填列。

⑪"长期股权投资"项目应当根据"长期股权投资"总账余额减去"长期股权投资减值准备"总账余额后的净额填列。

⑫"商誉"项目应当根据"商誉"总账余额减去"商誉减值准备"总账余额后的净额填列。

二、资产负债表编制任务举例

例 15-2 时宏公司 2023 年 12 月 31 日的相关总账余额记录如下。

①"库存现金"总账借方余额为 2 835.24 元。
②"银行存款"总账借方余额为 6 495 713.62 元。
③"其他货币资金"总账借方余额为 2 683 116.58 元。

时宏公司根据以上资料填列资产负债表相关项目如下。

时宏公司 2023 年 12 月 31 日资产负债表中"货币资金"项目金额＝"库存现金"总账余额＋"银行存款"总账余额＋"其他货币资金"总账余额＝2 835.24＋6 495 713.62＋2 683 116.58＝9 181 665.44（元）

例 15-3 时宏公司 2023 年 12 月 31 日的相关总账及明细账户余额记录如下。

①"应收账款"总账借方余额为 680 000 元。其中，明细账户借方余额合计 840 000 元；明细账户贷方余额合计 160 000 元。
②"预收账款"总账贷方余额为 150 000 元。其中，明细账户贷方余额合计 270 000 元；明细账户借方余额合计 120 000 元。
③"坏账准备"总账中应收账款计提比例为 3%。

时宏公司根据以上资料填列资产负债表相关项目如下。

① 时宏公司 2023 年 12 月 31 日资产负债表中"应收账款"项目金额＝"应收账款"总账所属明细账户借方余额＋"预收账款"总账所属明细账户借方余额－"坏账准备"总账余额＝840 000＋120 000－(840 000＋120 000)×3%＝960 000－28 800＝931 200（元）

② 时宏公司 2023 年 12 月 31 日资产负债表中"预收款项"项目金额＝"预收账款"总账所属明细账户贷方余额＋"应收账款"总账所属明细账户贷方余额＝270 000＋160 000＝430 000（元）

例 15-4 时宏公司 2023 年 12 月 31 日的相关总账及明细账户余额记录如下。

①"应付账款"总账贷方余额为 540 000 元。其中，明细账户贷方余额合计 650 000 元；明细账户借方余额合计 110 000 元。
②"预付账款"总账借方余额为 276 000 元。其中，明细账户借方余额合计 428 000 元；明

细账贷方余额合计 152 000 元。

时宏公司根据以上资料填列资产负债表相关项目如下。

① 时宏公司 2023 年 12 月 31 日资产负债表中"应付账款"项目金额＝"应付账款"总账所属明细账户贷方余额＋"预付账款"总账所属明细账户贷方余额＝650 000＋152 000＝702 000（元）

② 时宏公司 2023 年 12 月 31 日资产负债表中"预付款项"项目金额＝"预付账款"总账所属明细账户借方余额＋"应付账款"总账所属明细账户借方余额＝428 000＋110 000＝538 000（元）

例 15-5 时宏公司 2023 年 12 月 31 日的存货情况如表 15-2 所示。

表 15-2 存货相关总账余额

元

总 账	借方余额	贷方余额
材料采购	113 710	
原材料	861 500	
周转材料	152 830	
库存商品	917 620	
发出商品	362 490	
材料成本差异		17 230
生产成本	564 920	
合同履约成本	736 850	
存货跌价准备		75 140
合 计	3 709 920	92 370

时宏公司根据以上资料填列资产负债表相关项目如下。

时宏公司 2023 年 12 月 31 日资产负债表中"存货"项目金额＝"材料采购"总账借方余额＋"原材料"总账借方余额＋"周转材料"总账借方余额＋"库存商品"总账借方余额＋"发出商品"总账借方余额＋"生产成本"总账借方余额＋"合同履约成本"总账借方余额－"材料成本差异"总账贷方余额－"存货跌价准备"总账贷方余额＝113 710＋861 500＋152 830＋917 620＋362 490＋564 920＋736 850－17 230－75 140＝3 617 550（元）

例 15-6 时宏公司 2023 年 12 月 31 日的相关总账余额记录如下。

① "应收利息"总账借方余额为 217 340 元。
② "应收股利"总账贷方余额为 425 410 元。
③ "其他应收款"总账贷方余额为 561 650 元。
④ "坏账准备"总账中其他应收款计提比例为 3%。

时宏公司根据以上资料填列资产负债表相关项目如下。

时宏公司 2023 年 12 月 31 日资产负债表中"其他应收款"项目金额＝"应收利息"总账借方余额＋"应收股利"总账贷方余额＋"其他应收款"总账贷方余额－"坏账准备"总账余额＝217 340＋425 410＋561 650－（217 340＋425 410＋561 650）×3%＝1 204 440－36 133.2＝1 168 268（元）

例 15-7　时宏公司2023年12月31日的相关总账余额记录如下。

① "应付利息"总账贷方余额为116 470元。

② "应付股利"总账贷方余额为332 580元。

③ "其他应付款"总账贷方余额为417 930元。

时宏公司根据以上资料填列资产负债表相关项目如下。

时宏公司2023年12月31日资产负债表中"其他应付款"项目金额＝"应付利息"总账贷方余额＋"应付股利"总账贷方余额＋"其他应付款"总账贷方余额＝116 470＋332 580＋417 930＝866 980（元）

例 15-8　时宏公司2023年12月31日的相关总账余额记录如下。

① "固定资产"总账借方余额为981 460元。

② "累计折旧"总账贷方余额为227 310元。

③ "固定资产减值准备"总账贷方余额为111 420元。

时宏公司根据以上资料填列资产负债表相关项目如下。

时宏公司2023年12月31日资产负债表中"固定资产"项目金额＝"固定资产"总账借方余额－"累计折旧"总账贷方余额－"固定资产减值准备"总账贷方余额＝981 460－227 310－111 420＝642 730（元）

例 15-9　时宏公司2023年12月31日的相关总账余额记录如下。

① "无形资产"总账借方余额为734 530元。

② "累计摊销"总账贷方余额为210 480元。

③ "无形资产减值准备"总账贷方余额为113 750元。

时宏公司根据以上资料填列资产负债表相关项目如下。

时宏公司2023年12月31日资产负债表中"固定资产"项目金额＝"无形资产"总账借方余额－"累计摊销"总账贷方余额－"无形资产减值准备"总账贷方余额＝734 530－210 480－113 750＝410 300（元）

例 15-10　时宏公司2023年12月31日的相关总账余额记录如下。

① "长期股权投资"总账借方余额为986 170元。

② "长期股权投资减值准备"总账贷方余额为218 560元。

时宏公司根据以上资料填列资产负债表相关项目如下。

时宏公司2023年12月31日资产负债表中"长期股权投资"项目金额＝"长期股权投资"总账借方余额－"长期股权投资减值准备"总账贷方余额＝986 170－218 560＝767 610（元）

例 15-11　时宏公司至2023年12月31日止的长期借款情况如表15-3所示。

表15-3　时宏公司的长期借款情况

借款起始日期	借款银行	借款期限/年	金额/元
2023年9月1日	中国工商银行	3	1 000 000
2022年7月1日	中国建设银行	4	2 000 000
2020年5月1日	中国农业银行	4	1 500 000
合　计			4 500 000

时宏公司根据以上资料填列资产负债表项目如下。

① 时宏公司2023年12月31日资产负债表中"长期借款"项目金额＝"长期借款"总账余额－一年内到期的长期借款＝4 500 000－1 500 000＝3 000 000（元）

② 时宏公司2023年12月31日一年内到期的长期借款为1 500 000元，应当填入资产负债表中"一年内到期的非流动负债"项目。

例15-12 时宏公司至2023年12月31日止，应付债券情况如表15-4所示。

表15-4　时宏公司的应付债券情况

发行债券起始日期	发行债券名称	借款期限/年	金额/元
2023年9月1日	甲债券	3	4 000 000
2022年7月1日	乙债券	4	2 000 000
2020年5月1日	丙债券	4	3 000 000
合　计			9 000 000

时宏公司根据以上资料填列资产负债表项目如下。

① 时宏公司2023年12月31日资产负债表中"应付债券"项目金额＝"应付债券"总账余额－一年内到期的应付债券＝9 000 000－3 000 000＝6 000 000（元）

② 时宏公司2023年12月31日一年内到期的应付债券为3 000 000元，应当填入资产负债表中"一年内到期的非流动负债"项目。

例15-13 时宏公司至2023年12月31日止的债权投资情况如表15-5所示。

表15-5　时宏公司的债权投资情况

债权投资起始日期	债权投资名称	债权投资期限/年	金额/元
2023年9月1日	A债券	3	4 000 000
2022年7月1日	B债券	4	2 000 000
2020年5月1日	C债券	4	3 000 000
合　计			9 000 000

时宏公司根据以上资料填列资产负债表项目如下。

① 时宏公司2023年12月31日资产负债表中"债权投资"项目金额＝"债权投资"总账余额－一年内到期的债权投资＝9 000 000－3 000 000＝6 000 000（元）

② 时宏公司2023年12月31日一年内到期的债权投资为3 000 000元，应当填入资产负债表中"一年内到期的非流动资产"项目。

例15-14 时宏公司2023年12月31日的相关总账余额记录如下。

① "在建工程"总账借方余额为673 490元。
② "在建工程减值准备"总账贷方余额为247 550元。
③ "工程物资"总账借方余额为484 350元。
④ "工程物资减值准备"总账贷方余额为126 280元。

时宏公司根据以上资料填列资产负债表相关项目如下。

时宏公司2023年12月31日资产负债表中"在建工程"项目金额＝"在建工程"总账借方余额－"在建工程减值准备"总账贷方余额＋"工程物资"借方总账余额－"工程物资减值准备"总账贷方余额＝673 490－247 550＋484 350－126 280＝784 010（元）

企业财务会计

例 15-15 时宏公司至 2023 年 12 月 31 日止的长期待摊费用情况如表 15-6 所示。

表 15-6 时宏公司的长期待摊费用情况

长期待摊费用起始日期	长期待摊费用名称	长期待摊费用期限/年	金额/元
2023 年 9 月 1 日	经营租入办公楼改良	5	2 700 000
2014 年 5 月 1 日	经营租入办公楼改良	10	150 000
合 计			2 850 000

时宏公司根据以上资料填列资产负债表项目如下。

时宏公司 2023 年 12 月 31 日资产负债表中"长期待摊费用"项目金额＝"长期待摊费用"总账余额＝2 850 000（元）

例 15-16 时宏公司 2023 年 12 月 31 日的总账余额汇总表如表 15-7 所示。时宏公司单位负责人是李时模，财务负责人是王丽真，报表编制人是赵国兴。

表 15-7 总账余额汇总表

编制单位：时宏公司　　　　　　　　　2023 年 12 月 31 日　　　　　　　　　　　元

账户名称	借方余额	账户名称	贷方余额
库存现金	3 500	坏账准备	13 200
银行存款	215 300	材料成本差异	21 600
其他货币资金	38 600	累计折旧	227 500
交易性金融资产	58 000	累计摊销	132 900
应收票据	41 000	短期借款	670 000
应收账款	265 000	应付票据	149 600
预付账款	20 000	应付账款	355 000
应收利息	32 000	应付利息	73 200
应收股利	75 000	应付股利	57 300
其他应收款	36 000	预收账款	66 000
原材料	366 000	合同负债	38 000
周转材料	79 400	应付职工薪酬	168 300
生产成本	148 200	应交税费	127 600
库存商品	382 900	其他应付款	46 800
合同资产	25 000	长期借款	410 000
债权投资	500 000	应付债券	700 000
其他债权投资	36 000	长期应付款	110 000
长期应收款	57 000	预计负债	60 000
长期股权投资	760 000	递延所得税负债	35 700
其他权益工具投资	128 000	实收资本	1 580 000
固定资产	851 000	资本公积	73 400
工程物资	133 000	其他综合收益	32 000

250

(续表)

账户名称	借方余额	账户名称	贷方余额
在建工程	286 000	盈余公积	95 100
无形资产	564 000	未分配利润	129 700
长期待摊费用	272 000		
合　计	5 372 900	合　计	5 372 900

明细账户中的有关事项如下。

① "债权投资" 总账所属明细账户中有一个投资的 3 年期 A 债券。本金 80 000 元，到期收回款项。将于 2024 年 4 月 1 日到期。

② "长期待摊费用" 总账所属明细账户中有经营租赁方式租入办公楼的改良支出。摊销期 10 年，剩余未摊销完毕的金额 53 600 元。将于 2024 年 5 月 1 日到期摊销完毕。

③ "长期借款" 总账所属明细账户中有一个向工商银行借款。5 年期，本金 120 000 元。到期偿还日为 2024 年 6 月 1 日。

④ "应付债券" 明细账户中有一个发行的 4 年期 B 债券 300 000 元，到期偿还日为 2024 年 7 月 1 日。

⑤ "应收账款" 总账所属明细账户中，借方余额合计 285 000 元，贷方余额合计 20 000 元。

⑥ "应付账款" 总账所属明细账户中，贷方余额合计 370 000 元，借方余额合计 15 000 元。

⑦ "预收账款" 总账所属明细账户中，贷方余额合计 69 000 元，借方余额合计 3 000 元。

⑧ "预付账款" 总账所属明细账户中，借方余额合计 24 000 元，贷方余额合计 4 000 元。

时宏公司编制 2023 年 12 月 31 日资产负债表中的相关项目如下。

① "货币资金" 项目＝3 500＋215 300＋38 600＝257 400（元）

② "应收账款" 项目＝285 000＋3 000－13 200＝274 800（元）

③ "预付款项" 项目＝24 000＋15 000＝39 000（元）

④ "应付账款" 项目＝370 000＋4 000＝374 000（元）

⑤ "预收款项" 项目＝69 000＋20 000＝89 000（元）

⑥ "其他应收款" 项目＝36 000＋32 000＋75 000＝143 000（元）

⑦ "其他应付款" 项目＝46 800＋73 200＋57 300＝177 300（元）

⑧ "存货" 项目＝366 000＋79 400＋148 200＋382 900－21 600＝954 900（元）

⑨ "债权投资" 项目＝500 000－80 000＝420 000（元）

⑩ "固定资产" 项目＝851 000－227 500＝623 500（元）

⑪ "在建工程" 项目＝133 000＋286 000＝419 000（元）

⑫ "无形资产" 项目＝564 000－132 900＝431 100（元）

⑬ "长期待摊费用" 项目＝272 000（元）

⑭ "一年内到期的非流动资产" 项目＝80 000（元）

⑮ "长期借款" 项目＝410 000－120 000＝290 000（元）

⑯ "应付债券" 项目＝700 000－300 000＝400 000（元）

⑰ "一年内到期的非流动负债" 项目＝120 000＋300 000＝420 000（元）

⑱ 本例中需要根据总账余额和明细账户余额分析计算填列的项目只有以上 17 项，剩余的项目可直接根据总账余额填列。

⑲ 根据总账余额和明细账户余额，编制资产负债表如表 15-8 所示。

表 15-8 资产负债表

编制单位：时宏公司　　　　　　　2023 年 12 月 31 日　　　　　　　　　　　　　会企 01 表
单位：元

资　产	行次	期末余额	年初余额	负债和所有者权益	行次	期末余额	年初余额
流动资产：				流动负债：			
货币资金		257 400		短期借款		670 000	
交易性金融资产		58 000		交易性金融负债			
应收票据		41 000		应付票据		149 600	
应收账款		274 800		应付账款		374 000	
合同资产		25 000		预收款项		89 000	
预付款项		39 000		合同负债		38 000	
其他应收款		143 000		应付职工薪酬		168 300	
存货		954 900		应交税费		127 600	
持有待售资产				其他应付款		177 300	
一年内到期的非流动资产		80 000		持有待售负债			
其他流动资产				一年内到期的非流动负债		420 000	
流动资产合计		1 873 100		其他流动负债			
非流动资产：				流动负债合计		2 213 800	
债权投资		420 000		非流动负债：			
其他债权投资		36 000		长期借款		290 000	
长期应收款		57 000		应付债券		400 000	
长期股权投资		760 000		租赁负债			
其他权益工具投资		128 000		长期应付款		110 000	
其他非流动金融资产				预计负债		60 000	
投资性房地产				递延收益			
固定资产		623 500		递延所得税负债		35 700	
在建工程		419 000		其他非流动负债			
生产性生物资产				非流动负债合计		895 700	
油气资产				负债合计		3 109 500	
无形资产		431 100		所有者权益：			
开发支出				实收资本（股本）		1 580 000	
				库存股			
商誉				其他权益工具			
长期待摊费用		272 000		资本公积		73 400	
递延所得税资产				其他综合收益		32 000	
其他非流动资产				盈余公积		95 100	
非流动资产合计		3 146 600		未分配利润		129 700	
				所有者权益合计		1 910 200	
资产总计		5 019 700		负债和所有者权益总计		5 019 700	

单位负责人：李时模　　　　　　　　财务负责人：王丽真　　　　　　　　制表人：赵国兴

任务处理

任务处理　　　　任务小结

任务三　编制利润表

任务描述

时宏公司 2023 年度"主营业务收入"总账贷方发生额 3 764 000 元,"其他业务收入"总账贷方发生额 218 000 元。请会计人员赵美媛确定 2023 年度利润表中的"营业收入"项目的金额。

知识储备

利润表是反映企业一定期间（月份、季度、年度）经营成果的会计报表。利润表以"收入－费用＝利润"这一会计平衡公式为理论基础，将收入、费用、利润三大会计要素分别列示，反映出企业利润的形成过程。

利润表一般包括表首、正表两部分。其中，表首包括报表名称、编制单位、编制期间、报表编号、货币名称、计量单位；正表是利润表的主体，反映形成经营成果的各个项目和计算过程。正表的格式一般有两种：单步式利润表和多步式利润表。单步式利润表是将当期所有的收入和利得列在一起，然后将所有的费用和损失列在一起，两者相减得出当期净损益；多步式利润表是通过对当期的收入和利得、费用和损失项目按性质加以归类，按利润形成的主要环节列示一些中间性的利润指标，如营业利润、利润总额、净利润，分步计算当期净损益。利润表中应分别设置"上期金额"和"本期金额"两栏。

业务核算

一、利润表的格式

利润表的格式主要有多步式利润表和单步式利润表两种。

（一）多步式利润表

多步式利润表是按照利润的构成内容分层次、分步骤地逐步、逐项计算编制而成的一种利润表。我国企业的利润表采用多步式利润表，如表 15-9 所示。

表 15-9　利润表

会企 02 表

编制单位：　　　　　　　　　　　　　年　月　　　　　　　　　　　　　　　　元

	本期金额	上期金额
一、营业收入		
减：营业成本		
税金及附加		

（续表）

	本期金额	上期金额
销售费用		
管理费用		
研发费用		
财务费用		
加：其他收益		
投资收益（损失以"-"号填列）		
其中：对联营企业和合营企业的投资收益		
以摊余成本计算的金融资产终止确认收益		
净敞口套期收益（损失以"-"号填列）		
公允价值变动收益（损失以"-"号填列）		
信用减值损失（损失以"-"号填列）		
资产减值损失（损失以"-"号填列）		
资产处置收益（损失以"-"号填列）		
二、营业利润（亏损以"-"号填列）		
加：营业外收入		
减：营业外支出		
三、利润总额（亏损总额以"-"号填列）		
减：所得税费用		
四、净利润（净亏损以"-"号填列）		
（一）按经营持续性分类		
1．持续经营净利润（净亏损以"-"号填列）		
2．终止经营净利润（净亏损以"-"号填列）		
（二）按所有权归属分类		
1．归属于母公司股东的净利润（净亏损以"-"号填列）		
2．少数股东损益（净亏损以"-"号填列）		
五、其他综合收益的税后净额		
（一）归属于母公司所有者的其他综合收益的税后净额		
1．不能重分类进损益的其他综合收益		
2．将重分类进损益的其他综合收益		
其他债权投资公允价值变动		
（二）归属于少数股东的其他综合收益的税后净额		
六、综合收益总额		
1．归属于母公司所有者的综合收益总额		
2．归属于少数股东的综合收益总额		
七、每股收益		
（一）基本每股收益		
（二）稀释每股收益		

企业的多步式利润表按以下3个步骤编制。

① 以营业收入为基础，减去营业成本、税金及附加、销售费用、管理费用、财务费用，加上其他收益、投资收益、净敞口套期收益、公允价值变动收益、信用减值损失、资产减值损失、资产处置收益，计算出营业利润。

② 以营业利润为基础，加上营业外收入，减去营业外支出，计算出利润总额。

③ 以利润总额为基础，减去所得税费用，计算出净利润（或亏损）。

（二）单步式利润表

单步式利润表是先列示当期的所有收入和利得项目，然后再列示所有费用和损失项目，两者相减一次计算出当期损益的一种利润表。

二、利润表各项目的填列

利润表各项目均需要填列"本期金额"和"上期金额"两栏。其中，"上期金额"栏内各项金额，应根据上年该期利润表"本期金额"栏内所列金额填列；"本期金额"栏内各期金额应当按照相关损益账户的发生额分析填列。

① "营业收入"项目反映企业经营主要业务和其他业务所确认的收入总额。本项目应根据"主营业务收入""其他业务收入"总账的发生额的相加数填列。

② "营业成本"项目反映企业经营主要业务和其他业务所发生的成本总额。本项目应根据"主营业务成本""其他业务成本"总账的发生额的相加数填列。

③ "税金及附加"项目反映企业经营业务应负担的消费税、城市维护建设税、教育费附加、资源税、城镇土地使用税、印花税、房产税和车船税等。本项目应根据"税金及附加"总账的发生额分析填列。

④ "销售费用"项目反映企业在销售商品过程中发生的包装费、广告费、运输费、保险费等费用和为销售本企业商品而专设的销售机构的职工薪酬、业务费等经营费用。本项目应根据"销售费用"总账的发生额分析填列。

⑤ "管理费用"项目反映企业为组织和管理生产经营发生的行政管理费用。本项目应根据"管理费用"总账的发生额分析填列。

⑥ "财务费用"项目反映企业筹集生产经营所需资金等而发生的筹资费用。本项目应根据"财务费用"总账的发生额分析填列。

⑦ "投资收益"项目反映企业以各种方式对外投资所取得的收益。本项目应根据"投资收益"总账的发生额分析填列。如果为损失，则用"－"号填列。

⑧ "公允价值变动收益"项目反映企业应当计入当期损益的资产或负债公允价值变动收益。本项目应根据"公允价值变动损益"总账的发生额分析填列。如果为净损失，则用"－"号填列。

⑨ "信用减值损失"项目反映企业各项金融资产发生的减值损失。本项目应根据"信用减值损失"总账的发生额分析填列。

⑩ "资产减值损失"项目反映企业各项非金融资产发生的减值损失。本项目应根据"资产减值损失"总账的发生额分析填列。

⑪ "资产处置损益"项目反映企业出售固定资产和无形资产发生的损益。本项目应根据"资产处置损益"总账的发生额分析填列。

⑫ "营业利润"项目反映企业实现的营业利润。如果为亏损，则用"－"号填列。

⑬ "营业外收入"项目反映企业发生的与经营业务无直接关系的各项收入。本项目应根据

"营业外收入"总账的发生额分析填列。

⑭"营业外支出"项目反映企业发生的与经营业务无直接关系的各项支出。本项目应根据"营业外支出"总账的发生额分析填列。

⑮"利润总额"项目反映企业实现的总利润。如果为亏损,则用"－"号填列。

⑯"所得税费用"项目反映企业应从当期利润总额中扣除的所得税费用。本项目应根据"所得税费用"总账的发生额分析填列。

⑰"净利润"项目反映企业实现的税后利润。如果为亏损,则用以"－"号填列。

三、利润表表内项目的编制举例

例 15-17 时宏公司 2023 年度的相关损益类账户发生额记录如下。

① "主营业务收入"总账贷方发生额为 8 600 000 元。
② "主营业务收入"总账借方发生额为 500 000 元。
③ "其他业务收入"总账贷方发生额为 1 300 000 元。

时宏公司根据以上资料填列利润表相关项目如下。

时宏公司 2023 年度利润表中"营业收入"项目金额＝"主营业务收入"总账发生额＋"其他业务收入"总账贷方发生额＝(8 600 000－500 000)＋1 300 000＝9 400 000(元)

例 15-18 时宏公司 2023 年度的相关损益类账户发生额记录如下。

① "主营业务成本"总账借方发生额为 5 700 000 元。
② "主营业务成本"总账贷方发生额为 300 000 元。
③ "其他业务成本"总账借方发生额为 1 100 000 元。

时宏公司根据以上资料填列利润表相关项目如下。

时宏公司 2023 年度利润表中"营业成本"项目金额＝"主营业务成本"总账发生额＋"其他业务成本"总账借方发生额＝(5 700 000－300 000)＋1 100 000＝6 500 000(元)

例 15-19 时宏公司 2023 年度的相关损益类账户发生额记录如下。

"主营业务收入"总账贷方发生额为 990 000 元;"主营业务成本"总账借方发生额为 530 000 元;"其他业务收入"总账贷方发生额为 480 000 元;"其他业务成本"总账借方发生额为 310 000 元;"税金及附加"总账借方发生额为 61 000 元;"销售费用"总账借方发生额为 76 000 元;"管理费用"总账借方发生额为 84 000 元;"财务费用"总账借方发生额为 23 000 元;"信用减值损失"总账借方发生额为 12 000 元;"资产减值损失"总账借方发生额为 16 000 元;"公允价值变动损益"总账贷方发生额为 33 000 元;"投资收益"总账贷方发生额为 43 000 元;"资产处置损益"总账贷方发生额为 18 000 元;"营业外收入"总账贷方发生额为 97 000 元;"营业外支出"总账借方发生额为 44 000 元;"所得税费用"总账借方发生额为 138 600 元。

时宏公司根据以上资料填列利润表相关项目如下。

① 时宏公司 2023 年度利润表中"营业利润"项目金额＝(990 000＋480 000)－(530 000＋310 000)－61 000－76 000－84 000－23 000－12 000－16 000＋33 000＋43 000＋18 000＝452 000(元)

② 时宏公司 2022 年度利润表中"利润总额"项目金额＝452 000＋97 000－44 000＝505 000(元)

③ 时宏公司 2023 年度利润表中"净利润"项目金额＝505 000－138 600＝366 400(元)

项目十五　财务报告

任务处理

任务处理　　任务小结

任务四　编制现金流量表

任务描述

时宏公司 2023 年度发生如下经济业务：用银行存款购买自购买日起 3 个月国债 250 万元；因销售应税消费品等支付消费税 150 万元；用银行存款支付给生产工人工资 100 万元；因购买商品用银行存款支付的价款和增值税 234 万元；用银行存款支付长期借款利息 50 万元。请会计人员赵美媛确定现金流量表中"经营活动现金流出小计"项目的金额。

知识储备

现金流量表是指反映企业在一定会计期间现金和现金等价物流入与流出的报表。现金流量表按照收付实现制原则编制，将权责发生制下的盈利信息调整为收付实现制下的现金流量信息。从内容上看，现金流量表分为经营活动、投资活动和筹资活动 3 个部分，每类活动又分为各具体项目，这些项目从不同角度反映企业业务活动的现金流入与流出。通过现金流量表，报表使用者能够了解现金流量的影响因素，评价企业的支付能力、偿债能力和周转能力，从而预测企业未来现金流量，为其决策提供有力依据。

企业的现金流转情况在很大程度上影响着企业的生存和发展。企业现金充裕，就可以及时购入必要的材料物资和固定资产，及时支付工资、偿还债务、支付股利和利息；反之，轻则影响企业的正常生产经营，重则危及企业的生存。现金管理已经成为企业财务管理的一个重要方面，受到企业管理人员、投资者、债权人及政府监管部门的关注。

一、认知现金流量表中的现金及现金等价物

（一）现金

现金是指企业库存现金及可以随时用于支付的存款，包括库存现金、银行存款和其他货币资金（如外埠存款、银行汇票存款、银行本票存款等）等。不能随时用于支付的存款不属于现金。

（二）现金等价物

现金等价物是指企业持有的期限短、流动性强、易于转换为已知金额现金且价值变动风险很小的投资。期限短，一般是指从购买日起 3 个月内到期。现金等价物通常包括 3 个月内到期的债券投资等。

二、熟悉现金流量的分类及内容

现金流量是指现金和现金等价物的流入和流出，可以分为 3 类，即经营活动产生的现金流量、投资活动产生的现金流量和筹资活动产生的现金流量。

（一）经营活动产生的现金流量

经营活动是指企业投资活动和筹资活动以外的所有交易事项。各类企业由于行业特点不同，对经营活动的认定存在一定差异：对于工商企业而言，经营活动主要包括销售商品、提供劳务、购买商品、接受劳务、支付职工薪酬、支付税款等；对于商业银行而言，经营活动主要包括吸收存款、发放贷款、同业存放、同业拆借等；对于保险公司而言，经营活动主要包括原保险业务和再保险业务等；对于证券公司而言，经营活动主要包括自营证券、代理承销证券、代理兑付证券、代理买卖证券等。

需要特别说明的是，企业实际收到的政府补助，无论是与资产相关还是与收益相关，均在"收到其他与经营活动有关的现金"项目填列。

在我国，企业经营活动产生的现金流量应当采用直接法填列。直接法是指通过现金收入和现金支出的主要类别列示经营活动的现金流量。

（二）投资活动产生的现金流量

投资活动是指企业长期资产的购建和不包括在现金等价物范围内的投资及其处置活动。长期资产是指固定资产、无形资产、在建工程、其他资产等持有期限在一年或一个正常营业周期以上的资产。这里所说的投资活动，既包括实物资产投资，也包括金融资产投资。不同企业由于行业特点不同，对投资活动的认定也存在差异。例如，以公允价值计量且其变动计入当期损益的金融资产所产生的现金流量，对于工商企业而言属于投资活动现金流量，而对于证券公司而言属于经营活动现金流量。

（三）筹资活动产生的现金流量

筹资活动是指导致企业资本及债务规模或构成发生变化的活动。这里所说的资本，既包括实收资本（股本），也包括资本溢价（股本溢价）；这里所说的债务，是指对外举债，包括从银行借款、发行债券及偿还债务等。偿还应付账款、应付票据等应付款项属于经营活动，不属于筹资活动。

对于自然灾害损失和保险赔款，属于流动资产损失，列为经营活动；属于固定资产损失，列为投资活动。如果不能确定，则列为经营活动。

如果特殊项目的现金流量金额不大，则列为现金流量类别下的"其他"项目，不单列项目。

现金和现金等价物之间的转换不属于现金流量。例如，企业用现金购买3个月内到期的国库券（交易性金融资产）。但国库券产生的利息属于"取得投资收益收到的现金"项目。

三、现金流量表的结构

在现金流量表中，现金与现金等价物被视为一个整体，企业现金形式的转换不会产生现金的流入和流出。例如，企业从银行提取现金是企业现金存放形式的转换，并未流出企业，不构成现金流量。我国企业现金流量表采用报告式结构。一般企业现金流量表的具体格式如表 15-10 所示。

表 15-10　现金流量表

会企03表

编制单位：　　　　　　　　　　　　　　年　月　　　　　　　　　　　　　　　元

项　目	本期金额	上期金额
一、经营活动产生的现金流量		
销售商品、提供劳务收到的现金		

(续表)

项　目	本期金额	上期金额
收到的税费返还		
收到其他与经营活动有关的现金		
经营活动现金流入小计		
购买商品、接受劳务支付的现金		
支付给职工以及为职工支付的现金		
支付的各项税费		
支付其他与经营活动有关的现金		
经营活动现金流出小计		
经营活动产生的现金流量净额		
二、投资活动产生的现金流量		
收回投资收到的现金		
取得投资收益收到的现金		
处置固定资产、无形资产和其他长期资产收回的现金净额		
处置子公司及其他营业单位收到的现金净额		
收到其他与投资活动有关的现金		
投资活动现金流入小计		
购建固定资产、无形资产和其他长期资产支付的现金		
投资支付的现金		
取得子公司及其他营业单位支付的现金净额		
支付其他与投资活动有关的现金		
投资活动现金流出小计		
投资活动产生的现金流量净额		
三、筹资活动产生的现金流量		
吸收投资收到的现金		
取得借款收到的现金		
收到其他与筹资活动有关的现金		
筹资活动现金流入小计		
偿还债务支付的现金		
分配股利、利润或偿付利息支付的现金		
支付其他与筹资活动有关的现金		
筹资活动现金流出小计		
筹资活动产生的现金流量净额		
四、汇率变动对现金及现金等价物的影响		
五、现金及现金等价物净增加额		
加：期初现金及现金等价物余额		
六、期末现金及现金等价物余额		

业务核算

一、现金流量表的编制原理

（一）编制依据

现金流量表是按收付实现制反映信息的，而资产负债表、利润表及账户记录是按权责发生制反映信息的，所以编制现金流量表就是将权责发生制下的会计信息转换为按收付实现制表示的现金流量。

（二）编制方法和程序

1. 直接法和间接法

编制现金流量表时，列报经营活动现金流量的方法有两种：一是直接法；二是间接法。在直接法下，一般是以利润表中的营业收入为起点，调节与经营活动有关的项目的增减变动，然后计算出经营活动产生的现金流量；在间接法下，将净利润调节为经营活动现金流量，实际上就是将按权责发生制原则确定的净利润调整为现金净流入，并剔除投资活动和筹资活动对现金流量的影响。

采用直接法编报的现金流量表，便于分析企业经营活动产生的现金流量的来源和用途，从而预测企业现金流量的未来前景；采用间接法编报的现金流量表，便于将净利润与经营活动产生的现金流量净额进行比较，从而了解净利润与经营活动产生的现金流量差异的原因，能够从现金流量的角度分析净利润的质量。我国《企业会计准则》规定采用直接法编报现金流量表，同时要求在补充资料中提供以净利润为基础调节为经营活动产生的现金流量信息。

2. 工作底稿法、T形账户法和分析填列法

企业在具体编制现金流量表时，既可以采用工作底稿法或T形账户法，也可以根据有关账户记录分析填列。

（1）工作底稿法

采用工作底稿法编制现金流量表，是以工作底稿为手段，以资产负债表和利润表数据为基础，对每一项目进行分析并编制调整分录，从而编制现金流量表。工作底稿法的程序是：

① 将资产负债表的期初数和期末数过入工作底稿的期初数栏与期末数栏。

② 对当期业务进行分析并编制调整分录。编制调整分录时，要以利润表项目为基础，从"营业收入"项目开始，结合资产负债表项目逐一进行分析。在调整分录中，有关现金和现金等价物的事项，并不直接借记或贷记现金，而是分别记入"经营活动产生的现金流量""投资活动产生的现金流量""筹资活动产生的现金流量"等有关项目，借记表示现金流入，贷记表示现金流出。

③ 将调整分录过入工作底稿中的相应部分。

④ 核对调整分录，借方、贷方合计数均已相等；资产负债表项目期初数加减调整分录中的借贷金额以后，也等于期末数。

⑤ 根据工作底稿中的现金流量表项目部分编制正式的现金流量表。

（2）T形账户法

采用T形账户法编制现金流量表，是以T形账户为手段，以资产负债表和利润表数据为基础，对每一项目进行分析并编制调整分录，从而编制现金流量表。T形账户法的程序是：

① 为所有的非现金项目（包括资产负债表项目和利润表项目）分别开设T形账户，并将

各自的期末期初变动数过入各账户。如果项目的期末数大于期初数,则将差额过入与项目余额相同的方向;反之,过入相反的方向。

② 开设一个大的"现金及现金等价物"T形账户,每边分为经营活动、投资活动和筹资活动3个部分,左边记现金流入,右边记现金流出。与其他账户一样,过入期末期初变动数。

③ 以利润表项目为基础,结合资产负债表分析每一个非现金项目的增减变动,并据此编制调整分录。

④ 将调整分录过入各T形账户并进行核对,该账户借贷相抵后的余额与原先过入的期末期初变动数应当一致。

⑤ 根据大的"现金及现金等价物"T形账户编制正式的现金流量表。

(3) 分析填列法

分析填列法直接是根据资产负债表、利润表和有关会计账户明细账的记录,分析计算出现金流量表的各项目的金额,并据以编制现金流量表的一种方法。

二、现金流量表的填列方法

(一) 经营活动产生的现金流量

1. "销售商品、提供劳务收到的现金"项目

该项目反映企业本期销售商品、提供劳务本期收到的现金,前期销售商品、提供劳务本期收到的现金(包括向购买方收取的增值税销项税额)和本期预收的款项,减去本期销售本期退回商品和前期销售本期退回商品支付的现金。企业销售材料和代购代销业务收到的现金,也在本项目反映。其计算公式为:

销售商品、提供劳务收到的现金=营业收入+增值税销项税额+应收票据减少额(年初余额-期末余额)+应收账款减少额(年初余额-期末余额)+预收款项增加额(期末余额-年初余额)-当期计提的坏账准备-收到抵偿债务的非现金资产金额

例 15-20 时宏公司 2023 年度有关资料如下:主营业务收入 6 000 万元;应交税费——应交增值税(销项税额)780 万元;"应收票据"项目,年初数 40 万元,年末数 10 万元;"应收账款"项目,年初数 171 万元(未计坏账准备前 180 万元),年末数 114 万元(未计坏账准备前 120 万元);"预收款项"项目,年初数 80 万元,年末数 90 万元;其他有关资料,期末坏账准备计提比例为 5%,本期计提坏账准备-3 万元,本期收到客户抵偿债务的商品金额 12 万元(货款 10.62 万元,增值税税额 1.38 万元)。

时宏公司根据以上资料填列现金流量表相关项目如下。

以销售商品产生的营业收入 6 000 万元和销售商品产生的增值税销项税额 780 万元作为计算"销售商品、提供劳务收到的现金"项目金额的起点,加上应收票据减少额(年初余额-期末余额=40-10),加上应收账款减少额(年初余额-期末余额=171-114),加上预收款项增加额(期末余额-年初余额=90-80),减去本期计提坏账准备-3 万元;减去本期收到抵偿债务的商品金额 12 万元。因此:

时宏公司 2023 年度现金流量表中"销售商品、提供劳务收到的现金"项目金额=(6 000+780)+(40-10)+(171-114)+(90-80)-(-3)-12=6 868(万元)

2. "收到的税费返还"项目

该项目反映企业收到税务机关或海关等政府机关返还的所得税、增值税、消费税、教育费附加、关税等各种税费返还款。

3. "收到其他与经营活动有关的现金"项目

该项目反映企业除上述各项目外，收到的其他与经营活动有关的现金，如罚款收入、经营租赁资产收到的现金、投资性房地产收到的租金收入、流动资产损失中由个人赔偿的现金收入、除税费返还外的其他政府补助收入等。

4. "购买商品、接受劳务支付的现金"项目

该项目反映企业本期购买商品、接受劳务本期支付的现金，前期购买商品、接受劳务本期支付的现金（包括向销售方支付的增值税进项税额）和本期预付的款项减去本期购买本期退回商品及前期购买本期退回商品收到的现金。企业购买材料和代购代销业务支付的现金，也在本项目反映。其计算公式为：

购买商品、接受劳务支付的现金＝营业成本＋增值税进项税额＋存货增加额
（期末余额－年初余额）＋应付票据减少额（年初余额－期末余额）＋应付账款减少额
（年初余额－期末余额）＋预付款项增加额（期末余额－年初余额）－
支付抵偿债务的非现金资产金额－当期列入生产成本、制造费用的职工薪酬－
当期列入生产成本、制造费用的折旧费＋工程项目领用本企业的存货金额

例 15-21 时宏公司 2023 年度有关资料如下：营业成本 4 000 万元；应交税费——应交增值税（进项税额）600 万元；"存货"项目，年初数 100 万元，年末数 80 万元；"应付票据"项目，年初数 40 万元，年末数 20 万元；"应付账款"项目，年初数 100 万元，年末数 120 万元；"预付款项"项目，年初数 80 万元，年末数 90 万元；其他有关资料，用固定资产偿还应付账款 10 万元，生产成本中直接工资项目含有本期发生的生产工人工资费用 100 万元，本期制造费用发生额 60 万元（其中消耗的物料为 5 万元），工程项目领用的本企业产品 10 万元。

时宏公司根据以上资料填列现金流量表相关项目如下。

以购买商品产生的营业成本 4 000 万元和购买商品产生的增值税进项税额 600 万元作为计算"购买商品、接受劳务支付的现金"项目金额的起点，加上存货增加额（期末余额－年初余额＝80－100），加上应付票据减少额（年初余额－期末余额＝40－20），加上应付账款减少额（年初余额－期末余额＝100－120），加上预付款项增加额（期末余额－年初余额＝90－80），减去支付抵偿债务的固定资产金额 10 万元，减去生产成本中直接工资项目含有的本期发生的生产工人工资费用 100 万元，减去本期制造费用发生额 55 万元（已扣除消耗的物料为 5 万元），加上工程项目领用的本企业产品 10 万元。因此：

时宏公司 2023 年度现金流量表中"购买商品、接受劳务支付的现金"项目金额＝（4 000＋600）＋（80－100）＋（40－20）＋（100－120）＋（90－80）－（10＋100＋55）＋10＝4 435（万元）

5. "支付给职工以及为职工支付的现金"项目

该项目反映企业实际支付给职工的工资、奖金、各种津贴和补贴等职工薪酬（包括代扣代缴的职工个人所得税），不包括在建工程项目人员的职工薪酬。其计算公式为：

支付给职工以及为职工支付的现金＝应付职工薪酬年初余额＋本期分配计入生产成本、制造费用、管理费用中的职工薪酬－应付职工薪酬期末余额

例 15-22 时宏公司 2023 年度有关职工薪酬资料如表 15-11 所示。

表 15-11 职工薪酬资料

2023 年　　　　　　　　　　　　　　　　　　　　　　　　　　　　　　　　　　元

项　目		年初数	本期分配或计提数	期末数
应付职工薪酬	生产工人工资	100 000	1 000 000	80 000
	车间管理人员工资	40 000	500 000	30 000
	行政管理人员工资	60 000	800 000	45 000
	在建工程人员工资	20 000	300 000	15 000

本期用银行存款支付离退休人员工资 500 000 元。假定应付职工薪酬本期减少数均用银行存款支付，应付职工薪酬为贷方余额。不考虑其他事项。

时宏公司根据以上资料填列现金流量表相关项目如下：

① 支付给职工以及为职工支付的现金＝（100 000＋40 000＋60 000）＋（1 000 000＋500 000＋800 000）－（80 000＋30 000＋45 000）＝2 345 000（元）

② 支付其他与经营活动有关的现金＝500 000（元）

③ 购建固定资产、无形资产和其他长期资产支付的现金（职工薪酬部分）＝20 000＋300 000－15 000＝305 000（元）

6. "支付的各项税费"项目

该项目反映企业本期发生本期支付、前期发生本期支付及预交的各项税费，包括所得税、增值税、消费税、印花税、房产税、土地增值税、车船税、教育费附加等。其计算公式为：

支付的各项税费＝应交税费年初余额＋本期计算的各项应交税费－应交税费期末余额

例 15-23 时宏公司 2023 年有关资料如下："应交税费"项目年初数为 120 000 元，年末数为 294 000 元，本期计算的各项应交税费为 671 000 元。

时宏公司根据以上资料填列现金流量表相关项目如下：

支付的各项税费＝120 000＋671 000－294 000＝497 000（元）

7. "支付其他与经营活动有关的现金"项目

该项目反映企业除上述各项目以外所支付的其他与经营活动有关的现金，如经营租赁支付的租金、支付的罚款、差旅费、业务招待费、保险费等。此外，还包括支付的销售费用。其计算公式为：

支付其他与经营活动有关的现金＝支付的其他管理费用＋支付的销售费用

（二）投资活动产生的现金流量

1. "收回投资收到的现金"项目

该项目反映企业出售、转让或到期收回除现金等价物以外的对其他企业的交易性金融资产、其他权益工具投资收到的现金。本项目可根据"交易性金融资产""债权投资""其他债权投资""其他权益工具投资"等总账分析填列。

例 15-24 时宏公司 2023 年有关资料如下："交易性金融资产"总账本期贷方发生额为 100 万元，"投资收益——转让交易性金融资产收益"账户贷方发生额为 5 万元；"其他权益工具投资"总账本期贷方发生额为 200 万元，"投资收益——转让其他权益工具投资收益"账户贷方发生额为 6 万元。假定转让上述投资均收到现金。

时宏公司根据以上资料填列现金流量表相关项目如下。

收回投资收到的现金＝(100+5)+(200+6)=311（万元）

2. "取得投资收益收到的现金"项目

该项目反映企业交易性金融资产分得的现金股利或利息收入，从子公司、联营企业或合营企业分回利润、现金股利而收到的现金，因债权性投资而取得的现金利息收入。本项目可以根据"应收股利""应收利息""投资收益""库存现金""银行存款"等总账分析填列。

3. "处置固定资产、无形资产和其他长期资产收回的现金净额"项目

该项目反映企业出售、报废固定资产、无形资产和其他长期资产所取得的现金（包括因资产毁损而收到的保险赔偿收入），减去为处置这些资产而支付的有关费用后的净额。如果此净额为正数则填列在本项目中；如果此净额为负数，则应填列在"支付其他与投资活动有关的现金"项目中。

4. "处置子公司及其他营业单位收到的现金净额"项目

该项目反映企业处置子公司及其他营业单位所取得的现金，减去相关处置费用及子公司和其他营业单位持有的现金与现金等价物后的净额。本项目可以根据"长期股权投资""银行存款""库存现金"等总账分析填列。

5. "收到其他与投资活动有关的现金"项目

该项目反映企业除上述1至4项目以外收到的其他与投资活动有关的现金。金额较大的应单独列示。例如，原进行股权投资时有被投资单位已经宣告但尚未发放的现金股利和原进行债权投资时有被投资单位已经到了付息期但尚未支付的现金利息，在本期收到的股利和利息，应在本项目中填列。

6. "购建固定资产、无形资产和其他长期资产支付的现金"项目

该项目反映企业购买、建造固定资产，取得无形资产和其他长期资产所支付的现金（含增值税等），以及用现金支付的应由在建工程和无形资产负担的职工薪酬。

为购建固定资产、无形资产而发生的借款利息资本化部分，在筹资活动产生的现金流量"分配股利、利润或偿付利息支付的现金"项目中反映。本项目可以根据"固定资产""在建工程""工程物资""无形资产""库存现金""银行存款"等总账分析填列。

7. "投资支付的现金"项目

该项目反映企业取得除现金等价物以外的对其他企业的股权投资、债券投资、基金投资等所支付的现金及支付的佣金、手续费等附加费用，包括形成交易性金融资产、其他权益工具投资、债权投资等所支付的现金，但取得子公司及其他营业单位支付的现金净额除外。

8. "取得子公司及其他营业单位支付的现金净额"项目

该项目反映企业购买子公司及其他营业单位购买出价中以现金支付的部分，减去子公司及其他营业单位持有的现金和现金等价物后的净额。

9. "支付其他与投资活动有关的现金"项目

该项目反映企业除上述6至8项目以外支付的其他与投资活动有关的现金，金额较大的应当单独列示。例如，本期进行股权投资时有被投资单位已经宣告但尚未发放的现金股利和本期进行债权投资时有被投资单位已经到了付息期但尚未支付的现金利息，在本期支付的股利和利息，应该在本项目中填列。如果另外，"处置固定资产、无形资产和其他长期资产收回的现金净额"项目出现现金净额为负数的情况，则也应该在"支付其他与投资活动有关的现金"项目中填列。

（三）筹资活动产生的现金流量

1. "吸收投资收到的现金"项目

该项目反映企业以发行股票等方式筹集资金实际收到的款项净额（发行收入减去支付的佣金等发行费用后的净额）。本项目可以根据"实收资本（或股本）""资本公积""银行存款"等总账分析填列。

2. "取得借款收到的现金"项目

该项目反映企业举借各种短期、长期借款而收到的现金，以及发行债券实际收到的款项净额（发行收入减去直接支付的佣金等发行费用后的净额）。本项目可以根据"短期借款""长期借款""应付债券""库存现金""银行存款"等账户的记录分析填列。

3. "收到其他与筹资活动有关的现金"项目

该项目反映企业除上述 1、2 项目以外收到的其他与筹资活动有关的现金。金额较大的应当单独列示，如接受捐赠的款项。

4. "偿还债务支付的现金"项目

该项目反映企业偿还债务本金所支付的现金，包括偿还金融企业的借款本金、偿还债券本金等。企业支付的借款利息和债券利息在"分配股利、利润或偿付利息支付的现金"项目中反映，不包括在本项目内。本项目可以根据"短期借款""长期借款""应付债券"等总账分析填列。

例 15-25 时宏公司 2023 年度"短期借款"总账年初余额为 120 万元，年末余额为 140 万元；"长期借款"总账年初余额为 360 万元，年末余额为 840 万元。2023 年借入短期借款 240 万元，借入长期借款 460 万元，长期借款年末余额中包括确认的 20 万元长期借款利息费用（2023 年未支付利息）。除上述资料外，债权债务的增减变动均以货币资金结算。

时宏公司根据以上资料填列现金流量表相关项目如下。

① "取得借款收到的现金"项目金额＝240＋460＝700（万元）

② "偿还债务支付的现金"项目金额＝（120＋240－140）＋[360＋460－（840－20）]＝220（万元）

5. "分配股利、利润或偿付利息支付的现金"项目

该项目反映企业实际支付的现金股利，支付给其他投资单位的利润或用现金支付的借款利息、债券利息等。不同用途的借款，其利息的开支渠道不一样，如在建工程、制造费用、财务费用等均在本项目中反映。本项目可以根据"应付股利""应付利息""在建工程""制造费用""研发支出""财务费用"等总账的记录分析填列。

例 15-26 时宏公司 2023 年度"财务费用"总账户借方发生额为 40 万元，均为利息费用。财务费用包括计提的长期借款利息 25 万元，其余财务费用均用银行存款支付。"应付股利"总账年初余额为 30 万元，无年末余额。除上述资料外，债权债务的增减变动均以货币资金结算。

时宏公司根据以上资料填列现金流量表相关项目如下。

"分配股利、利润或偿付利息支付的现金"项目金额＝（40－25）＋（30－0）＝45（万元）

6. "支付其他与筹资活动有关的现金"项目

该项目反映企业除上述 4、5 项目以外支付的其他与筹资活动有关的现金。金额较大的应当单独列示，如对外捐赠的款项。

（四）汇率变动对现金及现金等价物的影响

"汇率变动对现金及现金等价物的影响"项目反映下列两个金额之间的差额。

① 企业外币现金流量折算为记账本位币时，采用现金流量发生日的即期汇率或按照系统合理的方法确定的、与现金流量发生日即期汇率近似的汇率折算的金额（编制合并现金流量表时折算境外子公司的现金流量，应当比照处理）。

② 企业外币现金及现金等价物净增加额按资产负债表日即期汇率折算的金额。

任务处理

任务处理　　　　任务小结

任务五　编制所有者权益变动表

任务描述

时宏公司2023年初所有者权益合计为1 120万元。当年该公司实现综合收益总额300万元，用盈余公积转增资本200万元，向所有者宣告分配现金股利15万元。请会计人员赵美媛确定所有者权益变动表中"本年年末余额"项目的金额。

知识储备

所有者权益变动表是反映企业在一定会计期间所有者权益的各组成部分的综合增减变动情况的财务报表。通过对所有者权益变动表的分析，可以让投资者了解企业的生产经营给自己权益带来的变化情况，从而更清晰地看到投资的全面效应，增强投资信心。同时，可以让潜在的投资者更好地了解企业的状况，吸引其对企业投资。

一、所有者权益变动表的内容及项目

（一）所有者权益变动表的内容

① 实收资本（股本）
② 其他权益工具
③ 资本公积
④ 库存股
⑤ 其他综合收益
⑥ 专项储备
⑦ 盈余公积
⑧ 未分配利润

（二）影响所有者权益变动表内容发生变动的项目（应单独列示）

① 会计政策变更。
② 前期差错更正。
③ 综合收益总额（直接计入所有者权益的利得和损失项目及净利润）。

④ 所有者投入（或减少）资本。
⑤ 其他权益工具持有者投入资本。
⑥ 股份支付计入所有者权益。
⑦ 提取盈余公积。
⑧ 对所有者（或股东）的分配。
⑨ 资本公积转增资本（或股本）。
⑩ 盈余公积转增资本（或股本）。
⑪ 盈余公积弥补亏损。
⑫ 设定受益计划变动额结转留存收益。
⑬ 其他综合收益结转留存收益。

二、所有者权益变动表的结构

通过所有者权益变动表的结构变动可以揭示所有者权益变动表中的实收资本（股本）、其他权益工具、资本公积、库存股、其他综合收益、专项储备、盈余公积、未分配利润等内容在一定会计期间由上年年末余额如何变动至本年年末余额，分别受哪些项目的影响，以及每个项目的变动对所有者权益变动表的各内容产生的影响金额。

我国企业所有者权益变动表的格式如表 15-12 所示。

表 15-12　所有者权益变动表

会企 04 表

编制单位：　　　　　　　　　　　　　　年　　　　　　　　　　　　　　元

项　目	本年金额								上年金额
	实收资本（股本）	其他权益工具	资本公积	减：库存股	其他综合收益	专项储备	盈余公积	未分配利润	
一、上年年末余额									
加：会计政策变更									
前期差错更正									
二、本年年初余额									
三、本年增减变动金额（减少以"-"号填列）									
（一）综合收益总额									
（二）所有者投入和减少资本									
1. 所有者投入的资本									
2. 其他权益工具持有者投入资本									
3. 股份支付计入所有者权益									
4. 其他									
（三）利润分配									
1. 提取盈余公积									
2. 对所有者（或股东）的分配									
3. 其他									
（四）所有者权益内部结转									
1. 资本公积转增资本（或股本）									
2. 盈余公积转增资本（或股本）									
3. 盈余公积弥补亏损									
4. 设定受益计划变动额结转留存收益									
5. 其他综合收益结转留存收益									
6. 其他									
四、本年年末余额									

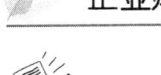

业务核算

一、所有者权益变动表的填列方法

（一）"上年金额"栏的填列方法

所有者权益变动表"上年金额"栏内各项金额，应根据上年度所有者权益变动表"本年金额"栏内所列金额填列。如果上年度所有者权益变动表规定的各个项目的名称和内容与本年度不一致，则应对上年度所有者权益变动表各项目的名称和金额按本年度的规定进行调整，填入所有者权益变动表"上年金额"栏内。

（二）"本年金额"栏的填列方法

所有者权益变动表"本年金额"栏内各项金额一般应根据资产负债表"实收资本（股本）""其他权益工具""资本公积""库存股""其他综合收益""专项储备""盈余公积""未分配利润""以前年度损益调整"项目账户的发生额分析填列。

①"上年年末余额"项目反映企业上年末资产负债表中"实收资本（股本）""其他权益工具""资本公积""库存股""其他综合收益""专项储备""盈余公积""未分配利润"等项目的年末余额。本项目根据这些项目的上年年末余额直接填列。

②"会计政策变更"项目反映企业采用追溯调整法处理的会计政策变更的累积影响金额——直接影响"盈余公积""未分配利润"总账。本项目根据"会计政策变更"项目影响至"盈余公积"总账和"利润分配——未分配利润"账户的发生额分析填列。

③"前期差错更正"项目反映企业采用追溯重述法处理的前期差错更正的累积影响金额——直接影响"盈余公积""未分配利润"总账。本项目根据"前期差错更正"项目影响至"盈余公积"总账和"利润分配——未分配利润"账户的发生额分析填列。

④"本年年初余额"项目根据"上年年末余额"项目金额加上"会计政策变更"项目金额和"前期差错更正"项目金额填列。

⑤"本年增减变动金额"项目根据以下"综合收益总额"项目发生额、"所有者投入和减少资本"项目发生额、"利润分配"项目发生额和"所有者权益内部结转"项目发生额的相加数填列。

- "综合收益总额"项目，反映企业当年实现的净利润（净亏损）金额和直接计入所有者权益的利得和损失的金额。本项目根据"其他综合收益"总账和"利润分配——未分配利润"账户的发生额分析填列。
- "所有者投入和减少资本"项目。本项目根据以下3个项目发生额相加数填列。
  - "所有者投入的资本（或普通股）"项目反映企业当年所有者投入资本的金额。本项目根据"实收资本（股本）"总账和"库存股"总账的发生额分析填列。
  - "其他权益工具持有者投入资本"项目反映企业当年其他权益工具转为投入资本的金额。本项目根据"其他权益工具"总账和"实收资本（股本）"总账的发生额分析填列。
  - "股份支付计入所有者权益"项目反映企业当年股份支付业务影响"库存股""资本公积"总账发生增减变动金额。本项目根据"资本公积"总账和"库存股"账户的发生额分析填列。
- "利润分配"项目。本项目根据以下两个项目发生额相加数填列。
  - "提取盈余公积"项目反映企业按当年实现的净利润一定比例计提的法定盈余公积和

任意盈余公积。本项目根据"盈余公积"总账的发生额分析填列。
- ■ "对所有者（或股东）的分配"项目反映企业按当年股东大会决议规定的一定比例将可供分配利润分配给股东。本项目根据"利润分配"总账的发生额分析填列。
- ● "所有者权益内部结转"项目。本项目根据以下 5 个项目发生额相加数填列。
  - ■ "资本公积转增资本（或股本）"项目反映企业当年将资本公积转增资本（或股本）的金额。本项目根据"资本公积"总账的发生额分析填列。
  - ■ "盈余公积转增资本（或股本）"项目反映企业当年将盈余公积转增资本（或股本）的金额。本项目根据"盈余公积"总账的发生额分析填列。
  - ■ "盈余公积弥补亏损"项目反映企业当年将盈余公积弥补亏损的金额。本项目根据"盈余公积"总账的发生额分析填列。
  - ■ "设定受益计划变动额结转留存收益"项目反映企业当年将设定受益计划变动额结转留存收益的金额。本项目根据"盈余公积"总账和"利润分配——未分配利润"账户的发生额分析填列。
  - ■ "其他综合收益结转留存收益"项目反映企业当年将其他综合收益结转留存收益的金额。本项目根据"其他综合收益""盈余公积"总账和"利润分配——未分配利润"账户的发生额分析填列。

⑥ "本年年末余额"项目反映企业本年末资产负债表中"实收资本（股本）""其他权益工具""资本公积""库存股""其他综合收益""专项储备""盈余公积""未分配利润"等项目的年末余额。本项目既可根据这些项目的年末余额直接填列，也可根据"本年年初余额"项目金额与"本年增减变动金额"项目金额的相加数填列。

二、所有者权益变动表的编制实例

例 15-27 时宏公司 2023 年末所有者权益项目及净利润分配情况如表 15-13 和表 15-14 所示。

表 15-13 所有者权益项目

元

所有者权益项目	2023 年 12 月 31 日	2022 年 12 月 31 日
实收资本（或股本）	7 000 000	7 000 000
资本公积	456 000	456 000
盈余公积	678 960	624 000
未分配利润	197 800	106 200
合　计	8 332 760	8 186 200

表 15-14 净利润分配情况

元

项　目	2023 年	2022 年
净利润	366 400	
提取法定盈余公积	36 640	
提取任意盈余公积	18 320	
应付现金股利	219 840	
未分配利润	91 600	106 200

根据上述资料编制时宏公司2023年度所有者权益变动表，如表15-15所示。

表15-15 所有者权益变动表

编制单位：时宏公司　　　　　　　　　　2023年　　　　　　　　　　　　　　　　会企04表
　　　　　　　　　　　　　　　　　　　　　　　　　　　　　　　　　　　　　　　元

项　目	本年余额							上年余额					
	实收资本（或股本）	资本公积	减:库存股	盈余公积	未分配利润	所有者权益合计						
一、上年年末余额	7 000 000	456 000		624 000	106 200	8 186 200						
加：会计政策变更												
前期差错更正												
二、本年年初余额	7 000 000	456 000		624 000	106 200	8 186 200						
三、本年增减变动金额（减少以"-"号填列）				54 960	91 600	146 560						
（一）综合收益总额					366 400	366 400						
（二）所有者投入和减少资本												
1．所有者投入的资本（或普通股）												
2．其他权益工具持有者投入资本												
3．股份支付计入所有者权益												
4．其他												
（三）利润分配				54 960	−274 800	−219 840						
1．提取盈余公积				54 960	−54 960	0						
2．对所有者（或股东）的分配					−219 840	−219 840						
3．其他												
（四）所有者权益内部结转												
1．资本公积转增资本（或股本）												
2．盈余公积转增资本（或股本）												
3．盈余公积弥补亏损												
4．设定受益计划变动额结转留存收益												
5．其他综合收益结转留存收益												
6．其他												
四、本年年末余额	7 000 000	456 000		678 960	197 800	8 332 760						

注意

所有者权益变动表并不是要求把所有的空格都填满，有很多空格是不要求填列的，需要填列的空格是少数。

任务处理与项目练习

任务处理　　任务小结　　项目练习　　参考答案